I libri di Viella

507

Luciana Petracca

# Il banco Strozzi di Napoli

## Credito, economia e società nel Quattrocento

viella

Prima edizione: settembre 2024
ISBN 979-12-5469-695-8

Questo volume è stato pubblicato con il contributo del Ministero dell'Università e della Ricerca, erogato attraverso il Dipartimento di Scienze Umane e Sociali dell'Università del Salento nell'ambito dei fondi destinati alla ricerca di base, e grazie ai finanziamenti ministeriali collegati ai progetti PRIN 2020: *Per (ri)scrivere la storia del Mezzogiorno bassomedievale. Forme testuali del potere (secoli XIV-XV)*; e PRIN 2022 PNRR: *Recovering and representing the identity of minor ports in Southern Italy (peninsular and islands) between the Middle Ages and the Modern Age for the inclusion and sustainable development of coastal areas.*

PETRACCA, Luciana
Il banco Strozzi di Napoli : credito, economia e società nel Quattrocento / Luciana Petracca. - Roma : Viella, 2024. - 373 p. ; 21 cm. (I libri di Viella ; 507)
Bibliografia: p. [301]-337.
Indice dei nomi di persona e di luogo: p. [339]-373.
ISBN 979-12-5469-695-8
1. Banche - Casi [:] Banco Strozzi - Napoli - Sec. 15.
332.1094573 (DDC WebDewey) Scheda bibliografica: Biblioteca Fondazione Bruno Kessler

**viella**
*libreria editrice*
via delle Alpi, 32
I-00198 ROMA
tel. 06 84 17 758
fax 06 85 35 39 60
www.viella.it

# Indice

# Introduzione

Questo libro intende offrire un contributo all'approfondimento del tema sui rapporti fra le principali piazze economiche del Mediterraneo occidentale nella seconda metà del XV secolo. Raccogliendo l'eredità di studiosi come Mario Del Treppo che, per primo o tra i primi, ha posto l'accento sul ruolo unificante svolto dalla Corona aragonese – e in particolare da Alfonso il Magnanimo – nel sistema degli scambi intervenuti all'interno del cosiddetto "Commonwealth catalano-aragonese", si è scelto come orizzonte di riferimento la capitale partenopea con il proposito di concorrere all'ampliamento delle conoscenze riguardo a questa importante piazza commerciale e finanziaria quattrocentesca, agli operatori economici coinvolti e ai rispettivi raggi d'azione e d'influenza, nella convinzione che attraverso un metodo induttivo si possa conseguire il più ambizioso progetto di definire e ricostruire – per quanto possibile – la vita economica e sociale del Regno di Napoli al tempo di Ferrante d'Aragona (1458-1494).

Oltre alle fondamentali ricerche di Del Treppo e di pochi altri studiosi, dalle quali muove la proposta di ricomposizione della frattura tra storia politico-istituzionale e storia economico-sociale,[1] un'imprescindibile base

1. Per gli studi di Mario Del Treppo si limita il rinvio ai fondamentali: *I mercanti catalani e l'espansione della Corona*; *Il re e il banchiere*, pp. 228-304; *Stranieri nel Regno di Napoli*, pp. 179-233; e *Il Regno aragonese*, pp. 87-201. Molto si deve anche alle ricerche di Alfonso Leone, confluite nei volumi *Profili economici della Campania*; *Mezzogiorno e Mediterraneo*; *Ricerche sull'economia meridionale* e *Il commercio a Napoli*. Per contributi più recenti, si rimanda invece ai saggi di Figliuolo, *I mercanti fiorentini*, pp. 639-664 (ora anche in Figliuolo, *Alle origini del mercato nazionale*, pp. 31- 52) e Feniello, *Marchandises et charges publiques*, pp. 55-119; *Les campagnes napolitaines*, pp. 161-212; *La rete commerciale campana*, pp. 297-312; *Élites imprenditoriali napoletane*, pp. 163-180; *Un capita-*

teorica è stata fornita dai risultati conseguiti nell'ambito delle attività promosse dal GISEM (Gruppo Interuniversitario per la Storia dell'Europa Mediterranea con sede a Pisa) che, a partire dagli anni Ottanta del secolo scorso, grazie a una proficua serie di convegni, ha indagato da svariate angolazioni il complesso sistema dei rapporti politici, sociali, culturali ed economici di cui furono artefici nello spazio euro-mediterraneo i mercanti-banchieri italiani, e in particolare i fiorentini.[2] L'idea di fondo è quella di guardare al Mezzogiorno come a una realtà organicamente inserita in questo spazio, dal quale sono giunti stimoli e sollecitazioni fondamentali sia per lo sviluppo delle locali economie e società, sia per il consolidamento dello stato monarchico, obbiettivo primario dell'azione politica intrapresa dai sovrani aragonesi.[3]

L'osservazione è stata condotta con un'ottica focalizzata sulle attività e sul ruolo della *élite* mercatile-imprenditoriale e del sistema bancario nel processo di sviluppo economico e sociale che interessò il Regno fra la metà e la fine del Quattrocento, attingendo in primo luogo, e soprattutto, alla documentazione redatta dagli stessi protagonisti del mondo degli affari, come i libri di ricordanze[4] o, meglio ancora, come le vere e proprie

*lismo mediterraneo*, pp. 435-512; *Francesco Coppola: un modello di ascesa*, pp. 211-240; e *Un altro dualismo?*, pp. 7-21. Sul tema dei rapporti tra potere politico e potere economico, si segnalano inoltre: *Poteri economici e poteri politici*, in particolare, la relazione inaugurale di Grohmann, *Potere economico e potere politico*, pp. 29-53; Franceschi, Molà, *Regional States and Economic Development*, pp. 444-466; e *Il governo dell'economia*. Interessanti spunti di riflessione sulla realtà meridionale offrono poi diversi contributi di Tognetti, tra i quali si segnalano, in particolare, i saggi *Uno scambio diseguale*, pp. 461-490 e *L'economia del Regno di Napoli*, pp. 757-768; con tutt'altra prospettiva, il volume di Sakellariou, *Southern Italy in the Late Middle Ages*.

2. Questo specifico filone di indagini si andava a inserire nel più ampio progetto conseguito dal GISEM di rinnovare il panorama dell'analisi storica e di liberare il campo della ricerca da ingombranti eredità e influenze ideologiche. Per una chiara sintesi sul contributo offerto dal Gruppo, si rinvia a Scarcia, *Il Gruppo Interuniversitario per la Storia dell'Europa Mediterranea*.

3. Si limita il rinvio a: Del Treppo, *Il Regno aragonese*; Leone, *Il Regno di Napoli e l'età aragonese*, pp. 127-145; Senatore, *La cultura politica di Ferrante d'Aragona*, pp. 113-138; *Poteri, relazioni, guerra nel regno di Ferrante*; Storti, *El buen marinero. Psicologia politica e ideologia monarchica*; Delle Donne, *Alfonso il Magnanimo e l'invenzione dell'umanesimo monarchico*; *Linguaggi e ideologie del Rinascimento monarchico*; Russo, *Federico d'Aragona (1451-1504). Politica e ideologia*; *Ancora su poteri, relazioni, guerra nel regno di Ferrante*.

4. In questi libri i mercanti-banchieri annotavano commissioni, ricordi, lettere e conti vari. Su questo particolare genere di scritture si ritornerà più avanti (*infra*, cap. 2, pp. 94-98). Presso l'Archivio di Stato di Firenze, la V serie del fondo *Carte Strozziane* conserva ben 35

scritture contabili o di commercio, funzionali alla registrazione di pratiche e attività economiche e bancarie. E dunque fonti non regnicole. Una scelta, questa, oltre che mirata, indotta dall'impossibilità di avvalersi di scritture analoghe per il Mezzogiorno d'Italia. Con particolare riguardo per l'istituto d'intermediazione creditizia impiantato a Napoli dagli Strozzi, una straordinaria e inesauribile fonte di informazioni si sono rivelati i due, e unici, *Libri Giornali* superstiti del banco, oggi conservati in originale presso l'Archivio di Stato di Firenze nella V Serie delle *Carte Strozziane*, sotto la numerazione 27 e 32. Entrambi i registri raggiungono le duecento carte, ma se del primo, relativo al 1473, si dispone dell'edizione curata da Alfonso Leone e pubblicata nel 1981, quello contenente la contabilità del 1476 risulta a tutt'ora inedito.[5]

L'utilizzo di questa seconda tipologia di fonti – i *Libri Giornali* in perfetta partita doppia – nota da diversi decenni, ma ancora troppo poco valorizzata, e grazie alla quale si è potuto risalire ai conti correnti della clientela strozziana, non ha potuto prescindere dalle fondamentali ricerche di Federigo Melis e di Raymond de Roover, condotte rispettivamente sull'impresa di Francesco di Marco Datini di Prato e sul banco Medici di Firenze. Attraverso lo scandaglio di cifre, computi, tecniche e strumenti della pratica aziendale del Tre-Quattrocento, questi studiosi hanno indagato il funzionamento e le attività delle compagnie mercantili-bancarie bassomedievali,[6] esaminando a

registri, dal n° 17 al n° 51 (tra libri dei ricordi, libri di creditori e debitori e libri giornali), nei quali è possibile ricavare informazioni sulle attività del banco napoletano degli Strozzi (1466-1491), e tra i quali si segnalano in particolare i numeri 18, 19, 20, 24, 25, 26, 27, 28, 29, 30, 31, 32, 33, 34, 37 e 38 (ciascuno composto all'incirca da duecento carte). Si tratta di un materiale documentario vastissimo e ricchissimo, che resta ancora per la gran parte inedito, con la sola eccezione di alcune *Ricordanze* pubblicate da Alfonso Leone in Appendice al *Giornale del banco Strozzi del 1473* (registro n° 27) ed estrapolate dai registri nn° 18, 19, 24, 25, 28, 43 e 47. I volumi dal n° 17 al n° 29 sono stati, più di recente, presi in esame da Alessandro Sansoni nella tesi di dottorato intitolata *Francesco Coppola imprenditore nella Napoli aragonese*, all'interno della quale è stato interamente riprodotto in Appendice un *quadernetto*, estrapolato dal registro n° 29 e che rendiconta l'incetta dei grani del 1474-1475 (pp. 160-246).

5. Leone, *Il giornale del Banco Strozzi* (d'ora in poi: *Libro giornale 1473*); e Archivio di Stato di Firenze (ASF), *Carte Strozziane*, serie V, reg. n° 32, *Libro Giornale* (1475-1476), ms., (d'ora in poi: *Libro giornale 1476*).

6. Per la compagnia Datini, cfr. Melis, *Storia della ragioneria*; Melis, *Aspetti della vita economica*, in particolare le pp. 212-216; Melis, *Documenti per la storia economica*; e Melis, *L'azienda nel Medioevo*. Per i Medici vedi de Roover, *Il banco Medici*, in particolare le pp. 19-29. Per altri esempi, come i Cambini o i Gondi, si rinvia invece a Tognetti, *L'attività di banca locale*, pp. 595-647; Tognetti, *Il banco Cambini*; e Tognetti,

fondo, più in generale, quello che è stato definito «il capitalismo commerciale e finanziario del tempo».[7] L'interesse per le suddette compagnie si è intrecciato, inevitabilmente, col tema del potenziamento delle grandi monarchie europee, delle realtà urbane e degli enti signorili coinvolti nell'intricato gioco di relazioni tra poteri, ora esterni (i soggetti politici del panorama internazionale), ora interni agli stessi Stati e a questi, ovviamente, subordinanti, con i quali il mercato della finanza ha dialogato e interagito, attivando canali di costante negoziazione.

In tale contesto la crescita economica registratasi nel corso del XV secolo e l'infittirsi degli scambi, anche diplomatici e culturali, hanno sensibilmente contribuito a ridurre le distanze tra il Regno meridionale e gli "Stati italiani" del Nord Italia, nonché tra lo stesso Regno e gli scenari europei, innescando ovunque, grossomodo, i medesimi processi: rottura di precedenti assetti ed equilibri territoriali, creazione di nuovi spazi politici ed economici, ridefinizione degli ambiti di intervento e delle alleanze, moltiplicarsi dei poteri e dei protagonisti.[8] Tra questi, un ruolo di primo piano è svolto sicuramente dal ceto mercantile e dai grandi gruppi bancari, interlocutori privilegiati della monarchia, che a essi si rivolge soprattutto per finanziare campagne militari e iniziative mirate al consolidamento della propria *leadership*, per sostenere i costi della corte e dell'intero apparato burocratico-amministrativo, oltre che per saldare i debiti contratti. Alle urgenze e agli interessi della Corona si aggiungono quelli dei signori feudali che ricorrono alla banca per soddisfare i propri lussi, ma anche, e sempre più spesso, per investire nella produzione di derrate agricole dell'entroterra da immettere sul mercato, come nella realizzazione di apparecchiature e impianti produttivi. È in questo contesto che si muove anche il mondo della piccola e media imprenditoria locale, composto, tra gli altri, da artigiani e produttori agricoli, singoli o associati, operatori nel settore dei trasporti, patroni di navi, società di mercanti, appaltatori, sensali, affaristi e prestatori di denaro, i quali, alimentando

*I Gondi di Lione*. Per un più ampio orientamento storiografico, si rimanda ancora a Tognetti, *Attività mercantili e finanziarie*, pp. 23-44.

7. Tognetti, *I Gondi di Lione*, p. 2.

8. Sulle forme del potere politico nel tardo Medioevo e sulla complessità dei conflitti territoriali "interni" ed "esterni" al "sistema" degli Stati territoriali italiani, si rinvia alla fondamentale raccolta *Origini dello Stato*. Molto utile è anche il volume miscellaneo *Sociability and its Discontents*, in particolare il contributo di Abulafia, *Signorial Power*, pp. 173-192: 176-177.

il mercato del micro-credito, concorrono allo sviluppo di un paese, che proprio sotto gli Aragona «riacquistò dignità e splendore».[9]

Al vertice del sistema economico napoletano, e più in generale regnicolo, si collocano le grandi compagnie di mercanti-banchieri di estrazione forestiera, *in primis* i Medici e gli Strozzi, che con il loro circuito d'affari investono l'intero territorio del Regno, lo immettono nel commercio internazionale e ne incrementano la produttività. La ricostruzione delle attività svolte dalla seconda delle due grandi società fiorentine, assieme a quelle di altre imprese di operatori – anche regnicoli, ma soprattutto extra-regnicoli, italiani o stranieri, come i catalani, ad esempio, presenti in gran numero a Napoli e nelle diverse piazze meridionali –, offre un contributo determinante alla comprensione delle dinamiche economiche e sociali del Mezzogiorno aragonese, nonché all'approfondimento di vari aspetti connessi alla presenza *in loco* e alla circolazione su larga scala di questi importanti gruppi mercantili, bancari e finanziari.

La presente ricerca, come già anticipato, si inserisce nel solco del dibattito, ancora aperto, sul ruolo giocato dagli operatori forestieri nel quadro della vita economica, sociale, politica e, se vogliamo, anche culturale del Regno di Napoli, con l'obiettivo di rimarcare la funzione del commercio internazionale, il quale, piuttosto che determinare divari e squilibri fra differenti realtà geografiche, condannandone alcune al sottosviluppo e alla dipendenza,[10] produce «complementarietà di apparati produttivi, concatenamento dei canali operativi, [...], in una parola, aggregazione e integrazione di aree economiche».[11] La storia del Mezzogiorno – com'è noto – è stata a lungo e pesantemente segnata da letture (tanto di storici quanto di

9. Schiappoli, *Napoli aragonese*, p. 3.

10. Come non richiamare, a tal proposito, la pessimistica ricostruzione del quadro economico, sociale e demografico della Sicilia tardomedievale (immobile, arretrata e spopolata, per quanto al centro del Mediterraneo), proposta dallo storico francese Henri Bresc (si veda più sotto la nota 13), che ha, tuttavia, giocato un ruolo determinante nell'attivazione del dibattito su varie questioni, quali il popolamento urbano, il rapporto tra estensione del latifondo e mancato sviluppo dell'economia locale, la mobilità sociale, l'integrazione delle presenze straniere, le capacità economiche del ceto feudale e molto altro ancora. Aspetti sui quali si rinvia, in particolare, agli studi di Vincenzo D'Alessandro (*Spazio geografico e morfologie sociali*, pp. 1-32; e *Immigrazione e società urbana in Sicilia*, pp. 165-190); Giuseppe Petralia (*Sui Toscani in Sicilia tra '200 e '300*, pp. 129-218 e *Problemi della mobilità sociale*, pp. 247-271); Igor Mineo (*Nazione, periferia, sottosviluppo*, pp. 722-758) e Pietro Corrao (*Uomini d'affari stranieri nelle città*, pp. 139-162).

11. Leone, *Il Regno di Napoli e l'età aragonese*, p. 129.

economisti) che hanno evidenziato soprattutto le cause generative di una secolare arretratezza, emersa drammaticamente all'indomani dell'Unità nazionale, quando si aprì la "questione" più discussa e irrisolta dell'Italia contemporanea, quella "meridionale".[12] Messo a confronto con le regioni del Nord, a partire dal medioevo il Sud della Penisola sarebbe apparso, in sostanza, schiacciato dalle monarchie straniere (troppo accentratrici nei confronti delle comunità urbane e troppo deboli con la grande feudalità), dipendente dalle più forti economie estere, favorite dalla stessa Corona, e dominato dal latifondo e da una solida struttura rurale, poco o per nulla permeabile agli scambi col mondo esterno.[13] Alla luce di questi aspetti e

12. Per un quadro di sintesi, si veda *L'arretratezza del Mezzogiorno.*

13. Tra gli storici italiani che tra prima e seconda metà del secolo scorso si sono interrogati sulle motivazioni del divario tra Nord e Sud della Penisola, si ricordano Gino Luzzatto (*Studi sulle relazioni commerciali*, pp. 174-195; *Storia economica dell'età moderna*), Carlo Maria Cipolla, che ha evidenziato la natura "coloniale" del Mezzogiorno nei confronti della domanda proveniente dal mercato estero (*Introduzione* a *Storia dell'economia italiana*) e, con riguardo alla situazione siciliana, Carmelo Trasselli (del quale si rinvia ai più recenti volumi: *Mediterraneo e Sicilia*; e *Storia dello zucchero siciliano*). Particolare attenzione al tema del sottosviluppo del Mezzogiorno è stata riservata anche dalla storiografia internazionale. Oltre al più datato studio di Georges Yver (*Le commerce et les marchands dans l'Italie meridionale*), importanti contributi al dibattito – rivelatosi particolarmente intenso soprattutto negli anni Settanta e Ottanta, quando si affermava prepotentemente la teoria dello "scambio ineguale" e del "modello dualistico" – sono stati apportati dallo storico francese Maurice Aymard, che ha esaminato il raggio di distribuzione (esterno e interno) della produzione granaria e di quella tessile siciliana a partire dalla seconda metà del XV secolo (*Le blé de Sicilie dans l'economie méditerranéenne*, pp. 287-289; *Il commercio dei grani*, pp. 7-40; *Commerce et consommation des draps en Sicile et en Italie méridionale*, pp. 127-139), e dallo storico inglese David Abulafia, che nel volume *The Two Italies* del 1977 ha fatto il punto invece sull'età normanno-sveva, riconducendo a quest'epoca le origini della dipendenza economica del meridione d'Italia (si vedano in particolare le pp. 7-32 dell'edizione italiana, *Le due Italie. Relazioni economiche*). Non meno significativo, nella medesima direzione, è stato l'apporto del già richiamato Henri Bresc, autore di numerosi saggi, che hanno affrontato più o meno direttamente aspetti di natura economica, e della più nota e discussa monografia in due volumi *Un monde méditerranéen. Economie et société.* A prendere decisamente le distanze dalla più tradizionale impostazione interpretativa sarà soprattutto Stephan R. Epstein (*An Island for Itself*), il quale, respinta l'idea dello scambio ineguale e del dualismo italiano medievale – giacché, tra l'altro, si esclude la costituzione di un mercato nazionale prima dell'Ottocento –, insiste sulla funzione del tutto secondaria per l'isola degli scambi con l'esterno. Ad emergere sotto una nuova luce sono invece i processi di integrazione economica su scala regionale, le strutture del mercato interno e gli scambi commerciali col Mezzogiorno peninsulare. Su quest'ultimo, quale "controparte" continentale elaborata sul modello interpretativo delle teorie economiche della New Institu-

sulla base di interpretazioni impostate sul concetto delle "due Italie" (una comunale e ricca, l'altra monarchico-feudale e povera) e su quello "coloniale" dello scambio diseguale o egemonico, l'intera vicenda meridionale, dalla nascita del Regno normanno (nel 1130) all'Unità d'Italia (nel 1861), si è tradotta – e ancora fino a non molti anni fa – nella storia di «un sostanziale fallimento, al quale concorsero le istituzioni e l'economia».[14] Oggi, fortunatamente, entrambe vengono viste, e da più parti, sotto una nuova luce che, grazie anche al confronto con la storiografia internazionale, ha permesso di formulare differenti approcci metodologici e prospettive di ricerca.[15] In particolare, la direzione più battuta è stata quella orientata a rivalutare il ruolo dello "Stato" e dunque della monarchia nella strutturazione dello spazio economico meridionale, insulare quanto continentale.[16] Ma, se Del Treppo, pur riconoscendo la determinazione dell'intervento

tional Economics School, denso di suggestioni è il già richiamato libro di Eleni Sakellariou (*Southern Italy in the Late Middle Ages*). La studiosa – che sottostima la parte avuta dal mercato internazionale – richiama l'attenzione su diversi altri aspetti che avrebbero contribuito a innescare una fase di ripresa (come l'espansione demografica, l'aumento dei tassi di urbanizzazione, il ruolo assunto da Napoli-capitale, una più intensa produttività agricola e pastorale), evidenziando, in particolare, l'intervento "benefico" dell'istituzione monarchica (tramite editti, privilegi o altro) a favore dell'incremento delle produzioni locali e dello sviluppo degli scambi su base regionale (l'abolizione dei passi abusivi, la regolamentazione di pesi e misure, la concessione di franchigie a operatori commerciali di varie città, ecc.). Cfr. *ibidem*, in particolare le pp. 165-191. Per un approccio critico nei confronti delle letture proposte da Epstein e da Sakellariou, la quale è tornata recentemente sull'argomento rivalutando, in parte, il peso della domanda e dei mercati esteri (*Demography, Economy, and Trade*, pp. 65-93: 67), si vedano Petralia, *La nuova Sicilia tardomedievale*, pp. 137-162; e Tognetti, *L'economia nel Regno di Napoli*, pp. 757-768.

14. Senatore, *Il Regno di Napoli*, p. 48. Per un bilancio della "costituzione" del Regno nel Quattrocento, utilissimo è il rinvio a Senatore, *Una città, il Regno: istituzioni e società*, pp. 443-475.

15. Si segnalano in merito gli atti dei Congressi Internazionali della Corona d'Aragona, e in particolare *La Corona d'Aragona e il Mediterraneo: aspetti e problemi comuni*; *La Corona d'Aragona ai tempi di Alfonso il Magnanimo* e *La Corona d'Aragona e l'Italia*. Altrettanto significativo è stato il contributo apportato da un gruppo di studiosi iberici, coordinati da Paulino Iradiel Murugarren (D. Luis Igual, E. Cruselles Gómez, G. Navarro Espinach e altri), che negli ultimi anni ha indagato il tema delle relazioni tra politica ed economia nell'ottica degli scambi e delle reciproche interferenze tra gli operatori delle principali città della Corona d'Aragona nel XV secolo. Si limita il rinvio al volume miscellaneo *Identidades urbanas Corona de Aragón-Italia*; e al saggio di Luis Igual, *Los grupos mercantiles y la expansión politica*, pp. 9-32 e relativa bibliografia.

16. Epstein, *An Island for Itself*; e Sakellariou, *Southern Italy in the Late Middle Ages*.

sovrano nella formazione e nel funzionamento del mercato interno, attribuiva comunque un peso decisivo (e positivo) alla componente straniera, al commercio mediterraneo e al credito internazionale, altre letture hanno finito invece col comprimere questa più ampia dimensione, interpretando i segnali di ripresa del Mezzogiorno bassomedievale quale esclusivo esito dell'azione svolta dalle istituzioni in termini di riduzione o di abbattimento dei cosiddetti costi di transazione (giurisdizioni feudali, gabelle, pedaggi, differenziazione di pesi e misure, assenza di fiere e di mercati autorizzati, ecc.). Sottostimare l'importanza dei circuiti del traffico internazionale significa, a parer di chi scrive, non tener conto di quanto l'iniziativa politica, da un lato, e quella dei gruppi mercantili, dall'altro, abbiano costituito le due facce di una stessa medaglia; e se alla prima (la monarchia) ha fatto capo la volontà di innovare e di intervenire sui processi economici con incentivi, privilegi e provvedimenti, più o meno protettivi, è ai secondi (gli uomini d'affari, italiani e stranieri) che è spettato il compito di imbastire la fitta trama delle relazioni commerciali e finanziarie, di fornire liquidità al sistema, garantendone di conseguenza la stabilità, e di allargare i confini dell'economia meridionale oltre quelli geografici del Regno.

In questa prospettiva i riflettori, come anticipato, sono puntati innanzitutto sulla capitale, centro nevralgico di uno spazio vastissimo, cuore del Mediterraneo, dove ha sede il banco di Filippo e Lorenzo Strozzi e dove gestiscono i propri affari alcuni dei principali esponenti della mercatura nazionale e internazionale.[17]

Conquistata dal Magnanimo nel 1442, la città partenopea viene proiettata nell'orbita politica iberica e nell'area di interesse del commercio catalano-aragonese, trovandosi così al centro di un circuito ampio e integrato di scambi, alla cui vivacità e al cui dinamismo concorrono non pochi fattori, inclusi il forte incremento demografico, il crescente peso del mercato del credito e la consolidata presenza in città di importanti operatori bancari, soprattutto toscani, ai quali rivolgersi per operazioni finanziarie e cambiarie da effettuare anche su piazze diverse e distanti.

Napoli conserverà grossomodo una centralità nei traffici mediterranei anche sotto Ferrante, sebbene la separazione del Regno dal resto dei domini aragonesi, disposta da Alfonso nel suo testamento (1458), e il successivo

17. Particolarmente utile per non perdere di vista la specificità mercantile, industriale e finanziaria dell'economia italiana bassomedievale è una recente riflessione di Tognetti, *Storia economica dell'Italia*, pp. 113-128: 125.

scoppio della guerra civile in Catalogna, protrattasi dal 1462 al 1472, contribuiranno non poco a ridimensionarne la proiezione lungo l'asse di collegamento con Barcellona. Ciò nonostante, e nonostante i provvedimenti protezionistici messi in campo dalla Corona al fine di favorire l'imprenditorialità regnicola, sulla piazza napoletana pregnante e decisivo (e certo anche per lo sviluppo dell'economia locale) si confermerà il peso degli uomini d'affari forestieri.

A loro va il merito di aver immesso ingenti capitali sul mercato regnicolo, coperto i bisogni finanziari dello Stato, contribuito al potenziamento delle imprese locali, intermediarie in diverse operazioni commerciali, accolto le più varie richieste di credito e – aspetto non meno rilevante – di aver promosso l'inserimento del Regno in un giro d'affari di portata sempre più ampia e internazionale, che integrava gli scambi tra Ponente e Levante e tra regioni del Nord Europa e coste africane. Ai fiorentini, in particolare, si riconosce poi un'alta specializzazione professionale, unita a una spiccata capacità d'investimento in più settori produttivi e di mercato, ai quali apportarono il contributo delle loro competenze in ambito finanziario, monetario e cambiario, introducendo innovative formule societarie e tecniche contabili (come la partita doppia, di cui si dirà più avanti). Fiorentini sono gli stessi Strozzi, diversi altri gruppi societari e importanti personaggi della mercatura, i cui interessi si incrociano e convergono sulla piazza napoletana, dove una miriade di altri soggetti, pubblici e privati, si rivolge alla banca per soddisfare i propri e più vari interessi.

Sul piano prettamente socio-economico, la presente ricerca si propone di individuare gli attori coinvolti nelle operazioni bancarie e di ricostruire le loro trame relazionali, unitamente alle funzioni finanziarie, alle tecniche mercantili e ai settori d'investimento ritenuti dagli stessi maggiormente vantaggiosi o che più li caratterizzavano. Aspetti, questi, che ben si evincono proprio dai registri contabili, dai libri dei ricordi, così come dalla corrispondenza commerciale delle società attive nel Regno, ma la cui rete di affiliati e corrispondenti si estendeva, assai di frequente, ben oltre i confini della Penisola. Non tutto – è ovvio – di questa documentazione si è conservato, ragion per cui ancor più preziosi si rivelano i pochi esemplari superstiti, testimoni di una pratica gestionale e di modelli scritturali ampiamente diffusi in ambito mercantile-bancario, e attraverso i quali si potranno approfondire la tipologia delle attività svolte, il volume degli affari, i rapporti interni alle compagnie e le relazioni con gli altri soggetti, economici e non, intervenuti nella conclusione di un affare.

Per quanto circoscritta e frammentaria, la natura stessa delle fonti qui considerate offre – come in parte già anticipato – interessanti spunti di riflessione e di analisi su temi particolarmente cari al dibattito storiografico, quali la nozione di commercio internazionale,[18] l'incidenza dei forestieri sul mercato regnicolo,[19] quella, più in generale, delle compagnie mercantili-bancarie riguardo al fenomeno della rivoluzione commerciale bassomedievale,[20] la relazione tra economia e istituzioni – valutata, in particolare, alla luce della capacità di queste ultime di esercitare un'azione di controllo e di favorire il contenimento dei costi transattivi,[21] o ancora, il legame tra famiglia e impresa, l'esistenza o meno di uno spirito di reciproca collaborazione tra le compagnie, la tipologia delle dinamiche comunicazionali e, non certo da ultimo, il rapporto praticamente esclusivo tra monarchia e "banchieri del re".[22]

La prima penetrante analisi sull'immissione del capitale finanziario fiorentino nel Regno di Napoli risale agli inizi del secolo scorso e porta la firma di Georges Yver.[23] Lo studioso francese condusse la sua indagine virando su campi all'epoca del tutto inesplorati, come il settore creditizio e la gestione delle finanze, interamente controllati tra XIII e XIV secolo da importanti compagnie toscane che in regime di oligopolio svolgevano per la Corona i principali servizi bancari. A Yver si deve, in particolare, una lucida ed efficace descrizione del funzionamento di queste relazioni finanziarie, benché colte unicamente in ambito angioino e al tempo di Roberto I;

18. Tangheroni, *Commercio e navigazione*, p. 274, nota 2; Igual Luis, *La difusión de productos en el Mediterráneo*, pp. 453-494.

19. Del Treppo, *Stranieri nel Regno di Napoli*; Abulafia, *Mercati e mercanti nella Corona d'Aragona*, pp. 797-820.

20. Si segnala, in merito, un recente contributo di Tognetti, *Schumpeter incatenato*, pp. 821-835.

21. Sul rapporto tra istituzioni ed economia, illuminante si è rivelato il contributo dell'economista statunitense Douglass North, vincitore del premio Nobel nel 1993, il quale in un lavoro pubblicato nel 1981 suggeriva di guardare ai modelli economici quale esito delle strutture di scambio poste in essere dalle istituzioni, le sole in grado, se efficienti, di creare condizioni favorevoli alla crescita economica (North, *Structure and Change*). Si vedano, in merito, anche Epstein, *Freedom and Growth*; Sakellariou, *Southern Italy in the Late Middle Ages* e *Institutions, Innovation and Industrialization*.

22. Sui rapporti intessuti fra le grandi banche toscane e le principali corti europee, si veda la sintesi proposta da Tognetti, *Le compagnie mercantili-bancarie toscane*, pp. 707-710 (e relativa bibliografia); e Poloni, *I banchieri del re*, pp. 309-330.

23. Yver, *Le commerce* et les *marchands*, in particolare le pp. 335-391. Per una più recente rilettura, si rimanda a Petralia, *I Toscani nel Mezzogiorno medievale*, pp. 287-336.

quando invece, come evidenziato anche in un recente saggio di Alma Poloni, «il sistema dei banchieri del re» era stato sperimentato e adottato, contestualmente, dalle maggiori monarchie europee «ovvero, oltre che dagli Angiò, dal papato, dal re d'Inghilterra e da quello di Francia».[24] Riguardo al contesto napoletano, il suddetto "sistema" si sarebbe affermato, con il quasi esclusivo coinvolgimento della società lucchese dei Battosi, intorno agli anni Ottanta del Duecento, in concomitanza con lo scoppio della guerra del Vespro.[25] Di lì a breve, il rapporto tra Corona e banca avrebbe conosciuto interessanti sviluppi, consolidandosi proprio con l'ascesa al trono di Roberto d'Angiò, cui legarono le loro fortune compagnie come quelle dei Bardi, dei Peruzzi e degli Acciaiuoli.[26] Agli stessi operatori, grossomodo, già a partire dalla fine del XIII secolo, era stata accordata la concessione regia di istallare a Napoli, nel quartiere di Portanuova, dei banchi di cambio; mentre risalgono agli inizi del Trecento i primi accordi tra società, una sorta di "cartello bancario" *ante litteram*, mediante il quale i cambiavalute concordavano le condizioni di offerta dei servizi erogati per limitare la concorrenza. Ai Bardi, ai Frescobaldi, ai Peruzzi e agli Acciaiuoli, dopo il 1330, si associarono per operazioni saltuarie anche i Bonaccorsi.

Oltre a esercitare il cambio manuale delle monete, queste prime società di mercanti-banchieri conducevano diverse altre attività: trasferimento di fondi e gestione del traffico in entrata e in uscita dal Regno di una vasta gamma di prodotti, detenzione del monopolio dei commerci granari, trasporto sulle lunghe distanze di merci pregiate e di rifornimenti militari, esazione delle imposte, operazioni di prestito alla Corona e servizi di deposito di cassa per conto della stessa. I registri della tesoreria angioina (le *Relationes tesauriarum*) attestano, ad esempio, che sin dal 1305 la compagnia dei Peruzzi, per il tramite di agenti, fattori e rappresentanti, accordava prestiti al re e ai suoi ufficiali dietro garanzia dell'assegnazione di quote sulle entrate del fisco o di altri cespiti della monarchia.[27] Ciò comportò l'istallazione a tappeto e su vasta scala di fondaci commerciali e banchi controllati proprio dalle compagnie agevolate

24. Poloni, *I banchieri del re*, p. 310.

25. Del Punta, *Mercanti e banchieri lucchesi*, pp. 243-244; Poloni, *I banchieri del re*, pp. 315-316.

26. Petralia, *I Toscani nel Mezzogiorno medievale*; Hunt, *The Medieval Super-Companies*.

27. Del Treppo, *Il re e il banchiere*, p. 229; Hunt, *The Medieval Super-Companies*, in particolare le pp. 133-134.

da uno stretto e privilegiato rapporto col sovrano, le quali avevano il loro centro direzionale nelle sedi di Napoli e di Barletta.

La relazione tra monarchia e operatori economico-finanziari si traduceva in un reciproco scambio di favori e vantaggi. Se per il re, infatti, la familiarità con importanti gruppi di mercanti-banchieri agevolava la concessione di aperture di credito, ripetutamente necessarie e quasi illimitate, per questi ultimi la protezione sovrana consentiva – sopra ogni cosa – di abbattere i costi di transazione, offrendo una marcia in più rispetto a qualsiasi altro *competitor* economico. I banchieri del re, a quel punto, sarebbero stati i soli a beneficiare di un consistente numero di esenzioni fiscali e doganali, di franchigie, salvacondotti e agevolazioni varie, tra le quali si segnalano, in particolare, le licenze per l'estrazione esentasse di ingenti quantitativi di grano di produzione regnicola o la possibilità di disporre di una corsia giudiziaria preferenziale per il recupero crediti. Tutti aspetti che ebbero, ovviamente, una notevole incidenza sul valore del commercio e sulla qualità degli affari.[28]

Circa i servizi erogati alla Corona nel XV secolo, i banchieri fiorentini (come gli Strozzi), ma anche i catalani, ricevevano in deposito le somme derivanti dalla riscossione dei tributi (ordinari e straordinari, diretti e indiretti) da parte degli ufficiali regi. Confluivano in questo modo nelle loro casse le entrate provenienti da vari cespiti, inclusa l'*adhoa* feudale e l'imposta annuale versata per la *subventio generalis*. Ma i proventi che la curia esigeva e incamerava localmente nelle diverse province del Regno, una volta scomputate le spese via via occorse nei singoli contesti, avrebbero dovuto raggiungere materialmente gli uffici centrali della tesoreria regia. Diverse, e lo si può facilmente intuire, erano le difficoltà connesse al trasferimento di moneta contante sulle lunghe percorrenze e, di conseguenza, le perplessità avvertite in merito dell'ufficialità locale e distrettuale. A ciò sopperì proprio l'efficienza organizzativa dei banchi, che offrivano servizi di trasporto efficaci e sicuri, dai quali le stesse società, soprattutto fiorentine, trassero non pochi profitti. Il tempo, relativamente lungo (all'incirca alcuni mesi), che intercorreva tra il deposito dei fondi e il versamento nella tesoreria napoletana, metteva infatti a disposizione dei banchieri ingenti capitali da investire in varie operazioni e attività.

Unitamente ai servizi di cambio, prestito, custodia e trasporto del contante, la curia regia ricorreva alle agenzie bancarie anche per altre occor-

28. Petralia, *I toscani nel Mezzogiorno medievale*; Poloni, *I banchieri del re*.

renze, come, ad esempio, per la liquidazione di pagamenti da devolvere per conto dei suoi ufficiali (retribuzione di vari funzionari e amministratori, corresponsione del salario agli uomini d'arme, saldo dei debiti contratti verso terzi e altro ancora). Per il corretto funzionamento dell'apparato di governo, prima angioino e poi aragonese, e in linea con quanto accadeva contestualmente in altri paesi europei, il ricorso al prestito, da espediente eccezionale, assunse nel tempo la dimensione di sistema, cui si affiancò la diffusa pratica di dare in pegno, a mo' di garanzia, persino i gioielli della Corona o altri oggetti di gran valore.[29] Lo stesso Ferrante se ne servì in più occasioni per fronteggiare gli improvvisi impegni finanziari e militari. Nel 1460, ad esempio, durante la prima insurrezione baronale, il sovrano si trovò nell'imbarazzante situazione di depositare presso un gioielliere veneziano, tal Zorzo de Nicholò, addirittura la propria corona.[30] E ancora, nel 1486, in piena guerra dei baroni, per un mutuo di centomila ducati d'oro impegnò un «grande et bello balassio nominato *la Rocca*».[31] Il fenomeno del pegno non interessò solo le teste coronate, i loro familiari,[32] l'ambiente di curia e i membri dell'alta aristocrazia, ma ebbe ampia diffusione quasi a ogni livello della scala sociale, fino a investire anche i ceti meno agiati.[33]

29. Per alcuni esempi d'età angioina, cfr. Poloni, *I banchieri del re*, p. 322. Per l'età aragonese, si vedano invece Silvestri, *Sull'attività bancaria napoletana*, pp. 80-120 e Patroni Griffi, *Banchieri e gioielli alla corte aragonese*, pp. 11-30. Per uno sguardo oltre i confini del Regno, si rinvia a Prestwich, *Mercanti italiani in Inghilterra*, pp. 89-121; de Roover, *Il banco Medici*, p. 20; Feniello, *Dalle lacrime di Sybille.*

30. Pontieri, *Ferrante d'Aragona re di Napoli*, p. 82; Giampietro, *Un registro aragonese*, pp. 638-659: 650.

31. Volpicella, *Regis Ferdinandi primi*, p. 286; Patroni Griffi, *Banchieri e gioielli alla corte aragonese*, pp. 13 e 24. Con il termine di balascio si indicava una pietra di colore rosso violaceo o rosa, della varietà del rubino spinello.

32. Sappiamo, ad esempio, che la duchessa di Calabria, Ippolita Maria Sforza, per accedere a un prestito di duemila ducati, nel 1484 aveva dato in garanzia alcuni suoi gioielli al banco di Lorenzo de' Medici e compagni di Napoli (cfr. Cutolo, *Storie minime*, p. 79). Nello stesso anno la duchessa si era rivolta anche agli Strozzi e per l'acquisto di alcuni drappi aveva impegnato un «balascio grosso tavola leghato in castone d'oro», un «diamante triangholo chon una perla pendente» e ancora «uno gioiello d'uno choregiuolo da fondere, in esso uno ismiraldo con III perle pendenti» (cfr. ASF, *Carte Strozziane*, serie V, reg. n° 43, *Libro di ricordanze di Filippo Strozzi e Gioacchino Guasconi, mercanti fiorentini dimoranti a Napoli* [1484-1486], ms., c. 120v).

33. Patroni Griffi, *Banchieri e gioielli alla corte aragonese*, p. 12. Esempi in tal senso si ricavano tanto dai libri giornali quanto da quelli di ricordanze. Cfr. in merito il *Libro giornale 1473*, p. 188; il *Libro giornale 1476*, cc. 10r e 87r; e ASF, *Carte Strozziane*, serie

Se Yver, sia pur discostandosi dalle letture di quanti lo avevano preceduto, evidenziava ancora l'esistenza di un nesso – inevitabilmente svantaggioso per la popolazione meridionale – tra l'impoverimento della monarchia e l'accesso al credito, erogato agevolmente dalle banche fiorentine, cui attribuiva molte delle responsabilità, considerato anche il loro pieno inserimento nei gangli dell'amministrazione finanziaria e contabile del Regno, dobbiamo ancora a Mario Del Treppo l'intuizione di scrutare i «meccanismi finanziari dello stato» da un prospettiva rovesciata rispetto a quella dello storico francese, e cioè partendo proprio dagli aspetti tecnico-organizzativi del sistema bancario, dai libri contabili delle società, osservatorio privilegiato per cogliere, forse al meglio, le dinamiche relazionali tra monarchia e grandi banche, tra mondo delle istituzioni e mondo della finanza.[34] Ma, a una visuale limitata e distorta da un risalente pregiudizio nei confronti dei banchieri, che operavano – è vero – in campi spesso al limite della legalità e del rispetto della *licita usura*,[35] sarebbe auspicabile contrapporre uno sforzo interpretativo volto a non sottovalutare l'impatto positivo del credito sulla tenuta e sulla stabilità dello Stato, del sistema economico tutto e dell'imprenditoria locale, come si avrà modo di vedere, più nel dettaglio, in relazione alle iniziative e alle vicende della "ditta Coppola".

Su un altro piano, altrettanto importante per l'attività dei banchi istallati nel Mezzogiorno fu proprio il rapporto con la clientela privata: signori, alti funzionari, impresari, mercanti, artigiani, ecc. A ricorrere ai servizi offerti dalle agenzie bancarie era in particolare la grande feudalità regnicola, attanagliata dalla necessità di onorare gli impegni militari e diplomatici, ma anche dal desiderio di soddisfare i propri lussi e di emulare i fasti della corte regia. In mancanza di liquidità si ricorreva, all'occorrenza, al mutuo bancario, concesso, come si è visto, anche su pegno. Gli istituti di credito, tuttavia, svolgevano per i loro clienti anche altre funzioni: accettavano somme in deposito, garantendone la salvaguardia; impiegavano il risparmio raccolto per sostenere eventuali investimenti; assicuravano il cambio di moneta e il trasporto di valuta.

V, reg. n° 19, *Libro di ricordanze di Filippo e Lorenzo Strozzi, mercanti fiorentini a Napoli* (1470-1471), ms., c. 96v.

34. Del Treppo, *Il re e il banchiere*, pp. 231-232. Sul connubio tra politica e finanza, interessanti spunti soprattutto per l'età angioina sono in Pinto, *I fiorentini nel Regno di Napoli*, pp. 41-57; Tognetti, *Il Mezzogiorno angioino*, pp. 147-170; e Poloni, *Banchieri del re*.

35. Gamba, *Licita usura*.

Nel mondo della grande banca italiana, che era – lo ricordiamo – soprattutto toscana,[36] un esempio su tutti è rappresentato per l'età aragonese dalla compagnia degli Strozzi, operante a Napoli nell'intermediazione creditizia a partire dal 1466.[37] L'attività dei fratelli Filippo, Lorenzo e Matteo Strozzi risulta in realtà già avviata nel 1447, quando gestiscono una società a vocazione prevalentemente commerciale sul modello della più tradizionale azienda di tipo mercantile-bancario. Col tempo però il gruppo strozziano cessò di configurarsi come una *holding* di stampo mercantile esercitante anche funzioni bancarie alla stregua dei Datini di Prato,[38] per convertirsi in un vero e proprio istituto di credito. La pratica creditizia, ovvero l'anticipazione di denaro a clienti impegnati necessariamente alla restituzione secondo tempi e modi concordati, affonda le sue radici nell'antichità, ma si deve proprio ai banchieri italiani tardomedievali l'affinamento degli strumenti, delle tecniche e del gergo a essa correlato. Tanti erano nel Quattrocento i professionisti del credito – autentico «lubrificante dell'economia» per dirla con le parole di Roberto Sabatino Lopez[39]–, ma se messi a confronto con gli Strozzi, non avrebbero raggiunto gli stessi livelli di specializzazione e una così spiccata fisionomia bancaria nemmeno i potentissimi Medici, per quanto fossero a capo di un ramificato sistema di filiali, inclusa quella romana che fungeva da tesoreria papale.[40]

Le fonti dirette cui attinge la presente ricerca, col proposito – si è detto – di sondare l'attività finanziaria e creditizia del gruppo Strozzi operante a Napoli, sono principalmente i due, unici e già richiamati, registri contabili del banco, risalenti agli anni Settanta del Quattrocento e che documentano giornalmente – motivo per cui definiti *giornali* – le entrate e le uscite dello sportello bancario. Ora, e per chiudere questa nota introduttiva, all'obiezione

36. Si precisa che per i toscani, e in particolare per i fiorentini, la banca svolgeva essenzialmente la funzione di spiccare e di pagare le lettere di cambio, consentendo quindi ai mercanti-banchieri che erogavano questi servizi di eccellere nella finanza internazionale. Si veda *infra*, cap. 1, pp. 39-42. Per quanto concerne invece le sole attività di deposito e di prestito, queste risultano praticate, e probabilmente con pari volume dei toscani, anche a Venezia, a Milano, a Barcellona e presso altre piazze italiane ed europee.

37. Silvestri, *Sull'attività bancaria napoletana*; Goldthwaite, *Private Wealth in Renaissance Florence*, p. 56; Del Treppo, *Il re e il banchiere*, p. 232.

38. Sul sistema aziendale di Francesco Datini, si rinvia ai classici studi di Melis, *Aspetti della vita economica medievale*, in particolare le pp. 109 e 122-126.

39. Lopez, *Le origini della banca medievale*, pp. 7-32: 7.

40. Del Treppo, *Il re e il banchiere*, p. 232. Diverse le conclusioni cui giunse in merito uno dei massimi esperti del banco mediceo come Raymond de Roover (*Il banco Medici*).

che il quadro delineato rischi di risultare parziale o risenta eccessivamente della speciale angolatura da cui lo stesso è stato osservato, non si potrà che rispondere rimarcando la straordinaria dovizia delle informazioni contenute nei *Giornali* (come anche nei *Ricordi*), redatti dagli stessi professionisti degli affari e del credito, circa i fenomeni finanziari e socio-economici qui presi in esame, i quali, in ragione della loro natura, difficilmente emergerebbero con altrettanta chiarezza e vividezza da altre tipologie documentarie. Si aggiunga inoltre che il dato contabile – nello specifico bancario –, registrando il movimento di ingenti flussi di denaro con le rispettive causali, è quello che meglio si presta a chiarire il ruolo e le attività svolte nei più vari ambiti dalle grandi compagnie di mercanti-banchieri; esso consente altresì di cogliere la molteplicità dei nessi e delle correlazioni tra realtà economica interna e realtà economica esterna, tra locale e internazionale, tra Regno e spazio euro-mediterraneo. E ancora, lo stesso dato esprime appieno l'inserimento del Mezzogiorno aragonese nei grandi circuiti commerciali del tempo: linfa vitale per riattivare l'economia regnicola, per scongiurare il protrarsi di situazioni di stasi e di arretramento, che tuttavia non mancheranno di caratterizzare la storia futura delle regioni meridionali, a partire dalla perdita dell'autonomia dinastica e dalla fine del Regno di Napoli.

Quanto detto non esclude naturalmente l'opportunità, ove possibile, di vagliare con cura anche altre testimonianze in grado di rinviare, più o meno direttamente, ai circuiti del mercato internazionale e alle strategie del credito a distanza nelle dinamiche economiche bassomedievali. Ad oggi, tuttavia, nella scarsezza di fonti specifiche al riguardo, i *Giornali* del banco Strozzi continuano a costituire un riferimento documentario imprescindibile per la storia economica del Mezzogiorno aragonese. Ma, così come sottolineava diversi anni addietro Alfonso Leone, lettura e comprensione di queste scritture richiedono:

> una preparazione specifica del ricercatore, che va dalle cognizioni paleografiche attinenti, alla dimestichezza con la terminologia specialistica e più in generale con un linguaggio ove ogni parola ha un senso appropriato e peculiare, dalla conoscenza delle tecniche bancarie al possesso di una soddisfacente padronanza dei fatti economici.[41]

Tali competenze, per quanto fondamentali (e che chi scrive, non avendo alcuna preparazione ragionieristica, si è comunque sforzata di abbracciare, anche grazie alla consultazione di appositi manuali per la formazione tecni-

41. Leone, *Il Regno di Napoli e l'età aragonese*, p. 140.

co-commerciale), non possono tuttavia prescindere da un approccio metodologico che punti a rivalutare l'attento scandaglio dei documenti. In un sistema formativo e accademico sempre meno abituato a cimentarsi direttamente col testo di una fonte, incline a trascurare l'irrinunciabile valore della ricerca d'archivio, che va di conseguenza drammaticamente contraendosi, diventa sempre più raro sviluppare e possedere abilità tali da consentire l'interrogazione interpretativa dell'inedito. Con uno sguardo rivolto in particolar modo alle ricerche di storia economica, ma anche politica e sociale, la maggiore attenzione verso approcci fortemente tematici e teorici ha finito, purtroppo, con lo scoraggiare proprio il contatto diretto con quelle fonti, come i libri di conto delle aziende mercantili e bancarie, che, se valorizzate ancora tanto avrebbero da dire. Non sembri superfluo, quindi, chiudere questa introduzione richiamando – giacché pienamente d'accordo – quanto sottolineato una decina di anni fa da Amedeo Feniello, che così scriveva:

> La debolezza della storiografia medievale dell'Italia meridionale, soprattutto sugli aspetti economici e commerciali, non è legata soltanto a un'oggettiva mancanza di fonti ma anche a un uso – insufficiente e modesto – di ciò che esiste, di ciò che è sopravvissuto.[42]

Nel licenziare questo libro sento il dovere di ricordare e ringraziare le persone e le istituzioni che hanno contribuito alla sua realizzazione. Esprimo, innanzitutto, un sentito ringraziamento al mio maestro Benedetto Vetere e a Francesco Senatore, i quali, pazienti lettori della prima stesura del testo, sono stati prodighi di consigli, indicazioni e suggerimenti, discutendo con me alcuni temi e aspetti della presente ricerca. Ringrazio Sergio Tognetti per la puntuale revisione e per i preziosi commenti, che hanno contribuito a dissipare dubbi e incertezze. Sono grata ad Amedeo Feniello, che mi ha segnalato e gentilmente fornito la riproduzione fotografica di parte della documentazione esaminata, così come ha fatto Francesco Borghero, che ringrazio per la cortese disponibilità. Un pensiero va anche alle amiche e colleghe Daria De Donno, Melina Massaro e Maria Rosaria Vassallo, con le quali mi sono costantemente confrontata, dialogando proficuamente su argomenti, dati e documenti d'interesse comune. Ringrazio infine il Direttore del Dipartimento di Scienze Umane e Sociali dell'Università del Salento, Mariano Longo, e il collega Francesco Somaini, responsabile di Unità del PRIN 2020 (*Per (ri)scrivere la storia del Mezzogiorno bassomedievale. Forme testuali del potere, secoli XIV-XV*), per il concorso al finanziamento della pubblicazione.

42. Feniello, *Commercio del grano in Puglia*, pp. 325-340: 325.

# 1. Uomini d'affari, strutture associative, metodi e strumenti

## 1. *Operatori forestieri e modalità d'inserimento sulle piazze regnicole*

Prima di concentrare la nostra attenzione sulle vicende familiari del "ramo napoletano" degli Strozzi, soffermiamoci a valutare quelle che potevano essere le ragioni per cui alcuni uomini, "di negozio" e non, decidevano di abbandonare la terra d'origine e di svolgere la professione altrove. Teniamo conto, innanzitutto, del fatto che lo spostamento da un luogo all'altro deve essere inteso sotto due differenti forme o modalità. La prima consiste nel temporaneo cambiamento di sede finalizzato all'espletamento di un'attività (nello specifico affaristico-mercantile), mentre la seconda implica un trasferimento pianificato e prolungato, più o meno volontario – come si spiegherà più avanti –, che va a coincidere con una vera e propria migrazione.[1] Se nel primo caso si tratta di una mobilità che non incide, se non in modo transitorio, sulle abitudini di vita del soggetto interessato, la protratta permanenza dello stesso in una determinata località ospitante innesca invece una serie di conseguenze, che possono comportare l'acquisizione della cittadinanza, l'unione matrimoniale con una donna del posto, il trasferimento *in loco* dell'intero gruppo familiare (inclusa la componente femminile), l'acquisto di beni immobili o l'inserimento nella

1. Al tema della migrazione è stata dedicata la XXV settimana di studi dell'Istituto Internazionale di Storia Economica "F. Datini" (*Le migrazioni in Europa secc. XIII-XVIII*). Per studi più recenti, si rimanda ai volumi miscellanei *Cittadinanza e mestieri: radicamento urbano*; e *Vivere a Roma, restare a Roma*. Cfr. anche Orlando, *Medioevo migratorio*.

locale vita politica, fino al progressivo allentarsi dei vincoli e dei legami con i luoghi d'origine.[2]

A determinare la maggiore o minore riuscita dell'inserimento fuori sede contribuivano vari fattori, tra questi un peso rilevante avevano la posizione sociale di partenza dell'immigrato (incluse le risorse economiche di cui disponeva) e le capacità professionali.[3] Alti livelli di specializzazione, abilità tecnico-pratiche e competenze specifiche, unitamente a una consolidata esperienza nella prestazione di alcuni servizi (come quelli creditizi e cambiari) non comuni o particolarmente diffusi nell'ambiente ospitante, e pertanto largamente richiesti, potevano incidere profondamente sulla rapidità dei tempi di inserimento e sulla qualità dello stesso, che era tanto più soddisfacente quanto migliori risultavano i rapporti intessuti con la società e con i poteri locali.

Se queste furono grossomodo le carte vincenti che permisero agli operatori economici forestieri trasferitisi nel Regno di godere di particolare fortuna, varie, come anticipato, potevano essere le ragioni alla base del loro trasferimento. In primo luogo, in caso di spostamento volontario, la scelta era dettata per lo più da esigenze e strategie commerciali che, imponendo una certa flessibilità, suggerivano a una data azienda l'opportunità di aprire filiali in diverse piazze economiche. Non dimentichiamo che si trattava quasi sempre di soggetti ampiamente inseriti nel circuito degli scambi, capaci di intrattenere relazioni internazionali, abituati a viaggiare e a trascorrere anche lunghi periodi all'estero. Diversamente, lo spostamento era determinato da fattori estranei all'attività aziendale, spesso di natura politica. In questo caso la decisione di abbandonare la città di origine era riconducibile alla luce di mutamenti intervenuti nella composizione del locale ceto dirigente, in alcuni casi particolarmente ostile nei confronti di un determinato gruppo familiare, oppure era imposta con la forza dalle autorità di governo mediante provvedimenti di espulsione o di esilio. Questi, mirati a colpire, come nel caso degli Strozzi, tutti i componenti maschili della famiglia, non di rado producevano anche il successivo trasferimento

2. Su questi aspetti, con particolare riguardo per la componente pisana, si veda Petralia, *Per la storia dell'emigrazione quattrocentesca*, pp. 373-388; e Petralia, *Banchieri e famiglie mercantili nel Mediterraneo.*

3. Erano queste, in particolare, a connotare quella che è stata definita come un'immigrazione "qualificata" (Del Treppo, *Stranieri nel Regno di Napoli*, p. 181) o "specializzata" (Pinto, *Gli stranieri nelle realtà locali*, pp. 25-35: 29-30). Si veda in merito anche Franceschi, *Maestri, compagni, nemici*, pp. 505-115.

delle donne, con l'ovvia conseguenza dello sradicamento di interi gruppi parentali, i quali, facendo di necessità virtù, si attrezzavano al cambiamento, intessendo rapporti di reciproca solidarietà tra fuoriusciti.

Guardando in particolare ai fiorentini, se molti come i Medici frequentavano le piazze meridionali per ragioni esclusivamente professionali, non erano in pochi quelli che vi risiedevano stabilmente perché costretti all'espatrio per questioni politiche. Dopo gli avvenimenti del 1434 ad esempio, furono espulsi da Firenze quanti ritenuti responsabili della cacciata di Cosimo de' Medici, tra i quali spiccano i nomi di personaggi come Matteo di Bernardo de' Bardi, Barnaba di Bartolo di ser Nofri Bischeri e Antonio di Ghezzo Della Casa. Risale a questo preciso momento anche l'allontanamento dei principali esponenti di famiglie come i Bardi, i Castellani, i Guadagni, i Guasconi, i Peruzzi e gli Strozzi.[4]

Dall'integrazione con le comunità autoctone e soprattutto dal rapporto spesso personale con il potere (regio, signorile o cittadino) dipendeva la possibilità per queste famiglie, e per le loro aziende, di consolidare il patrimonio, di raggiungere alti livelli di affidabilità e credibilità, di penetrare nel locale tessuto sociale e nelle fila della burocrazia, così come quella di acquisire particolari privilegi e benefici, anche feudali. Ovviamente, chi più possedeva più investiva ricavandone maggiori profitti, il volume dei quali, tuttavia, era a sua volta determinato anche dalla vivacità economica e sociale del centro in cui si sceglieva di risiedere e del suo *hinterland.* Ciò spiega come alcune città rispetto ad altre riuscissero a esercitare un più forte potere attrattivo sull'immigrazione di alte professionalità (come i mercanti-banchieri), perché capitali politiche e/o amministrative, sedi di importanti piazze commerciali e finanziarie, perché strategicamente posizionate al centro di rotte internazionali, terrestri quanto marittime, o ancora perché investite da processi di crescita e di sviluppo, che avevano favorito l'inurbamento di parte della popolazione proveniente da borghi e insediamenti contermini. Sono tutti requisiti, questi, sui quali torneremo in seguito, ma che ben si riconoscono a una grande città come Napoli, sede con gli Angiò della corte regia, magnetico polo d'attrazione per le province del Regno e per i più vari operatori del settore economico, e non

4. Pargolo di Matteo Petriboni, Matteo di Borgo, *Priorista (1407-1459)*, pp. 257-258 e 458. Riferimento imprescindibile su questi avvenimenti è il volume di Nicolai Rubinstein, *Il governo di Firenze sotto i Medici*. Si segnala anche la più recente biografia di Cosimo de' Medici curata da Lorenzo Tanzini, *Cosimo de' Medici. Il banchiere statista.*

solo.[5] Veniamo ora a considerare il tipo di organizzazione che si diede la comunità dei fiorentini residenti a Napoli. Iniziamo col dire che una caratteristica comune ai diversi uomini d'affari coinvolti nel commercio in età bassomedievale era quella di veder progressivamente diminuire il numero dei loro spostamenti. Essi, infatti, non seguendo più in prima persona tutte le operazioni e tutti i negozi conclusi dalle società che dirigevano o a cui partecipavano, avevano iniziato a delegare i loro affari a propri agenti, collaboratori, corrispondenti o rappresentanti permanenti, che operavano sulle diverse piazze economiche.[6] Questa tendenza si diffuse rapidamente e si tramutò in pratica consolidata grazie all'acquisizione di nuove tecniche finanziarie, che consentivano di compiere a distanza qualsiasi operazione bancaria, sia per conto proprio che per conto di terzi. Ogni indicazione di ordine pratico e operativo, ogni passaggio o attività di verifica era affidato alla corrispondenza epistolare, canale privilegiato della comunicazione, non solo mercantile, e fondamentale strumento di lavoro.[7]

Il più ridotto grado di mobilità dell'uomo d'affari si tradusse inoltre in una maggiore propensione a risiedere per più lungo tempo nella stessa città, all'interno della quale ci si organizzava in base alla provenienza, istituendo consolati o confraternite, cui aderivano esclusivamente mercanti e operatori economici della medesima *natio*.[8] Erano i governi locali, più o meno benevoli nei confronti degli immigrati, ad autorizzare la nascita di questi istituti, il cui ruolo fondamentale consisteva nel tutelare e sorvegliare, in pari tempo, tutti gli associati, le loro attività e i loro beni, concentrati solitamente in un determinato quartiere della città ospitante, all'interno del quale sorgevano, una accanto all'altra, le abitazioni dei mercanti forestieri e le loro botteghe, ma anche i magazzini, i fondaci per le contrattazioni, uno o più luoghi di culto, la sede per le assemblee e la residenza dei consoli

5. Del Treppo, *I mercanti catalani e l'espansione della Corona*, p. 243.

6. Tognetti, *Le compagnie mercantili-bancarie toscane*, pp. 687-717: 701.

7. Sull'importanza della corrispondenza epistolare nelle pratiche economiche, si rinvia al recente volume *Lettere e registrazioni di mercanti-banchieri*. Si segnalano anche i contributi di Guidi Bruscoli, *Circolazione di notizie*, pp. 119-148; e *I mercanti medievali e l'invio della corrispondenza*, pp. 9-32.

8. Su questi aspetti, si rimanda ai classici studi di Lopez, *The Trade of Medieval Europe*, vol. II, pp. 257-354; Lopez, *The Commercial Revolution*; de Roover, *The commercial revolution*, pp. 34-39; Id., *The Organization of Trade*, vol. II, pp. 42-118; e Tangheroni, *Commercio e navigazione*, pp. 291-297. Tra le sintesi più recenti, si segnalano invece Del Punta, *Mercanti e banchieri lucchesi*, pp. 9-17; e Tognetti, *Le compagnie mercatili-bancarie toscane*, pp. 687-717.

o del console. Quest'ultimo, scelto tra i membri della medesima comunità, appartenente a compagnie mercantili di un'altra "nazione" o espressione del notabilato locale, aveva il compito di amministrare la giustizia sugli iscritti al consolato, tenuti a rispettarne regole e statuti.[9] Lo stesso curava le relazioni con le autorità governative, contrattando all'occorrenza il riconoscimento di agevolazioni e condizioni di favore. Ciò spiega perché – guardando nello specifico al Regno – la scelta del candidato fosse spesso l'esito di una serrata negoziazione tra monarchia, mondo mercantile e società urbana, senza trascurare la parte avuta nella contrattazione dalla stessa città d'origine della comunità immigrata. Quasi sempre infatti l'organizzazione consolare manteneva uno stretto legame con la madrepatria, che esercitava una forma di controllo politico sui propri cittadini all'estero, interferendo anche nella nomina dei consoli, e nella quale continuavano a risiedere per la maggiore le mogli, i familiari, i parenti o gli amici di quanti espatriati. Si aggiunga poi il fatto che dalla terra nativa giungevano ininterrottamente merci, capitali, risorse umane, flussi di migranti, magari sollecitati dalle positive esperienze dei connazionali, e informazioni utili alla pratica mercantile, come le oscillazioni di valore delle quotazioni cambiarie; dalla stessa madrepatria, ancora, derivavano tradizioni, costumi e culti che ciascuna comunità introduceva nella realtà ospitante.

Riguardo al consolato dei fiorentini a Napoli, si deve a Bruno Figliuolo una chiara analisi sull'organizzazione di questo istituto, risalente all'età angioina.[10] La compilazione del primo statuto porta la data del 1309, cui seguirono due versioni rinnovate nel 1406 e nel 1430. Le annotazioni al margine della copia di quest'ultima ne attestano la validità sino agli inizi del XVI secolo. Dal dettato del testo si apprende che tutti i fiorentini, *appellati* tali e figli di fiorentini («per padre sia nato o di Fiorentino tenuto») residenti nella capitale rientravano nel consolato, al quale appartenevano non per propria scelta, ma in quanto originari di Firenze e discendenti da famiglie fiorentine. Su di loro ricadeva la giurisdizione del console, al quale, pena l'espulsione dalla comunità, si doveva ubbi-

9. Per una panoramica sulle istituzioni consolari nel Mediterraneo, soprattutto orientale, e sulla loro organizzazione, si rinvia a Balard, *Consoli d'Oltremare*, pp. 83-94; Abulafia, *Las redes consulares del Mediterráneo*, pp. 339-351; Constable, *Housing the Stranger in the Mediterranean*; Petti Balbi, *Negoziare fuori patria*; Basso, *Insediamenti e commercio nel Mediterraneo*. Interessanti spunti sull'istituto consolare, sebbene incentrato sull'età moderna, sono anche nel saggio di Biagianti, *Reti consolari nel Mediterraneo*, pp. 115-125.

10. Figliuolo, *L'organigramma della nazione fiorentina*, pp. 191-200.

dienza. Per accedere alla carica, oltre ad aver compiuto i trent'anni d'età, era necessario risiedere a Napoli da almeno un anno e far parte di una compagnia mercantile o bancaria attiva in città. Figure chiave nell'organigramma amministrativo del consolato, nominate dall'assemblea generale della "nazione" fiorentina (il Maggior consiglio), erano i cinque grandi elettori, sui quali ricadeva la scelta del console. A un camerlengo era affidato il compito di riscuotere le imposte e le multe; mentre un notaio e un prete provvedevano rispettivamente alla stesura degli atti e alla celebrazione del culto.

## 2. *Forme aziendali e gestione degli affari: evoluzioni e trasformazioni*

Restando sempre in tema di organizzazioni associative, entriamo più nello specifico a fare i conti con quelle di tipo professionale legate al mondo mercantile e bancario. È nostra intenzione qui richiamare brevemente le principali tipologie o forme d'impresa, i soggetti coinvolti, le strategie commerciali, gli strumenti utilizzati nella prassi affaristica, le pratiche contrattuali e le modalità di relazione con altri attori economici. A tale scopo attingeremo ai risultati conseguiti nella ricerca grazie ai fondamentali studi di Armando Sapori, Federigo Melis e Raymond de Roover, a partire dalla struttura associativa delle compagnie sviluppatesi a Firenze e nelle principali città toscane già nella prima metà del XIII secolo, richiamando via via spunti e riflessioni della più recente storiografia.

Il contesto di riferimento, innanzitutto, è quello cittadino basso medievale, investito da una straordinaria crescita demografica ed economica che non può prescindere dalle innovazioni organizzative e tecnologiche introdotte soprattutto nel settore terziario, identificabile all'epoca con la cosiddetta "mercatura".[11] Se convince la lettura che lega i processi di sviluppo dell'Europa continentale agli importanti cambiamenti intervenuti in campo agricolo tra XII e XV secolo, qualche perplessità continua a suscitare la trasposizione della stessa lettura in area Mediterranea, dove non solo i principali centri del commercio marittimo e degli affari (si pensi a Venezia, Genova e Pisa, ma anche a Firenze) non disponevano di ricchi entroterra rurali, né di consistenti risorse agricole, ma dove era soprattutto

11. Per una chiara sintesi del momento e del fenomeno storico, si rimanda a Franceschi, Taddei, *Le città italiane nel Medioevo*, in particolare i capp. I-III, pp. 13-116.

il ceto mercantile a farla da padrone.[12] Un ceto mercantile che, recuperando la riflessione teorica dell'"approccio schumpertiano" adottato da Mario Tangheroni,[13] ha svolto un ruolo determinate, tra l'altro, anche per la diffusione delle istituzioni creditizie, dalle quali, stando alla teoria di Joseph Alois Schumpeter, sarebbe scaturita la possibilità di creare nuovo potere d'acquisto e di innescare una generale espansione economica.[14] Per quanto la "mercatura" non abbia avuto ovunque medesimo peso e medesimo sviluppo, occupando «una porzione inferiore ai settori primario e secondario nella qualificazione della ricchezza complessiva della civiltà basso medievale», le si deve, tuttavia, riconoscere un forte potere trainante nelle dinamiche di cambiamento che hanno investito le strutture produttive, i sistemi economici e politici, la società e la mentalità, collettiva e individuale, in un epoca di grande slancio quale fu il Rinascimento.[15] Ciò risulta evidente sia che si concentri l'attenzione sulle città dell'Italia centro-settentrionale – le vere protagoniste del cambiamento –, sia che si guardi verso altre realtà, le quali, sebbene sprovviste a livello locale di un consolidato ceto mercantile, avvertirono, inevitabilmente, l'onda d'urto trasmessa dalla dimensione internazionale degli scambi e dall'evoluzione del sistema finanziario.

La cornice organizzativa che meglio si prestò allo sviluppo delle attività mercantili e bancarie fu la forma societaria della compagnia, istituita, come vedremo, tanto per portare a compimento singole operazioni commerciali (anche se, in questo caso, si trattava di *societas maris* e di *accomendationes* che prevedevano sodalizi mercantili economicamente e giuridicamente molto meno sofisticati), quanto per concludere una serie di investimenti a lungo termine (le compagnie vere e proprie).[16] Quelle mercantili italiane (in particolare genovesi, veneziane e pisane) solcavano il Mediterraneo in lungo

12. Tognetti, *Attività mercantili e finanziarie*, pp. 23-43: 25.

13. Tangheroni, *Commercio e navigazione*, in particolare il cap. V: *La rivoluzione commerciale e il mare*, pp. 127-186.

14. Schumpeter, *The Theory of Economic Development*.

15. Tognetti, *Attività mercantili e finanziarie*, in particolare p. 26.

16. Sulla nascita della compagnia, primo modello di società per affari, affermatosi in maniera preponderante nelle principali città toscane a partire dai primi decenni del Duecento, cfr. Sapori, *Le compagnie mercantili toscane*, II, pp. 765-808; Melis, *Le società commerciali a Firenze*, pp. 161-178; English, *Enterprise and liability in Sienese* e Goldthwaite, *L'economia della Firenze rinascimentale*, pp. 92-121, a quest'ultimo si rimanda anche per l'espansione economica fiorentina nel corso del XIII secolo, in particolare all'introduzione (*La rivoluzione commerciale*), pp. 17-57: 42-57 e relativa bibliografia. Si ricorda che nel 1252 la città iniziò a battere il fiorino, una moneta che si sarebbe presto trasformata nella principale divisa in

e in largo sin dal XII secolo, trasportando derrate alimentari, materie prime, metalli preziosi, spezie, tessuti, armi, schiavi e molto altro ancora; la loro presenza sulle principali piazze commerciali, occidentali quanto orientali, e le loro attività contribuirono a ridurre le distanze tra luoghi lontani e a unificare i mercati, imprimendo ovunque, nonostante le diverse situazioni di partenza, un'accelerazione ai processi di sviluppo in atto.

Gli istituti societari in grado di rispondere alle esigenze organizzative di queste compagnie furono essenzialmente di due tipi, più flessibili e temporanei, quando coinvolgevano operatori legati soprattutto al mare (come genovesi, veneziani e pisani), le cui attività erano scandite dalla stagionalità della navigazione; più vincolanti e duraturi in caso di società a responsabilità solidale e illimitata, come si verificò nelle città nell'entroterra toscano (Firenze, Siena, Pistoia, Lucca, ecc.).

Una formula associativa dalla durata circoscritta a un determinato intervallo di tempo era la commenda o *accomenda* (indicata con differenti denominazioni a seconda dei contesti), diffusa soprattutto nell'ambito del commercio marittimo e, come si dirà meglio in seguito, anche tra i mercanti catalani (oltre che ad Ancona, a Ragusa, a Marsiglia, e così via).[17] Si trattava, nello specifico, di un contratto mediante il quale un investitore (il *socius stans*) affidava (dal latino *commendo*) del denaro a un mercante (il *tractator*) col fine di partecipare, e in misura certo maggioritaria, agli utili di quest'ultimo provenienti da una missione commerciale. Si ricorda, infatti, che nei contratti di commenda i tre quarti degli utili andavano al finanziatore, mentre solo un quarto al viaggiatore. Motivo per cui si ricorreva anche all'espressione di società al quarto del profitto (per il *tractator*).

Riguardo invece alla seconda tipologia, la formazione originaria delle prime società commerciali prevedeva l'istituzione di un'azienda indivisa alla quale i soci, appartenenti tutti alla stessa famiglia e con «uniformità di rango», partecipavano impiegando quote di capitale (cioè i corpi di compagnia dei singoli), che potevano variare in relazione anche alle mansioni (a tempo pieno, parziale o saltuario) prestate dagli stessi all'interno dell'impresa.[18] Il

circolazione sul mercato europeo, e che sarebbe stata imitata dalle più importanti zecche. Cfr. *ibidem*, pp. 75-85; e Day, *Fiorentini e altri italiani appaltatori*, pp. 9-29.

17. Sulla diffusione di questa forma associativa in area catalana, si veda Soldani, *Uomini d'affari e mercanti toscani*, p. 71.

18. Melis, *Le società commerciali a Firenze*, p. 162. Sul capitale sociale delle compagnie, costituito dalle quote versate dai soci, vedi Tognetti, *La mercatura fiorentina prima e dopo*, pp. 236-237.

legame e la rete familiare erano alla base dell'iniziativa imprenditoriale e del suo successo, che doveva molto, tuttavia, come nel caso dei Medici, anche alla longevità e alla fortuna genealogica del singolo gruppo.[19]

Accresciuto il volume degli affari, che portavano l'azienda a misurarsi con le richieste di più piazze commerciali, e aumentate le esigenze, dalla casa-madre gemmarono diverse filiali sparse nei principali centri di scambio italiani ed europei, ma che, da un punto di vista giuridico, continuavano a costituire un solo e unico organismo, l'azienda "divisa".[20] Impiantate e condotte in un primo momento da uno o più soci-proprietari della compagnia, le filiali furono in seguito affidate anche a collaboratori o fattori esterni alla famiglia, espressione di quel ceto impiegatizio selezionato in base a competenza e affidabilità, facente capo sempre alla direzione dell'azienda-madre.

La proliferazione del numero delle sedi dipendenti era dettata generalmente dalla diversificazione delle attività svolte e dal giro di affari dell'azienda, interessata a investire in settori diversi, dal commercio all'industria dei panni, ad esempio, o dal mercato del cambio alla partecipazione a operazioni più complesse e prolungate (come «la ragione del sale» o «l'incetta del grano»).

Era soprattutto la dimensione a differenziare queste prime forme di struttura aziendale "divisa", e a incidere sulla dimensione concorrevano più fattori: il volume dei capitali investiti, l'estensione del raggio d'azione, il numero dei dipendenti e la cifra d'affari, vale a dire la somma totale delle operazioni effettuate dall'azienda nel corso di un anno.[21] Per gestire società piuttosto grandi si misero a punto e si perfezionarono tutta una serie di strumenti dai quali derivano i moderni metodi e istituti economici (la contabilità a partita doppia, il bilancio, il credito, lo scoperto di conto, l'assicurazione, la cambiale o cambio traiettizio, l'assegno, la girata – attestata, tuttavia, solo a partire dal Quattrocento –, ecc.).

Da questa prima forma aziendale, unica e indivisa, sebbene articolata in più sedi (per questo indicata in letteratura come "divisa"), a seguito dei fallimenti che nella prima metà e soprattutto negli anni Quaranta del

19. Goldthwaite, *Organizzazione economica e struttura famigliare*, pp. 1-13. Sul rapporto tra famiglia e impresa, tema che ha alimentato un vivace dibattito, si limita il rinvio a Herlihy, *Family Solidarity in the Medieval*, pp. 173-184; *Famiglia e parentela nell'Italia*; e Levarotti, *Famiglia e istituzioni nel Medioevo*.

20. Melis, *Le società commerciali a Firenze*, pp. 161-178: 162.

21. Ivi, pp. 163-164.

Trecento investirono alcune delle maggiori compagnie mercantili e bancarie fiorentine,[22] si passò a una nuova configurazione, più funzionale, perché capace di limitare danni e responsabilità. Finalizzata a evitare che il dissesto di una filiale periferica condizionasse le sorti dell'intera azienda, l'innovazione introdotta prevedeva l'istituzione all'estero di compagnie giuridicamente autonome dalla casa-madre, con una propria ragione sociale, una gestione amministrativa separata e dei capitali distinti.[23] Si andava così configurando, secondo la definizione proposta da Federigo Melis, un vero e proprio «sistema di aziende», costituito da varie entità giuridiche (tutte del tipo della compagnia indivisa) che, in quanto tali, non si sarebbero trascinate a vicenda in una eventuale rovina, ma avrebbero tuttavia continuato a beneficiare dei vantaggi derivanti dall'appartenenza a un sistema unico e coeso, tenuto insieme da regole e da «mezzi sicuri e durevoli», distinti «in personali e reali».[24]

Riguardo ai primi, un fattore decisivo di coesione era rappresentato dal ruolo e dalle funzioni del socio maggioritario (il "maggiore"), che prevaleva sugli altri, perché investiva maggiori capitali, partecipava in tutte le unità aziendali, stabiliva le linee programmatiche dell'intero sistema e, partendo dal presupposto che nella gran parte dei casi l'azienda continuava ad avere base familiare, godeva di un forte ascendente all'interno del più ampio gruppo parentale.[25] I mezzi o fattori reali consistevano invece nel costante e diffuso scambio di informazioni, uomini, relazioni e richieste intrattenuto tra le diverse società del sistema, che intrecciavano i rispettivi affari e le operazioni – sia che si trattasse di azienda prettamente mercantile,

22. Sull'ondata di fallimenti bancari che caratterizzò la prima metà del Trecento, si vedano Feniello, *Dalle lacrime di Sybille*; e Tanzini, *1345. La bancarotta di Firenze*. Si segnala, tra i tanti casi, quello dei Frescobaldi in Inghilterra, indagato da Tognetti, *Nuovi documenti sul fallimento*, pp. 135-157.

23. Sull'evoluzione delle forme organizzative della compagnia mercantile-bancaria, si rinvia a Sapori, *La mercatura medievale*, in particolare le pp. 47-48; e al più recente saggio di Tognetti, *Le compagnie mercantili-bancarie toscane*, pp. 707-708.

24. Melis, *Le società commerciali a Firenze*, p. 166.

25. Il ruolo del "maggiore" risulta ben evidente nei celebri casi di Francesco di Marco Datini o di Cosimo de' Medici, i quali versano la quota maggiore di capitale alla costituzione della società, partecipano in tutte le ragioni sociali del "sistema" aziendale e agiscono da coordinatori generali. La principale differenza tra le due aziende consiste però nella diversa modalità di partecipazione al corpo. Se il Datini lo fa da singolo come socio individuale, nel caso dei Medici si tratta sempre di due o tre soci appartenenti alla medesima famiglia, ai quali se ne affianca uno esterno (per lungo tempo un esponente dei Bardi). Si veda Soldani, *Uomini d'affari e mercanti toscani*, pp. 68, 364-374 e 398-409.

sia che si trattasse di azienda manifatturiera o esclusivamente bancaria –, condividevano i medesimi interessi e perseguivano obiettivi comuni.

Una tale struttura associativa, prefigurazione secondo de Roover dell'odierna *holding company* e che più di recente Richard Goldthwaite ha definito «partnership agglomerate»,[26] non solo aveva il vantaggio di limitare i rischi, ma rispondeva a una serie di altre ragioni, innanzitutto fiscali e politiche (se pensiamo all'alto numero dei fuoriusciti da Firenze, come da altre realtà), ma anche pratiche, dal momento che l'autonomia (amministrativa e di bilancio) delle sedi snelliva molte procedure e accelerava il ritmo delle attività.

Ancora, dalla preoccupazione di neutralizzare i rischi in caso di fallimento derivò l'emanazione di una legge fiorentina del 1408 che, introducendo il principio della responsabilità limitata, apriva la strada a nuove forme associative (le accomandite), all'interno delle quali i soci capitalisti, estranei alla gestione diretta dell'impresa, avrebbero dovuto rispondere soltanto del capitale versato.[27] Era questa, l'accomandita, una società istituita solitamente tra soci mercanti, che partecipavano agli affari in prima persona, assumendo una responsabilità solidale e illimitata, e soci non mercanti, che, al contrario, la assumevano limitatamente al capitale conferito.[28] Nelle accomandite, oltre ai singoli, investivano anche le grandi compagnie, intenzionate a inserirsi in una piazza commerciale o a partecipare ad affari particolarmente redditizi.

Una compagnia, oltre a contare sul proprio "corpo", cioè il capitale sociale investito inizialmente dalla stessa compagnia, poteva usufruire dell'apporto di ulteriori capitali, il "sovraccorpo",[29] impegnati in un secondo momento o in particolari circostanze da parte dei soci, i quali, sotto

26. Goldthwaite, *The Economy of Renaissance Florance*, p. 71: «For the fifteenth century it is not difficult to find instances of a partnership that, like Datini's company in Florence, itself became a partner in another company, an arrangement that Raymond de Roover called a "holding operation". Two notable examples of an extensive partnership agglomerate constructed through this investment mechanism are the Medici and Capponi companies».

27. Melis, *Le società commerciali a Firenze*, pp. 170-178; Melis, *L'economia fiorentina del Rinascimento*, pp. 187-214; Tognetti, *Il banco Cambini*, pp. 238-239.

28. Galgano, voce *Società in accomandita semplice*, pp. 565-567. Va tuttavia ricordato che la società in "accomandita" del Quattrocento non può essere completamente assimilata all'attuale forma societaria sancita nel codice civile, sebbene prevedesse la responsabilità illimitata per alcuni soci e limitata per altri. La questione è stata approfondita da Melis, in *Documenti per la storia economica*, pp. 41-42.

29. Tognetti, *Le compagnie mercantili-bancarie toscane*, p. 693.

forma di mutuo su cui si ricavava un interesse a mo' di remunerazione, incrementavano i mezzi finanziari dell'azienda. Accanto ai soci potevano conferire depositi (detti "a discrezione") anche finanziatori esterni, analogamente determinanti per lo sviluppo e il successo della stessa azienda.[30]

Osservando in una prospettiva diacronica il fenomeno associativo sulla base del "modello italiano", vanno messi in evidenza due aspetti che appaiono di segno diametralmente opposto, uno negativo l'altro positivo. Da un lato, le varie tipologie di azienda (indivisa, divisa, individuale, a responsabilità limitata, ecc.) si estesero nel tempo ben oltre i confini dell'universo fiorentino e toscano, generando concorrenza interna alla Penisola, ma soprattutto proveniente dall'esterno (si pensi, in particolare, ai competitori catalani e provenzali);[31] ciò condizionò non poco, oltre a guerre, pestilenze e debitori insolventi, i destini di diverse compagnie. Dall'altro, però, le aziende che riuscirono a restare sulla scena, e soprattutto nel corso del Quattrocento, ampliando e differenziando la natura dei loro affari e degli investimenti, limitarono le perdite e ottimizzarono i profitti. Se la prima generazione di mercanti aveva infatti puntato soprattutto sul commercio, scambiando prodotti finiti con materie prime, le nuove compagnie andavano sempre più specializzandosi nel settore finanziario, offrendo servizi cambiari a lunga distanza, mediazione creditizia e assicurativa. Così ai rovesci e ai fallimenti che colpirono alcuni gruppi o alcune realtà geografiche corrisposero l'affermazione e il successo di altri,[32] il cui predominio sul mercato internazionale derivava innanzitutto dall'erogazione di due fondamentali servizi: l'emissione di lettere di cambio e la stipula di polizze assicurative (su cui si riprenderà il discorso più avanti).[33]

30. Guidi Bruscoli, *Le tecniche bancarie*, pp. 543-566: 548-549: «Gli unici conti che prevedevano una remunerazione per il depositante erano i cosiddetti "depositi a discrezione", i quali garantivano a chi versava dei fondi presso l'azienda un compenso in teoria legato alla discrezione del banchiere (quindi un donativo, non un interesse: un trucco per ovviare alle disposizioni anti-usuraie)». Sul "deposito a discrezione", si veda anche de Roover, *Il banco Medici*, pp. 145-155.

31. Tognetti, *Attività mercantili e finanziarie*, pp. 33-34. Sul commercio catalano e sulla fondamentale rotta del Levante, si rinvia a Coulon, *Barcelone et le grand commerce*. Molto utile è anche il più recente saggio di Igual Luis, *Los grupos mercantiles y la expansión*, pp. 9-32.

32. Su questi aspetti si rimanda a Tognetti, *Geografia e tipologia delle attività urbane*, pp. 331-341 e relativa bibliografia.

33. Tra i lavori più recenti sulle banche nel tardo medioevo, si segnalano: Mueller, *The Venetian Money Market*; Goldthwaite, *L'economia della Firenze rinascimentale*; Palermo, *La banca e il credito*; e Del Bo, *Banca e politica a Milano*.

L'attività degli uomini d'affari inseriti nei circuiti della grande finanza si concentrò soprattutto nello spazio compreso fra le città di Genova, Milano, Venezia e Firenze; qui «nel pieno e tardo Quattrocento batteva il cuore pulsante dell'economia europea»,[34] da qui si irradiava una fitta rete di comunicazioni, contatti e collegamenti che raggiungeva le principali piazze mercantili, italiane ed estere, finanziava le imprese e alimentava gli scambi.

Spostando ora l'attenzione sui soggetti partecipanti all'impresa, ricordiamo che tra i soci, oltre agli stretti familiari che insieme avevano dato vita alle prime forme associative, potevano rientrare parenti acquisiti, affini e persino uomini d'affari apparentemente estranei al gruppo, ma certo a esso legati da collaudati vincoli di alleanza e di amicizia, motivo per cui ugualmente reputati affidabili. Identico discorso valeva per la scelta di collaboratori, agenti e mediatori, ai quali venivano affidate operazioni anche molto rischiose e delicate, come nel caso di deleghe o procure. Queste ultime erano generali quando i procuratori agivano regolarmente per conto dei loro titolari, mentre erano speciali se riferite allo svolgimento di uno specifico affare, come il recupero di debiti o di merci.

Accanto ai già richiamati Medici e agli Strozzi, di stampo prevalentemente familiare furono altre importanti aziende fiorentine, perlomeno le rilevanti Mannelli, Alberti e Pazzi.[35] Tutte potevano contare sulla solidarietà dei vari rami, che, organizzati in compagnie autonome, sparse nei diversi paesi del Mediterraneo, operavano in continuo accordo per il conseguimento di comuni strategie. A capo di ogni singola impresa c'erano soprattutto fratelli e cugini, che, come nel caso degli Strozzi, partecipavano al capitale sociale anche con porzioni dell'eredità paterna rimasta indivisa tra gli eredi.[36] Dalla collaborazione tra tutte le aziende del gruppo dipendeva la possibilità per lo stesso di estendere la propria influenza sui mercati e di ampliare lo spazio economico a disposizione per gli investimenti.

Ovviamente ogni azienda restava l'unica responsabile della propria sorte, che era condizionata, innanzitutto, dalle capacità di gestione e di *governance* dei titolari, nonché dal ruolo assunto dalla compagnia nella realtà economica, sociale e politica di riferimento. Se la fitta rete di rela-

34. Tognetti, *Attività mercantili e finanziarie*, p. 40.

35. Sugli Alberti, cfr. Boschetto, *Leon Battista Alberti e Firenze*; e Soldani, *Uomini d'affari e mercanti toscani*, pp. 329-333. Mentre per le aziende dei Pazzi, si rinvia a Spallanzani, *Le aziende Pazzi*, pp. 305-320.

36. Soldani, *Uomini d'affari e mercanti toscani*, p. 76.

zioni familiari e professionali, anche con compagnie diverse, contribuiva ad accrescere la proiezione nazionale e internazionale del gruppo (inteso come "sistema di aziende"), il successo degli affari di ogni singola impresa dipendeva da quanto la stessa si fosse integrata nel locale tessuto sociale e fosse riuscita a interagire positivamente col potere politico e con i ceti preminenti. Altrettanto importanti risultavano poi le relazioni con gli operatori economici, locali e non, con cui si condivideva la piazza di mercato.

Come già richiamato, accanto all'esercizio commerciale propriamente detto, gli uomini d'affari toscani optarono per la diversificazione dei negozi e degli investimenti che, ripartendo i rischi, consentiva più ampi margini di profitto, perfezionandosi soprattutto nelle operazioni di credito e di cambio. Disponendo di risorse economiche e moneta contante potevano infatti anticipare importanti somme, attraverso vendite a credito e prestiti vari, speculare sulla circolazione delle lettere di cambio, ma anche acquistare rendite e titoli del debito pubblico, appaltare le imposte e offrire servizi assicurativi. La pronta risposta alle richieste del mercato era garantita dalla polivalenza della loro attività e dalla perizia nell'utilizzo di artifici contabili, tecniche e strumenti creditizi e bancari. Naturalmente ogni gruppo societario si specializzava nel settore o nei settori ritenuti più vantaggiosi. Così, se per alcune compagnie le attività bancarie continuavano a costituire un mezzo per facilitare lo svolgimento di quelle commerciali, per altre, come l'azienda dei Medici o degli Strozzi, l'erogazione di servizi finanziari e creditizi giunse a rappresentare la principale occupazione.[37] Quel che è certo, tuttavia, è che la banca, nata come un'attività aggiuntiva e derivata da quella mercantile, «fu italiana per nascita e tale rimase sino alla fine del XV secolo»,[38] continuando a vantare per lungo tempo la propria supremazia nelle tecniche degli affari.[39]

37. La prima filiale napoletana del banco Medici venne inaugurata alla fine del XIV secolo. Chiusa molto verosimilmente tra il 1426 e il 1470/71, anni in cui ci si avvalse unicamente di corrispondenti ricompensati sulla base degli affari conclusi, fu riaperta per volere di Lorenzo de' Medici, che la affidò prima alla direzione di Agostino di Sandro Biliotti, poi dal 1475 al più noto e capace Francesco Nasi. La filiale, sotto una nuova ragione sociale (intestata agli eredi di Francesco Nasi), continuò a operare anche dopo il fallimento del banco Medici, passando nel 1490 sotto la direzione di Giovanni Tornabuoni. Si veda de Roover, *Il banco Medici*, pp. 158 e 363-373. Sulla figura di Francesco Nasi, cfr. Bernato, *Nasi, Francesco.*

38. Bergier, *Dall'Italia del XV secolo alla Germania*, pp. 123-149:123.

39. Sayous, *Les opérations des banquiers italiens*, pp. 1-31: 31, ristampato in Id., *Commerce et finance en Méditerranée*, cap. X.

Nella Firenze del Tre-Quattrocento si erano affermati tre differenti istituti di credito ai quali si attribuiva il nome di banco: il "banco di pegno" o "a pannello", il "banco al minuto" e il "banco grosso".[40] Nella prima tipologia rientravano le agenzie che operando in città prestavano denaro su pegno, riconoscibili anche dalla presenza di un drappo rosso (pannello) appeso sulla porta d'ingresso dell'usuraio autorizzato a svolgere attività creditizia. I "banchi al minuto", con un giro d'affari strettamente locale come quelli "a pannello", si occupavano soprattutto della vendita di gioielli a credito e del commercio in oro, mentre i "banchi grossi" si distinguevano dai precedenti per la varietà dei servizi finanziari offerti, oltre che al minuto, anche su scala internazionale e per la contrattazione di lettere di cambio.[41] Secondo il de Roover, al quale si deve, tra l'altro, la ripartizione nelle suddette categorie, istituire una banca nel senso più alto del termine significava innanzitutto svolgere operazioni di cambio, che non riguardavano però il cambio manuale delle monete – competenza riservata alla categoria professionale dei cambiavalute – ma la negoziazione delle lettere di cambio.[42] Il mercato delle lettere rappresentava il sistema più agevole per concedere credito e trasferire somme di denaro da una piazza all'altra. La lettera svolgeva pertanto una duplice funzione: quella di consentire un ordine di pagamento e quella di espletare un'operazione di cambio. Attraverso la lettera – su cui si tornerà meglio in seguito – si concludeva infatti un accordo o contratto che implicava l'anticipo di una somma su una piazza e il rimborso della stessa somma, generalmente in altra valuta, su un'altra piazza.

Per le compagnie di mercanti-banchieri la speculazione sulla circolazione delle lettere di cambio, spiccate da un luogo all'altro, rappresentava un'occasione di proficui guadagni. Al fine di non correre alcun rischio nella transazione era fondamentale conoscere bene il corso dei cambi fra le monete, le fluttuazioni che potevano interessare le diverse

40. de Roover, *Il banco Medici*, pp. 19-22.

41. Si precisa, infatti, che diversamente da quanto sostenuto da de Roover, che attribuiva ai grandi banchieri fiorentini esclusivamente la funzioni di cambisti, i quaderni di cassa dei suddetti banchi attestano un importante giro d'affari legato anche ad attività al minuto, che continuavano a rappresentare «una parte cospicua dell'attivo e del passivo del bilancio aziendale». Cfr. in merito Tognetti, *L'attività di banca locale*, pp. 595-647: 600.

42. de Roover, *Il banco Medici*, p. 157. Sulla lettera di cambio, si vedano anche de Roover, *L'évolution de la lettre de change*; e Cassandro, *Vicende storiche della lettera di cambio*, pp. 1-91.

divise estere e il costo del denaro, calcolato nel preciso momento in cui si concedeva il credito. Si trattava di operazioni complesse che richiedevano competenze raffinate e altamente specialistiche, oltre a capacità organizzative tali da consentire l'acquisizione in tempi rapidi di tutte le informazioni necessarie all'erogazione del servizio cambiario. Furono in particolar modo i toscani a distinguersi in questo settore per abilità e competenze,[43] sperimentando anche ulteriori tecniche e istituti creditizi che da Firenze, Pisa, Siena e Lucca si diffusero in tutte le altre principali piazze finanziarie, italiane (Venezia, Genova, Milano, Bologna, Napoli e Palermo) ed europee (da Londra a Bruges, da Avignone, Montpellier e Parigi a Barcellona, Valencia, Maiorca e Perpignano). Un incessante flusso di notizie sull'andamento delle quotazioni collegava un mercato all'altro, raggiungeva i luoghi deputati alle contrattazioni e gli specialisti del settore, corrispondenti, mediatori o sensali, che si aggiornavano di continuo sullo svolgimento dei traffici, sulla condizione dei cambi sulle diverse piazze e sui rispettivi tassi di interesse. La scelta del mercato con cui trattare era infatti stabilita sulla base della prevedibilità dell'andamento dei cambi e della variazione dei tassi, che sottostavano, in particolar modo, a tre fattori: la circolazione dei flussi monetari, la disponibilità di numerario e il livello della domanda di credito.[44]

Oltre alle informazioni scambiate da una filiale all'altra e tra i diversi corrispondenti esteri attraverso il carteggio epistolare, basilare strumento della pratica mercantile che permetteva di seguire il movimento di merci e denari, e di conoscere eventuali ostacoli, gli operatori economici disponevano anche di manuali di mercatura contenenti suggerimenti e consigli pratici, utili a valutare le possibili componenti di rischio e il *trend* dei mercati.[45] Grazie alle competenze e agli strumenti finanziari utilizzati dalle aziende toscane, i luoghi del commercio internazionale, le grandi fiere

43. Oltre agli imprescindibili studi di Melis, raccolti nella miscellanea *La banca pisana e le origini*; e di de Roover, *Il banco Medici*, si segnalano anche Tognetti, *Il Banco Cambini*; Lane, Mueller, *Money and Banking*; e Mueller, *The Venetian Money Market*.

44. Su questi aspetti si rinvia, in particolare, a Mueller, *The Venetian Money Market*, pp. 288-335 e 587-609; e Mueller, «*Chome l'ucciello di passagio*», pp. 195-219: 199, che analizza in particolare il rapporto del corso dei cambi tra Venezia e Firenze.

45. Sul tema della circolazione delle informazioni di natura economica, si rinvia a Melis, *Intensità e regolarità della diffusione*, pp. 179-223; e a Guidi Bruscoli, *Circolazione di notizie e andamento dei mercati*, pp. 119-146.

come i principali centri dell'"economia mondo",[46] assunsero presto la funzione di "stanza di compensazione" – o, se si preferisce l'espressione inglese, di *clearing house* – per il saldo di debiti e crediti contratti ed erogati su piazze differenti e distanti.[47]

Per quanto riguarda Napoli i dati sulla quotazione dei cambi con Barcellona tra gli anni Cinquanta e i Settanta del Quattrocento riferiscono che a 1 ducato napoletano corrispondevano all'incirca 15/18 soldi e 5/10 denari di lire barcellonesi.[48] Nei cambi con Avignone, invece, il valore del ducato equivaleva a un numero variabile di grossi (all'incirca tra i 21 e i 25); quotazione non molto dissimile da quella accordata al fiorino di Camera apostolica, una moneta ampiamente richiesta che si attestava sui 23 e tre quarti di grossi.[49] Interessanti informazioni sul corso dei cambi emergono, ovviamente, anche dai *Giornali*, da cui si ricava che 1 fiorino fiorentino corrispondeva a circa 11 carlini; mentre il ducato veneziano si attestava in media tra gli 11 e gli 11 e mezzo.[50]

Dietro la decisione di spiccare una lettera di cambio potevano in realtà nascondersi vari tipi di operazione, come un pagamento di partite di merce, una transazione bancaria finalizzata al trasferimento di denaro con l'anticipo di una somma su una piazza e il saldo su un'altra, o ancora un prestito a interesse, celato nel diverso tasso di cambio tra la moneta ricevuta a credito e quella restituita.[51] Perché la lettera fosse valida e accolta doveva essere scritta

46. Il termine "economia mondo", utilizzato da Fernand Braudel, è stato ripreso negli anni Settanta dal sociologo americano Immanuel M. Wallerstein, la cui riflessione ha puntato a connettere il tema economico con quello degli spazi geografici, classificati in base alla natura e alla tipologia degli scambi effettuati (Wallerstein, *Il sistema mondiale dell'economia*, vol. I, in particolare le pp. 130-131 e 414).

47. Tognetti, *Le compagnie mercantili-bancarie toscane*, pp. 694-695.

48. Sulla quotazione dei cambi tra le piazze di Napoli, Barcellona e Avignone, si veda Leone, *Note sul movimento cambiario*, pp. 55-68. Cfr. anche de Roover, *Il banco Medici*, pp. 164-165.

49. Leone, *Note sul movimento cambiario*, p. 65.

50. *Libro giornale 1476*, cc. 102r, 135r e 180v. Si ricorda che 10 carlini equivalevano a 1 ducato napoletano. Vedi anche *infra*, cap. 2, p. 93 e nota 142.

51. de Roover, *L'évolution de la lettre de change*; Id., *What Is Dry Exchange?*, pp. 183-199. Sul cosiddetto "cambio" e "ricambio" che nascondeva un interesse occulto, vedi ancora Id., *"Cambium ad Venetias". Contribution to the History*, pp. 631-648 (ora in Id., *Business, Banking, and Economic*, pp. 239-259); Mandich, *Per una ricostruzione delle operazioni mercantili*, pp. XCIX-CCXXIII: CLXXXIV-CXC; e Mueller, *The Venetian Money Market*, pp. 288-355.

direttamente dalla persona «autorizzata a emetterla».[52] Non sempre però il cambio veniva accettato e al rifiuto si rispondeva in genere con un protesto redatto «per mano di notaro»,[53] che dichiarava pubblicamente il mancato pagamento, riportando il testo originale della lettera, cui faceva seguito la motivazione almeno formale del rifiuto. Il protesto cambiario rappresentava una delle rare circostanze in cui le compagnie toscane, che preferivano di gran lunga operare mediante scritture private, ricorrevano alla figura del notaio.[54]

Per ovviare alle complicazioni nella contabilità tra monete diverse, i principali banchi curavano generalmente i rapporti con i propri referenti all'estero attraverso l'apertura di appositi conti correnti. L'accensione di un conto sulla piazza del referente consentiva al banchiere di semplificare le operazioni utilizzando un espediente contabile che permetteva di registrare le transazioni sotto due distinte voci, l'una a *nostro conto* (tenuto sia nella moneta estera sia in quella locale, ma con il saldo calcolato in moneta estera), l'altro a *vostro conto* (nella sola moneta locale).[55]

Come già richiamato, non tutte le compagnie mercantili svolgevano un'attività bancaria; diverse si limitavano a reinvestire i profitti derivanti dal commercio nella propria attività imprenditoriale. Alquanto difficile risulta distinguere tra le operazioni creditizie quali fossero il risultato di una vera e propria funzione bancaria, quali derivassero da una transazione mercantile e quali invece da un'azione meramente speculativa. Le stesse azien-

52. de Roover, *Il banco Medici*, p. 182.

53. ASF, *Carte Strozziane*, serie V, reg. n° 47, *Libro di Ricordanze di Filippo di Matteo Strozzi* (1487-1488), ms., c. 37v: «protestamo questo di 9 di aprile per mano di notaro Antonello di Stefano, e n'abbiamo a essere rifatti a grossi 23 ½ [per ducato], e più 3 ducati [del costo] del protesto». Si tratta di un protesto per il mancato pagamento di una lettera spiccata da Avignone su Napoli a Battista Pandolfini e compagni il 6 novembre 1488. A volte, però, il mancato pagamento era comprovato esclusivamente mediante sottoscrizione, senza il ricorso al notaio. Si veda in merito Leone, *Il ceto notarile del Mezzogiorno*, p. 21, nota 15. Sull'argomento, cfr. anche Id., *Intorno alla conclusione dell'operazione cambiaria*, pp. 31-42.

54. Sulla questione, vedi Orlandelli, *Osservazioni sulla scrittura mercatesca*, pp. 445-460: 447; Melis, *I rapporti economici fra la Spagna*, pp. 233-249; Tognetti, *Le compagnie mercantili-bancarie toscane*, pp. 702-703.

55. de Roover, *Il banco Medici*, p. 184: «Se questo conto [il *nostro*] pareggia nella moneta estera ma non in quella locale, la differenza rappresenta un profitto o una perdita derivante dalla disparità dei cambi. Il conto n o s t r o aveva, e ancora ha [presso le odierne ditte d'importazione ed esportazione], due colonne marginali tanto in dare che in avere, una per la moneta estera e una per quella locale». Il conto *vostro*, invece, aveva soltanto una colonna, corrispondente a quella per la moneta locale, analogamente agli altri conti che non riguardavano i rapporti con l'estero.

de che erano definite banche, come quella medicea o quella strozziana, non lo erano nel senso moderno del termine, giacché ai servizi di deposito e di prestito anteponevano le operazioni di cambio e di trasferimento internazionale di denaro.[56] Ma, per quanto labile sia stato all'epoca il confine tra *mercator* e *bancherius*, entrambi dediti alle medesime attività commerciali e finanziarie, possiamo tuttavia individuare e isolare rapidamente alcuni dei principali compiti svolti da una banca, a partire dalla fondamentale funzione di erogare credito, a cui ricorrevano per carenza di liquidità sia il pubblico che il privato.[57] Quando a chiedere un prestito erano i pubblici uffici, la concessione del finanziamento, in mancanza di restituzione, si tramutava spesso nell'erogazione di ulteriori prestiti, in cambio dei quali, e soprattutto in caso di cifre notevoli, i creditori venivano ricompensati con sgravi fiscali, privilegi commerciali o attraverso la concessione in appalto delle entrate pubbliche. L'attività di prestito per configurare appieno la funzione di una banca doveva necessariamente protrarsi nel tempo, garantendo l'apertura di credito con continuità e a più clienti.[58]

Altro compito espletato dalla banca era quello di offrire sicurezza attraverso il deposito dei risparmi, cui poteva far seguito la canalizzazione degli stessi verso le più varie forme di investimento. Le somme consegnate in custodia restavano comunque a disposizione del depositante qualora e quando lo stesso avesse voluto prelevarle o trasferirle. In quest'ultimo caso la banca avrebbe svolto il ruolo di intermediario, effettuando il trasferimento o il pagamento a terzi per conto del cliente.

A tali funzioni si aggiungeva quella, non meno importante, di "creare denaro". Nel caso in cui le richieste di accredito avessero infatti superato le riserve di contante a disposizione della banca, la stessa, attraverso la cosiddetta "moneta d'inchiostro", aveva facoltà di introdurre nel sistema una nuova disponibilità finanziaria, la cui solvibilità sarebbe stata garantita dalla fiducia riposta dai clienti nello stesso istituto di credito.

Infine, tornando a quanto già detto, l'attività bancaria bassomedievale si caratterizzava soprattutto per il servizio di trasferimento di denaro su scala internazionale, garantito dall'emissione di lettere di cambio. A beneficiare delle prestazioni finanziarie, oltre agli enti pubblici e ai privati,

56. Goldthwaite, *The Medici Bank*, pp. 3-31: 6.

57. Quanto segue sulle funzioni della banca è tratto soprattutto da Guidi Bruscoli, *Le tecniche bancarie*, pp. 546-552.

58. Fanfani, *Sulle tracce della banca*, pp. 25-26 e 34.

erano anche le imprese, manifatturiere, commerciali e nello stesso tempo bancarie, le quali ricorrevano al credito per finanziare le proprie attività e per promuovere nuovi investimenti. Tra le forme di credito, quello di esercizio, circoscritto all'ambito aziendale, era finalizzato alla fornitura di merci e prevedeva il ricorso a particolari pratiche e strumenti, quali il giroconto, lo scoperto di conto, l'assegno e la girata.[59]

La pratica dell'apertura di un conto corrente consentiva ai clienti di istituire un deposito a proprio nome dal quale prelevare fondi in caso di necessità o disporre fossero erogati pagamenti in favore di terzi. In quest'ultimo caso era l'istituto bancario a effettuare il giroconto, trasferendo la liquidità richiesta dal conto di un cliente a quello di un altro. Il correntista beneficiava inoltre della possibilità di farsi accreditare da terzi le somme di cui era creditore e della non meno importante facoltà di chiedere un prestito anche in caso di saldo passivo ("lo scoperto di conto").[60]

Si precisa però che, al pari di quanto accade oggi, il conto corrente non maturava alcuna forma di interesse, né a favore del cliente (interesse attivo), né a favore della banca (interesse passivo).[61]

Operazioni come quelle appena menzionate, soprattutto in caso di saldo negativo, chiamavano in causa un fattore particolarmente determinante, anche se non propriamente "tecnico", qual era la fiducia, cui si ricorreva per rapidità in sostituzione della garanzia data dal pegno o dalla stesura di un atto pubblico. Ciò non significa tuttavia che l'ordine orale, particolarmente diffuso in centri dalla spiccata vocazione fieristica, prevalse ovunque su quello scritto (l'assegno bancario vero e proprio), che secondo Melis fu e restò a lungo prerogativa soprattutto dei fiorentini, presso le cui banche si servivano clienti residenti fuori piazza e in località anche molto distanti.[62]

La documentazione strozziana relativa al banco napoletano, così come dimostrato da Mario Del Treppo, attesta un ampio utilizzo dell'ordine orale, che presupponeva la contestuale presenza alla "tavola" del banchiere delle parti coinvolte, mentre in caso di operazioni svolte con

59. Su queste tecniche bancarie, qui solo accennate, si rinvia agli studi di Melis, e in particolare a *La banca pisana*, pp. 307-356. Si veda anche dello stesso autore *Documenti per la storia economica*, in particolare le pp. 75-103 e 463-495.

60. Sull'erogazione di credito in caso di scoperto di conto, si veda Mandich, *Per una ricostruzione delle operazioni mercantili*, pp. CXXIV-CXLI.

61. Tognetti, *L'attività di banca locale*, pp. 595-647: 635-640. Si veda *infra*, nota 30.

62. Melis, *La grande conquista trecentesca del «credito di esercizio»*, pp. 314-315, 318-319. Dello stesso avviso anche Marco Spallanzani (*A Note on Florentine Banking*, pp. 145-168) e Richard A. Goldthwaite (*La costruzione della Firenze rinascimentale*, pp. 429-434).

clienti lontani si ricorreva all'ordine scritto, esplicitato dalla formula «per sua lettera ... ci disse».[63]

Riguardo invece all'istituto della "girata" – scaturito da un'evoluzione quattrocentesca della lettera di cambio, "girata" appunto per essere incassata da un terzo creditore –, si trattava di uno strumento che garantiva, mediante una dichiarazione scritta solitamente sul retro di un assegno o di una cambiale, la cessione di un titolo di credito da un soggetto (girante) a un altro soggetto, il beneficiario cioè della girata (o giratario).[64] Sebbene le prime girate vere e proprie (dette "girate piene") risalgano agli anni compresi tra il 1410 e il 1430,[65] il loro uso si affermò soprattutto nelle decadi a cavallo tra XVI e XVII secolo.[66] La tardiva diffusione di questo dispositivo è stata messa in relazione con l'ampio utilizzo della "girata in banco", che consisteva nell'iscrivere la somma a favore del beneficiario nei libri di conto di un'agenzia bancaria. Questo metodo, tra l'altro, meglio rispondeva «alle esigenze dei banchieri di ordinare il giro a distanza».[67] Alcuni esempi di girata illustrati da Alfonso Leone e relativi alla seconda metà del Quattrocento mettono in luce lo straordinario assortimento di possibilità cui lo stesso strumento poteva dar luogo, consentendo financo che la lettera, il girante e il giratario agissero su tre differenti piazze, tra loro anche molto distanti.

Com'è facile intuire il successo della girata appare strettamente correlato allo sviluppo del mercato rinascimentale e all'ampliamento della rete e dei circuiti del traffico commerciale e creditizio, che, investendo un più vasto spazio geografico, innescavano nuovi canali di relazione e un più fitto movimento di capitali. Attraverso la diffusa pratica della corrispondenza, tanto meramente informativa, quanto specialistica, la civiltà mercantile italiana, felicemente definita come una «civiltà economica della scrittura», faceva del credito a distanza e dei più sofisticati dispositivi bancari l'elemento universale e unificante dell'intero sistema economico mediterraneo.[68]

63. Del Treppo, *Aspetti dell'attività bancaria a Napoli*, pp. 557-601: 561-565.

64. Sulla girata e su altri aspetti tecnici della pratica bancaria, si rimanda a Felloni, *Scritti di storia economica*, in particolare le pp. 639-640.

65. Cfr. Melis, *Una girata cambiaria*, pp. 412-421; e Lapeyre, *Une lettre de change*, pp. 260-264.

66. Cassandro, *Saggi di storia del diritto commerciale*, pp. 31-123; Demarco, *Il Banco di Napoli*, p. 44.

67. Leone, *Intorno alla conclusione dell'operazione cambiaria*, p. 34.

68. Ivi, p. 41. Sul "sistema unitario delle relazioni", frutto dell'attività dei grandi mercanti-banchieri mediterranei, si veda anche il più recente contributo di Iradiel, *La idea de Europa y la cultura de las élites mercantiles*, pp. 115-132.

Ricordiamo, infine, come accanto al mercato delle lettere di cambio, altrettanto florido fosse quello delle polizze assicurative, che sarà argomento del prossimo paragrafo. Intanto, quanto fin qui richiamato, permette di avere un'idea di massima di alcune delle principali innovazioni tecniche introdotte in ambito mercantile e bancario dagli uomini d'affari italiani, operanti *in primis* nelle regioni centro-settentrionali della Penisola, ai quali si deve, tra l'altro, anche il perfezionamento e la successiva diffusione delle stesse. Il ricorso a strumenti e istituti via via sempre più raffinati, precisi e innovativi aveva trovato un valido stimolo sia nell'esigenza di aggirare le disposizioni contro l'usura, sia nella necessità di sopperire alla carenza di metalli preziosi e alla penuria di numerario, particolarmente avvertita soprattutto in caso di guerre e carestie. Ulteriore impulso alla sperimentazione nella pratica degli affari era stato indotto dall'ampliamento delle strutture e delle forme associative, divenute nel tempo, come si è visto, particolarmente articolate e complesse, per la gestione delle quali si richiedevano mezzi e strumenti, organizzativi quanto tecnico-computistici, in grado di offrire maggiore sicurezza e garanzia di controllo. Non è escluso infatti si possa legare a queste esigenze anche lo sviluppo di una pratica contabile assai funzionale e raffinata come la partita doppia, ampiamente utilizzata dalle compagnie mercantili italiane tre-quattrocentesche, ma rimasta a lungo sconosciuta presso gli operatori stranieri.[69] Alla partita doppia così come alla lettera di cambio, che a differenza della prima conquistò presto tutti i mercati, non può non riconoscersi il valore di simbolo caratterizzante la professionalità e le competenze del banchiere italiano bassomedievale. Ad entrambi gli strumenti, così come al contratto assicurativo, sarà dedicato uno specifico spazio.[70]

## 3. *Il contratto assicurativo*

Come sottolineato di recente da Giovanni Ceccarelli, si deve in larga misura alla crisi finanziaria del 2008 la ripresa d'interesse da parte degli storici dell'economia, in Italia ma ancor più all'estero, per il tema del rischio e delle polizze assicurative, il cui approfondimento ha riguardato le

69. Guidi Bruscoli, *Le tecniche bancarie*, pp. 552-553.
70. *Infra*, cap. 3, pp. 84-94 e 139-147.

diverse epoche storiche a partire dall'età medievale.[71] L'argomento, per quanto rilevante, giacché si presta all'individuazione di una molteplicità di aspetti legati al mondo mercantile e degli affari (come provenienza e ruolo dei soggetti coinvolti, rotte commerciali, prodotti merceologici particolarmente tutelati, qualità e origine delle imbarcazioni o di altri mezzi di trasporto, natura delle incognite, ecc.), oltre a essere carico di implicazioni non solo economiche ma anche sociali e culturali, ha goduto nel tempo di alterne fortune. Alla spiccata attenzione riservata negli anni Sessanta e Settanta al comparto assicurativo, quale importante voce del bilancio di tante compagnie, da parte di studiosi del calibro dei coniugi de Roover, di Federigo Melis, Mario Del Treppo e Alberto Tenenti,[72] ha fatto seguito uno scenario del tutto differente, un lungo silenzio, quasi una "crisi di vocazione", che si sarebbe protratta, all'ombra di questi "grandi maestri", fino al primo decennio del Duemila.[73] È a questo punto, infatti, che ha preso avvio una nuova stagione di indagini sul tema, tutt'ora molto fervida e stimolante, quantunque si continuino a contrarre debiti verso quella generazione di studiosi che per primi hanno segnalato la presenza di uno straordinario materiale d'archivio sulla gestione dei rischi, come su tantissimi altri aspetti della professione mercantile e bancaria, esplicandone – elemento ancor più rilevante – precipui linguaggi e significati, imprescindibili chiavi di lettura e di analisi.[74]

Ma richiamiamo, in breve, i pur noti tratti fondamentali del contratto assicurativo, largamente interpretato attraverso un approccio utilitaristico,

71. Ceccarelli, *Rischio e assicurazioni*, pp. 411-423: 413.

72. de Roover, *Early Examples of Marine Insurance*, pp. 172-200; Del Treppo, *I mercanti catalani e l'espansione della Corona*; Melis, *Origini e sviluppi delle assicurazioni*; A. Tenenti, B. Tenenti, *Il prezzo del rischio*. Per gli stessi anni si segnala anche lo studio di Karin Nehlsen-von Stryk sulla piazza veneziana (cfr. Nehlsen-von Stryk, *Die venezianische Seeversicherung*, trad. it. *L'assicurazione marittima a Venezia*).

73. Ceccarelli, *Rischio e assicurazioni*, p. 414. Sul mercato delle assicurazioni relativamente all'età medievale, si vedano De Simone, *Breve storia delle assicurazioni*; Ceccarelli, *Il gioco e il peccato*; *Quaderni di sicurtà*; Id., *Un mercato del rischio*; Piccinno, *Genoa, 1340-1620*, pp. 25-45; e ancora Ceccarelli, *Coping with Unknown Risks*, pp. 117-138. Per una prospettiva più ampia si rinvia invece al volume miscellaneo *Marine Insurance: Origins and Institutions*.

74. La vivacità del dibattito sul tema (incluso a pieno titolo tra gli interessi della cosiddetta *business history*) rende difficile una esaustiva messa a fuoco delle ricerche in corso, sebbene esse riguardino soprattutto gli economisti. Tra i contributi più recenti, si segnala comunque quello di Tognetti, *L'attività assicurativa di un fiorentino*, pp. 5-48.

che ne ha messo in risalto, soprattutto, la funzione di tutela dalle eventualità di rischio. Il contratto di "sicurtà", non propriamente annoverato in termini giuridici tra quelli di natura creditizia, assolveva una funzione fondamentale in ambito mercantile, perché metteva al riparo carichi di merci importanti, imbarcazioni e rispettivi investimenti dai rischi connessi al trasporto marittimo (e in un secondo momento, sebbene in misura minore, anche terrestre).[75]

La polizza assicurativa consentiva infatti di riscuotere un risarcimento in caso di naufragio (più probabile nei mesi invernali), di attacchi di pirati, deterioramento o dispersione di tutta o parte della merce trasportata. Quanto maggiore era la distanza del porto di partenza da quello di arrivo, tanto più aumentava la possibilità di incorrere in una perdita rilevante, e da qui la necessità di siglare un contratto assicurativo, il cui premio da versare all'assicuratore variava, aumentando o diminuendo, in relazione al variare delle incognite e alla pericolosità dei fattori di rischio.[76] Precisi calcoli messi a punto da attori economici ben informati mettevano l'assicuratore nelle condizioni di scegliere nel miglior modo possibile come e quanto investire nel mercato delle polizze. Se da un lato, quindi, l'assicurazione a premio offriva riparo dai pericoli del mare in un'ottica di "mutualismo solidale" a sostegno dell'economia degli scambi sulle lunghe distanze, dall'altro, creava l'occasione speculativa per individui e gruppi societari pronti a cogliere opportunità di guadagno.[77]

È proprio lungo queste due principali piste interpretative che è stata ricostruita la storia dell'assicurazione, spia e risultante di un costante

75. Si vedano, a riguardo, le osservazioni di de Roover, *The Organization of Trade*, pp. 42-118 (trad. it. *L'organizzazione del commercio*, pp. 48-136: 57-68); e Ceccarelli, *Un mercato del rischio.*

76. Sulla diffusione della prassi assicurativa in area iberica, cfr. Del Treppo, *I mercanti catalani e l'espansione della Corona*, pp. 416-440, e 458-483; Cruselles Gómez, *Los mercados aseguradores*, pp. 611-639; e Soldani, *Uomini d'affari e mercanti toscani*, pp. 128-130.

77. Numerosi esempi, a riguardo, emergono dalla contabilità dei *Giornali.* Tra le società che investono nel mercato delle polizze ci sono gli Spinola, che assicurano, ad esempio, a metà con i Ghiso una saettia per un viaggio da Genova a Gaeta (*Libro giornale 1473*, p. 87); ci sono i Coppola (*ibidem*, pp. 238 e 434; *Libro giornale 1476*, cc. 5r, 106v, 160r), la ditta di Dionigi da Scorno (*Libro giornale 1473*, p. 405; *Libro giornale 1476*, c. 97v) e i Lomellini (*Libro giornale 1473*, p. 417; *Libro giornale 1476*, c. 39v); ci sono diversi mercanti catalani (Joan Berenguer, Joan Sever, Miquel Piquer, Miquel Benet, Franzì Beltram, Bernado Coll e Franzì Salvador: *Libro giornale 1473*, pp. 101, 104, 127, 222, 382, 405, 438; *Libro giornale 1476*, cc. 21r, 54r, 111r) e c'è lo stesso banco Strozzi (*Libro giornale 1473*, p. 383; *Libro giornale 1476*, c. 146v).

equilibrio tra domanda e offerta giocato su scala internazionale.[78] Gli attori coinvolti nel ruolo di assicurato e di assicuratore erano spesso gli stessi mercanti-imprenditori, che a vicenda assumevano il rischio su un carico di merci in partenza, impegnandosi a risarcirlo qualora non fosse giunto a destinazione. Da questa prima dimensione mutualistica e cooperativa tra operatori del settore, il contratto di assicurazione prese a interessare una platea sempre più ampia di soggetti finanziatori che garantivano tutela all'assicurato dietro il pagamento di un premio. Entro un certo lasso di tempo, stabilito da contratto, lo stesso assicurato avrebbe potuto richiedere la cancellazione della polizza e la restituzione del premio versato; una volta decorsi i termini pattuiti, però, il mancato rispetto degli accordi prevedeva il pagamento di una penale, all'interno della quale andavano conteggiati anche eventuali compensi già versati.[79]

In quanto fonte storica, l'assicurazione marittima si è rivelata di primaria importanza per indagini mirate a ricostruire diversi aspetti del commercio internazionale bassomedievale. Se pensiamo, ad esempio, agli studi di Mario del Treppo, l'esame di alcuni registri di assicurazioni conservati presso l'Archivio Storico della città di Barcellona ha consentito di risalire al costo dei premi assicurativi, come pure di conoscere le principali rotte della navigazione mediterranea.[80] Ma lo scandaglio di polizze e *chonti di sicurtà* ha offerto anche altri tipi di informazione, attestando, in particolare, gli elevati livelli di mobilità raggiunti nel corso del Quattrocento dalle operazioni di credito. Una condizione, questa, che ha permesso di puntare il *focus* sul legame intercorso tra pratiche assicurative e disponibilità di credito, e tra le stesse pratiche e il carattere integrato degli scambi sulle lunghe percorrenze. Ad emergere è stato un mercato internazionale di più alto livello che, investendo nell'attività assicurativa, si organizzava attorno a un sistema di saldi compensativi tra piazze diverse.[81] L'esempio di quella napoletana, esaminata da Alfonso Leone, ha dimostrato come le operazioni assicurative fossero un importante fattore di coesione all'interno del circuito bancario; esse, infatti, se da un lato, influenzavano l'andamento delle singole bilance commerciali, dall'altro, costituivano un utile strumento di

78. Ceccarelli, *Rischio e assicurazioni*, p. 417.

79. Ceccarelli, *Un mercato del rischio*, p. 236.

80. Del Treppo, *I mercanti catalani e l'espansione della Corona*, pp. 403-522.

81. È in questa direzione che le assicurazioni marittime sono state indagate soprattutto da Alfonso Leone (cfr. *Maritime Insurance*, pp. 43-51).

circolazione e di redistribuzione dei crediti. Obbedendo a questa logica, gli operatori attivi a Napoli, piuttosto che recuperare con operazioni di credito i debiti contratti dai colleghi di Firenze nel commercio col Nord Italia e l'Europa, dirottavano gli stessi debiti su altre piazze, come, ad esempio, quella di Barcellona. In altre parole, potremmo dire che la vendita dei panni catalani, che costituivano il principale prodotto d'importazione immesso sul mercato napoletano, andava a finanziare e coprire il costo dell'assicurazione per il trasporto dei panni inglesi in Toscana.[82]

Naturalmente il rilievo assunto da Napoli in campo assicurativo si deve proprio al fatto che tanto i fiorentini quanto i catalani ricavavano un consistente *surplus* dai traffici partenopei; una condizione, questa, che rese conveniente pagare le spese assicurative secondo la bilancia commerciale napoletana.[83] In qualità di importante piazza di distribuzione e di polo assicurativo di prim'ordine, era Napoli infatti a stabilire il costo delle polizze sulla base del saldo tra il valore monetario delle importazioni e quello delle esportazioni, agevolando (mediante il banco Strozzi) e attraverso un meccanismo di tipo compensativo, il trasferimento dei crediti dagli operatori economici, che ricorrevano ai servizi assicurativi, ai finanziatori che li erogavano. L'attività assicurativa, parte intrinseca del sistema bancario internazionale, andava così a costituire uno dei principali canali di reinvestimento dei crediti.

Restando sempre in ambito regnicolo, tra i più assidui frequentatori del mercato assicurativo partenopeo, un posto di primo piano è occupato sicuramente dai catalani, il cui numero negli anni Settanta-Ottanta del XV secolo sembra superare il 50% (sul totale delle presenze di compagnie e società mercantili).[84] Tra i forestieri spiccano i nomi dei fiorentini Gabriello Strozzi, Alessandro Carnesecchi, Anton Francesco Lanfranchi e Bellicozzo Gondi. Ci sono poi il pisano Carlo Bonconti, il senese Neri Placidi e il pratese Girolamo Ringhiadori,[85] mentre catalano è Pere Ramon Serret. Si tratta di uomini d'affari e di assicuratori il cui nome ricorre in numerosissime transazioni. Tra i napoletani, invece, oltre ai mercanti di professione, come Fieramonte Miroballo, Gaspare Scozio e i di Penne, è possibile im-

82. Leone, *Maritime insurance*, p. 47.

83. *Ibidem*.

84. *Infra*, cap. 3, pp. 132, e 152-163.

85. Un ramo della famiglia pratese dei Ringhiadori nel tardo Quattrocento acquisì la cittadinanza fiorentina. Sul ruolo svolto dai Ringhiadori, in particolare sulla piazza di Ragusa, si rinvia a Bettarini, *I toscani al servizio della città di Ragusa*, pp. 135-150; *La comunità pratese di Ragusa*; *Mercanti fiorentini e artigiani pratesi*, pp. 97-114: 110.

battersi in figure meno note, ma anche in personaggi di tutt'altro spessore. È questo, ad esempio, il caso dell'avvocato Pietro Cola d'Alessandro, che ricopriva la carica di presidente del tribunale della Sommaria, o dell'umanista e poeta Pietro Jacopo de Gennaro.[86]

## 4. *In sintesi*

Congediamo questo capitolo, incentrato più in generale sul sistema mercantile-bancario del vivacissimo mondo economico quattrocentesco, richiamandone i principali attori e riassumendo alcuni dati che concorrono a definire meglio quello che era il quotidiano lavoro di un banchiere, dedito – lo ricordiamo – a più attività e affari. Rientravano tra questi, e ne costituivano parte rilevante del mestiere, la negoziazione delle lettere di cambio, l'erogazione del credito e la custodia dei depositi, incluso il finanziamento alle imprese, commerciali, manifatturiere o agricole. I più intraprendenti e lanciati si sforzavano di ripartire eventuali rischi, cimentandosi anche nell'importazione, esportazione e vendita di un'ampia gamma di merci e oggetti di valore. Si importavano soprattutto dal Mezzogiorno d'Italia carichi di grano, olio, vino, altre derrate agricole e prodotti grezzi come la lana appenninica (abruzzese e molisana) e la seta (in particolar modo calabrese), da immettere nei circuiti del mercato internazionale; mentre venivano solitamente esportati i tessuti (come panni lana, sete e broccati), le spezie, i gioielli e altri articoli di lusso.

Quasi tutte le maggiori società di mercanti-banchieri dell'epoca vantavano spiccate abilità imprenditoriali, operando su vasta scala tanto in campo economico quanto in quello finanziario. Solo per ricordarne alcune, citiamo ad esempio, tra le compagnie fiorentine, oltre ai Medici, i Pazzi e gli Strozzi, quelle delle famiglie Acciaiuoli, Bardi, Peruzzi, Guadagni, Frescobaldi, Altoviti, Rucellai, Capponi e del Bene; le compagnie pisane, o meglio oriunde di Pisa, ma trasferitesi oramai stabilmente in Sicilia, dei Buonconti, Sismondi, Carletti, Gambacorti e Gualandi; le

86. Leone, *Maritime Insurance*, p. 47. La Regia Camera della Sommaria era il supremo organo di revisione contabile del Regno e rappresentava la più alta magistratura finanziaria competente per il contenzioso fiscale. La sua corte era abilitata ad accogliere gli appelli e a intervenire nei casi di *denegata iustitia*. Sulle sue origini, riconducibili all'età angioina, si rimanda a Delle Donne, *Alle origini della Regia Camera della Sommaria*, pp. 25-61. Per l'età aragonese: Id., *Burocrazia e fisco a Napoli*, pp. 37-118.

compagnie lucchesi degli Arnolfini, Bonvisi, Cenami, Trenta, Burlamacchi e Guinigi; le compagnie senesi dei Bonsignori, Piccolomini, Salimbene e Tolomei; quelle genovesi degli Spinola, Grimaldi, Fieschi, Doria e Centurioni; quelle milanesi dei Borromei, Sangiorgio e del Maino; o ancora le compagnie veneziane dei Contarini, Dandolo, Bragadin, Badoer, Morosini, Barbarigo, Pisani e Soranzo. Società di banchieri locali si svilupparono anche nella capitale partenopea, dando vita a istituti di credito come quello dei Miroballo, dei di Penne, degli Strina e del gruppo di Gaeta e Palmieri.[87]

Per i banchi di credito uno dei principali pericoli, oltre all'insolvenza di illustri e blasonati clienti, era rappresentato dall'abusata pratica di investire ingenti somme in imprese commerciali che, se da un lato avrebbero potuto rilevarsi foriere di lauti guadagni e successivi sviluppi, dall'altro non mancavano di esporre gli interessati ad alti margini di rischio. E questi erano tanto più elevati quanto più perdurava la condizione, divenuta col tempo sempre più cronica, di instabilità politica, caratterizzante gli scenari europei. In ragione di ciò, le perdite e i fallimenti si verificavano con una maggiore frequenza. I cronisti fiorentini del XV secolo, piuttosto prodighi di particolari, registrano numerosi casi di bancarotta.[88] Nel dicembre 1464, è Alessandra Macinghi a comunicare al figlio Filippo Strozzi, residente a Napoli,[89] la notizia di clamorosi fallimenti che avevano coinvolto importanti aziende di credito fiorentine.[90] Neppure i più potenti Medici furono in grado di evitare il tracollo. Lo stesso Lorenzo de' Medici, nell'ultimo decennio di attività – tra gli anni Ottanta e i Novanta del Quattrocento –, era ben consapevole del fatto che le sue potenzialità finanziarie si attestavano su livelli di gran lunga inferiori a quelle dei suoi avi, tant'è che nel 1481 dichiarò apertamente al catasto le difficoltà in cui versava il suo banco.[91] A lui come ai suoi eredi non restava che una minima parte delle ricchezze di un tempo. Nel commentare il declino di quella che era stata la più grande e potente compagnia di banchieri del Rinascimento italiano, così si esprimeva uno dei suoi più acuti osservatori e studiosi:

87. *Infra*, cap. 3, pp. 106-107 e 131-132.

88. Per una rapida panoramica delle fonti cronachistiche fiorentine, si rinvia a Conti, Guidotti, Lunardi, *La civiltà fiorentina*, pp. 269-271.

89. *Infra*, cap. 2, p. 57.

90. Goldthwaite, *The Economy of Renaissance*, pp. 455-457.

91. Cipriani, *Il banco Medici e le grandi banche*, pp. 372-379: 377-378.

> Se il governo mediceo non fosse stato rovesciato nel 1494, a causa dell'inettitudine politica di Piero [figlio ed erede del Magnifico] e dell'invasione francese, sarebbe caduto in maniera ancora più vergognosa in un dissesto finanziario di prim'ordine.[92]

Sappiamo infatti che la maggior parte delle filiali del gruppo era stata chiusa per cattiva amministrazione. Solo tre sedi, oltre alla casa madre fiorentina, erano riuscite a reggere i colpi della crisi: Roma, Napoli e Lione. Poco o nulla restava dell'impero finanziario e commerciale creato da Giovanni di Bicci de' Medici alla fine del Trecento. E non molto diversa, a cavallo tra gli anni Ottanta e i Novanta del XV secolo, sarà la sorte del banco napoletano degli Strozzi.

92. de Roover, *Il banco Medici*, p. 537.

# 2. L'azienda Strozzi di Napoli: banco, attività, affari e contabilità

## 1. *Gli Strozzi. Vicende familiari e aziendali*

Attestata a Firenze a partire dagli inizi del XIII secolo,[1] la famiglia degli Strozzi si affermò tra Due e Trecento grazie a un'intensa attività mercantile e bancaria che, oltre a garantire ai suoi membri agiatezza economica e credito, consentì loro di occupare quasi ininterrottamente una posizione centrale nelle dinamiche politiche della città gigliata. Prima di approdare a Napoli con l'istituzione di una propria azienda, analogamente a quanto accaduto nella storia di altre compagnie mercantili e bancarie – si pensi, ad esempio, alla più famosa e indagata impresa del pratese Francesco di Marco Datini[2] –, le fortune economiche degli Strozzi iniziarono all'estero, in area catalano-aragonese, dove alcuni esponenti della famiglia risultano presenti già nel secolo XIV, e più precisamente a Barcellona.[3] Qui, la loro attività si consolida nel corso del Quattrocento, quando operano i figli di Leonardo Strozzi, Filippo, Niccolò e Jacopo, banditi da Firenze per volere dei Medici dopo il 1434, come quasi tutti i maschi dei vari rami della famiglia.[4] Filippo, il maggiore, dopo aver avviato una prima società con Lorenzo Tecchini, alla morte di quest'ultimo fon-

1. La prima attestazione risalirebbe al 1206, quanto nella curia di San Martino compare Strozza di Ardovino Rosso, eponimo appunto degli Strozzi fiorentini. Cfr. Faini, *Firenze nell'età romanica (1000-1211)*, p. 207.

2. Melis, *Aspetti della vita economica medievale*; Id., *Figure e fatti della vita economica medievale*; Id., *I rapporti economici fra la Spagna e l'Italia*, pp. 177-199; Id., *Lo sviluppo economico della Toscana*, pp. 3-26; Id., *Influenze datiniane nel sistema economico*, pp. 35-44.

3. Goldthwaite, *Private Wealth in Renaissance Florence*, pp. 15-29 e pp. 234-275; Spallanzani, *Una grande azienda fiorentina*, pp. 417-436; Fabbri, *Breve profilo storico della famiglia Strozzi*, pp. 13-31; Soldani, *Uomini d'affari e mercanti toscani*, pp. 421-454.

4. Reinhardt, *I Medici: potere e affari*, pp. 43-44.

da, sempre a Barcellona, una compagnia a suo nome, che avrebbe continuato a rappresentare la sede direzionale dell'azienda anche dopo l'istituzione a Valencia, nel 1438, di una seconda società, intitolata prima a Jacopo poi, nel 1441, al fratello Niccolò. Nel giro di pochi anni grazie all'apertura di nuove sedi, intestate con ragioni distinte a ciascuno dei tre fratelli, il raggio d'azione degli Strozzi si estende anche ad altre piazze commerciali, come Bruges (sempre nel 1441), Palermo (1445) e Napoli (1446/47), amplificando sensibilmente il volume dei loro affari. Morto Filippo nel 1449, l'attività viene rilevata e proseguita dai fratelli Niccolò e Jacopo (già soci di maggioranza in diverse delle aziende di famiglia), i quali, incontratisi a Perpignano, mettono a punto un piano strategico per il futuro della compagnia.

È il *Libro segreto* di Jacopo di Leonardo Strozzi a informarci di ciò e dei successivi sviluppi.[5] A Barcellona venne istituita una nuova società intestata a entrambi i fratelli e che, in continuità con la precedente, avrebbe operato come agenzia bancaria di cambio valuta; a Bruges, invece, la compagnia di cui era stato titolare Niccolò passò al fratello Jacopo, mentre allo stesso Niccolò spettò la guida della sede di Napoli, sulla quale si concentreranno le attenzioni e gli interessi di un altro Filippo Strozzi. Si deve, infatti, a Filippo di Matteo Strozzi, cugino dei sopra richiamati Jacopo e Niccolò, il passaggio successivo, segnato dal trasferimento del centro direzionale degli affari di famiglia nella città partenopea, assunta, nel frattempo, dopo la conquista di Alfonso del 2 giugno 1442, al ruolo di capitale dell'"impero" mediterraneo dei Trastámara d'Aragona.[6] A Napoli il Magnanimo, re di Aragona, Valencia, Sardegna, Maiorca e Sicilia (nonché titolare del Regno di Corsica, di Gerusalemme e d'Ungheria, e ancora conte di Barcellona e di altre contee catalane), a partire dal febbraio 1443 stabilisce definitivamente la sede della sua corte; la stessa città, alcuni anni dopo, diventa con Filippo il nuovo fulcro dell'attività economico-bancaria degli Strozzi, proiettata ora lungo «l'asse portante Firenze-Napoli».[7] Al suo fianco ci saranno i fratelli minori Lorenzo, in particolare, e Matteo.[8]

5. ASF, *Carte Strozziane*, serie V, reg. n° 14, *Libro di ricordi e di debitori e creditori di Jacopo di Leonardo di Filippo di Leonardo Strozzi* (1450-1457), ms., cc. 1r-48v.

6. Su Filippo Strozzi, si rinvia al profilo curato da Goldthwaite in *Private Wealth in Renaissance Florence*, pp. 31-73; e a quello a cura di Fabbri, *Strozzi Filippo.*

7. Del Treppo, *Stranieri nel Regno di Napoli*, p. 189.

8. Quest'ultimo sarebbe nato dopo la morte del padre, motivo per cui gli fu dato il suo nome. Cfr. Fabbri, *Strozzi Filippo.*

La famiglia Strozzi, composta dai nove figli di Matteo Strozzi e Alessandra Macinghi e dai rispettivi figli e nipoti, è attestata a Napoli almeno a partire dal 1459.[9] La loro abitazione, disposta su due piani e di proprietà di *madonna* Caterina Bonifacio, vedova di *messer* Bartolomeo Scannasorci e madre di Simonotto, sorgeva nella zona del sedile di Portanuova,[10] al quale erano iscritti in quanto nobili di seggio sia i Bonifacio che gli Scannasorci.[11] L'immobile, piuttosto grande e articolato in più vani (circa una decina) adibiti a differenti destinazioni d'uso, era munito di stalla e fienile per gli animali da trasporto. L'incremento delle attività aveva richiesto nel 1474 un ampliamento degli spazi, che trovò soluzione nella scelta di prendere in fitto per cinque anni da Colantonio Peraro di Nola un secondo alloggio, attiguo al precedente.[12]

Nonostante la disponibilità di ben due appartamenti, comprensivi di ambienti destinati a garzoni, inservienti e schiave, e nonostante la presenza in casa di uno «scriptoio», le attività del banco, almeno a partire dal 1469, si svolgevano presso altra sede.[13] Si trattava di alcune stanze appositamente prese in fitto dal procuratore del monastero di San Pietro *ad Aram*, don Ilario da Brescia, prima a 30 poi a 36 ducati l'anno. I locali destinati al banco erano ubicati alle spalle della piazza del mercato, nelle immediate vicinanze nel suddetto cenobio.[14]

Il legame tra Filippo Strozzi e la città di Napoli fu duraturo e costante nel tempo, mantenendosi tale anche quando l'amnistia generale del 20

9. Interessanti informazioni sulla famiglia di Matteo Strozzi provengono da un "libricciolo" di ricordanze o di conti redatto dalla moglie Alessandra Macinghi, autrice, tra l'altro, di diverse lettere indirizzate ai figli esuli a Napoli. Ed è in particolare con il primogenito, Filippo, che la donna intrattiene una fitta corrispondenza epistolare. Si vedano: Macinghi Strozzi, *Lettere di una gentildonna fiorentina*; Fioravanti, *Alessandra Macinghi Strozzi*, pp. 6-7.

10. *Libro giornale 1473*, pp. 150, 124-125. La famiglia Strozzi risulta affittuaria di Caterina Bonifacio sin dall'agosto 1465. Cfr. ASF, *Carte Strozziane*, serie V, reg. n° 18, *Libro di Ricordanze di Filippo e Lorenzo Strozzi* (1466-1467), ms., c. 130r-v.

11. Sulla nobiltà di seggio napoletana, cfr. Vitale, *La nobiltà di Seggio a Napoli*, pp. 151-169; Santangelo, *La nobiltà di Seggio napoletana*; e Ead., *Spazio urbano e preminenza sociale*, pp. 157-177.

12. *Libro giornale 1473*, *Appendice* XXVIII, nn° 4 e 5, p. 726.

13. Ivi, p. 727.

14. *Libro giornale 1476*, c. 142v: «A spese di compagnia ducati XXXVI, per loro a don Ylario da Brescia, procuratore del monasterio di San Pietro ad Ara, e sono per pigione di uno anno del nostro banco, cioè ducati 18 per l'uscita del presente anno che finirà a dì 15 d'aosto proximo e ducati 18 per l'entrata dell'anno a venire che finiscie a dì XV di febraio proximo, ebbe contanti».

settembre 1466 consentì al banchiere di fare ritorno a Firenze,[15] dove, tra l'altro, poco più che sessantenne morì il 14 maggio 1491.[16]

Intanto, con la revoca dell'esilio si erano aperte per gli Strozzi nuove opportunità e prospettive di affermazione. Ricongiuntisi a Firenze con il resto della famiglia, avevano consolidato la propria posizione anche attraverso mirate alleanze matrimoniali (con gli Adimari e con i Baroncelli[17]), mentre a Napoli continuava a crescere la stima accordata loro da Ferrante (che nel 1463 aveva concesso a Filippo il privilegio di condurre affari nel Regno) e perfino dai Medici, i quali, dopo la morte di Cosimo, nel 1464, si erano più volte rivolti agli Strozzi per funzioni di rappresentanza presso la corte napoletana. L'apice del successo fu raggiunto nel pieno degli anni Settanta, quando la società dei fratelli Filippo e Lorenzo Strozzi si trovò a occupare una posizione di primissimo piano sulla scena economica e finanziaria, tanto regnicola quanto internazionale, beneficiando della considerazione di importanti compagnie di mercanti e imprenditori (inclusi i Medici, i Coppola e i Guasconi[18]) con le quali gli Strozzi avviarono costanti e proficue collaborazioni. Altrettanto vantaggioso fu il legame, stretto e privilegiato, con la corte regia, alla quale gli Strozzi offrirono – come vedremo –, almeno sino ai primi anni Ottanta del Quattrocento, tutta una serie di servizi bancari. A risentire infatti, nel tempo, di una certa crisi sarà proprio il rapporto con Ferrante, al cui sfilacciamento corrispose un arretramento del banco negli affari finanziari della Corona rispetto ad altre società creditizie che, al contrario, se ne avvantaggiarono, come quelle degli Spannocchi, dei Nasi-Medici e dei regnicoli Gaeta e Palmieri.[19] Tra le possibili cause della rottura, la più plau-

15. de La Roncière, *L'exil de Filippo et Lorenzo Strozzi*, pp. 67-93.

16. Cfr. *Libro giornale 1473*, p. 653, dov'è riportata una dichiarazione di Alfonso II sul *magnifico* Filippo Strozzi, il quale «longo tempore dum vixit et usque ad eius mortem domum et bancum hac in civitate Neapolis tenuit».

17. Filippo nel gennaio 1467 aveva sposato Fiammetta Adimari, mentre Lorenzo nel 1470 sposò Antonia Baroncelli.

18. Sulla collaborazione con i Medici e i Coppola, cfr. *infra*, cap. 4, pp. 208-219. Riguardo, invece, alla compagnia del fiorentino Gioacchino Guasconi, i rapporti con Filippo si intensificarono soprattutto dopo la morte del fratello Lorenzo, nel 1479, quando lo Strozzi, già socio del Guasconi (ASF, *Carte Strozziane*, V serie, reg. n° 35, *Libro segreto di Filippo e erede di Lorenzo Strozzi*, 1479-1484, ms., c. 6v: «la nuova conpangnia con Giovachino Guaschoni principiata questo dì [25 dicembre 1480] in nome di Filippo Strozzi e Giovachino Giaschoni e compagni»), gli affidò la direzione dell'azienda napoletana (cfr. Fabbri, *Strozzi Filippo*).

19. Del Treppo, *Il re e il banchiere*, p. 279. Sugli uomini d'affari senesi attivi a Roma, Napoli, Venezia e Valencia, e in particolare sulla famiglia Spannocchi, si vedano Tognetti,

sibile sembrerebbe legarsi alla questione della grande congiura baronale, ordita ai danni del sovrano a partire dalla primavera del 1485.[20] Un crescente clima di sospetto e il coinvolgimento nella cospirazione di uno dei maggiori clienti del banco strozziano, nonché grande amico e socio in affari di Filippo, qual era il conte di Sarno, Francesco Coppola,[21] indussero il re ad agire con circospezione anche nei confronti del grande banchiere fiorentino. A ciò si potrebbe aggiungere il fatto che solo un anno prima lo Strozzi, assieme ad altri soci, si era trovato nella condizione di sottoscrivere un'importante richiesta di prestito avanzata dal sovrano (pari alla somma di 164.000 ducati), cui venne applicato, suo malgrado, un tasso d'interesse più che irrisorio, tra l'1 e l'1,5%,[22] quando di norma lo stesso si attestava tra il 16 e il 30%.[23]

Rispetto agli anni Settanta del Quattrocento, sui quali si concentrerà principalmente la nostra attenzione, il decennio successivo sarà dunque caratterizzato, per una concausa di eventi (guerra di Otranto contro i Turchi, guerra di Ferrara, avanzata veneziana sulla costa adriatica e insurrezione baronale), da un clima politico progressivamente meno stabile, che avrà ripercussioni anche sul piano dei commerci e degli affari. È illuminante, al proposito, quanto scritto nel settembre 1485 in una missiva indirizzata dal fiorentino Piero di Gino Capponi al connazionale Gioacchino Guasconi (entrambi in ottimi rapporti col banco Strozzi di Napoli).[24] La lettera, trascritta dallo stesso Filippo Strozzi in un suo libro di *Ricordanze* relativo al triennio 1484-1486, così recitava:

> io [il Capponi] ho inteso qua difusione (che anchora non voglio chiamare ribellione) di questi principi della Maestà del Signor Re, che m'ha dato e dà

*"Fra li compagni palesi et li ladri occulti"*, pp. 27-101; Igual Luis, *Los banqueros del Papa: Ambrogio Spannocchi*, pp. 147-181; Id., *Sieneses en la Valencia bajomedieval*, pp. 333-360; Ait, *Da banchieri a imprenditori: gli Spannocchi*, pp. 297-331; Guidi Bruscoli, *Banchieri senesi del primo Cinquecento*, pp. 385-409; Ait, *Mercanti a Roma fra XV e XVI secolo*, pp. 59-77.

20. Su questo particolare momento della storia meridionale, si rinvia a Scarton, *La congiura dei baroni del 1485-87*, pp. 213-291; e a Petracca, *Le terre dei baroni ribelli*, pp. 25-41.

21. *Infra*, cap. 4, p. 207.

22. Volpicella, *Regis Ferdinandi primi*, p. 280; Silvestri, *Sull'attività bancaria napoletana*; Del Treppo, *Il re e il banchiere*, pp. 279-280 e nota 179.

23. Tale percentuale risulterebbe, grossomodo, in linea con i tassi d'interesse praticati in generale dai banchieri fiorentini anche in altre piazze commerciali. Si rimanda, in merito, a Del Bo, *Banca e politica a Milano*, pp. 57-58.

24. *Libro giornale 1476*, cc. 4v, 9v, 16r, 25r, 40r, 43r, 57r, ecc.

dispiacere assai, perché mi pare sia un principio di nuovo schandalo in Talia. Ché non è potenzia, quella della Maestà del Re, che possa essere offesa che gli altri non se ne risentino. Il bisogno sarebbe di pace, maxime de' nostri pari, che ne viviamo della pace. Ma quello che mi dà più noia si è le chose che ho a fare in chotesto Reame. Quello che so' fatte, bixogna lasciarle chorrere come sono principiate. Quelle che s'anno a fare, mi pare bene che sia prudenzia a pensare bene.[25]

Balza subito evidente l'attenzione prestata da Firenze e dai suoi operatori economici alla congiuntura politica del Regno, al rischio di reazioni e sviluppi che potessero impattare negativamente sul sistema degli scambi, e che, sopra ogni altra cosa, rischiassero di compromettere la "pace", condizione fondamentale per la buona riuscita degli affari, dacché – continua ancora il Capponi – «seguitando questa ribellione, chi starà in un luogho non potrà traficare ne l'altro». Quale peggior sciagura, quindi, per un uomo di commercio essere limitato nella mobilità e dover per questo rinunciare a una consistente fetta di clienti e di introiti.[26]

Con gli anni Ottanta, e a seguire nei Novanta, complice l'instabilità che caratterizza la vita politica del Regno (sconvolto, innanzitutto, dalla seconda congiura baronale), della penisola italiana e, più in generale, dell'intero contesto europeo e mediterraneo (all'interno del quale avanzano e si contrappongono vari progetti egemonici), per molte compagnie mercantili e bancarie, inclusi gli Strozzi, diminuiscono le certezze e aumentano, come si è visto, le difficoltà. A Napoli, ad esempio, uno dei primi banchi a fallire è quello di Benedetto Salutati, travolto da un *crack* finanziario nel 1482; mentre alcuni anni dopo, nel 1495, è la volta del banchiere Giovanni Tornabuoni, successore alla direzione dell'ex banco mediceo dopo Francesco Nasi e i suoi eredi.[27] Tra le agenzie di credito che vivono sul finire del Quattrocento una condizione al limite del dissesto finanziario c'è anche quella del senese Ambrogio Spannocchi, con sede centrale a Roma, e dei suoi eredi, che avevano aperto una filiale anche a Napoli.[28] Il pesante passivo cui

25. Testo pubblicato da Patroni Griffi, *Una lettera di Piero Capponi*, p. 104.

26. Principio teorizzato in generale già da Benedetto Cotrugli nel cap. IV (*De lo loco abile a lo mercante*) del primo libro dell'*Arte della Mercatura* o *Della mercatura et del mercante perfetto*. Per l'edizione si rinvia a quella curata da Vera Ribaudo: Benedetto Cotrugli, *Libro de l'arte de la mercatura*, pp. 53-54. Sul Cotrugli, cfr. *infra*, pp. 85 e 95.

27. Cfr. *infra*, cap. 1, p. 38, nota 37; Silvestri, *Sull'attività bancaria napoletana*, pp. 80-120; Barile, *"La strada dell'arricchirsi a tanti mercanti"*, pp. 3-37: 27.

28. *Infra*, p. 132, nota 122.

andarono incontro i banchieri senesi era stato determinato dall'insolvenza del nipote di papa Pio II, Francesco Nanni Todeschini Piccolomini (debitore di 200.000 fiorini d'oro), morto un mese dopo la sua elezione a pontefice nel 1503.[29] Tanto a Napoli, quanto a Roma, come altrove, ad aprire la strada al fallimento erano soprattutto le illimitate aperture di credito nei confronti di Stati e governi, sempre più esigenti e di frequente insolventi, perché con un bilancio quasi cronicamente deficitario.

Ma facciamo un passo indietro ed esaminiamo i servizi erogati dal banco Strozzi nel pieno delle sue funzioni. Iniziamo col dire che al tempo dei sovrani aragonesi (1442-1501) l'apporto del capitale finanziario fiorentino continuava a confermarsi per il Regno di gran lunga necessario, sia in ambito commerciale, sia in termini più propriamente bancari. Seguendo le orme delle compagnie trecentesche dei Bardi, dei Peruzzi e degli Acciaiuoli, i quali avevano instaurato un rapporto privilegiato con la Corona angioina, anche questa terza generazione di mercanti-banchieri fiorentini, rappresentata soprattutto dai Medici e dagli Strozzi (e che, come si è detto, installò filiali giuridicamente autonome), si introdusse con successo nella vita economica e politica napoletana, sebbene, rispetto ai predecessori, pare abbia agito con maggiore oculatezza nei confronti di accrediti difficilmente rimborsabili.[30]

Riguardo alle attività svolte dall'azienda strozziana, specializzata in particolare nell'intermediazione creditizia e dal «carattere squisitamente bancario»,[31] scorrendo le partite dei *Giornali* (di cui di dirà meglio più avanti) si resta colpiti, innanzitutto, dell'incalzante ritmo delle operazioni, ora di prestito, ora di raccolta di proventi e risparmi, ora di collocamento dei capitali assorbiti, le quali, per quanto notevolmente ridotte di numero, si registrano anche la domenica e in alcune festività. Se ne deduce che

29. Sul rapporto tra la compagnia degli Spannocchi e papa Pio III, cementato anche dalle comuni origini senesi, si rinvia al profilo curato da Sanfilippo, *Pio III papa.*

30. Goldthwaite, *Private Wealth in Renaissance Florence*, p. 58.

31. Si deve a Mario Del Treppo la precisazione circa la natura dal banco quale «pura azienda di credito», che è cosa diversa rispetto all'«esercizio bancario incorporato nella gestione di un complesso aziendale mercantile». L'attività svolta dagli Strozzi sarebbe stata pertanto più simile a quella del banco mediceo che al sistema di aziende gestito dai Datini di Prato alla fine del Trecento (cfr. Del Treppo, *Aspetti dell'attività bancaria a Napoli*, p. 578; Del Treppo, *Il re e il banchiere*, p. 232). Di tutt'altro avviso è stato invece Michele Cassandro, che ha attribuito al banco strozziano le medesime funzioni e i medesimi caratteri di altre società di mercanti-banchieri (Cassandro, *L'irradiazione economica fiorentina*, pp. 191-221: 208).

Filippo Strozzi, assieme allo scrivano dell'azienda, al capo-contabile, al cassiere e – immaginiamo – a tutto il gruppo di fattorini e garzoni al suo servizio, si recasse quotidianamente presso gli uffici del banco; e qualora, in via del tutto eccezionale, non fosse stato possibile dar seguito ai propri affari, magari a causa di chiusure straordinarie o altro, quanto concordato con i clienti sarebbe stato appositamente annotato il giorno successivo, ricorrendo a formule come «ne la giornata di ieri», «riceuti ieri» o «è l'agiornato di ieri».[32]

Le rendicontazioni contabili di cui si dispone, e che coprono un lasso temporale compreso rispettivamente tra il 25 dicembre 1472 e il 21 luglio 1473 e tra il 25 dicembre 1475 e il 29 agosto 1476, consentono di isolare con precisione i giorni di chiusura dello sportello. Dei 209 giorni inclusi nella registrazione del 1472/73 emerge che ciò si verificò soltanto per 30 giorni; mentre relativamente all'esercizio del 1475/76 risultano 52 giorni di chiusura su 249.[33] Com'è facile intuire l'astensione dal lavoro e l'inattività del banco erano dettate dal calendario liturgico, o meglio da quelle festività, non certo tutte, che gli Strozzi intendevano onorare (in particolare il Natale, il primo dell'anno in quanto solennità della circoncisione di Cristo, il Venerdì Santo, la Pasqua, il lunedì dell'Angelo, il Calendimaggio, la Pentecoste, il Corpus Domini, la Visitazione di Maria Vergine e l'Assunzione). Sebbene la ricorrenza della Natività rappresenti la data in cui si aprono i *Giornali* con l'invocazione a Dio onnipotente, a Maria e a tutti i santi, auspicando una loro intercessione per assicurarsi «sanità di chorpo et buono guadagnio», entrambi i libri non registrano per quel giorno la conclusione di alcun affare. L'apertura domenicale, invece, anche se solo per poche operazioni, poteva tornare utile alla chiusura di pratiche urgenti o in scadenza. Non erano in tanti, tuttavia, coloro i quali, noncuranti dei divieti delle autorità allo svolgimento di attività lavorative e pubbliche la domenica e nelle altre festività, decidessero ugualmente di praticarle.[34]

Quanto si svolgeva presso lo sportello bancario ricadeva sotto l'attenta supervisione di Filippo, che controllava l'evolversi e la conclusione di qualsiasi operazione, sia che si trattasse di ordini orali o di ordini scritti,

32. *Libro giornale 1473*, p. 320; *Libro giornale 1476*, cc. 98v e 168v.

33. Per una puntuale descrizione del rapporto tra festività e attività lavorativa, si rinvia a Del Treppo, *Il re e il banchiere*, pp. 234-235.

34. Sul tempo da destinare al lavoro nella cultura medievale, si veda Le Goff, *Tempo della Chiesa e tempo del mercante*.

sia che si trattasse di versamenti in contanti o di trasferimenti per partite di giro.[35] Nel suo lavoro Filippo, come anticipato, era affiancato da alcuni collaboratori, ai quali tuttavia riservava solo funzioni meramente materiali. In particolare, se il capo-contabile si occupava della stesura dei due registri maggiori (il *Libro mastro* e il *Libro giornale*), dipendenti di livello inferiore compilavano invece tutti gli altri tipi di rendicontazione (ricordanze, quaderni di cassa, libri di entrate e uscite, stracciafogli, ecc.). Al cassiere, in particolare, era riservato il compito di conteggiare e monitorare le giacenze di cassa. Tra coloro che ricoprirono presso il banco il ruolo di cassiere possiamo ricordare i nomi di Francesco di Giovanni Strozzi,[36] Piero Parenti,[37] Donato Bonsi e Zaccaria di Battista Strozzi,[38] generalmente già reclutati da Filippo in qualità di giovani apprendisti («nostro giovane»), ai quali affidare anche delicati compiti (come la consegna di documentazione, denaro o altro per conto dalla banca) e tutti a lui legati da vicoli familiari o da strettissimi rapporti di fiducia.[39]

## 2. *Gli affari del banco e il valore del numero*

Il volume d'affari del banco di Filippo e Lorenzo Strozzi si attestava su livelli decisamente eccezionali. A provarlo è il consistente numero delle operazioni effettuate annualmente presso lo sportello. Riguardo ai sette mesi rendicontanti nel *Giornale* del 1472/73 ricorrono in media 34 operazioni al giorno per un totale di 7.300 su 209 giorni di attività; in quello del 1475/76, relativamente a 249 giorni, che coprono otto mesi di esercizio, il numero delle operazioni è 5.311, con una media giornaliera di 21.[40] La lieve flessione

35. Sulla partita di giro e sugli altri servizi erogati, si rinvia *infra*, p. 45.

36. *Libro giornale 1473*, p. 7.

37. ASF, *Carte Strozziane*, serie V, reg. n° 25, *Libro di Ricordanze di Filippo e Lorenzo Strozzi* (1472-1473), ms., c. 109r.

38. *Libro giornale 1476*, c. 1r; ASF, *Carte Strozziane*, serie V, reg. n° 47, *Libro di Ricordanze di Filippo di Matteo Strozzi* (1487-1488), ms., c. 91v.

39. Il 24 settembre 1472, ad esempio, a Donato Bonsi, definito appunto «nostro giovane», è affidata «una scatola di scritture» da consegnare all'ambasciatore veneziano Zaccaria Barbaro (ASF, *Carte Strozziane*, serie V, reg. n° 24, *Libro di Ricordanze di Filippo e Lorenzo Strozzi* [1471-1472], ms, c. 100r). Donato era nipote di Filippo Strozzi in quanto figlio della sorella Alessandra. Si veda Del Treppo, *Aspetti dell'attività bancaria a Napoli*, pp. 558-559.

40. In questo computo, come si preciserà meglio in seguito, rientrano tutte le partite, intestate a persone fisiche e non.

pare non abbia inciso significativamente sull'ammontare complessivo delle entrate della compagnia, impegnata – come vedremo – anche nella gestione di attività commerciali. È stato ipotizzato, infatti, che se il giro d'affari per l'anno 1473 si attestò intorno ai 2.331.534 ducati, nel 1476 si sarebbero comunque raggiunti i 2.152.689 ducati.[41] Quanto tali cifre costituissero un più che ragguardevole fatturato risulta evidente dal confronto con alcuni dei principali introiti dello Stato, come, ad esempio, l'imposta sul focatico, che, stando a un rendiconto delle «Intrate de re Ferrando», redatto a Pavia il 6 febbraio 1474, si aggirava intorno ai 210.000 ducati.[42]

Se nel 1473 la consistenza media di ogni operazione era pari a circa 216 ducati, nel 1476 essa raggiunse i 324; un dato, tra l'altro, che consente di escludere – almeno per gli anni meglio documentati dalle fonti – l'eventualità di una contrazione o di un ridimensionamento dell'attività bancaria. Una conferma in tal senso giunge anche dall'ammontare di cassa detenuto dall'azienda, che passa dai 171.625 ducati del 1473 ai 194.188 ducati del 1476, con una media mensile attestabile intorno ai 24.000 ducati, grossomodo il capitale sociale della compagnia;[43] mentre le uscite di cassa risultano pari a 160.606 ducati nel 1473 e a 193.396 ducati nel 1476. Non molto dissimili tra le due annate sono anche le cifre investite nel trasferimento di partite di giro (1.027.831 ducati nel 1473 e 1.047.542 ducati nel 1476).

Circa le riserve di cassa, si tratta di somme decisamente elevate, soprattutto se rapportate con quelle di altre compagnie fiorentine dell'epoca, ciò non può che dipendere dal fatto che il banco Strozzi – come si dirà meglio a breve – svolse l'importante funzione di depositario generale delle casse statali, agendo da ragioneria centrale del Regno.

È altrettanto interessante notare come all'incirca il 45% delle operazioni eseguite dal banco si aggirasse intorno a importi compresi tra gli 11 e i 100 ducati, con una netta prevalenza di quelli inclusi tra gli 11 e i 50, i quali, oltre ad attestare il versamento o il prelievo da parte di una clientela piuttosto va-

41. Del Treppo, *Il re e il banchiere*, pp. 236-237. Per maggiori dettagli sugli utili del banco, su liquidità, giacenza e movimenti di cassa, si rinvia invece a Del Treppo, *Aspetti dell'attività bancaria a Napoli*, pp. 557-601, e in particolare alle tabelle allegate in appendice, pp. 592-601.

42. *I diari di Cicco Somonetta*, p. 85.

43. Tale cifra è stata calcolata sulla base della contabilità annotata nel *Libro segreto segnato A* di Filippo Strozzi (ASF, *Carte Strozziane*, serie V, reg. n° 35, *Libro segreto di Filippo e erede di Lorenzo Strozzi*,1479-1484, ms., cc. 1r-17v). Per le tabelle riepilogative dei dati, si veda Leone, *Il capitale fiorentino a Napoli*, pp. 98-101.

riegata e non necessariamente elitaria, concorrono a confermare il carattere precipuamente creditizio dell'istituto strozziano.[44] Ad esso ci si rivolgeva in ispecie per domandare prestiti a breve o brevissimo termine, operazioni di giro per accrediti fatti a terzi e pagamenti di lettere di cambio, come pure per richiedere servizi finanziari funzionali al saldo di merci, prestazioni lavorative, assicurazioni a premio, imposte varie e diverse altre necessità.

Intorno a una cifra un po' più elevata, che è stata calcolata in media sui 250 ducati, si aggiravano soprattutto le operazioni di carattere commerciale e marittimo; mentre – com'è facile intuire – quelle dagli importi più consistenti erano quelle effettuate per conto della Corona e dei suoi ufficiali (concessione di mutui, accrediti alla tesoreria, anticipazione delle quote fiscali, ecc.), verso i quali gli Strozzi non mancavano di accordare il proprio sostegno, anche in caso di ampie aperture di credito. La procedura attraverso la quale si eseguivano i trasferimenti di denaro e i prelievi di cassa era incentrata, almeno per quanto concerne la piazza napoletana, in prevalenza sull'ordine orale, che risulta molto più diffuso rispetto a quello scritto (cioè attraverso polizze o assegni), utilizzato limitatamente alle sole operazioni effettuate con clienti impossibilitati a raggiungere il banco perché fuori sede.[45]

Attingendo ai dati elaborati da Mario Del Treppo, particolare importanza per cogliere il complesso funzionamento del sistema bancario dell'epoca e le rispettive modalità di gestione assume il rapporto tra liquidità di cassa e valore del credito concesso. È bene a questo punto precisare come fosse del tutto naturale per i mercanti-banchieri fiorentini operare anche in una condizione di limitata disponibilità, presupposto che, ovviamente, ne accresceva la vulnerabilità, esponendo maggiormente alle possibilità di rischio e di fallimento. Sappiamo, ad esempio, che il banco mediceo di Firenze continuava a erogare credito nonostante le riserve di cassa fossero alquanto esigue, inferiori di solito al 10% di tutte le attività;[46] così come sono noti i dati sul rapporto tra giacenza e credito (in alcuni casi pericolosamente oscillante da 1:10 a 1:20) anche in relazione ad altre filiali o compagnie bancarie, sebbene i più disinvolti e temerari sembrano confermarsi proprio i Medici.

Tornando invece alla gestione del banco Strozzi, la rendicontazione dei *Giornali* (considerata però limitatamente alla fase conclusiva e di bilancio

44. Del Treppo, *Aspetti dell'attività bancaria a Napoli*, p. 560.

45. Ivi, p. 562.

46. Cfr. de Roover, *Il banco Medici*, p. 539 e Id., *The Development of Accounting prior to Luca Pacioli*, pp. 119-180: 147.

del periodo documentato, tanto per il 1473, quanto per il 1476) consente di ravvisare una conduzione del credito sicuramente più cauta e accorta, giacché l'esposizione del capitale nel suo complesso non supera il valore di 7 a 1 rispetto all'ammontare complessivo del contante depositato in cassa. Se questo è quanto risulta dalla rilevazione del fenomeno in un dato e preciso momento, e cioè quello di chiusura dell'esercizio e di rendicontazione finale, sensibili oscillazioni possono emergere da una lettura spalmata su intervalli temporali più brevi e che tenga conto del peso esercitato sulla liquidità tanto dalla giacenza di cassa, quanto dalla velocità dei flussi in entrata e in uscita del contante.[47] Il confronto incrociato dei dati colti in una rappresentazione sicuramente più dinamica ha messo in risalto aspetti di particolare interesse come una solida stabilità di cassa e una grande cautela nella concessione del credito, dacché la proporzione tra liquidità disponibile e ammontare del prestito risulta spesso minore di 1:3. Un quoziente così basso e tanto inferiore rispetto a quelli calcolati in media per altre banche toscane che rende quasi "eccezionale" la condotta del banchiere Filippo Strozzi e la sua oculata e prudente gestione del servizio di cassa, così come delle prestazioni erogate. In ragione di ciò, non desta meraviglia lo stupore provato da Richard Goldthwaite nel costatare che lo stesso Filippo, al momento della morte, nel 1491, aveva lasciato in cassa almeno la metà delle sue ricchezze («un patrimonio stimato in 100.000 fiorini, il 75% più di quello di Palla Strozzi, l'uomo più ricco secondo i ruoli catastali del 1427»), dando prova di una conduzione delle riserve piuttosto inusuale e fuori dal comune.[48]

Possiamo a questo punto, con un certo margine di sicurezza, ritenere che il banco abbia aumentato l'attività creditizia in corrispondenza all'aumento della giacenza di cassa, alimentata dall'apporto di nuovo contante, il quale – come si dirà a breve – proveniva in misura preponderante dalla macchina statale. Quando invece l'operatore bancario era chiamato a saldare i suoi conti e a rispondere alle promesse accordate, vedendosi repentinamente restringere la disponibilità in giacenza, ridimensionava, di conseguenza, l'erogazione del servizio di credito. Naturalmente per quanto giacenza e credito tendessero ad aumentare o a diminuire quasi all'unisono, ciò non accadeva sempre in maniera direttamente proporzionale, giacché il grado di esposizione al rischio variava, di volta in volta, in ragione della valutazione fatta, all'occorrenza, dallo stesso banchiere sulla base di ogni singola richiesta,

47. Del Treppo, *Aspetti dell'attività bancaria a Napoli*, p. 584.
48. Goldthwaite, *L'economia della Firenze rinascimentale*, p. 761.

della fiducia accordata al debitore e di quanto ritenuto compatibile con le proprie risorse. La domanda di liquidità era certo maggiore quando proveniva dall'amministrazione statale (dalla stessa persona del re, dalla tesoreria regia, dall'ufficio del percettore generale o da altri funzionari) e dalle principali compagnie di operatori economici (italiani quanto stranieri), mentre si attestava su cifre decisamente più contenute in caso di altri clienti (privati cittadini, esponenti del mondo delle professioni, piccoli imprenditori ecc.). Altrettanto maggiore risultava però l'ammontare degli accrediti versati nella cassa del banco dall'ufficialità regia, frutto soprattutto dell'esazione fiscale, rispetto a quelli depositati più in generale dai privati. E così, se nel 1473, su 171.625 ducati di entrate, i versamenti statali raggiungono il 63,73% (pari a 109.376 ducati) a fronte del 36,27% costituito dai depositi di provenienza privata (pari a 62.249 ducati); non molto dissimile si presenta la situazione anche nel 1476, attestandosi rispettivamente sul 60,70% (pari a 117.864 ducati) nel primo caso, e sul 39,30% (pari a 76.324 ducati) nel secondo caso (per un totale – lo ripetiamo – di 194.188 ducati).[49]

Conti a parte, quanto detto richiama la nostra attenzione su un elemento particolarmente importante per la tenuta e l'efficienza del banco: la sua stretta relazione con l'apparato statale; giacché è proprio la tesoreria regia con l'apporto positivo della liquidità versata a garantire stabilità e consistenza alla giacenza di cassa, ad assicurare copertura, a permettere al banchiere una continua e costante erogazione di credito. E per quanto un rapporto troppo stretto tra amministrazione dello Stato e banca abbia spesso innescato spirali negative, in particolare per quest'ultima, quello tra Ferrante e Filippo Strozzi, improntato, da un lato, sulla funzionalità degli apparati finanziari e di governo, dall'altro, sulla prudenza nella gestione di risorse e servizi, si configurò particolarmente vantaggioso per entrambi (almeno fino alla crisi politica e finanziaria che – come già detto – travolse il Regno nel pieno degli anni Ottanta).

Non molto diverso da quello degli Strozzi – se guardiamo all'area iberica – era stato il ruolo svolto, fra Tre e Quattrocento, da alcuni mercanti-banchieri, come Juan Donsancho, Beltrán de Coscó e Berenguer de Cortillas, vicini alla corte regia di Barcellona e le cui attività sono state di recente indagate da Sandra De La Torre Gonzalo.[50] Titolari di aziende,

49. Del Treppo, *Aspetti dell'attività bancaria a Napoli*, pp. 588-590.

50. De La Torre Gonzalo, *Grandes mercaderes de la Corona de Aragón*, in particolare le pp. 257-290.

esattori di rendite, ecclesiastiche quanto signorili, *compradores* del debito pubblico di un enorme numero di comunità rurali, ma soprattutto creditori dei sovrani d'Aragona in un momento difficile come quello della conquista siciliana, questi intraprendenti banchieri, cambiavalute e commercianti di cereali, lana, pelli, tessuti di alta qualità e di molti altri prodotti di lusso, si rivelarono, al pari dei principali gruppi mercantili italiani, «hombres de negocios de intereses enormemente estensos»,[51] contribuendo con il loro supporto in termini di liquidità (erogata a lungo e breve termine) a garantire la credibilità dell'istituzione monarchica iberica.

## 3. *La compagnia del fondaco*

Oltre al banco, sempre a Napoli, Filippo Strozzi in qualità di socio di maggioranza (o "maggiore") curava la direzione di una seconda azienda a vocazione prettamente commerciale, la compagnia del fondaco, forse affidata in un secondo momento alla guida del fratello Lorenzo.[52] Il capitale sociale di quest'ultima era di circa 12.000 ducati, e quindi pari alla metà del capitale sociale del banco.[53] Le due attività, scorporate e indipendenti l'una dall'altra, si configuravano come entità autonome e avevano gestione separata. Tra la fine degli anni Settanta e i primissimi anni Ottanta gli Strozzi accolsero come socio di minoranza nella compagnia del fondaco il già menzionato mercante fiorentino Gioacchino Guasconi (partecipante nella misura di un quarto, e a sua volta in società con Tommaso Ginori),[54] cui seguì, poco dopo, l'affiliazione di Donato di Giovanni Bonsi, che aveva già ricoperto la carica di cassiere del banco.[55]

Per quanto divise, la commistione e l'interazione tra le due attività, quella creditizio-finanziaria e quella economico-commerciale, si attua-

51. *Prólogo* di Carlos Laliena Corbera a De la Torre Gonzalo, *Grandes mercaderes de la Corona de Aragón*, p. 18.

52. Fabbri, *Strozzi Filippo.*

53. Leone, *Il capitale fiorentino a Napoli*, pp. 99 e 101.

54. *Libro giornale 1476*, c. 146r: «A Tommaso Ginori et Giovachino Guasconi per un conto a parte ducati DCCCXII, tarì II, grani X, faccian buoni per loro alla ragione nuova del nostro fondaco per la loro 4ª parte di ducati 3250, che la detta ragione a sborsarsino a questo dì per la ncetta di questo anno della seta di Calavria».

55. *Libro giornale 1476*, c. 1v; Del Treppo, *Aspetti dell'attività bancaria a Napoli*, pp. 559 e 574.

vano in diversi ambiti e a vari livelli, e non solo ai piani alti della direzione, gestita in entrambi i casi, come già detto, dallo stesso Fillipo. Alle imprescindibili relazioni comportate dal comune esercizio degli affari e dal fatto che le attività del fondaco fossero comunque finanziate dalla liquidità del banco, si aggiungeva una condizione che potremmo definire di reciproco scambio nel reclutamento del personale dipendente, giacché quanti lavoravano in una delle due aziende strozziane avevano spesso già fatto esperienza nell'altra, e viceversa. Così era accaduto, ad esempio, al succitato Donato Bonsi, ma anche ad altri agenti, collaboratori, corrispondenti o semplici garzoni, tutti fiorentini, come Salvatore Billi (addetto soprattutto al movimento del contante),[56] Andrea di Carlo Strozzi[57] o il «nostro giovane» Francesco di Sandro Strozzi.[58] Questi si era trasferito da Firenze a Napoli su consiglio di Alessandra Macinghi, la quale, in alcune lettere inviate al figlio maggiore lo raccomanda di prendersi cura del giovane Francesco,[59] che inizia così a prestare servizio presso il banco sotto la guida di Filippo, per poi passare a occuparsi anche degli affari della compagnia del fondaco.[60] Lo troviamo, infatti, impegnato in diverse commissioni: recapita lettere e ambasciate per conto di entrambe le aziende, trasporta materialmente il denaro da un luogo all'altro e da una città all'altra, provvede al rifornimento di prodotti di scambio da depositare nei magazzini, così come al necessario per la casa. Alle dipendenze di Filippo lavoravano per il fondaco diversi altri membri della famiglia Strozzi (Francesco di Matteo Strozzi, Giovannino Strozzi, Giovanni di Niccolò di Brella Strozzi, Francesco di Pierozzo Strozzi, Girolamo Strozzi e altri),[61] unitamente al «nostro dispensiere», tale Antonio

56. *Libro giornale 1473*, p. 396; *Libro giornale 1476*, cc. 23v, 31v, 114r, 139v, 141v, 148v, 167r e 206v.

57. *Libro giornale 1473*, pp. 8, 51, 73, 158, 222, 236 e 522; e *Libro giornale 1476*, cc. 5v, 7v, 14v, 16v, 57v, 89v e 105r. Da distinguere da Andrea di Giovanni Strozzi, che era invece patrono di una nave. Cfr. ivi., c. 97r; e *infra*, pp. 168, 214 e 274.

58. *Libro giornale 1476*, c. 62r.

59. Alessandra Macinghi Strozzi, *Lettere di una gentildonna fiorentina*, p. 282: «Raccomandoti Francesco; se non è con tante virtù come Andrea, abbi pazienza, ensegnategli, ché ha buon sentimento, e credo apparerà». Cfr. anche Bersano, *Le Lettere di Alessandra Macinghi ai figli esuli*, pp. 351 e 353.

60. *Libro giornale 1473*, pp. 56, 94, 101, 143, 174, 176, 187, 217, 237, 296, 318, 349, 367, 416 e 475; *Libro giornale 1476*, cc. 15v, 46r, 60v, 62r, 68v e 203r.

61. *Libro giornale 1473*, pp. 39, 219, 365, 505; *Libro giornale 1476*, cc. 53v, 77r, 98r, 107v, 122r e 178v.

di Francesco di Perugia, che sovraintendeva al deposito e alla custodia delle merci.[62]

L'azienda commerciale del fondaco curava in particolare l'acquisto di materie prime (allume, rame, metalli vari, seta o altro) e prodotti agricoli (come nocciole, grano, zucchero, vino, olio, spezie, ecc.), che dalle diverse province del Regno confluivano nella capitale per essere immessi sul mercato locale, ma anche, e soprattutto, per raggiungere le principali piazze del commercio nazionale (inteso qui come interno alla Penisola) e internazionale. Diversi quantitativi di nocciole sono attestati, ad esempio, in entrambi i *Giornali* del banco sotto forma di spese affrontate da parte del fondaco, che acquista la merce nel 1473 ora da Sabatino di Serpico di Marigliano, ora da Sarvato Brancia, mentre nel 1476 si serve di produttori come Jacopo Giuvino di Nola, Sansonetto d'Angieri di Nola e Pasquarello Sabatino di Marigliano.[63] È noto che il mercato delle nocciole, tanto regnicole quanto catalane, alimentava all'epoca una cospicua e continua corrente di traffico,[64] qui documentata da un grosso carico imbarcato nell'agosto 1476 sulla nave del veneziano Giovanni di Nicolò per conto dei Grimaldi e fatto salpare dal porto di Napoli alla volta di Venezia.[65]

Importanti affari si facevano anche con l'allume (utilizzato nella farmacopea, per il trattamento delle pelli e la tintura dei tessuti),[66] estratto in particolare dalle miniere di Ischia e di Agnano, la cui gestione, in quest'ultimo caso, era stata affidata da Ferrante a Guglielmo Lo Monaco, «amministratore delle reali fabbriche del regno».[67] L'industria dell'allume, nella quale partecipava per la metà anche il sovrano, si rivelò molto redditizia per chi come gli Strozzi erano riusciti ad accaparrarsi il controllo dei commerci con l'estero, dal momento che lo stesso Ferrante

62. *Libro giornale 1473*, p. 28.

63. Ivi, pp. 467 e 488; *Libro giornale 1476*, cc. 118r, 130r, 157v, 166r, 184v, 187r, 195v e 201r.

64. Del Treppo, *I mercanti catalani e l'espansione della Corona*, p. 74.

65. *Libro giornale 1476*, c. 196r.

66. Sul ruolo dell'allume nell'industria tessile medievale, si rinvia a Franceschi, «Più necessario ai tintori del pane all'uomo», pp. 127-136, rielaborato e ampliato in Franceschi, *Il ruolo dell'allume nella manifattura tessile* (ultima consultazione 31.12.2023); e al recente volume *Los alumbres españoles y mediterráneos*.

67. Sulle miniere campane, si veda Feniello, *Estrazione e commercio dell'allume*, pp. 157-175; Id., *L'allume di Napoli nel XV secolo*, pp. 97-104. Per un discorso più ampio sul commercio di questo prodotto, cfr. Ait, Boisseuil, *Gli attori del commercio dell'allume in Mediterraneo*, pp. 423-445.

aveva destinato parte della produzione proprio al mercato fiorentino e catalano. Fiorentini e catalani erano, tra l'altro, i principali subappaltatori delle miniere e rivenditori all'ingrosso di allume, come Giovanni di Antonio Celli, Guillem Scales e Raymond Traginer, ai quali, in particolare, si rivolgeva la compagnia del fondaco per rifornire i propri magazzini.[68] Da Napoli infatti il gruppo Strozzi, e in misura minore anche i Medici, gestivano il monopolio della vendita dell'allume destinato ai tintori di Firenze e di altre importanti piazze europee.[69]

Non meno significativo era il mercato del grano (sul quale si tornerà più avanti parlando della ditta Coppola) e quello della seta siciliana e calabrese, alla cui incetta il banco partecipava erogando la liquidità necessaria, mentre il fondaco, nelle persone di Tommaso Ginori e Gioacchino Guasconi, si occupava dell'acquisto, della distribuzione e della vendita.[70] Si ricordi che a metà e fine Quattrocento, quando la richiesta di seta registrò un significativo ampliamento, segnando l'avvio di una sorta di processo di «democratizzazione» del prodotto serico (molto diffuso sotto forma di minuterie come nastri, trine e passamano), l'80% dei filati prodotti nella Penisola giungevano dalle campagne di Sicilia e Calabria.[71] Riguardo a quest'ultima, l'approvvigionamento della seta grezza avveniva direttamente sul territorio cosentino, dove operava il mercante-imprenditore Antonio de Beccuti di Cosenza, che intercettava i produttori locali, come Giuliano Casazzona di Taverna, e contrattava il prezzo della merce.[72] Questi come altri prodotti, soprattutto alimentari, venivano smistati dagli Strozzi oltre i confini e i mercati del Regno avvalendosi di una fitta rete di relazioni economiche e finanziarie, di corrispondenti, sensali e rivenditori pronti a raggiungere le principali piazze di distribuzione e di interscambio.

68. *Libro giornale 1476*, cc. 76r, 82v, 86v, 115v, 134r, 141v, 154r, 169r. L'allume, acquistato a un prezzo variabile tra i 13 carlini e un terzo e i 15 carlini e un quarto al cantaro, spesso «franco di doana e d'ognialtra spesa», veniva riposto nel magazzino della compagnia situato a Napoli presso l'antica Porta dei Caputo («alla porta del Caputo»), che sorgeva presso la Chiesa di San Pietro Martire. Nel 1473 le operazioni finanziarie riguardanti il commercio dell'allume, estratto soprattutto dalle miniere di Ischia, sono solamente tre, mentre nel 1476 il loro numero aumenta a 23, a riprova di una progressiva crescita del mercato di questo prodotto.

69. Sul ruolo dei Medici nel commercio internazionale dell'allume, si rimanda a de Roover, *Il banco Medici*, pp. 218-237; e Delumeau, *L'allume di Roma*, pp. 83-89.

70. Cfr. *infra*, nota 54.

71. Battistini, *L'industria della seta in Italia*, p. 14.

72. *Libro giornale 1476*, cc. 123r, 145r, 208r.

All'attività di esportazione la compagnia del fondaco affiancava quella, altrettanto rilevante, di importazione di manufatti e prodotti finiti (arazzi, sete finemente lavorate, broccati, capi di vestiario, argenterie, gioielli e libri) destinati in genere alle fasce più alte del locale mercato dei beni di consumo. Dalla Toscana, che occupava – com'è noto – una posizione di grande rilievo nel panorama dell'industria tessile,[73] gli Strozzi si rifornivano di panni di lana di qualità medio-alta, di drappi di seta, di tele di lino, di velluti, broccati in oro e argento, sciamiti, zendadi e altri filati di pregevole fattura, impiegati nella realizzazione di una vasta gamma di confezioni. In questo modo il Regno acquistava da Firenze, come da altre città dell'Italia centro-settentrionale, tessuti di altissimo valore, offrendo in cambio ai rispettivi artigiani, come già detto, consistenti quantitativi di seta greggia meridionale. Le operazioni di *import-export* erano garantite proprio dall'efficienza organizzativa e dalla vitalità operativa di una grande azienda commerciale come quella napoletana degli Strozzi. Tra i mercanti fiorentini con i quali il fondaco stringeva affari più di frequente c'era la compagnia di Guglielmo Rucellai e Matteo Baroncelli (a cui si rivolse, ad esempio, per un'importante partita di broccati in oro), c'era il commerciante di tele Ranieri da Ricasoli così come l'affarista Leonardo di Benedetto Strozzi (futuro console dei fiorentini a Costantinopoli).[74] Complementare all'attività tessile dei produttori di drappi serici era quella dei battiloro, che realizzavano sottilissimi fili d'oro e d'argento da intrecciare e arrotolare ai filati di seta per renderli ancor più rilucenti e preziosi; qualità certo molto apprezzate alla corte napoletana così come da tutta la clientela aristocratica. E anche con le aziende dei battilori fiorentini, come quella di Tommaso Ridolfi e compagni, erano gli Strozzi a trattare e a gestire la vendita dei loro prodotti sul mercato regnicolo.[75]

73. Sulla manifattura tessile toscana dei secoli XIV e XV, si limita il rinvio a Herlihy, Klapisch Zuber, *I Toscani e le loro famiglie*, pp. 395-405; Melis, *Industria e commercio nella Toscana medievale*, in particolare le pp. 201-211; Dini, *Saggi su un'economia-mondo*, in particolare le pp. 13-49 e 51-85; Hoshino, *Industria tessile e commercio internazionale*; Tognetti, *Un'industria di lusso al servizio del grande commercio*; Goldthwaite, *L'economia della Firenze rinascimantale*, pp. 365-465. Sull'industria serica lucchese, in particolare, si veda invece Del Punta, Rosati, *Lucca una città di seta*; mentre per uno sguardo più generale sui centri di produzione, scambio e distribuzione dell'Italia centro-settentrionale, si rinvia al volume miscellaneo *Centri di produzione, scambio e distribuzione*.

74. *Libro giornale 1473*, pp. 34, 312 e 347.

75. *Libro giornale 1476*, c. 170v. Sul mestiere del battiloro, particolarmente diffuso in area toscana, si rinvia a Dini, *Una manifattura di battiloro nel Quattrocento*, pp. 87-115; e Id., *I battilori fiorentini nel Quattrocento*, pp. 45-65.

Un altro punto di riferimento fondamentale per accaparrarsi le sete migliori per la piazza partenopea era costituito da Venezia, città con la quale Filippo intratteneva continue e proficue relazioni finanziarie inerenti non solo al commercio dei tessuti – oltre che, in direzione inversa, dei grani –, ma anche di numerosi altri oggetti di lusso, ornamenti di alta oreficeria e libri. È attestato, ad esempio, l'acquisto di quattro casse di libri a stampa giunti a Napoli da Venezia per il tramite di Girolamo Strozzi.[76] In ragione degli accordi commerciali conclusi nella città lagunare, e come documentato in particolare nel *Giornale* del 1476, la compagnia del fondaco si serviva di fidati collaboratori, inviati *in loco* per seguire gli «affari del detto fondaco» e ai quali, coperte le spese di viaggio, veniva corrisposto un salario mensile. È quanto accade proprio a Girolamo Strozzi. A lui viene affidata una missione a Venezia della durata di ben dieci mesi nel corso dei quali l'agente dovrà portare a termine le trattative avviate nella Serenissima a nome degli Strozzi e dei Coppola, soci in varie attività economiche (nello smercio di derrate come nell'acquisto di drappi e rasi di seta veneziana).[77]

Le mercanzie ricevute e immagazzinate nei depositi del fondaco erano presto messe a disposizione degli acquirenti, di intermediari, "spenditori" e "compratori" che agivano su commissione della tesoreria regia, del duca o della duchessa di Calabria e dei diversi esponenti del ceto baronale, come di medi e piccoli operatori locali (mercanti, artigiani, bottegai), che dagli Strozzi si rifornivano di merci e prodotti per la propria attività, ma anche di professioni, uomini di cultura e privati cittadini. Il 13 luglio 1473, tramite un'operazione di giro effettuata dal banco – dal conto del percettore regio, che fa un prestito grazioso al re, a quello della compagnia del fondaco – viene saldata una partita di 40 panni «tra fini e gharbi per mesi cinque» acquistata dalla corte al prezzo di 1830 ducati.[78] Operazioni analoghe ritornano nel *Giornale* del 1476 a nome del tesoriere Pere Bernat, che provvede al rifornimento della "guardaroba" di corte, destinata a custodire gli oggetti

76. *Libro giornale 1476*, c. 150v. Sull'editoria veneziana, sul lavoro delle officine tipografiche e sul commercio dei libri nel Rinascimento, si vedano Lowry, *Nicolas Jenson e le origini dell'editoria*; Nuovo, *Il commercio libraio nell'Italia*; e Montecchi, *Il libro nel Rinascimento*. Sempre a nome della compagnia del fondaco, un movimento finanziario destinato all'acquisto di libri è attestato anche nella contabilità del 1473. Si tratta di un'operazione di giro a favore degli eredi di Tommaso Spinelli e compagni di Roma (*Libro giornale* 1473, p. 306).

77. *Libro giornale 1476*, cc. 112r e 132v.

78. *Libro giornale 1473*, p. 510.

preziosi, i tessuti, i tappeti, gli abiti, la biancheria e una grande varietà di accessori riservati alla persona del re e ai suoi più stretti familiari.[79] Oltre ai già citati duchi di Calabria, rappresentati dai rispettivi amministratori, si rivolgono al fondaco degli Strozzi per acquistare panni di buona e di ottima qualità (rispettivamente quelli «di Garbo», prodotti con lana abruzzese o iberica, e quelli detti di San Martino, fabbricati nell'omonimo distretto di Firenze con la pregiata lana inglese),[80] drappi tramati di seta e di zendadi, rasi, velluti e quant'altro ritenuto utile alle proprie esigenze e al proprio benessere, nonché consono al proprio *status*, alti funzionari della Corona e grandi signori (non solo regnicoli), come Alberto Maria d'Este (fratellastro del duca di Ferrara Ercole I e dallo stesso confinato a Napoli perché accusato di alto tradimento),[81] il conte di Fondi (Onorato Gaetani), il duca di Venosa (Pirro del Balzo), il conte di Caiazzo (Roberto Sanseverino), quello di Capaccio (Guglielmo Sanseverino), il duca di Gravina (Jacopo e poi Francesco Orsini), il gran siniscalco Pietro de Guevara, il condottiero Galeazzo Sanseverino e tanti altri baroni e signori del Regno.[82] Diversi – lo ricordiamo – non mancavano di indebitarsi pesantemente, ricorrendo anche alla diffusa pratica di impegnare presso il banco i propri gioielli. Attratta dal lusso e dalle lusinghe della moda, l'aristocrazia napoletano-aragonese «tradisce i segni d'una sottostante debolezza economica, sulla quale chi veramente si eleva» – così come osservato alcuni anni addietro da Filena Patroni Griffi – «è il lungimirante banchiere forestiero».[83] È Filippo Strozzi che coniuga sapien-

79. *Libro giornale 1476*, cc. 3v, 25v, 169v. L'ufficio della "guardaroba" (termine che, riferito all'ufficio, era di genere femminile, mentre al maschile indicava la carica del guardarobiere) rivestiva una notevole importanza sul piano finanziario sin dai tempi di Alfonso, il quale, nel 1448, si trovò nella condizione di dare in pegno ad alcuni banchieri buona parte della sua collezione di gioielli a garanzia dei prestiti ricevuti. Cfr. Ryder, *The Kingdom of Naples*, pp. 186-187. Sulla carica del guardarobiere maggiore, si veda *infra*, p. 113, nota 51.

80. Questa seconda tipologia di panni si sarebbe esaurita con la fine del XV secolo, quando la residuale materia prima inglese sarebbe stata sostituita dalla lana merino proveniente dagli altopiani castigliani. Su questi aspetti, si rinvia agli studi di Hoshino, *L'Arte della lana a Firenze nel Basso Medioevo*, pp. 238-244, e *Industria tessile e commercio internazionale*.

81. Sulla figura di Alberto o Alberto Maria d'Este, figlio legittimato di Niccolò III, signore di Ferrara e Modena, e di Filippa della Tavola, e sui suoi difficili rapporti con i fratellastri Lionello, Borso ed Ercole I, che si succedettero al governo dei domini estensi, si veda il profilo curato da Covini, *d'Este, Alberto.*

82. *Libro giornale 1476*, cc. 2r, 3v, 7v, 14v, 18r, 23r, 25r, 26v, 27v, 38r, 59v, 109v e 127v.

83. Patroni Griffi, *Banchieri e gioielli alla corte aragonese*, p. 52.

temente l'attività finanziaria del banco con quella mercantile del fondaco; lo stesso risponde alla crescente domanda di credito e alla contestuale richiesta di manufatti, più o meno pregiati, proveniente da ogni parte del Regno. La sua clientela più importante, oltre che dal sovrano, è costituita dal grande baronaggio, dalle aristocrazie rurali, dalla nobiltà urbana, da compagnie di operatori economici e da quanti, a vario titolo, hanno facoltà di accedere a servizi e prodotti finanziari. Trapiantato nel Regno, il mercante-banchiere si pone a capo di un imponente sistema aziendale, che incrementa indubbiamente i suoi profitti – considerato anche il fatto che non c'erano grandi concorrenti –, ma che, nello stesso tempo, non può non contribuire ad alimentare il circuito commerciale ed economico-produttivo sociale nel quale lo stesso banchiere si trova a operare.

Chiudiamo questo paragrafo dedicato alla compagnia del fondaco con un'ultima annotazione quantitativa che consente di mettere a confronto la portata economica delle due aziende strozziane. Se Alfonso Leone era giunto alla conclusione che l'attività bancaria avesse prodotto «una remunerazione del capitale migliore di quello mercantile», attestato – anche se in misura ovviamente variabile – dallo stesso studioso intorno al 10%,[84] stando ai dati estrapolati da Mario Del Treppo, l'oscillazione dei profitti bancari sarebbe stata invece «molto più ampia di quella dei profitti commerciali».[85] Essa, infatti, avrebbe risentito di una fluttuazione dal 5% al 42% (pari a un rapporto di 1:8) rispetto a quella dal 7,5% al 29% (con rapporto di 1:4) degli utili derivanti dal settore mercantile.

Incontrovertibile prova di quanto fosse più rischioso e difficile fare il banchiere rispetto al mercante, e motivo per cui, come più di recente evidenziato da Sergio Tognetti, le imprese del Quattrocento, per quanto determinate a potenziare la componente bancaria, non abbiano comunque mai smesso di riservare considerazione a quella commerciale.[86]

## 4. *Il banco: clientela* lato sensu *e clientela reale*

I due *Giornali* superstiti del banco strozziano restituiscono un illuminante spaccato della società napoletana, cittadina e regnicola, colta nel pie-

84. Leone, *Il capitale fiorentino a Napoli*, p. 99.
85. Del Treppo, *Aspetti dell'attività bancaria a Napoli*, p. 577 e tabella II di p. 592.
86. Tognetti, *La mercatura fiorentina prima e dopo*, pp. 229-255: 253.

no degli anni Settanta del Quattrocento; una società che potremmo definire "ibrida" giacché intreccia e mescola sistematicamente "nazioni", culture, costumi, professionalità, competenze, linguaggi diversi e tanto altro ancora. In questo contesto, variegato e multiforme, la «razionalissima civiltà» mercantile toscana, e *in primis* fiorentina, radicata da tempo nella capitale partenopea, penetra e plasma l'economia locale, influenza gli operatori indigeni e tutto il sistema finanziario del Regno.

Nei 408 fogli interessati complessivamente dalla rendicontazione delle partite di entrambi i *Giornali*[87] ritornano più di 2.600 nominativi (tra correntisti e non),[88] dai quali traspare la varietà della clientela che si rivolgeva al banco, in modo più o meno continuativo o solo in via del tutto occasionale. Dato, anche questo, che riflette la caratura dell'istituto bancario strozziano e il suo ruolo di principale erogatore di credito sulla piazza commerciale partenopea.

Scorrendo il succedersi delle operazioni, si incontrano società di persone (compagnie marittime, mercantili, bancarie, artigianali, ecc.), enti collettivi (come le *Universitates*) e singoli individui, che si rivolgono direttamente allo sportello bancario o si fanno rappresentare da loro agenti o procuratori. La clientela, per così dire, occasionale è costituita in prevalenza da quanti vi ricorrono per riscuotere, tramite il banco e su commissione di terzi, un salario, una provvigione, una pigione o altro. Si tratta, in particolare, di maestri costruttori, trasportatori, vetturali, corrieri, proprietari di immobili o uomini d'arme, i quali, anche qualora avessero beneficiato del servizio con una regolare cadenza, non sarebbero tuttavia da includere tra i clienti veri e propri dell'istituto bancario perché non intestatari di un conto corrente a loro nome.

A fruire maggiormente dei servizi offerti dall'azienda di Filippo e Lorenzo Strozzi sono soprattutto le grandi compagnie mercantili, italiane e straniere, operanti presso le loro sedi, ma presenti spesso sul territorio con una propria filiale. Tra le società italiane un posto di primo piano occupano i Medici di Firenze, gli stessi Medici e gli Inghirami operanti a Venezia, i Lomellini di Genova, i da Scorno di Pisa, i Logliano e Guastavillani di Bologna, e il corposo gruppo delle imprese fiorentine con sede legale fuori patria, come i Martelli di Pisa o i Cambini di Roma, e ancora, oltre Penisola, i Mannelli di Avignone e i Medici e Portinari di Bruges. Il volume dei loro

87. Quello del 1473 si compone di 200 carte, quello del 1476 di 208.

88. Sul criterio in base al quale si è proceduto alla distinzione tra gli uni e gli altri, si rimanda *infra*, p. 90.

affari è documentato dal costante ricorso al banco per un'ampia gamma di operazioni. E, in particolare, incessante e continuo risulta il trasferimento di lettere di cambio da una piazza all'altra, in arrivo o in partenza da Napoli.

Gli attori chiamati in causa e la loro provenienza euro-mediterranea ci danno un quadro d'insieme dell'area di interesse dei traffici ai quali prendono parte attiva la finanza e l'economia italiana quattrocentesca. Da Est a Ovest e da Nord a Sud le città coinvolte nelle transazioni sono Venezia, Anversa, Bruges, Londra, Avignone, Lione, Medina del Campo, Barcellona, Valencia, Siviglia, Genova, Firenze, Pisa, Roma, Trapani, Palermo, Tunisi, Alessandria d'Egitto, ecc. Il flusso degli scambi, oltre a investire il mercato internazionale, ha anche una spiccata dimensione regnicola, specchio della compattezza del territorio saldamente governato dall'istituto monarchico, della "rete fiorentina" operante nel Mezzogiorno e della vivacità delle sue principali piazze commerciali. Tra queste ricorrono soprattutto realtà come L'Aquila, Sulmona, Salerno, Foggia, Trani, Lecce e Cosenza, in ciascuna delle quali operano compagnie mercantili, forestiere e locali, specializzate nell'incetta e nel commercio di specifici prodotti. Solo per fare qualche esempio, possiamo ricordare quelle dei Santucci dell'Aquila e dei Mazzara di Sulmona, esportatori di metalli preziosi, lana e zafferano di produzione abruzzese; i Medici e i Peruzzi stanziatisi a Lecce e dediti in particolar modo al commercio dei grani, come pure la società di Francesco d'Arcangelo e Giovanni Strozzi di Trani, operante nel barese; e ancora quella guidata dal fiorentino Antonio de Beccuti di Cosenza, specializzata nel ramo del mercato serico.

Alle attività economiche di importanti compagnie si affianca l'operosità di alcune comunità ebraiche (residenti a Capua, Aversa, Fondi, Montalto, Lecce, Cosenza, ecc.), le quali, alla stregua delle prime, ma con esiti certamente più modesti, si interfacciano col banco per i propri affari ricevendone supporto in termini di credito.

Oltre a quanti componevano, a vario titolo, il mondo propriamente mercantile e finanziario dell'epoca, ampia e variegata risulta la clientela "comune" che giornalmente fruiva dei servizi offerti dal banco. Ed è esattamente questa la tipologia di pubblico che riflette tutto il peso specifico e «la forza di penetrazione» dell'istituto bancario nella società e nell'economia napoletana e regnicola del tempo.[89] Il ricorso al credito, ad esempio, non riguarda solo i ceti medio-alti, ma interessa gruppi e individui di varia estrazione sociale e

89. Del Treppo, *Il re e il banchiere*, p. 241.

provenienza; è determinante in ambito privato per soddisfare esigenze e bisogni quotidiani, come per garantire la sopravvivenza di molteplici professioni (in particolare giuridiche e medico-sanitarie) e attività nei settori più vari (da quello agricolo-pastorale, a quello artigianale, nautico o dei trasporti).

Focalizzando l'attenzione sullo spettro sociale dei clienti del banco *lato sensu* (includendo, cioè, anche quanti menzionati nei *Giornali* perché direttamente o indirettamente collegati all'operazione registrata, senza però essere correntisti), se immaginiamo di rappresentare i diversi ceti ricorrendo al classico schema piramidale, alla base, tra i meno abbienti, incontriamo alcuni esponenti del mondo rurale: piccoli produttori agricoli, allevatori, commercianti di legname, *pollieri*, *fruttaroli* e quanti esercitavano attività connesse allo sfruttamento della terra, residenti quasi sempre fuori Napoli.[90] Il loro rapporto con il banco, qualora diretto anche se spesso occasionale, era dettato dalla possibilità di accedere al credito, sebbene per operazioni di modestissima entità (il cosiddetto "microcredito"), o di depositare minime somme di denaro contante, il frutto di una rendita o il ricavato di una vendita. In tali negozi bancari i prestiti venivano contratti in prevalenza da singoli individui per rispondere alle proprie necessità. In percentuale altrettanto modesta ricorrono ai medesimi servizi anche alcuni rappresentati delle istituzioni locali o di comunità ebraiche, come Cola di Paolo di mastro Biagio e Petruccio di Malizia, sindaci nel 1473 di San Severo in Puglia,[91] o Moyse di mastro Vitale e Amaddio di Sabato, sindaci «de giudei» di Terra di Lavoro, o come ancora il notaio Damiano de Stocco, sindaco di Capua nel 1476.[92]

Oltre che da Napoli e dintorni, chi accede agli uffici del banco per chiedere o accreditare delle somme non risiede – come si può ben vedere – solo in area campana, ma proviene da tutte le province del Regno, anche se, e soprattutto al livello più basso, è facile imbattersi in clienti del tutto estranei ai circuiti e alle logiche del commercio e degli affari internazionali nei quali gli Strozzi giocavano da protagonisti.[93] Medesima estraneità ca-

90. *Libro giornale 1473*, pp. 134, 375 e 388.

91. Ivi, p. 257. Nelle operazioni del 1473 ricorrono anche i sindaci di Ortona (p. 148), Atri (p. 150), Giffoni (p. 173), Positano (p. 361), e «delli Franchi» (p. 376).

92. *Libro giornale 1476*, cc. 6v e 107r. Per il notaio Damiano de Stocco, si veda Senatore, *Una città, il Regno: istituzioni e società*, in particolare le pp. 294 e 545.

93. Riguardo alle caretteristiche economiche di alcuni centri dell'entroterra campano si segnalano gli interessanti contributi di Leone, *Una ricerca di storia rurale*, pp. 177-260; e Del Treppo, *Marinai e vassalli*, pp. 131-191.

ratterizza la gran parte delle operazioni eseguite direttamente o per conto di alti prelati, come i vescovi di Aversa, Capaccio, Ascoli, Fondi, Sorrento, Nola, Bisignano, Mileto, Catanzaro, Giovinazzo, Lecce e Nardò.[94] Dalle causali emerge come i movimenti di denaro effettuati da questi ultimi siano stati dettati per lo più da motivazioni diverse da quelle prettamente economico-finanziarie, e cioè la restituzione di un prestito ricevuto (come quello contratto dal vescovo di Ascoli, Francesc Pere Luca, nei confronti del duca Orso Orsini);[95] il deposito di somme derivanti dalla riscossione di decime o altre entrate ecclesiastiche;[96] l'accredito di fondi da convertire in elemosine e opere pie,[97] il versamento di entrate maturate dall'esercizio di diritti signorili (tipo la riscossione degli *erbaggi* per l'utilizzo dell'incolto nei territori sottoposti a giurisdizione vescovile);[98] o l'erogazione di particolari donativi, come i 50 ducati destinati al sovrano e depositati in cassa dal tesoriere regio nell'agosto 1476 a seguito di una donazione disposta dal vescovo di Lece.[99] Per quanto ciò rappresenti quasi la regola per questa tipologia di clienti, non mancano tuttavia operazioni bancarie in cui è possibile ravvisare gli estremi di una relazione di scambio, interlocutoria e proficua, tra il mondo della grande finanza e alcuni esponenti dell'alto clero, i quali, anche se non sempre in veste di correntisti, beneficiano ugualmente dei servizi del banco, rapportandosi, in modo più o meno diretto, con gli operatori economici a esso collegati. È quanto accade, ad esempio, al vescovo di Giovinazzo che presta al catalano Franzì Toraglies e a un tal Giovanni di Limata la somma di 100 ducati, opportunamente depositata presso la cassa del banco per poi essere rimessa all'alto prelato.[100] Analogo movimento di denaro coinvolge il vescovo di Aversa, creditore in un'operazione registrata sul conto del pisano Dionigi da Scorno.[101] Ma ancor più interessante risulta un'apertura di credito a favore del mercante

94. *Libro giornale 1473*, pp. 38, 169, 370, 95, 156, 329; e *Libro giornale 1476*, cc. 38v, 53r, 58r, 59r, 60v-61r e 69v.

95. *Libro giornale 1476*, c. 38v (Ascoli). Si veda anche *Libro Giornale 1473*, p. 95 (Giovinazzo).

96. *Libro giornale 1476*, c. 53r (Aversa); c. 58r (Nola); cc. 59r e 60v (Capaccio); cc. 61r e 69v (Mileto); c. 119r (Muro); c. 183v (Giovinazzo); c. 194r (Sorrento); c. 199v (Venosa, Minervino e Lavello); c. 204v (Ravello); e c. 205r (Bisignano).

97. Ivi, c. 69v (Mileto).

98. Ivi, c. 116r (Troia).

99. Ivi, c. 191r (Lecce).

100. *Libro giornale 1473*, p. 95.

101. Ivi, p. 346.

Franzì de Besalù, la cui causale rinvia a una fornitura di tele d'Olanda destinata al vescovo di Mileto.[102] Dati, questi, che oltre ad avvalorare, come già proposto in altra sede da chi scrive, la tangibile condizione di agiatezza economica dell'episcopato meridionale,[103] ne attestano – almeno per alcuni casi – la propensione a un uso anche piuttosto disinvolto del denaro, impiegato ora per sostenere le attività di mercanti e banchieri di fiducia, ora per acquistare beni di lusso sulle piazze estere, come oggetti preziosi e tessuti pregiati (tabelle 1 e 2).

Prima di ritornare alla base della nostra piramide immaginaria, osserviamo l'orizzonte prettamente cittadino della capitale del Regno in quella che fu sicuramente una fase di slancio e di crescita.

Napoli rappresentava il cuore pulsante della politica, dell'economia e della cultura meridionale dell'epoca. Già dal Trecento, ma soprattutto nel corso del secolo successivo, decisivi sviluppi politico-istituzionali, socio-economici e urbanistico-architettonici avevano accresciuto il ruolo e le prerogative urbane di questa importante metropoli mediterranea, avviata verso un sorprendente incremento demografico – arriverà quasi a sfiorare i 150.000 abitanti agli inizi del Cinquecento[104] –, e dunque polo di attrazione per l'intera provincia, che via via acquisiva – come del resto accadeva per tutte le capitali di antico regime (si pensi, ad esempio, a Londra o a Parigi) – i caratteri tipici di un entroterra perfettamente integrato alla città e, in un certo qual modo, dalla stessa dipendente, coordinato e organizzato.

A Napoli, la cui forza di richiamo, crescendo esponenzialmente, aveva fatto confluire le migliori energie del Regno, stabilivano la propria dimora, o comunque possedevano un palazzo, i principali esponenti dell'élite feudale; signori più o meno potenti, uomini d'armi, di legge, di cultura e d'affari, regnicoli e non, qui cercavano fortuna anche attraverso il canale privilegiato del reclutamento e del servizio presso la corte e gli apparati dell'ufficialità regia.[105]

102. Ivi, p. 491. Sui rapporti tra questo mercate catalano e il gruppo Medici, si rinvia a Böninger, *Politics, Trade and Toleration in Renaissance Florence*, pp. 139-172.

103. Petracca, *Stravaganze e oggetti esotici a corte*, pp. 251-276.

104. Sakellariou, *Southern Italy in the Late Middle Ages*, in particolare il paragrafo: *The Population of Naples*, pp. 104-107. Si veda in merito anche il volume di Ginatempo, Sandri, *L'Italia delle città*, pp. 163-165.

105. D'Agostino, *La capitale ambigua: Napoli*, pp. 35-43; D'Agostino, *Napoli capitale (1266-1860)*, pp. 15-94.

Tabella 1. Clienti *lato sensu* e correntisti nel 1473: i vescovi

| LIBRO GIORNALE DEL 1473 |
| --- |
| Vescovo di Ascoli, Francesc Pere Luca |
| Vescovo di Aversa, Pere Bruscha (correntista) |
| Vescovo di Bari, Antonio de Agello (correntista) |
| Vescovo di Capaccio, Francesco Bertini |
| Vescovo di Catanzaro, Giovanni Geraldini di Amelia (correntista) |
| Vescovo di Giovinazzo, Pietro Antici Mattei |
| Vescovo di Guardia, Giovanni di Nola |
| Vescovo di Mileto, Narciso di Verduno |
| Vescovo di Nardò, Ludovico de Pennis |
| Vescovo di Troia, Giovanni Paolo Vassalli, rappresentato dal suo cancelliere, Gasparre di ser Francesco |

Tabella 2. Clienti *lato sensu* e correntisti nel 1476: i vescovi

| LIBRO GIORNALE DEL 1476 |
| --- |
| Vescovo di Ascoli, Francesc Pere Luca |
| Vescovo di Atri, Giovanni Antonio Campano, ambasciatore del re |
| Vescovo di Aversa, Pere Bruscha |
| Vescovo di Bisignano, Giovanni Frangipani |
| Vescovo di Capaccio, Francesco Bertini (correntista) |
| Vescovo di Fondi, Pietro Caetani |
| Vescovo di Giovinazzo, Pietro Antici Mattei |
| Vescovo di Lecce, Antonio Ricci |
| Vescovo di Muro Lucano, Meolo de Mascambruni |
| Vescovo di Nola, Orlando Orsini |
| Vescovo di Policastro, Gabriele Guidano |
| Vescovo di Ravello, Domenico Mercari |
| Vescovo di Sorrento, Giacomo de Sanctis |
| Vescovo di Troia, Giovanni Paolo Vassalli |
| Vescovo di Venosa, Minervino e Lavello, Giovanni Campanella |

Sul piano prettamente economico, energico impulso alla crescita era stato dato proprio dalla progettualità politica aragonese, volta a trasformare il Regno in un grande serbatoio di risorse agricole e pastorali al servizio dell'industria e del commercio iberici.[106] Per Napoli, per il suo *hinterland* e per l'intero Mezzogiorno, si erano così aperte nuove frontiere e nuove prospettive, che incoraggiavano, di conseguenza, lo sviluppo dell'economia locale, dalle attività agricole a quelle artigianali e commerciali. La stessa capitale era stata investita da un intenso flusso di traffici, che collegavano le diverse periferie al centro partenopeo e immettevano quest'ultimo nel circuito degli scambi internazionali. Napoli assolveva, in altri termini, alle tipiche funzioni di quella che è stata definita da Bruno Figliuolo come la "città nido", che sfrutta «la propria posizione all'interno dello spazio economico occupato, attirando entro le proprie mura merci e operatori forestieri, tanto attivi negli spazi dell'economia mondo quanto in quelli intermedi» (e cioè i centri di scambio che per estensione e ruolo si collocano a metà strada tra i piccoli mercati locali e i grandi empori del traffico euro-mediterraneo).[107]

Attrezzato e strategico scalo portuale, grande piazza di consumo e di redistribuzione di merci di vario livello e qualità (finanche molto elevata), la Napoli aragonese era percorsa da un fervore di iniziative artigianali, commerciali e creditizie, oltre che artistiche, urbanistiche e architettoniche, che concorrevano a definirne la struttura e la fisionomia. Qui si davano appuntamento mercanti fiorentini, catalani, provenzali, veneziani e genovesi, ma anche sorrentini, amalfitani, stabiesi, ischitani, abruzzesi, pugliesi e calabresi.[108] Le principali attività economiche e finanziarie avevano luogo nelle diverse contrade cittadine, e in particolare nei quartieri a ridosso del porto e del mercato, animati a tal punto da richiamare l'immagine di «grande fiera permanente», frequentata da uomini d'affari e di commercio di ogni nazionalità, pullulante di vita, in piena e costante

106. Del Treppo, *Il Regno aragonese*, pp. 87-201: 97.

107. Figliuolo, *Tipologia economica della città nel basso Medioevo*, p. 26. Le altre due tipologie individuate da Figliuolo sono la "città ragnatela" e la "città alveare". La prima svolge una funzione direttamente ed eminentemente commerciale per mezzo dei suoi stessi operatori, che agiscono su spazi qualitativamente diversi e tra loro spesso anche molto distanti. La seconda invece si connota soprattutto come una città produttrice (ivi, pp. 24-30).

108. Sull'influenza esercitata dalla capitale in particolare sui piccoli porti della costiera amalfitana e sorrentina, interessanti spunti sono in Figliuolo, *Gli Amalfitani nello spazio economico fiorentino*, pp. 69-85.

operatività.[109] Ed è proprio questa l'atmosfera ideale per quanti, come gli Strozzi, prestano servizi bancari, finanziari e assicurativi ai singoli e alle imprese, locali, forestiere e straniere.

Partendo ancora una volta dal livello più basso dei clienti del banco *lato sensu*, non è da sottovalutare la discreta presenza di piccole transazioni, alle volte anche di pochi tarì, per le quali la componente di fiducia reciproca (tra creditore e debitore) è davvero minima, motivo per cui ne possono fruire anche figure professionali di modesto spessore: il semplice garzone, il manovale o il piccolo artiere (il *cretaro* come il *marmoraro*).[110] A un gradino più alto si colloca la cerchia dell'artigianato napoletano altamente specializzato e qualificato. Nelle operazioni col banco diversi sono gli orefici, gli argentieri e i gioiellieri (come Franzì e Alfonso Perez da Valencia, Pietro d'Andrea di Napoli, Cristofano di Santo Mango, Giovanni di Ponzillo, Giovanni della Torina e Girolamo Rosso);[111] ci sono armieri e corazzai (Cola Rosa e Ampellino di Genova), sellai (Giovanni della Pagliara e Aniello di Rosa), maestri ferrai, di bombarde e brigliari. Piuttosto nutrita è la rappresentanza del settore tessile, dell'abbigliamento e calzaturiero, con sarti, tessitori, filatori, *covertai*, *coltrai*, cucitori e cucitrici, pellicciai, guantai, calzettieri, cuoiai, calzolai e *zabattieri*.[112]

Significativa è anche la presenza di artigiani del legno, bottai, scrigniari e legnaioli, maestri d'ascia e remolari; e di maestri muratori e costruttori (*marmorari*, *petrai*, *cretai*) come il gruppo dei cavesi (Andreotto della Cava, Petrillo e Francesco della Cava, Matteo Cafaro, ecc.). Non mancano gli specialisti del settore nautico (i calafati, i cordai e i già richiamati maestri remolari), né altre professionalità come i fabbricanti di pettini, i costruttori di organi, i pittori, i vetrai e i saponai.

Quanto esposto – e che sarà anche schematizzato in tabella nel capitolo successivo – oltre a fotografare e confermare la vivacità e la laboriosità dei vicoli napoletani, è illuminante per cogliere il grado di diffusione delle pratiche creditizie, cui ricorrono, a vario titolo, ma in modo sempre più capillare, i diversi attori del mondo produttivo. E ancora – aspetto non certo secondario – bisogna sottolineare come il peso economico e socia-

109. Del Treppo, *Il re e il banchiere*, p. 243.

110. *Libro giornale 1473*, pp. 459 e 68; *Libro giornale 1476*, c. 164r.

111. *Libro giornale 1473*, pp. 46, 59, 68, 283 e 411; *Libro giornale 1476*, cc. 15r, 32r, 62r, 65r, 69v, 71v e 113r.

112. *Infra*, cap. 3, pp. 171, 181-182, 188-190.

le di alcuni dei maestri artigiani qui richiamati diventi progressivamente tale da consentire loro l'avvio di un rapporto contrattuale, e duraturo, col principale istituto bancario cittadino, presso il quale i professionisti più avviati e intraprendenti dispongono di un conto corrente intestato a proprio nome. È chiaro, però, che questo privilegio non riguarda tutti, e nonostante si registri a metà Quattrocento un sensibile allargamento dell'economia creditizia, giunta a investire anche quei comparti sociali rimasti a lungo estranei al settore, non si può certo generalizzare. Avvalendoci unicamente del dettato delle fonti, precisiamo che la qualifica di "cliente" (*stricto sensu* in quanto correntista) non è attribuibile indistintamente a tutti i nominativi registrati nei *Giornali*. Molti di questi si riferiscono a semplici mediatori, intervenuti nell'operazione bancaria per conto di terzi, o a figure coinvolte sì nella registrazione contabile, ma prive di qualsiasi legame diretto col banco. Tra i numerosissimi artigiani, più o meno qualificati, che si recano allo sportello, la gran parte è interessata esclusivamente a riscuotere il corrispettivo del lavoro svolto. Sono solo i più ricchi e qualificati, come i gioiellieri, gli orafi e gli argentieri, spesso stranieri, a effettuare operazioni bancarie servendosi del proprio conto corrente.[113]

In altri termini, per risalire al numero esatto e alle generalità dei veri clienti del banco Strozzi, si è ricorsi al criterio di computare «unicamente i nominativi degli intestatari degli articoli»[114] (di cui preciseremo più avanti natura e significato), i quali ricorrono nella registrazione immediatamente dopo la particella "a" o "da", a seconda che si tratti di debitori o di creditori al *Libro mastro* dell'azienda.[115]

## 5. *Esegesi dei* Giornali*: la partita doppia*

Prima di precisare natura e contenuto del cosiddetto *Libro mastro*, soffermiamoci sulla funzione svolta, più in generale, dalla contabilità in ambito mercantile-bancario, giacché la stessa pratica contabile si rivelava

113. Vedi *infra*, cap. 3, pp. 122 e 170.

114. Criterio adottato da Mario Del Treppo per isolare la clientela relativamente al primo dei due *Giornali* superstiti del banco (cfr. Del Treppo, *Il re e il banchiere*, p. 247) e qui ripreso per l'estrapolazione dei dati contenuti nel secondo.

115. Nel *giornale* a partita doppia «i titoli dei conti preceduti dalla particella "a" sono quelli che al maestro poi addebitati; mentre quando è stata anteposta la particella "da" il conto stesso fu accreditato» (cfr. Melis, *Nell'Archivio Datini di Prato*, pp. 3-24: 17).

uno strumento fondamentale per conoscere e monitorare tutte le operazioni e tutti gli investimenti (commerciali, bancari, assicurativi, ecc.) messi in atto da un'azienda. La puntuale rendicontazione di ogni movimento di denaro in entrata e in uscita, di ogni transazione economica e finanziaria, in accredito o in addebito, locale o internazionale, consentiva di avere il polso della situazione sull'andamento delle attività, al fine di scongiurare i rischi, massimizzare i profitti e orientare al successo le strategie di investimento. Quanto più si complicavano le operazioni e i servizi erogati dal mercante-banchiere, tanto più era necessario produrre e conservare una contabilità funzionale ed efficiente.

La risposta a queste esigenze fu l'introduzione del sistema a partita doppia, sviluppatosi intorno alla fine del XIII secolo[116] e teorizzato per la prima volta dal francescano e matematico toscano Luca Bartolomeo Pacioli, autore nel 1494 della famosa *Summa de Arithmetica, Geometria, Proportioni et Proportionalità*, all'interno della quale è accolta una sezione appositamente dedicata a *De computis et scripturis*.[117] L'importanza per l'uomo d'affari di conoscere e «sapere ben» l'arte di «tenere le scripture» in modo chiaro e ordinato non era sfuggita nemmeno al mercante, umanista e diplomatico dalmata Benedetto Cotrugli, che già nel 1458, nel suo trattato *Della mercatura et del mercante perfetto*, associava questa attività al «sapere contractare, mercatare et guadagniare».[118]

Nonostante gli operatori italiani avessero impiantato filiali in tutta Europa, alcune tecniche e alcuni dispositivi appresi in patria, inclusi quelli contabili, rimasero a lungo di loro esclusiva competenza.[119] Per la piena diffusione fuori dalla Penisola della contabilità a partita doppia si dovrà attendere infatti il XVII secolo,[120] anche se resta ancora aperto il problema del perché di un così tardivo ricorso a tale strumento o della sua mancata adozione da parte dei mercanti-banchieri di nazionalità straniera. Non sono

116. Il primo computo in partita doppia risalirebbe al 1292 e riguarderebbe una copia notarile di una scrittura dei Peruzzi. Cfr. in merito Melis, *Storia della ragioneria*, pp. 480-485.

117. Pacioli Luca, *Trattato di Partita Doppia*. Si vedano, in merito, anche de Roover, *The Development of Accounting*, pp. 119-180; e Antinori, *La contabilità pratica prima di Luca Pacioli*, pp. 4-23.

118. Benedetto Cotrugli, *Della mercatura et del mercante perfetto*; edizione di Ribaudo: Benedetto Cotrugli, *Libro de l'arte de la mercatura*, p. 82.

119. Sulla formazione del mercante, si rimanda a Sapori, *La cultura del mercante medievale italiano*. Utile anche *Formare alle professioni. Commercianti e contabili*.

120. Guidi Bruscoli, *Le tecniche bancarie*, p. 556.

mancati nemmeno gli studiosi che, in risposta a quanti ne hanno esaltato il valore, individuando nella partita doppia «la forma essenziale della razionalità economica occidentale»,[121] sono finiti invece col negarne la reale importanza ai fini della buona riuscita degli affari.[122] Gli argomenti a sostegno di quest'ultima tesi sono stati individuati soprattutto nel fatto che accanto al metodo, raffinato e complesso, della partita doppia, continuassero a convivere tecniche più grossolane, meno particolareggiate e precise, ma ugualmente o sufficientemente funzionali al controllo dei conti di un'azienda.[123] Se presso le compagnie mercantili tedesche la contabilità in partita doppia rappresentò l'eccezione almeno per buona parte del XVI secolo, maggiori attestazioni per l'epoca precedente provengono invece dall'area iberica, e in particolare da quella barcellonese-valenziana.[124]

Uno straordinario esempio di contabilità in partita doppia è rappresentato proprio dal *Libro mastro*, un «registro contabile di ultima sintesi»[125] strutturato in due colonne, *Dare* e *Avere*, che riporta sistematicamente il riepilogo dei conti, in positivo e in negativo, di una società commerciale o bancaria. Propedeutico alla stesura del *Libro mastro* è il *Libro giornale*; esso elenca invece in ordine cronologico e in forma analitica tutte le operazioni inerenti all'esercizio di un'attività aziendale, che, nel caso di una banca, riguardano essenzialmente riscossioni, depositi, versamenti e giri di conto, ma anche promesse accordate, accettate o respinte. Compilato col metodo della partita doppia, il *Giornale* distingue e registra per ogni

121. Todeschini, *La contabilità a partita doppia*, pp. 33-46: 35. Il riferimento è in particolare a un classico di Werner Sombart, *Il capitalismo moderno*, e alle riflessioni del sociologo tedesco Max Weber, il quale nel 1920 sottolineava come «l'organizzazione razionale moderna dell'azienda capitalistica non sarebbe stata possibile senza altri due importanti fattori di sviluppo: la separazione della gestione domestica dall'azienda [...] e, strettamente connessa con questo, la contabilità o tenuta razionale dei libri». Cfr. M. Weber, *Die protestantische Ethik und der Geist*, 20 (1904), pp. 1-54, 21 (1905), pp. 1-110; versione rivista in *Gesammelte Aufsätze zur Religionsphilosophie* (ed. it. *L'etica protestante e lo spirito del capitalismo*, p. 42).

122. Si vedano in merito i contributi di Yamey, *Bookkeeping and Accounts*, pp. 163-187; e Ramsey, *The Unimportance of Double-Entry*, pp. 189-196.

123. Chiapello, *Accounting and the Birth*, pp. 263-296; Fornasari, *La banca, la borsa, lo Stato*, pp. 19-20.

124. Sul ritardo tedesco, vedi Bergier, *Dall'Italia del XV secolo alla Germania*, pp. 123-149: 144-145. Per i casi spagnoli si rinvia invece a Cruselles Gómez, *Los mercaderes de Valencia*, pp. 216-233; e Cruselles Gómez, *Los comerciantes valencianos*, utile anche per una puntuale panoramica su altri contesti europei bassomedievali (cfr. le pp. 14-61).

125. Melis, *Le società commerciali a Firenze*, p. 165.

operazione le variazioni in aumento (gli *avanzi*) e quelle in diminuzione (i *disavanzi*) nell'esatto momento in cui le stesse operazioni bancarie vengono effettuate. In questo tipo di registrazione, che potremmo definire di prima istanza, sono annotati i nomi del debitore e del creditore, la somma impegnata, la causale ed eventuali intermediari coinvolti nell'operazione.

Entrambi i libri, il *Mastro* e il *Giornale*, essenziali per fare il punto della situazione dopo un ciclo di attività e per redigere il bilancio, furono introdotti nella prassi mercantile quale strumento di rilevazione più idoneo alla tenuta della contabilità. Dalla gestione aziendale del mercante-imprenditore passando per quella del mercante-banchiere e fino alla conduzione di società esclusivamente bancarie, tali dispositivi contabili, destinati a divenire di uso comune, si perfezionarono e si standardizzarono, contestualmente all'affinamento delle competenze tecniche e computistiche dei "ragionieri" di professione.[126]

Mirabile esempio di gestione aziendale, agile e pragmatica improntata a razionalità e funzionalità, è quello offerto dalle compagnie mercantili e bancarie fiorentine, che rappresentarono, tra l'altro, un vero «modello di organizzazione capitalistica».[127] Dalla pratica mercantile e dall'attività creditizia derivano gli strumenti fondamentali del moderno sistema bancario e finanziario: le tecniche contabili, il concetto di bilancio, la moneta bancaria e fiduciaria, il conto corrente, lo scoperto di conto corrente, l'assegno, la cambiale, i titoli di debito e molto altro ancora.[128]

Naturalmente quanto maggiori erano le competenze e le capacità gestionali dei mercanti-banchieri, tanto più raffinate e complesse risultavano le operazioni economiche e le scritture aziendali prodotte.

Ma entriamo in *medias res* partendo dall'intitolazione di uno dei due *Libri giornali* superstiti del banco strozziano di Napoli.

> Al nome sia dello omnipotente Iddio, padre figluolo et Spirito Sancto, et della sua gloriosissima Madre Madonna Sancta MARIA sempre Virgine et di messer Sancto Giovanni Baptista et di messer Sancto Pietro et di messer Sancto

126. Sulla figura e sulle competenze dei notai *raxonatores*, con specifico riferimento alla realtà fiorentina, si rinvia ai contributi di Tognetti, *Notai e mondo degli affari nella Firenze*, pp. 127-161; e Id., *Una civiltà di ragionieri*, pp. 221-250.

127. Figliuolo, *I mercanti fiorentini e il loro spazio economico*, pp. 639-664.

128. Sulle principali acquisizioni raggiunte dalle compagnie fiorentine sul piano della tecnica commerciale e bancaria, si rimanda ancora una volta alla sintesi di Goldthwaite, *L'economia della Firenze rinascimentale*, in particolare le pp. 284-333. Molto utile, dello stesso autore, anche *The Practice and Culture of Accounting*.

Paolo et di Madonna Sancta Maria Magdalena, et generalmente di tutta la celestiale corte del Paradiso, a quali facciamo humile et devoto priecho che per noi advochino dinançy al nostro etterno Iddio, che ci choncedino sanità di chorpo et buono guadagnio chon salvatione dell'anime nostre AMEN.

Questo libro è di Filippo et Lorenzo degli Strozzi fiorentini dimoranti a Napoli et chiamasi Giornale Açςurro segniato S di charte CCVIII sul quale scriverremo tutte le partite ci achadranno alla giornata, chominciando questo dì XXV di dicembre MCCCCLXXV.

Invocata la Trinità, Maria e tutti i santi ai quali è raccomandata l'azienda, così si apre il secondo dei due *Giornali* del banco napoletano, attestanti l'esatta successione delle partite o poste eseguite giornalmente allo sportello. È lo stesso scrivano-redattore, che annota in rigorosa successione cronologica il movimento del contante e dei crediti, a utilizzare il termine "partita", sul quale è opportuno, a questo punto, rinviando ancora a Del Treppo, fare qualche precisazione.[129] Nella pratica ragionieristica quanto indicato, nello specifico, sotto la voce "partite" corrisponde ai diversi "articoli", o operazioni, registrati nei *Giornali* (in numero di 7.300 in quello del 1473 e in numero di 5.311 in quello del 1476) che rappresentano la scrittura preparatoria per la compilazione del *Libro mastro* dell'azienda. Sul piano contabile, però, ciascun "articolo" si scinde in due momenti o "partite" di identica somma, ma di segno opposto. Per maggiore chiarezza, riportiamo, a mo' di esempio, il primo "articolo" del *Giornale* del 1476:

A messer Pasquale Dias Garlon per chonto della corte ducati XXX, per lui a messer Piero Bernardo texoriero, dissero sono per lo Singnor Re.[130]

La prima partita, quella con cui si apre l'articolo è introdotta dalla particella *a* («*A* messer Pasquale Dias Garlon [...] ducati XXX»); mentre la seconda partita (o meglio "contropartita") si riconosce dall'espressione *per lui a* – in questo caso «a messer Piero Bernardo texoriero» –. Esse corrispondono nel *Libro mastro* al conto debitori (quanti tenuti alla restituzione di una prestazione/somma) e al conto creditori (coloro ai quali la prestazione/somma è dovuta), e cioè rispettivamente a un addebitamento (a Pascasio Dias Garlon) e a un accreditamento (a Pere Bernat). In altre parole, l'articolo attesta che è avvenuto un passaggio di denaro dal conto

129. Del Treppo, *Aspetti dell'attività bancaria a Napoli*, pp. 557-661: 579-580; Del Treppo, *Il re e il banchiere*, pp. 239-240, 245-247.

130. *Libro giornale 1476*, c. 1v.

del tesoriere (che dovrà AVERE) a quello del Diaz Garlon (che dovrà DARE), segnalandone anche la causale («dissero sono per lo Singnor Re»).

Altro caso di registrazione a doppia rilevazione è rappresentato dagli articoli introdotti dalla formula «*Da* Tizio ducati tot», cui segue la contropartita espressa con «e per lui *da* Caio». Riportiamo, anche in questo caso, un esempio:

> Da Gabriello Sorrentino e Stefano Procaccio ducati XX, per loro da Manicello d'Orta, disse li dà per parte della gabella del salato minutillo per l'anno presente, avemo contanti.[131]

Quanto registrato significa che nel *Mastro* avverrà un accreditamento sul conto di Gabriele Sorrentino e Stefano Procaccio, il quale accreditamento comporterà, se l'operazione è di giro e non in contanti (come nel caso qui richiamato), un addebitamento su quello di Manicello d'Orta.

In entrambe le operazioni considerate, quello che è stato definito articolo dà luogo a due distinte registrazioni (la "partita" e la "contropartita"), l'una a favore del creditore, l'altra a carico del debitore, sebbene si tratti comunque «di una sola e medesima operazione»,[132] introdotta in alcuni casi anche dalla locuzione «fare debitori», seguita da «fare creditori», e viceversa.

Questo genere di articoli, definiti "semplici", è quello che ricorre maggiormente nei *Giornali*, con una evidente prevalenza di quelli preceduti dalla particella *a*, e che concorrono alla connotazione primariamente creditizia dell'istituto bancario. Sia gli uni che gli altri (quelli introdotti dal *da* e ai quali si attribuisce un'operazione di deposito) possono comportare indebitamenti e accreditamenti tanto in contanti – generalmente esplicitati dalle formule «ebe chontanti» e «avemo chontati» – quanto in giro-conto.

Oltre agli articoli già indicati, si possono individuare anche altre due tipologie: quelli *complessi* e quelli *composti*. Nei primi a una partita di segno positivo o negativo se ne contrappongono più di una di segno opposto, come appare nell'articolo che segue:

> A Piero Porta ducati L, per lui a Guasparre Siralos, dissero sono per presto glie ne fa per II mesi a sottoscritta di Galzeran Martino, e per lui a Guglielmo Pauletta, dissero sono per altrettanti glie n'avea prestati, e per lui a Luigi di Gaeta e Francesco de Palmieri.[133]

131. *Libro giornale 1476*, c. 3r.
132. Del Treppo, *Il re e il banchiere*, p. 245.
133. *Libro giornale 1476*, c. 12r.

Qui, alla partita intestata a Pere Porta, al quale è addebitata la somma di 50 ducati, fanno seguito tre partite di segno opposto, intestate rispettivamente a Gasparre Siralos, a Guglielmo Pauletta e a Luigi di Gaeta e Francesco Palmieri (o de Palmieri), delle quali l'ultima è quella che menziona l'effettivo beneficiario dell'intera operazione.

Gli articoli *composti* sono invece quelli in cui si registrano più partite sotto entrambi i segni (positivo e negativo), come si evince da quanto segue:

> A Colapietro di Penna ducati CCLXXVI, ci fa buoni per Guglielmo Salaverta; e da lui a cambio per Barzalona di che li facemo lettera a soldi 20, ducati 8 per ducato uno in Matteo Cappello per uso da Jacopo Vernagallo a chi trarremo per i Capponi e Buondelmonti di Vinegia.[134]

Gli ultimi esempi richiamati, contenendo al loro interno più di due partite, che rinviano, di conseguenza, a una serie di nomi coinvolti nella registrazione, ma non per questo necessariamente legati al banco dal medesimo rapporto, confermano la fondatezza del criterio adottato già da Del Treppo, e in seguito utilizzato anche da altri studiosi, per individuare i veri e propri correntisti.[135] Il loro numero è stato infatti circoscritto ai soli intestatari delle poste o partite di cui si compongono i *Giornali* giacché è solo a questi che si possono con certezza attribuire l'iniziativa e la facoltà di concludere un'operazione finanziaria (di versamento o di prelievo) tramite conto bancario, sia esso di corrispondenza (scaturito da un contratto con cui la banca assume il mandato di compiere pagamenti e riscossioni per conto del cliente) o occasionato da una esigenza contingente.

Nella gran parte dei casi, come si è visto, lo scrivano del banco, oltre all'entità dell'operazione finanziaria, registrava anche la causale, spiegando sinteticamente le ragioni che avevano determinato i movimenti di denaro. Sia su quelli in uscita che su quelli in entrata il banchiere applicava un tasso d'interesse pari a circa il 16,7%, corrispondente al suo guadagno sulla prestazione erogata e il cui importo era puntualmente annotato al termine di ogni operazione. Non tutte le partite, però, risultano intestate a correntisti (intesi qui come persone fisiche), alcune – sebbene in numero molto più ridotto – si riferiscono ad attività, operazioni commerciali o servizi specifici, come l'acquisto di allume, la vendita di grano, le «spese di

134. Ivi, c. 137r.

135. Del Treppo, *Il re e il banchiere*, p. 247; Sansoni, *Francesco Coppola imprenditore*, p. 16.

compagnia», quelle «di casa», per «masserizie» o «sichurtà», i «disavanzi» e gli «avanzi». Questi ultimi, in particolare, consentono di chiarire un ulteriore aspetto che riguarda – un po' come accade anche oggi – la differente natura dei depositi bancari. È bene precisare, infatti, che se quanto versato sul conto corrente ordinario, di gran lunga più diffuso e meglio documentato in area napoletana, non era soggetto alla maturazione di interessi attivi da parte del cliente; il deposito vincolato o a discrezione (attestato nella contabilità strozziana,[136] e comunque ampiamente praticato da tutte le compagnie fiorentine, che se ne servivano per aumentare il patrimonio aziendale),[137] al contrario, lo era, e pertanto veniva remunerato. A offrire prova di ciò sono proprio alcune partite dei *Giornali* nelle quali gli «avanzi» figurano come intestatari di un'operazione. È il 21 aprile 1473 e lo scrivano del banco annota:

> A avanzi ducati XXX: contanti a Girolamo Lotti per portarli a uno amicho del nostro magiore Filippo, ché tegniamo ducati 600 suoi.[138]

Appare evidente come gli «avanzi» di cui si parla, corrisposti nella misura di 30 ducati da destinare a un amico di Filippo Strozzi – che risulterà poi essere un «mastro barbiere», e cioè il medico chirurgo Guglielmo lo Brettone[139] – altro non sono che gli interessi maturati (pari al 5%) sul deposito bancario vincolato di 600 ducati. Ulteriore prova di ciò, e conferma del tasso d'interesse annuo del 5%, è offerta da una partita quasi identica che ritorna sotto la stessa data, il 21 di aprile, ma nella rendicontazione del 1476:

136. ASF, *Carte Strozziane*, serie V, reg. n° 35, *Libro segreto di Filippo e erede di Lorenzo Strozzi* (1479-1484), ms., cc. 1r-17v. Qui sono menzionati quattro depositanti: il percettore generale Pascasio Diaz Garlon, Lorenzo di Tommaso Boninsegna da Siena, Aniello Pierozzi (commerciante e imprenditore) e Guglielmo lo Brettone (medico chirurgo). Il nome di quest'ultimo, benché indicato solo col riferimento alla sua professione di "barbiere", ritorna anche nei *Giornali*.

137. Lo dice chiaramente Giovanni Villani nel capitolo LV (*Del fallimento della grande e possente compagnia de'Bardi di Firenze*) della sua *Cronica*, quando parla del disastro finanziario dei Bardi e dei Peruzzi, i quali avevano prestato a Edoardo III il denaro depositato presso i loro banchi dai correntisti. Sui depositi a discrezione, si vedano in particolare de Roover, *Il banco Medici*, pp. 145-155; Goldthwaite, *Local Banking*, pp. 32-34; Tognetti, *L'attività di banca locale di una grande compagnia*, pp. 595-647: 618-620; e Tognetti, *Il banco Cambini*, Appendice II, *I depositi a discrezione*, pp. 355-359.

138. *Libro giornale 1473*, p. 296.

139. Cfr. *infra*, nota 36, e Leone, *Il capitale fiorentino a Napoli*, p. 100.

A avanzi nostri ducati XXX pagati a un amico del nostro maggior Filippo, il quale si chiama mastro . . . barbiere, per discrezione di un anno di ducati 600 l'abbiamo creditore al nostro libro c. 3, ebbe contanti portòglieli Donato Bonsi ducati 5.[140]

È certo a questo punto che, oltre ai correntisti ordinari, un sia pur esiguo numero di clienti del banco (alti funzionari della monarchia, grandi mercanti-imprenditori o professionisti affermati) aveva facoltà di optare per un deposito vincolato dei propri risparmi, dai quali, in base ai termini di scadenza del vincolo, ricavare una rendita annua o di altra durata. Un tale contratto tra depositante e depositario offriva, al primo, la possibilità di far fruttare il capitale in deposito, garantendo un risparmio produttivo, al secondo, quella di investire all'occorrenza la suddetta disponibilità, di generare profitto o, più semplicemente, di provvedere alle spese di gestione. Ma anche su questo tipo di rendita il banchiere applicava la sua percentuale di guadagno ravvisabile in quei 5 ducati che chiudono la partita pocanzi richiamata. Si tratterebbe anche qui di un tasso d'interesse passivo vicino al 16,7%.

Altrettanto interessante ai fini del nostro discorso è un'espressione usata dallo scrivano nel registrare, a favore del funzionario di corte Guillem Candell, un'operazione di versamento effettuata materialmente presso lo sportello del banco da Matteo Brusca (familiare del vescovo di Aversa) per conto dello spagnolo Pietro di Borrao. È il 7 agosto 1476 e lo scrivano annota:

Da Guglielmo Candell ducati LXXXVIIII, tarì III, grana IIII, per lui da Pietro di Borrao, avemo contanti recò Matteo Brusca, dissero sono per farne cose d'avanzo

ducati 14, tarì 28, grana 4[141]

L'espressione «farne cose d'avanzo», utilizzata per riassumere la causale dell'intera operazione, non può che ricondurci a quanto già detto, e cioè alla possibilità di trarre profitto dal deposito di capitali presso la cassa del banco. Rendita, anche in questo caso, soggetta al tasso d'interesse del 16,7%.

Si tratta, certo, di poche e sporadiche attestazioni, non sempre facili da decifrare, data anche l'estrema sintesi delle registrazioni contabili, che impedisce, tra l'altro, di appurare l'esatta natura degli strumenti e dei servizi bancari all'epoca in uso e via via impiegati.

140. *Libro giornale 1476*, c. 83v.
141. Ivi, c. 185r.

Da ultimo precisiamo che i conti di entrambi i *Giornali* sono tenuti in moneta napoletana, quindi in ducati, carlini, once, tarì e grani,[142] ma che diverse operazioni si compiono anche in altre valute (di conto), come, ad esempio, quella veneziana (il ducato), il fiorino fiorentino o il fiorino di Camera (detto anche ducato), dal valore piuttosto simile a quello fiorentino, sebbene oscillante a seconda delle quotazioni di mercato. Il tasso di cambio per il ducato veneziano si aggirava all'epoca tra i carlini 11 (attestati nel giugno 1473)[143] e 11 e mezzo (scambiati invece nel maggio 1476).[144] Nelle transazioni con Venezia quando gli importi raggiungevano cifre particolarmente elevate si utilizzava come moneta di conto la "lira di grosso", equivalente a 10 ducati d'oro (il cui valore era 32 volte maggiore dell'unità di conto minima, il "grosso").[145]

Anche il fiorino (fiorentino o di Camera) risulta quotato mediamente sugli 11 carlini, tanto nel 1473 quanto nel 1476,[146] salvo a scendere a 10 carlini e 8 grani in una quotazione del 6 marzo 1476 che ha tutta l'aria di essere stata negoziata sull'onda dell'emergenza, dal momento che, alla richiesta di più di 2.237 ducati avanzata dai Cambini di Roma, e a tutela della quale lo scrivano del banco invoca per ben due volte il nome di Dio («col nome Diddio» e «che Iddio li salvi»), gli Strozzi rispondono inviando ai debitori «in una farsata» la somma in contante per il tramite di un loro fidato collaboratore e parente, il già citato Francesco di Sandro Strozzi.[147]

> A Francesco e Bernardo Chambini e compagni di Roma per nostro conto ducati MMCCXXXVII, tarì III, grana I, per valuta di ducati MM d'oro di più sorte mandati loro contanti questo dì col nome Diddio e di salvamento in una farsata per Francesco di Sandro Strozzi, che furzò ducati 1267 viniziani ragionati a karlini XI, grana 2½ l'uno e ducati 375½ larghi di più conii a

142. Si ricorda che 1 ducato = 10 carlini = 5 tarì = 100 grani/grana; 1 oncia = 6 ducati; e ancora 1 oncia = 30 tarì = 600 grani/grana.

143. *Libro giornale 1473*, p. 433.

144. *Libro giornale 1476*, c. 102r. Le operazioni di cambio effettuate nel 1473 rientrano nello stesso *range*, ma si attestano su valori lievemente diversi, tra gli 11 carlini e 1 grano e gli 11 carlini e 4 grani (*Libro giornale 1473*, pp. 127, 253 e 491).

145. Day, *Banca e moneta a Venezia*, pp. 737-742: 740.

146. Il 14 aprile 1473 la quotazione sale a 11 carlini e 2 grani, scende a 11 carlini il 29 maggio dello stesso, per risalire a 11 carlini e 2 grani e mezzo il 5 di giugno (*Libro giornale 1473*, pp. 242, 288, 404 e 421). Grossomodo le stesse oscillazioni si registrano anche nel 1476: siamo mediamente tra gli 11 carlini e gli 11 carlini e 1 grano e mezzo (*Libro giornale 1476*, cc. 7v, 68r, 75r, 88v).

147. *Infra*, p. 69.

karlini XI, grana I l'uno, e ducati 246 in ferrandini e alfonsini a karlini XI, grana I l'uno, e ducati 97½ in alfonsini 65 a karlini 16 ½ l'uno, e ducati 14 di Camera stretti a karlini X, grana VIII l'uno, in tutto fanno la somma di sopra che Iddio li salvi

ducati 372, tarì 28, grano 1[148]

Quest'ultima partita, oltre a confermare la stabilità del tasso d'interesse applicato dalla banca, registra tutta una serie di valute con cui il banchiere era solito operare e che toccavano spesso anche quotazioni molto differenti, ragion per cui si rivelava di estrema importanza la conoscenza dei mercati finanziari e di ogni eventuale oscillazione, da cui dipendevano specifici parametri valutativi e possibili scelte dell'operatore.

## 6. *I* Libri di ricordanze

Da ultimo, va detta qualcosa su una fonte altrettanto significativa ai fini della comprensione del sistema contabile del banco napoletano e dell'impresa strozziana nel suo complesso: le *Ricordanze* o i *Libri di ricordi*.[149] Nel Quattrocento fiorentino questa tipologia di scritture, scaturite dall'attività mercantile e bancaria di una compagnia, riproduceva nella forma e nel contenuto quanto registrato nei *Memoriali* conservati nell'Archivio Datini, che costituisce il più antico e organico complesso documentario attinente al sistema aziendale e alla storia economico-mercantile (italiana ed europea) della seconda metà del XIV secolo.[150] I *memoriali* (o *Quaderni di ricevute e mandate di balle*, *Quaderni di spese di mercanzie*, ecc.) accoglievano la descrizione analitica e particolareggiata dei fatti aziendali

148. *Libro giornale 1476*, c. 46r.

149. Di questo genere di fonti, vicino alla pratica diaristica e diffusosi essenzialmente per conservare memoria di fatti e avvenimenti ritenuti rilevanti, si svilupparono due differenti tipologie: le ricordanze private, destinate a richiamare alla mente episodi domestici e ricordi familiari, e le ricordanze aziendali, veri e propri libri d'impresa come quelli del banco strozziano. Riguardo alla prima tipologia, si rimanda a Pezzarossa, *La tradizione fiorentina della memorialistica*, pp. 39-149; e Cherubini, *I "Libri di Ricordanze"*, pp. 575-576. Per le ricordanze aziendali, dette anche *memorie* o *note*, si rinvia invece a Melis, *Documenti per la storia economica*, in particolare le pp. 34-35.

150. Sull'importanza della documentazione datiniana per la storia economica medievale, si rimanda alle riflessioni di Bruno Dini (*La documentazione datiniana come fonte della storia economica*, pp. IX-XV).

implicanti un movimento di denaro al fine di conservarne, appunto, la memoria (copie di estratti-conto spediti o ricevuti, annotazioni di vendite o di acquisti, consegne di merci, mandati di *sicurtà*, accordi creditizi e commerciali di varia natura o altro).[151] Alla stregua dei *Memoriali* datiniani, che fissavano nell'immediato le operazioni entrando nei più minuti dettagli, anche le *Ricordanze* strozziane appartengono al genere delle "scritture dell'analisi", dalle quali, come vedremo, si ricavavano le informazioni e i fatti salienti da riportare nelle "scritture della sintesi" (il *Libro giornale* e il *Libro mastro*). *Memoriali* e *Ricordanze* costituivano dunque parte integrante del sistema contabile di una impresa o azienda, come dimostra, tra l'altro, anche il fatto che gli stessi registri siano stati contraddistinti da una lettera dell'alfabeto identica a quella apposta sul *Giornale* e sul *Mastro* aperti in quel dato momento; così come identiche nel colore potevano essere anche le cinghie di rilegatura (corregge rosse, gialle, azzurre, ecc. in parallelo al *libro rosso*, *libro giallo*, *libro azzurro*, ecc.).

È ancora il Cotrugli, acuto conoscitore del *modus operandi* delle compagnie fiorentine, a offrire nel capitolo XIII del suo trattato sulla mercatura, dedicato proprio alla contabilità, una chiara definizione di questa tipologia di scritture, «çoè recordançe», che «deve adonche lo mercante tenere» unitamente ad altri due importanti registri, come i già richiamati *Libro giornale* e *Libro grande* o *Mastro*.[152] Nelle *Ricordanze*, in particolare, venivano annotati tutti i contratti, le promesse, i cambi «et ogni cosa che fai sùbito che l'ài firmato, nançi che ne nascano partite al giornale». Erano queste, dunque, delle scritture redatte per la "prima nota", informali e non strutturate, alle quali veniva riservato il compito di registrare i fatti contabili in modo descrittivo e in successione cronologica nel momento in cui gli stessi si fossero verificati; una sorta di promemoria funzionale a raccogliere gli estremi della documentazione contabile prodotta e ricevuta, e che avrebbe agevolato la redazione, in un secondo momento, della più complessa rendicontazione del *Giornale* in partita doppia. Tuttavia, come evidenziato dallo stesso Cotrugli, le annotazioni presenti nelle *Ricordanze* non riguardavano solo ed esclusivamente operazioni destinate alla contabilità in partita doppia, e quindi preparatorie alla compilazione di "scritture

151. Su questi testi, piuttosto vari, spesso «dalle sembianze epistolari» e rientranti nella categoria del "carteggio specializzato", si veda sempre Melis, *Documenti per la storia economica*, pp. 28-40; e in particolare i docc. nn° 64, 65 e 66, pp. 258-263.

152. Benedetto Cotrugli, *Libro de l'arte de la mercatura*, p. 83.

di sintesi" (dal momento «che sono multe cose che se ne fa contracto sença farne partite a lo libro»), ma anche tutte quelle informazioni ritenute utili o necessarie per la buona tenuta dell'azienda.

A cimentarsi nella stesura dei *Libri di ricordanze* erano di solito i fattori più giovani, i quali facevano pratica copiando e ricopiando all'interno di questi registri lunghi elenchi di acquisti, di debitori e creditori, stralci di corrispondenze, carteggi commerciali e informazioni varie. Sulla loro registrazione interveniva successivamente il capo-contabile, responsabile della contabilità e del bilancio aziendale, che estrapolava i dati da riportare in sintesi nel *Mastro*. E infatti, i *Libri mastri* – di cui, però, relativamente al gruppo Strozzi non si è conservato alcun esemplare d'età medievale – sono in genere pieni di riferimenti alle *Ricordanze*, alle quali si attingeva per dettagliare tutti i contorni di un affare. Data la complementarità dei due registri, ne consegue che a una riga di un conto di spese di spedizione annotato nel *Mastro* corrisponda un'intera carta nelle *Ricordanze*, al cui interno sono elencati, ad esempio, i noli marittimi, le assicurazioni, le gabelle, i pedaggi, i facchinaggi, i costi di magazzino e tanto altro ancora.[153] Diversi studi sono stati condotti incrociando i dati contenuti in queste due differenti tipologie di scritture, come, ad esempio, quelli di Hidetoshi Hoshino,[154] incentrati sull'attività dei lanaioli fiorentini del XIV secolo, o quelli di Sergio Tognetti sul commercio internazionale della seta e del cuoio nella seconda metà del Quattrocento.[155] Delle varie esigenze contabili avvertite da quanti impegnati in attività mercantili e bancarie erano certo ben consapevoli i cartolai fiorentini, i quali nelle loro botteghe mettevano a disposizione di questi clienti una vasta gamma di materiali scrittori, realizzati in più formati già preconfezionati, come appunto il *Libro grande*, il *Giornale*, le *Ricordanze*, la *Vacchetta*, ecc.[156] Per gli uomini d'affari e per i loro agenti o intermediari era estremamente importante lasciare traccia di conti, negozi, accordi, lettere e note utili allo svolgimento dei propri traffici, puntualmente e sistematicamente rendicontati. Ciò si evince con molta

153. Melis, *Documenti per la storia economica*, in particolare le pp. 30-36.

154. Hoshino, *L'arte della Lana a Firenze nel Basso Medioevo*; e Hoshino, *Industria tessile e commercio internazionale.*

155. Tognetti, *Il banco Cambini*; Tognetti, *Un'industria di lusso al servizio del grande commercio*; e Id., *Aspetti del commercio internazionale del cuoio*, pp. 17-50. In questo caso si è potuto attingere alla straordinaria e ricca documentazione del fondo Cambini.

156. Nuovo, *Il commercio librario nell'Italia del Rinascimento*; Maniaci, *Archeologia del manoscritto*, in partcolare le pp. 136-137.

chiarezza dalle parole di autori come Giovanni di Pagolo Morelli, Paolo da Certaldo o Leon Battista Alberti, i quali in più occasioni invitano il lettore – operante, ovviamente, nel settore mercantile – ad affidare ogni pratica al testo scritto, e dunque «alla penna», insistendo proprio sulla necessità di avere sempre «le mani tinte d'inchiostro».[157]

Una necessità fatta propria anche dagli Strozzi, i cui membri, al pari di altre grandi famiglie d'origine mercantile, si dedicarono con sistematicità alla compilazione di appositi libri di ricordanze, così come, sebbene in misura molto minore, vi ricorrevano alcuni esponenti del notariato, qualche giurisperito, medico, chierico o anche artigiano, particolarmente accorto nelle pratiche contabili, nella gestione del proprio ufficio o della propria attività.

I ricordi di Filippo e Lorenzo Strozzi, veri e propri libri di contabilità e di amministrazione, consentono – e non solo in riferimento agli anni per i quali si conservano i *Giornali* del banco – di avere una visione più chiara e completa delle attività e degli interessi di questi potenti uomini d'affari, della loro rete di relazioni e della varietà delle iniziative che li videro coinvolti. Se consideriamo, ad esempio, il libro delle «Ricordanze Gialle segniate Q», relativo all'anno 1473/74, possiamo osservare come quanto annotato dai redattori sia stato accuratamente distribuito secondo uno «spartimento», che ripartiva appunto i ricordi sulla base della loro natura economica e funzione informativa. Essi risultano così distinti tra tratte e rimesse di cambi per giornata, lettere di cambio da riscuotere e pagare, commissioni varie a cui adempiere o da ricevere, ricordi, conti e quietanze.[158] Tra le commissioni, diverse riguardano negozi conclusi con la società dei Cambini di Roma, con la filiale degli Strozzi di Trani, così come con la ditta di Loise e Francesco Coppola, impegnate, queste ultime, soprattutto in operazioni commerciali in Puglia (a Taranto, Manfredonia, Trani, Barletta e Otranto) per l'incetta dei grani.[159] Particolarmente interessanti sono anche i libri di *Ricordanze* del 1475/76, anch'essi articolati in sezioni a seconda della natura dei ricordi annotati (cambi, lettere di cambio, commissioni, copie di conti e promesse, il primo; rimesse, cambi, commissioni, ricordi,

157. Leon Battista Alberti, *I libri della famiglia*, p. 251. Per altre testimonianze di autori di *Ricordi*, si rinvia a Cicchetti, Mordenti, *La scrittura dei libri di famiglia*, pp. 1125-1126.

158. ASF, *Carte Strozziane*, serie V, reg. n° 28, *Libro di ricordanze di Filippo e Lorenzo Strozzi, mercanti fiorentini a Napoli* (1473-1474), ms., c. 1r.

159. Ivi, cc. 60r, 78v, 91v, 96v.

conti e quietanze, il secondo).[160] Tra le operazioni registrate è trascritta, ad esempio, la copia di un elenco che riguarda una partita di drappi serici e di panni lana giunta a Napoli, presso il fondaco, e destinata a una bottega di proprietà degli Strozzi.[161] Così come è annotata la fornitura di vari capi d'abbigliamento acquistati dal mercante lombardo Lorenzo Cattanio; ci sono mantelli, gonnelle, camicie, giubboni e altri indumenti di varie fogge e colori.[162] Superfluo, a questo punto, sottolineare quanto la puntuale descrizione di beni e di oggetti di uso quotidiano (stoffe, abiti, capi di corredo, monili, suppellettili varie e stoviglie), rappresenti una fonte di sicuro interesse anche per la storia della cultura materiale e, più in generale, per quella della moda e del costume.[163]

160. ASF, *Carte Strozziane*, serie V, reg. n° 30, *Libro di ricordanze di Filippo e Lorenzo Strozzi di Firenze* (1475- 1477), ms. (la registrazione ha inizio il 4 gennaio 1476); e reg. n° 31, *Libro di ricordanze di Filippo e Lorenzo Strozzi, mercanti fiorentini in Napoli* (1475-1476), ms. (la registrazione ha inizio il 30 dicembre 1475).

161. ASF, *Carte Strozziane*, serie V, reg. n° 30 (1475-1477), ms., c. 80v.

162. Ivi, reg. n° 31 (1475-1476), ms., c. 145r.

163. In questa direzione si segnalano in particolare i lavori di Covini, *Consumo di pregio nel Quattrocento milanese*, pp. 87-110; Muzzarelli, *Valore/valori e oggetti della moda*, pp. 439-448; e Tosi Brandi, *Il valore delle vesti a Bologna*, pp. 533-559.

# 3. I clienti del banco

Sulla base di quanto detto, possiamo con buona ragione circoscrivere l'analisi dei clienti del banco ai soli intestatari degli articoli o poste. Relativamente al primo dei due *Giornali*, sono stati individuati 385 nominativi per un totale di 6.977 partite,[1] mentre nel secondo ricorrono 269 intestatari di conto, di cui solo 255 sono persone fisiche, distribuiti su 4.882 partite. Lo scarto tra il numero delle partite qui indicate e quello corrispondente al totale delle operazioni gestite dalla banca nel 1473 (7.303) e nel 1476 (5.311) è dovuto al fatto che si sono escluse dal computo le partite annullate dal contabile, quelle intestate a operazioni commerciali, quelle di entità inferiore al ducato e quelle comuni ai conti di Pere Bernat e di Pascasio Diaz Garlon, entrambi alti funzionari della Corona. Rinviando alle tabelle conclusive (in Appendice 1 e 2) l'esposizione dettagliata dei dati e delle percentuali riferibili alle diverse tipologie di clienti, esaminiamo la composizione di ciascuna categoria e la natura dei rapporti con l'istituto bancario.

## 1. *La banca del re*

In ordine di importanza il primo cliente è il re di Napoli. In suo nome effettuano operazioni bancarie uffici e funzionari dell'amministrazione centrale e periferica dello Stato, titolari di un conto "pubblico" presso gli Strozzi. Il banco infatti immette liquidità nel sistema economico-finanziario del Regno e svolge funzioni di cassa nei confronti e per conto dei principali organi

1. Del Treppo, *Il re e il banchiere*, p. 247.

amministrativi e finanziari della Corona.[2] In un'epoca in cui le strutture istituzionali della monarchia sono chiaramente definite e le procedure burocratiche hanno raggiunto un «notevole grado di razionalizzazione»,[3] oltre che un alto livello di scritturazione, il funzionamento dell'amministrazione finanziaria e fiscale del Regno è reso più agile e snello proprio dal ricorso alla mediazione bancaria.[4] Tramite il banco, che gestisce i flussi di denaro in entrata e in uscita da ciascun ufficio e da un ufficio all'altro, non solo viene garantita ovunque e in ogni momento la disponibilità di un cespite, ma è costantemente assicurato, in un sistema di relazioni organico e integrato, il raccordo tra le molteplici casse dell'amministrazione finanziaria della corte, tra le entrate fiscali e la spesa pubblica. In altre parole, l'intervento del banchiere permette di azzerare le distanze, facilita la comunicazione, gli scambi e il movimento delle risorse finanziarie tra i diversi gangli dell'amministrazione centrale, tra questa e le sue emanazioni periferiche, e viceversa. Ciò risulta evidente dalla stretta correlazione tra i conti correnti dei più alti ufficiali dell'apparato di governo (il percettore e il tesoriere) e quelli intestati ai diversi funzionari, anche minori, operanti a vario titolo nei distretti provinciali.

Se osserviamo in particolare i dati ricavabili dai conti correnti intestati al personale amministrativo, i più floridi sono quelli dei già richiamati Pascasio Diaz Garlon – percettore generale e distributore delle pecunie della corte, che aveva accesso diretto alle casse del re e si occupava personalmente delle spese militari e di corte –[5] e Pere Bernat, al quale era affidata invece la reggenza della tesoreria generale.[6] Entrambi dispongono

2. Su questi aspetti torna particolarmente utile il confronto con il già richiamato contesto iberico dei tempi di Pietro IV il Cerimonioso, del figlio Giovanni I e dei suoi successori fino ad Alfonso V (1416-1458), quando a svolgere a Barcellona per conto della Corona funzioni analoghe a quelle che saranno prestate a Napoli dal banco Strozzi sono tre importanti banchieri di Saragozza. Cfr. De La Torre Gonzalo, *Grandes mercaderes de la Corona de Aragón*, pp. 257-290.

3. Delle Donne, *Burocrazia e fisco a Napoli*, p. 73.

4. Sul sistema fiscale del Regno al tempo di Ferrante, si rinvia a Delle Donne, *Regis servitium nostri mercatura*, pp. 91-50; e ai più recenti studi di Morra, *Fisco, società e potere*; Id., *D'amore e dissensione*, pp. 27-54; Id., *Vivere per gabelle*. Per un quadro sugli ultimi orientamenti della ricerca sulle "forme testuali del potere" nel Mezzogiorno bassomedievale, si veda Senatore, *Come (ri)scrivere la storia del Mezzogiorno*, pp. 479-505.

5. Su questo ufficio, si veda Del Treppo, *Un ritrovato libro del Percettore generale*, pp. 295-318. Cfr. anche *infra*, nota 38.

6. Del Treppo, *Il Regno aragonese*, p. 136. L'ufficio di tesoreria, ricevute le entrate affluite al percettore, era deputato a liquidare i diversi pagamenti disposti su ordine del

presso il banco sia di un conto personale e privato (indicato sotto la voce «conto proprio» o semplicemente «proprio»), sia di un conto "pubblico", corrispondente rispettivamente a quello della Corte, di cui è titolare Diaz Garlon, e a quello di Tesoreria, intestato al Bernat.[7]

Relativamente a questa seconda tipologia di conto, le operazioni finanziarie condotte dal percettore Diaz Garlon ammontano a 377 nel 1473 e a 421 nel 1476; quelle a nome del tesoriere Bernat risultano 484 nel 1473 e 603 nel 1476. A queste sono però da aggiungere altre 524 operazioni, di cui 241 concluse nel 1473 e 283 concluse nel 1476, che interessano entrambi i conti correnti, giacché nelle relative partite, contraddistinte dalla formula causale «dissero sono per lo Singnor Re», la somma addebitata al percettore generale (registrata sul conto del Diaz Garlon nella sezione *dare*) corrisponde a quella accreditata al tesoriere generale (registrata sul conto del Bernat nella sezione *avere*). In questo modo, col tramite del banco, che provvedeva all'immediata registrazione, si trasferivano dal conto del percettore al conto del tesoriere gli importi via via destinati a coprire la spesa pubblica. Di conseguenza, le somme versate sul conto del Bernat venivano prontamente iscritte nella sezione *dare* dello stesso tesoriere, a riprova dell'avvenuta esecuzione dei pagamenti o degli accreditamenti ai rispettivi beneficiari. Per far fronte alle diverse uscite, il tesoriere poteva attingere direttamente alle somme depositare sul suo conto "pubblico", ma anche ricorrere ai conti accesi presso il banco da altri funzionari, ai quali trasferiva, all'occorrenza, l'accredito di tesoreria. Non sono pochi infatti i casi in cui ad alcuni addebitamenti sul conto di Bernat corrispondono accreditamenti di pari importo su conti intestati a personaggi che rivestono una carica nella pubblica amministrazione.

Quanto esposto consente di cogliere un filo rosso che collega il conto del tesoriere a quello dei diversi funzionari, i quali, preposti ai vari uffici, concorrono alla tenuta e alla sostenibilità finanziaria del "sistema-Regno".[8] Il trasferimento di somme da un conto all'altro, puntualmente rendicontato dallo scrivano redattore dei *Giornali*, rende ragione della complessa artico-

re e certificati dagli scrivani o dai luogotenenti di razione (cfr. ivi, pp. 133-134). Sulla tesoreria aragonese in età alfonsina, si vedano anche Navarro Espinach, Igual Luis, *La tesorería general y los banqueros de Alfonso*; e Delle Donne, *Burocrazia e fisco a Napoli*, in particolare le pp. 92 e 93.

7. Sulla separazione degli ambiti dei due uffici, si rimanda a Russo, *La corte del re di Napoli Ferrante I*, pp. 1-15: 7.

8. D'Agostino, *Napoli capitale (1266-1860)*, pp. 15-94: 41.

lazione della macchina amministrativa e finanziaria dello Stato, nell'ambito della quale singoli uffici con specifiche competenze interagiscono tra loro e per motivi organizzativi interni con la tesoreria generale. Qui, le voci d'entrata possono scomporsi e frazionarsi in più e diverse quote, interessare più e diversi soggetti di spesa «fino a raggiungere gli ultimi destinatari di essa».[9]

Seguendo i movimenti di denaro da e verso la tesoreria regia ci si imbatte in conti correnti a essa strettamente collegati, come, ad esempio, quello intestato a Pietro de Rosa "spenditore" o "compratore" di Eleonora d'Aragona,[10] o a Michele di Maio, tesoriere della duchessa di Calabria,[11] o ancora a Simonot de Bellprat, tesoriere «dell'armata di mare» del re.[12]

Di particolare interesse si rivela soprattutto il conto di Joan de Guares, stretto collaboratore del tesoriere generale e suo uomo di fiducia, impegnato in compiti di primaria importanza e materiale esecutore dei pagamenti. Nel 1473 il suo nome ricorre in ben 99 operazioni di addebito a favore di terzi, mentre per il 1476 se ne contano 47; tutte effettuate in contanti o attraverso accreditamenti in giro-conto destinati a saldare le diverse spese di corte, su incarico della quale il funzionario poteva anche riscuotere il credito presso la sua abitazione privata.[13] Tra le uscite, spesso non meglio precisate, si segnala l'acquisto di schiavi e schiave, di biancheria per il corredo della regina d'Ungheria, di materiali per l'allestimento di baleniere e altre imbarcazioni; ci sono importi destinati alla retribuzione di provvisioni, paghe e salari per dipendenti e funzionari dello Stato (come gli uomini della guardia e i balestrieri), quelli da impegnare per lavori di costruzione e manutenzione delle «fabriche della corte»; e ancora, accreditamenti e rimborsi per quanti, a capo di un ufficio, si erano trovati nella condizione di anticipare, per un qualsiasi motivo, somme alla tesoreria generale («per tanti n'à paghati per la chorte»).[14]

Passando ora a esaminare più nel dettaglio le entrate, dobbiamo innanzitutto operare una distinzione fra quelle confluite sul conto del tesoriere e quelle versate al percettore. Nel primo caso abbiamo già visto come la sezione *avere* di Bernat sia strettamente collegata alla sezione *dare* di Diaz

9. Del Treppo, *Il re e il banchiere*, p. 270.

10. *Libro Giornale 1476*, c. 6v; Del Treppo, *Il re e il banchiere*, p. 270.

11. *Libro Giornale 1476*, c. 13v.

12. Ivi, cc. 16v e 112v.

13. Ivi, c. 63v: «dissero sono per portarli in casa a Giovanni de Guares per spese di corte».

14. *Libro Giornale 1473*, p. 340.

Garlon; riguardo invece all'*avere* ascrivibile a quest'ultimo ufficiale sono diverse le voci che concorrono ad alimentare il suo conto "pubblico", sul quale, in sostanza, vengono accreditate, in contanti o con operazioni di giro, le entrate dello Stato.

Per prima cosa, il percettore generale effettua i versamenti di quanto esatto inviando allo sportello del banco gli scrivani di razione, Miquel de Bellprat, Guillem Candell, Tomás Argent, Joan Puig Oliver e Antonio Dosa, che recano materialmente il contante da depositare in cassa.[15] Esso proviene in misura sostanziale dalla raccolta fiscale operata da percettori e tesorieri provinciali, esattori, doganieri, arrendatori e altri funzionari incaricati della riscossione dei tributi, diretti e indiretti, ordinari e straordinari. Dove esplicitata, infatti, la causale del versamento rinvia all'esazione del focatico[16] e della tassa sul sale (mezzo ducato per un tomolo di sale),[17] ai proventi della Dogana delle Pecore e a quelli derivanti da beni demaniali, castelli, università, dogane, arrendamenti e gabelle. Tra queste, pervenivano direttamente sul conto del tesoriere solo quelle esatte nella città di Napoli. Frequente è il richiamo nelle causali alle gabelle del vino, della carne, del pesce (incluso quello salato), di piazza maggiore,

15. Si ricorda che nel Regno di Napoli, in continuità con quanto previsto dall'ordinamento aragonese, la scrivania di razione rappresentava, insieme alla tesoreria, uno dei più importanti organi di competenza finanziaria. L'ufficio, i cui funzionari (gli scrivani di razione) facevano capo direttamente al sovrano, vigilava sulle uscite della corte, teneva la contabilità del patrimonio domestico ed emetteva albarani intestati al tesoriere col fine di provvedere alla retribuzione del personale di servizio e alle spese connesse al funzionamento della corte. Cfr. Del Treppo, *Il Regno aragonese*, pp. 133-134; e Russo, *La corte del re di Napoli Ferrante I*, pp. 5-6. Sull'albarano, si veda *infra*, cap. 4, p. 200 e nota 25.

16. Si ricorda che il *fuoco*, l'unità familiare produttrice di reddito, era in realtà un'unità di conto funzionale alla ripartizione del carico fiscale. Il primo focolario aragonese del 1443/47 (il *Liber focorum Regni Neapolis*) è stato edito da Da Molin, *La popolazione del Regno di Napoli*, pp. 34-102; e da Cozzetto, *Mezzogiorno e demografia*, pp. 55-172. Sulla problematica inerente la datazione della numerazione focatica ivi registrata, si rimanda a Violante, *Il re, il contadino, il pastore*, pp. 48-50. Il focatico non includeva i nobili, il clero, i poveri e i disabili, esenti da tasse, che avrebbero potuto rappresentare fino al dieci per cento della popolazione totale. Si veda in merito Sakellariou, *Southern Italy in the Late Middle Ages*, p. 107.

17. Il tomolo di sale costava infatti poco più di 50 grani (1 ducato corrispondeva a 100 grani). Cfr. Sakellariou, *Southern Italy in the Late Middle Ages*, p. 101; Delle Donne, *Burocrazia e fisco a Napoli*, p. 98; e Senatore, *Una città, il Regno: istituzioni e società*, p. 275. Si può richiamare, a tal proposito, la prammaitca *super fiscalibus iuribus* del 22 marzo 1470 (edita in *Constitutiones regni utriusque Sicilie*, pp. 456-458).

della terziaria del ferro; ma ricorrono anche il diritto sui vetri, le gabelle della paglia, del *manigoldo* e del *buon denaro*.[18]

Alla luce di ciò, il conto del percettore generale costituisce un osservatorio privilegiato attraverso cui fotografare la natura e la geografia fiscale del Regno, unitamente alla composizione del suo apparato burocratico.[19] Le transizioni bancarie chiamano in causa un folto numero di funzionari, tra i quali i tesorieri di Puglia (Galieno de Campitello), Calabria (Venceslao de Campitello) e degli Abruzzi (Antonio Gazull, Marino di Jancane di Sulmona e Francesco d'Agnolo di Chieti); i regi commissari delle circoscrizioni di Terra di Lavoro e Molise e di Principato Ultra e Capitanata (cariche ricoperte da Garçia de Vera e da Renzo d'Afflitto); il doganiere di Puglia e il suo cassiere, addetti alla Dogana della Mena delle Pecore (rispettivamente Gaspare di Castiglione e Agnolo della Capruzza)[20] e gli arrendatori delle gabelle di Napoli (Stefano Procaccio e Gabriele Sorrentino).[21] A questi sono da aggiungere i nomi di Loise e Francesco Coppola – sui quali si tornerà nel capitolo successivo –, che avevano acquistato la gabella della terziaria del ferro, i cui proventi spettavano in parte anche ai conventi napoletani di San Domenico, San Lorenzo e Sant'Agostino.[22]

Il ventaglio delle entrate si arricchisce poi con quelle di provenienza feudale, come donativi, contributi per la costruzione delle galeazze regie e tasse successorie (relevio e *giustarpeto* o *ius tarpeti*), e ancora, con le imposte versate dalle comunità ebraiche.[23] Infine, un'ulteriore voce della sezione *avere* è ascrivibile ai mutui erogati da altre agenzie finanziarie o da semplici prestatori privati, intercettati, almeno nel corso del 1473, dal «regio mediatore» Guillèm Marc Cervelló (o Cervillo).[24] Questi, ricevuto il credito, lo versava in cassa sul conto del percettore, dal quale la stessa corte poteva disporne per ogni eventuale necessità.

18. Per una panoramica sulla natura di queste entrate doganali e daziarie, si rimanda a Bianchini, *Storia delle finanze*, pp. 171-176. Utile è anche Mantelli, *Burocrazia e finanze pubbliche*.

19. Del Treppo, *Il re e il banchiere*, p. 273.

20. *Libro Giornale 1476*, c. 95v. Cfr. *infra*, p. 117, nota 74.

21. Ivi, c. 3r.

22. *Libro Giornale 1473*, pp. 156, 168, 258, 315, 354, 478; *Libro Giornale 1476*, cc. 4v, 73v, 96r, 129r, 155r, 187r.

23. *Libro Giornale 1473*, pp. 162-163, 337; *Libro Giornale 1476*, cc. 6v, 36v, 161r.

24. Del Treppo, *Il re e il banchiere*, p. 273. Nel luglio del 1475 il Cervelló risulta essere già morto. Cfr. *Libro Giornale 1476*, c. 175r; e Mazzoleni, *Regesto delle pergamene di Castelcapuana*, p. 31.

I movimenti di denaro qui sintetizzati concorrono a confermare come la tesoreria di Ferrante piuttosto che servirsi di un apposito ufficio di contabilità, fosse solita ricorrere alla professionalità di un grande banchiere, che con precisione e scrupolo riportava sui propri *Giornali* e sui *Mastri* la registrazione sintetica delle entrate e delle uscite dello Stato.[25]

## 2. *Il ruolo del banco nella compagine amministrativa dello Stato*

Accenniamo ora rapidamente alla natura del rapporto intercorso tra il banco e la Corona. Esclusa la possibilità che Filippo Strozzi abbia ottenuto il servizio di tesoreria in appalto ed esclusa anche quella di attribuire al banchiere le funzioni svolte dai colleghi catalani, le cui *Taules* fungevano spesso da vero e proprio ufficio di tesoreria per le municipalità locali, come anche per la *Generalitat* (il supremo organo finanziario delle *Corts* catalane),[26] è apparsa sicuramente più verosimile la corrispondenza tra il banco napoletano e il Depositario generale delle entrate della Camera apostolica.[27]

L'importante dicastero romano, presieduto formalmente da un camerlengo e competente in ambito amministrativo e giudiziario, gestiva, tra le altre cose, anche le finanze pontificie, affidate alla direzione di un tesoriere che sovrintendeva a tutti i movimenti di denaro. Nel corso del Quattrocento per le attività di deposito-cassa il tesoriere apostolico iniziò a servirsi di un ufficiale appositamente reclutato per rivestire la carica di Depositario generale; un ruolo, questo, che fu ricoperto da banchieri come i Bardi, i Medici, gli Spannocchi e, tra primo e secondo decennio del Cinquecento, anche da uno Strozzi, Filippo, l'ultimo dei figli del titolare del banco napoletano.[28]

25. Del Treppo, *Il Regno aragonese*, pp. 133-140; Tognetti, *Le compagnie mercantili-bancarie toscane*, p. 691.

26. Sulle *Taules de canvi* (tavole di cambio) municipali e sul sistema bancario in Aragona, si rinvia a Riu, *Banca e società in Aragona*, pp. 151-188; Feliu, *Moneda y banca en Cataluña*; e Mayordomo García-Chicote, *La Taula de Canvis*.

27. Del Treppo, *Il re e il banchiere*, p. 276; Palermo, *La finanza pontificia e il banchiere "depositario"*, pp. 349-378; e Palermo, *Un aspetto della presenza dei Fiorentini*, pp. 81-96.

28. Su questo personaggio, si veda Bullard, *Filippo Strozzi and the Medici: Favor and Finance*. Più in generale sui rapporti tra Santa Sede e mondo della finanza, si rimanda anche a Cassandro, *I banchieri pontifici*, pp. 207-234; Palermo, *Banchi privati e finanze pubbliche nella Roma*, pp. 435-459; Dini, *I mercanti-banchieri e la Sede apostolica*, pp. 43-62; Esch, *Economia, cultura materiale ed arte* e Ait, *Mercanti a Roma fra XV e XVI secolo*, pp. 59-77.

Non molto diverse dunque da quelle del Depositario generale del papa sembra siano state le funzioni svolte dallo stesso Filippo Strozzi per conto della monarchia aragonese. Il banco, benché senza l'attribuzione di un titolo specifico, rappresentava a tutti gli effetti la cassa della corte regia: qui affluivano e venivano versate le entrate derivanti dai vari cespiti della Corona; tramite il banco la disponibilità finanziaria era trasferita da un conto all'altro, circolava tra gli uffici, centrali e periferici, al fine di liquidare le spese e saldare i debiti dello Stato.

Alcuni aspetti, tuttavia, concorrono a differenziare il caso napoletano da quello romano. In primo luogo a Napoli l'intestatario del conto della corte non è come a Roma il banchiere-depositario, ma la stessa corte, rappresentata dai suoi più alti ufficiali, il percettore generale Pascasio Diaz Garlon e il tesoriere generale Pere Bernat. L'accensione di questi due conti, rispetto all'unico aperto presso la Camera apostolica, costituisce la seconda e sostanziale differenza, che rimarca e riproduce a livello contabile la specificità dei ruoli ricoperti nell'amministrazione statale dal responsabile delle finanze e dal responsabile del tesoro. Da ultimo, sono poi da considerare tutti gli altri conti, che abbiamo definito "pubblici", giacché intestati a funzionari dell'amministrazione centrale e periferica in qualità di pubblici dipendenti; essi riflettono l'articolazione dell'ossatura burocratica e finanziaria del Regno alla quale il banco presta il suo servizio «senza snaturare con il suo ruolo ed il suo intervento il carattere pubblicistico di essa».[29]

Non è da escludere, tuttavia, che al pari di quanto accadeva a Roma presso la Camera apostolica,[30] anche altri banchi, oltre a quello strozziano, abbiano svolto funzioni di cassa per conto della tesoreria aragonese. Tra questi, un ruolo di primo piano ebbero sicuramente i Medici, gli Spannocchi e il banco di Colapietro di Penne, operatori finanziari "consociati" con gli Strozzi, presso i quali gli stessi banchieri disponevano di conti correnti di corrispondenza e i cui nomi ricorrono di frequente nella rendicontazione dei *Giornali*. L'essere "consociati" consentiva di supportarsi reciprocamente con aperture di credito che mettevano a disposizione del consocio la liquidità necessaria a chiudere una determinata operazione, anche quando quest'ultimo, per qualunque motivo, fosse stato impossibilitato o non se ne fosse fatto carico.

29. Del Treppo, *Il re e il banchiere*, p. 277.

30. de Roover, *Il banco Medici*, p. 286; Palermo, *La finanza pontificia e il banchiere "depositario"*, pp. 349-378.

A questo punto, considerata anche l'eventualità di una cassa-depositi plurima, viene da chiedersi se e in che modo la Corona potesse disporre, all'occorrenza e in ogni momento, di un quadro completo ed esaustivo della situazione finanziaria complessiva. Nonostante le iniziative prese in tal senso da entrambi i sovrani aragonesi – da Alfonso, che nel 1448 dispose l'affluenza dei proventi di ogni ufficio deputato alla riscossione nel banco del napoletano Giovanni Miroballo,[31] e da Ferrante, che nel 1480 estese la cognizione della Camera della Sommaria anche alle entrate straordinarie[32] – non era facile sciogliere i nodi connessi al controllo conoscitivo delle finanze pubbliche. Punti dolenti restavano lo snodo tra amministrazioni locali e amministrazione centrale, dal momento che quest'ultima riceveva i cespiti delle prime solo al termine del loro esercizio (al più ogni sei mesi e comunque non in tempi rapidi),[33] e l'impossibilità, ancora, di stilare un bilancio generale di previsione, «che costituisce la base del controllo della gestione».[34] L'impedimento maggiore era dunque rappresentato dalla mancata percezione da parte della tesoreria centrale dell'ammontare complessivo delle entrate pervenute a livello locale, giacché la stessa ne incamerava solo le eccedenze non impegnate, e cioè quanto residuato una volta liquidate le spese.[35]

Di ciò consapevoli e determinati a conseguire una gestione unitaria della finanza pubblica, sia Alfonso che Ferrante cercarono di dotarsi di specifici strumenti. Il Magnanimo istituì nel 1445 l'ufficio di conservatore generale del real patrimonio, una sorta di "ministero delle finanze", deputato al controllo, alla valutazione e alla salvaguardia delle risorse dello

31. Del Treppo, *Il Regno aragonese*, pp. 134-135; Senatore, Scarton, *Parlamenti generali a Napoli*, p. 269. Sulla figura del banchiere Giovanni Miroballo, potente «uomo d'affari e armatore di livello interazionale», i cui traffici si estendevano da Napoli alla Sicilia, alla Penisola Iberica, cfr. Del Treppo, *I mercanti catalani e l'espansione della Corona*, p. 163; e il profilo curato da Bernato, *Miroballo, Giovanni.* Uno dei suoi figli, Alessandro Miroballo, entrò in società con Ambrogio Spannocchi, mentre a un altro, Carlo, venne affidata la direzione di un banco a Palermo.

32. Del Treppo, *Il Regno aragonese*, pp. 140-141; Schiappoli, *Napoli aragonese*, p. 194. Sul tribunale della Sommaria, cfr. *infra*, cap. 1, p. 51, nota 86. Oltre alla Sommaria esistevano altre due corti superiori della giustizia regia: la Gran Corte della Vicaria e il Sacro Regio Consiglio. Si vedano, in merito Delle Donne, *Burocrazia e fisco a Napoli*, pp. 106-107; Senatore, Scarton *Parlamenti generali a Napoli*, pp. 124-127; e Senatore, *Una città, il Regno: istituzioni e società*, p. 152.

33. Ryder, *The Kingdom of Naples*, p. 169.

34. Cassandro, *Le gestioni erogatrici pubbliche*, p. 139.

35. Del Treppo, *Il re e il banchiere*, p. 281.

Stato, che affidò al catalano Pere de Besalù;[36] Ferrante, in continuità con gli intendimenti paterni e mantenendo pressoché inalterate le strutture amministrative ereditate,[37] trasferì le funzioni del conservatore al percettore generale, carica ricoperta da Pascasio Diaz Garlon a partire dal 1463.[38] Entrambi i funzionari, che avrebbero dovuto avere contezza della situazione finanziaria generale al fine di predisporre un'oculata programmazione e pianificazione della spesa, furono messi nelle condizioni di operare al meglio proprio grazie ai servizi offerti, rispettivamente, dai banchi di Giovanni Miroballo e Pere Cimart (il coinvolgimento del banchiere catalano è attestato solo a partire dal 1453)[39] e da quello di Filippo Strozzi.

In quest'ultimo caso, più agevolmente indagato e meglio conosciuto grazie al *report* quotidiano dei *Giornali*, appare evidente l'altissima qualità dell'apporto fornito dalle competenze bancarie alla buona tenuta dei conti pubblici. La stessa contabilità strozziana, certo raffinata, agile e ben organizzata, non può tuttavia essere considerata solo uno strumento puramente tecnico di cui la monarchia si servì, ma piuttosto una risorsa e una risposta efficace alle esigenze di razionalità, funzionalità e coerenza sistemica avvertite dallo Stato aragonese, atte a garantire l'esatta percezione delle risorse disponibili, la corretta impostazione di un preciso

36. Ryder, *The Kingdom of Naples*, pp. 209-210; Del Treppo, *Il re e il banchiere*, p. 282; Delle Donne, *Burocrazia e fisco a Napoli*, pp. 102-103. Utili, anche se datati, i contributi di Gentile, *Lo Stato napoletano sotto Alfonso I d'Aragona*, in «Archivio storico per le province napoletane, 62 (1937), pp. 1-56 (in particolare pp. 37-38); 63 (1938), pp. 1-56. Inoltre, di Baviera Albanese, *L'istituzione dell'ufficio di conservatore del real patrimonio*, pp. 227-381.

37. Del Treppo, *Il Regno aragonese*, pp. 107-110. Quanto concerne la corte aragonese e i compiti dei singoli ufficiali e domestici è codificato nelle ordinanze emanate da Pietro IV d'Aragona nel 1344. Per l'edizione, si rimanda a de Bofarull y Mascarò, *Gobierno y Casa Real de los monarcas de Aragón*; e al più recente lavoro di Gimeno, Gozalbo e Trenchs, *Ordinacions de la Casa i Cort de Pere el Cerimoniós*. Per la traduzione in italiano, cfr. Schena, *Le leggi palatine di Pietro IV*.

38. Si vedano Volpicella, *Regis Ferdinandi primi*, p. 328; Del Treppo, *Il Regno aragonese*, pp. 135-138. Del Treppo, nel 2009, ritorna sulle competenze di questo ufficio a seguito del rinvenimento presso l'Archivio di Stato di Napoli del primo registro o *quaterno* (1463-1465) attestante l'amministrazione del «generalis perceptor et distributor pecuniarum nostre Curie» (cfr. Del Treppo, *Un ritrovato libro del Percettore generale*, pp. 295-318: 299). Sulla struttura e sul funzionamento della corte aragonese al tempo di Ferrante e sulle innovazioni funzionali introdotte dallo stesso in continuità con la politica paterna, si rinvia a Russo, *La corte del re di Napoli Ferrante I*.

39. Del Treppo, *Il re e il banchiere*, pp. 281-282; Muto, *Napoli capitale e corte*, p. 254.

piano finanziario e la saldezza della compagine amministrativa regnicola nella sua interezza, complessità e articolazione. Flussi di denaro, scambi di crediti e debiti, compensazioni di spesa e anticipazioni di tesoreria tra un ufficio e l'altro e tra questi e la tesoreria centrale venivano gestiti direttamente dal banco, tramite il quale si concludeva, tra l'altro, ogni operazione finanziaria, dalla più semplice alla più complessa, eludendo così anche il problema della separazione e della distanza tra centro direttivo e apparati periferici dello Stato.

La capacità gestionale del banco e il suo pieno inserimento, tramite i servizi erogati, nei circuiti di governo e burocratici, resero sempre più stretto e intimo il rapporto tra finanza pubblica e sistema bancario; un legame alimentato da una complessa rete di interdipendenze e di interconnessioni, reciprocamente utili, per questo destinato a perdurare nel tempo e a sviluppare proprie modalità di relazione.

## 3. *Oltre la Corona. Dal grande baronaggio al mondo delle professioni e dei mestieri*

Le prestazioni offerte ai principali gangli dell'amministrazione statale non assorbivano l'intera attività del banco. La ripresa demografica di metà Quattrocento e un ritrovato benessere economico, derivato dal rilancio dei commerci e delle "industrie", avevano sicuramente contribuito ad ampliare il ventaglio dei clienti, napoletani e non. Oltre alla Corona, infatti, è possibile individuare almeno tre macro-categorie di fruitori dei servizi bancari, le quali, a loro volta, potrebbero essere scomposte in diversi sottoinsiemi, rappresentativi di specifiche situazioni sociali, professionali ed economiche. Innanzitutto, le macro-categorie sono rappresentate dalle tre principali componenti della società dell'epoca: quella cittadina, la feudale e la mercantile.

Rientrano nel primo gruppo, alquanto composito, tutti i cittadini, dal piccolo artigiano al bottegaio, dall'uomo di legge al medico, inclusi gli ecclesiastici, i gentiluomini, gli appaltatori di dazi e gabelle e quanti investiti di una carica nell'amministrazione, centrale o periferica, del Regno (Appendice 1 e 2). Riguardo a questi ultimi, si precisa però che, a prescindere dall'ufficio ricoperto, le operazioni che essi svolgono presso il banco in qualità di soggetti privati non hanno alcun carattere pubblico, giacché rispondono alle esigenze e agli interessi dei singoli senza incidere sui bilanci dello Stato. Si dovrà allora distinguere, di volta in volta, la natura del loro rapporto con l'istituto bancario: se si tratta di un conto personale dal quale prelevare o sul quale accreditare i propri utili, o se si tratta di operazioni che prevedono un versamento sul conto della tesoreria regia.

Napoli, capitale del Regno, sede della corte e di tutti gli uffici dell'amministrazione centrale, com'è naturale che fosse, non poteva che rappresentare il luogo ideale per l'affermazione del ceto dei burocrati, per tutti quei funzionari e ufficiali proiettati ai vertici della società cittadina. Non stupisce, dunque, il fatto che gli stessi costituissero, dopo la Corona, la clientela più qualificata del banco, rappresentativa dei gradini più alti della scala sociale. Per citare solo alcuni dei correntisti, ricordiamo, oltre ai già richiamati Pere Bernat e Pascasio Diaz Garlon, i due maggiori ufficiali del Regno, il gran camerlengo Iñigo d'Avalos e il gran siniscalco Pietro Guevara; i presidenti e i magistrati delle tre corti superiori della giustizia regia (Sacro Regio Consiglio, Gran Corte della Vicaria e Camera della Sommaria);[40] i funzionari della Cancelleria (come il vicecancelliere Valentino Claver); gli scrivani di razione (Antonio Dosa, Miquel de Bellprat, Joan Puig Oliver, Guillem Candell e Tomás Argent); i segretari (Antonello d'Aversa e Bernardo Materdona) e i maestri di Zecca (come Cola Spinello); e ancora, i castellani, in servizio a Napoli, ma anche altrove, i paggi, i coppieri, gli aiutanti di camera, ecc.

Lo strettissimo legame tra questi ufficiali e la corte regia, e tra quest'ultima e il banco, rende spesso difficile, in assenza di specifici rinvii, individuare l'esatta natura dei conti, se personali o pubblici. Può accadere infatti che tra le operazioni di carattere privato espletate da alcuni funzionari figurino degli addebiti inerenti anche all'attività del proprio ufficio.[41]

Tra i conti correnti riconducibili a privati cittadini che per i loro servizi e la fedeltà alla Corona si ritrovarono insigniti di alte cariche e titoli feudali, il primo in ordine di importanza è quello intestato al percettore generale Pascasio Diaz Garlon. Nel *Giornale* del 1473 sul conto "proprio" dell'ufficiale vengono effettuate 80 operazioni, di queste la metà sono in contanti (si tratta di 10 versamenti e di 30 prelievi o pagamenti a favore di terzi); mentre nel 1476 le operazioni ammontano a 128 (di cui 86 sono i prelievi in contante, 26 i depositi e 16 i giroconti). La liquidità è richiesta per acquisti vari (panni, capi d'abbigliamento, scarpe, tele francesi, arazzi in seta, stoviglie in argento, gioielli, selle per cavalcare, botti di vino, carta, libri manoscritti o a

40. Tra questi Luca Tozzolo, presidente del Sacro Regio Consiglio, e Agnolo di Giovinazzo, presidente della Sommaria.

41. Del Treppo, *Il re e il banchiere*, p. 250, nota 76.

stampa, e altri oggetti di uso personale); per affrontare le spese di ristrutturazione – magari impreviste – della propria abitazione, comprensive di manodopera e materiali, come travi, trespoli e tavole di vario legno (come le 88 «di castagnio» assegnate al notaio Nardo d'Aversa);[42] per retribuire il lavoro di orafi, argentieri, maestri librai, sarti, *calzaiuoli*, *cubertari*[43] e altri artigiani, panettieri, macellai e trasportatori, così pure per pagare gli stipendi e le provvisioni a funzionari e dipendenti tenuti regolarmente a servizio. Tra questi, un ruolo di primo piano era riservato all'amministratore, Paolo Paris, al notaio Andrea di Maratea e al già citato Nardo d'Aversa, più volte richiamato negli accordi siglati tra il banco e il percettore regio nel 1476, e al quale era attribuito anche il compito di saldare materialmente i piccoli debiti contratti dall'alto funzionario in qualità di privato cittadino.[44] In alcune circostanze, quando l'unica fonte di contante era rappresentata dal prestito, per importi poco rilevanti e in alternativa alla banca – coinvolta magari in un secondo momento per estinguere l'obbligazione – tornava utile il ricorso a parenti, amici e conoscenti in grado di anticipare sulla fiducia la somma desiderata. Nel caso del Diaz Garlon, grazie alla ricostruzione del suo conto corrente, possiamo individuare tanto le generalità di alcuni prestatori di denaro (come il "barbiere" del re, mastro Nardo Quivo – denominazione, quella di barbiere, con cui veniva indicata la professione del chirurgo – o l'ebreo aversano Raffaello), tanto quella di debitori particolarmente vicini al percettore o addirittura suoi amici, come Luchina Caracciolo, vedova di Giovan Bernardino de Grapinis, o come Francesca della Ratta, per la quale vengono acquistate alcune partite di lino.[45]

Sono in particolare tre operazioni (datate rispettivamente 5 luglio, 8 e 9 agosto 1476) a offrire il maggior numero di dettagli su tipologia e natura delle spese, anche minute e quotidiane, occorse in casa Diaz Garlon. Si va dalla fornitura di paglia e fieno all'approvvigionamento e alla gestione della cantina, dall'acquisto di canne di seta, fili di nastro, cappelli, calze e cinte, alla liquidazione dei salari mensili ai dipendenti, oscillanti tra 1 e 5 ducati e corrisposti a Saladino e Salvestro della Petra, Francesco Tode-

42. *Libro giornale 1476*, cc. 186v e 82r.

43. Si tratterebbe di artigiani specializzati nel rivestimento di manufatti e nella bardatura dei cavalli.

44. *Libro giornale 1473*, p. 229; *Libro giornale 1476*, cc. 1v, 2r, 10r, 12v, 15r, 19r, 27v, 31r, 32r, 35v, 37r, 42v, 45rv, 48v, 59r, 56v, 59v, 62r, 78r, 80r, 82r, 86r, 87r, 98r, 99v, 108r, 123r, 131v, 149r, 156v, 157r e 203v.

45. *Libro giornale 1476*, cc. 98r, 16r, 192r e 103v.

schino, Marco di Sant'Agata, Stefano di Pietrapertosa, Christofano Carbonello, Stefano Pigniattello, Giordano (il giardiniere) e Giorgio Albanese.[46]

Alquanto interessanti, anche per cogliere frammenti di vita quotidiana, gusti, abitudini e preferenze della moda e dei costumi del tempo, sono poi delle operazioni bancarie in cui è fatto esplicito richiamo alle donne di famiglia, alla moglie del percettore, Lucente di Chiaromonte, alla figlia Eleonora, contessa di Bucino, e a chi prestava loro cura, come una tal Cencerella di Capua «che sta in casa sua» e alla quale lo stesso Diaz Garlon dona ben 90 ducati per dotarne (per *maritaggio*) la figlia Franceschella.[47] A Eleonora sono destinati i tessuti di panno scarlatto e damaschino verde acquistati presso il fondaco degli Strozzi e con cui il maestro sarto Simone ha confezionato un paio di maniche; mentre per realizzare gli abiti della moglie Lucente si ricorre al maestro *calzettiere* Pietro, rifornito per l'appunto di panno *roano* e *lionato*. Sempre per Eleonora, Pascasio commissiona al *cubertaro* Aviello dell'Abate la fattura di certi scrigni. E ancora, per moglie e figlia immaginiamo siano state acquistate le 86 perle – accessorio all'epoca amatissimo dal genere femminile[48] – che giungono al Diaz Garlon per il tramite del procuratore della ditta Coppola, Matteo di Giorgio, impegnata, a quanto pare, anche nel traffico di preziosi e gemme.[49] Ma, tra le causali delle richieste di credito sul conto "proprio" dell'alto funzionario compare anche il nome di un'altra donna, *madama* Isabella Passarella, il cui ruolo ci sfugge, così come la natura dei rapporti intercorsi con lo stesso Diaz Garlon. Sta di fatto, tuttavia, che quest'ultimo provvede a saldare alcune spese sostenute dalla donna, come l'acquisto di una bardatura per cavalcare in velluto cremisi. A suo carico è pure il vitto e l'alloggio del personale di servizio, incluse le schiave, che indossavano ambiti confezionati con pezze di panno grezzo, la cui fornitura era affidata all'amministratore di casa, il già citato Paolo Paris.[50] Lo stesso provvedeva a tutta una serie di altre spese, domestiche, come ad esempio l'acquisto di carne per la mensa signorile, e non. Rientravano in questa seconda tipologia le uscite connesse all'espletamento delle cariche ricoperte dal Diaz Garlon, oltre a quella di percettore generale e distributore delle pecunie della corte, e alla gestione dei domini feudali concessi su investitura da

46. *Libro giornale 1476*, cc. 156v, 189v e 198v.

47. Ivi, cc. 136v e 169r.

48. Muzzarelli, *Guardaroba medievale*, p. 57; Petracca, *Gli inventari di Angilberto Del Balzo*, pp. CX-CXI; Esposito, *Perle e coralli: credito e investimenti*, pp. 247-258.

49. Cfr. *infra*, cap. 4, pp. 112-113.

50. *Libro giornale 1473*, p. 139; *Libro giornale 1476*, cc. 12v, 97r, 71v e 10v.

Ferrante (di cui si dirà più avanti). A tal proposito si ricorda che l'alto funzionario, *miles* e consigliere del re, rivestiva anche il ruolo di guardarobiere maggiore,[51] camerlengo e maggiordomo,[52] unitamente a quello di credenziere del porto del Fortore in Capitanata, di misuratore del sale e credenziere delle saline e del fondaco di Manfredonia, di governatore di Montalto, Paola e Fuscaldo, e di castellano del Castelnuovo.[53] Titoli e incarichi che ritornano di frequente nella rendicontazione strozziana e che, tra accrediti e addebiti, mettono in luce tutto lo spessore del personaggio e il valore di una lunga carriera al servizio della corte aragonese.

Su un piano diverso, ora, non possiamo non considerare come ruolo e posizione sociale rilevanti abbiano sì richiesto una continua e costosa esibizione di lusso e di sfarzo – confermata, tra l'altro, dalla preziosità degli abiti e degli oggetti, spesso in oro e argento, commissionati ad abili artisti –, ma anche sollecitato azioni di prodigalità verso il prossimo. Per quanti godevano di una vita agiata, infatti, la carità era sia un dovere morale nei confronti dei ceti deboli, meno fortunati, sia un espediente per accaparrarsi la salvezza eterna. Così, tra le richieste di credito avanzate al banco, accanto a quelle destinate, per così dire, al superfluo, ci si imbatte in quelle scaturite da motivazioni di tutt'altra natura. Il Garlon, nello specifico, vi ricorre per devolvere offerte all'ospedale dell'Annunziata di Napoli così come per la chiesa di San Pellegrino.[54]

La messa a disposizione dei fondi a favore del correntista è di volta in volta garantita, oltre che da cospicui prestiti accordati da Filippo e Lorenzo

51. Cfr. *infra*, cap. 2, p. 74 e nota 79. Dal momento che il guardarobiere maggiore (custode di collezioni di gioielli, abiti, tappeti, dipinti, ecc.) svolgeva anche attività di cassa, godendo della facoltà di avere accesso diretto alle finanze regie, il suo ufficio – concesso non certo casualmente a colui che già ricopriva il ruolo di percettore generale – costituiva uno dei principali centri della gestione finanziaria di corte. Sul ruolo e sulle funzioni dei guardarobieri, in particolare durante la guerra di successione al trono napoletano, si veda Russo, *Il registro contabile di un segretario regio*, pp. 6-8. Diversamente da quanto accadeva in Aragona, alla corte napoletana l'ufficio della "guardaroba" risulta dotato di una fisionomia propria, così come si riscontra presso altre corti, tanto italiane quanto straniere. Si vedano al riguardo Cattini, Romani, *Le corti parallele: per una tipologia delle corti*, pp. 65 e 72; e Given-Wilson, *The Royal Household and the King's Affinity*, pp. 9-22 e 76-92.

52. Con molta probabilità si trattava, in questo caso, di titoli puramente onorifici.

53. Sul personaggio, vedi il profilo curato da Volpicella, *Regis Ferdinandi primi*, pp. 328-329; e da De Negri, *Diaz Garlon, Pasquasio.* Cfr. anche Del Treppo, *Un ritrovato libro del Percettore generale*, in particolare le pp. 299-302.

54. *Libro giornale 1473*, p. 194; *Libro giornale 1476*, c 146v.

Strozzi, anche dal concorso di altri banchieri, in particolare da quelli consociati col banco, come i Medici e la società di Colapietro di Penne, che attraverso aperture di credito versano liquidità direttamente sul conto corrente "proprio" intestato al Diaz Garlon.[55] Considerata poi la reputazione e la caratura politica del cliente in questione, non stupisce che lo stesso accedesse al prestito con una certa facilità e a interessi agevolati.[56] Tra gli affari conclusi grazie al concorso del banco, si ricorda, ad esempio, l'acquisto di una masseria, nominata Tericchio e situata nei dintorni di Napoli, che fu acquista per 1.000 ducati da un tal Salerno di Mercogliano.[57]

Passando ora a scorrere le operazioni di deposito, altrettanto varie risultano le voci che concorrono a rimpinguare il conto. Ci sono i profitti derivanti dalla locazione di immobili (posseduti, ad esempio, a San Pietro a Scafati[58]), quelli ricavati dalla vendita del grano prodotto nelle terre di proprietà,[59] dagli erbaggi (esatti in particolare nel bosco di Scafati) e dalla *fida* «di vacche e altro bestiame».[60] Ulteriori fonti di reddito provengono dalle entrate esatte da erari e altri funzionari nei centri di Alife, Paola, Pietrapertosa e San Pietro, e ancora della comunità giudaica di Montalto.[61] Alcuni di questi proventi sono frutto di rendite di natura feudale, come nel caso della terra di San Pietro a Scafati sulla quale il percettore generale esercitava la propria signoria a partire dal 1462; altri derivano dalla gestione amministrativa di beni pubblici. Il Garlon ricopriva infatti all'epoca la carica di governatore di Alife (che, costituita in contea, gli sarà concessa in feudo solo nel 1482) e di Montalto, mentre dal 1471 deteneva l'amministrazione del bosco di Scafati.[62] È bene precisare, tuttavia, che le entrate degli uffici, pur rientrando tra i cespiti considerati di natura privata, giacché accreditati sul conto personale, scaturivano dalla concessione regia di un potere amministrativo. Tra questi

55. *Libro giornale 1473*, pp. 23 e 409; *Libro giornale 1476*, cc. 37v, 58r e 113r.

56. Il 18 giugno 1473, ad esempio, per un prestito di 500 ducati contratto con Guillèm Marc Cervelló, il percettore regio corrispose solo il 10% annuo. Cfr. *Libro giornale 1473*, p. 449.

57. Del Treppo, *Il re e il banchiere*, p. 251; *Libro giornale 1473*, pp. 18-19 e 128.

58. *Libro giornale 1476*, c. 154v.

59. *Libro giornale 1473*, pp. 469, 497; *Libro giornale 1476*, cc. 121v, 140v e 173v.

60. *Libro giornale 1473*, pp. 241, 330, 520; *Libro giornale 1476*, c. 82r.

61. Del Treppo, *Il re e il banchiere*, p. 251; *Libro giornale 1476*, cc. 7v, 23r, 26r, 39r, 70r, 85v, 105r, 138r, 180v e 206r.

62. Volpicella, *Regis Ferdinandi primi*, p. 328.

si segnalano i residui passivi destinati al soldo delle truppe a guarnigione di Castelnuovo, di cui lo stesso Diaz Garlon, in qualità di regio castellano (sostituito, pare, proprio nel 1476 da Joan Ribes) curava da tempo l'amministrazione, unitamente a quella delle prigioni e della torre di San Vincenzo,[63] e i profitti ricavati dalla misurazione del sale, dal fondaco e dalla dogana di Manfredonia.[64]

La puntuale rendicontazione delle partite e la esplicita distinzione, anche se sotto un unico nominativo, tra conto personale e conto «della Corte» – per quanto il primo possa aver ampiamente beneficiato delle agevolazioni accordate al secondo –, rendono ragione della volontà dell'apparato amministrativo dello Stato e dello stesso banco di scindere in modo netto l'ambito privato da quello istituzionale e pubblico.

Degno di nota è anche il conto corrente del gran camerlengo Iñigo d'Avalos, integralmente ricostruito da Mario del Treppo sulla base ai dati forniti dal *Giornale* del 1473, nel quale il nome del noto funzionario ricorre in ben 102 operazioni (anche se quelle intestate a suo nome sono in tutto 87).[65] La mancata disponibilità del *Libro mastro* impedisce di conoscere l'«esatta posizione, debitoria o creditoria, del d'Avalos» al momento dell'apertura del detto conto, sebbene il susseguirsi delle transazioni bancarie concorra a delinearne via via l'andamento.[66]

Le prime 14 operazioni riguardano delle richieste di addebito, occasionate da esigenze personali o relative alla "casa", cioè al mantenimento della cerchia di funzionari, dipendenti e servitori che abitualmente frequentavano la residenza del gran camerlengo e la sua corte. Tra questi si ricordano, in particolare, le figure del segretario fiorentino messer Francesco Bandini,[67] del "compratore" personale Paolo di Giulino e del maggior-

63. *Libro giornale 1473*, p. 239; *Libro giornale 1476*, cc. 1v, 2r, 52v, 57v, 59v, 80r e 128r.

64. *Libro giornale 1476*, c. 79r: «Da messer Pasquale Dias Garlon proprio ducati XXX, per lui da Carlo Frezza, disse averli auti da Gratia de Vera in acorrimento della misuratura de sali di Manfredonia che si danno per la corte a un tornese per tomolo, avemo contanti»; e c. 99v.

65. Del Treppo, *Il re e il banchiere*, p. 254-256. Sulla figura di Iñigo d'Avalos, si rinvia a Volpicella, *Regis Ferdinandi primi*, pp. 271-272; e alla voce *Avalos d', Iñigo.*

66. Del Treppo, *Il re e il banchiere*, p. 253.

67. Per un breve profilo biografico, cfr. Vasoli, *Bandini, Francesco.* Nel corso nel 1476 il Bandini si trasferisce a Buda in qualità di agente di Lorenzo de' Medici. La relazione trova conferma nel *Giornale* del 1476 (cc. 23v e 95v). In Ungheria il Bandini diviene familiare del re Mattia Corvino e svolge delicati incarichi presso la sua corte.

domo Iñigo Guevara, noto personaggio spagnolo giunto a Napoli come il d'Avalos a seguito della conquista aragonese.[68]

Il *trend* tendenzialmente negativo del conto traspare da alcune partite che, tra gennaio e marzo 1473, registrano aperture di credito, versamenti in contanti e prestiti graziosi a favore del gran camerlengo. Le richieste al banco sono spesso motivate dall'esigenza di coprire le spese affrontate per soddisfare i piaceri del lusso, elemento principe che contraddistingue la cultura nobiliare dell'epoca. Il d'Avalos contrae debiti a suo nome e per conto della moglie, la contessa Antonella d'Aquino, soprattutto per acquistare pietre preziose, argenterie, stoffe pregiate (zendadi veneziani e velluti), ma anche libri e oggetti vari per la sua biblioteca, per reclutare artisti, copisti e precettori.

Oltre al banco degli Strozzi, disponibile a praticare lo scoperto di conto corrente, gli fanno credito sia banchieri della piazza napoletana, come Colapietro di Penne, sia operatori catalani, come Franzì Toraglies, Franzì Beltram, Galçeran Martí, Luis Benet, Franzí de Besalù e Joan Sanches. Gli interessi ai creditori sono versati in contanti dal segretario Francesco Bandini, che consegna le somme direttamente nelle mani dei prestatori.

La ricostruzione del conto corrente ha consentito di seguire i movimenti di denaro nelle diverse direzioni; così, a fronte di 2.460 ducati accreditati dal banco Strozzi, di 515 dal banco di Colapietro di Penne e di 2.250 dai mercanti catalani, si registrano, al contempo, versamenti in contanti depositati allo sportello dal segretario Bandini per una somma complessiva di 1.552 ducati, esito di provvisioni, rendite o crediti arretrati che affluivano nelle tasche del d'Avalos.[69] Come giustamente rilevato, infatti, la sopraggiunta disponibilità di valuta sul conto del gran camerlengo è da mettere in relazione all'accreditamento delle entrate derivanti da varie fonti di reddito: dalla vendita al minuto delle carni provenienti dai suoi allevamenti – ad esempio –, come pure, e a maggior ragione, dalla provvisione annua di 1.200 ducati, di cui lo stesso godeva e che gravava sulla «tanda di Natale e di Pasqua del presente anno» (vale a dire sulle rate delle entrate ordinarie del focatico) e sulla tassa del sale.[70]

Oltre a far fronte alle spese occorse per casa e famiglia, quanto erogato dalle aziende di credito era destinato anche ad altri scopi. Sono documen-

68. Per Iñigo de Guevara, cfr. Ryder, *de Guevara, Iñigo*.

69. Del Treppo, *Il re e il banchiere*, p. 257.

70. *Libro giornale 1473*, pp. 453 e 460. Sulla rateizzazione della contribuzione fiscale nel Regno, cfr. Senatore, *Una città, il Regno: istituzioni e società*, pp. 275-276.

tati, ad esempio, pagamenti a favore di terzi, elargizioni di prestiti, costituzioni di doti a figlie di clienti o dipendenti e interventi in qualità di garante o fideiussore in obbligazioni assunte da singoli individui o da compagnie di mercanti vicine al gran camerlengo.[71]

Riguardo ancora al *Giornale* del 1473, particolarmente interessanti ai fini della ricostruzione della componente patrimoniale risultano alcuni articoli dai quali si ricavano informazioni preziose circa le principali attività economiche intraprese dal ceto aristocratico, prima fra tutte quella zootecnica. Iñigo d'Avalos, come la gran parte dei baroni meridionali, disponeva di diversi allevamenti di bestiame, di piccola, media e grossa taglia, per i quali, oltre ai pascoli presenti nelle sue terre,[72] si serviva delle riserve di fienagione di proprietà di altri signori, come, ad esempio, il duca di Sora, al quale corrispondeva gli *erbaggi* per il tramite del banco strozziano.[73] Identica motivazione lo spingeva a ricorre alla Dogana della Mena delle Pecore, istituzione introdotta e disciplinata da Alfonso d'Aragona a partire dal 1443.[74]

Ma, accanto alla produzione zootecnica, promossa con investimenti mirati soprattutto al potenziamento del comparto ovino, il d'Avalos si era lanciato anche in una propria impresa manifatturiera a vocazione tessile, chiaro segnale della crescente attenzione rivolta alla promozione di attività "protoindustriali" da parte della Corona (di cui si dirà più avanti), come pure dell'alta ufficialità regnicola e del grande baronaggio.[75] Alla luce di ciò, è facile scorgere un ampliamento della domanda di credito, non più destinato, solo ed esclusivamente, a sostenere i consumi, ma volto anche, e con sempre maggiore frequenza, ad alimentare e concretizzare progettualità imprenditoriali e a rafforzare investimenti produttivi.

71. *Libro giornale 1473*, pp. 347 e 390.

72. Cfr. *infra*, pp. 120 e 130.

73. *Libro giornale 1473*, p. 43.

74. Ivi, p. 297. Sull'istituzione della Dogana della Mena delle Pecore, nata per regolamentare i flussi della transumanza e gestirne i proventi, si rimanda a Del Treppo, *Il Regno aragonese*, pp. 121-122; Colapietra, *L'istituzione della Dogana di Foggia*, pp. 525-546; e Violante, *Il re, il contadino, il pastore*, pp. 123-156.

75. Per protoindustrializzazione si intende il processo che ha portato all'evoluzione dall'opificio o industria a domicilio all'industria accentrata. Sull'attenzione rivolta dai signori alla costruzione e alla manutenzione di impianti produttivi, si rinvia a Cirillo, *La trama sottile. Protoindustria e baronaggi*, pp. 59-92; e alla più recente riedizione *Verso la trama sottile. Feudo e protoindustria*. Cfr. anche i due volumi miscellanei *Alle origini della Minerva trionfante*.

Il settore sul quale indirizzare maggiormente le energie era quello della confezione dei panni di lana di qualità media o medio-bassa, largamente richiesti sulle piazze *intra* ed *extra* regnicole. Le trasformazioni intervenute nell'assetto dei mercati europei a metà Quattrocento con la drastica riduzione delle esportazioni tessili provenienti dall'Inghilterra avevano favorito lo sviluppo di nuovi centri di produzione e di scambio, incluso il Mezzogiorno d'Italia, che aveva assistito in quegli anni alla nascita e all'affermazione di un'economia zootecnica, fortemente incentivata dalla monarchia. E come non richiamare, a tal proposito, le iniziative intraprese dallo stesso Alfonso a sostegno delle manifatture laniere e seriche.[76] L'abbondante disponibilità di materia prima e i prezzi contenuti contribuirono alla promozione, e al successivo consolidamento in età moderna, della protoindustria laniera regnicola a gestione anche feudale. La creazione di un opificio i cui prodotti rispondevano alla crescente domanda del mercato interno e internazionale si intrecciava con le strategie adottate dalla Corona e dal baronaggio al fine di incrementare le fonti di reddito.[77]

Dall'iniziativa di Iñigo d'Avalos nacque l'Arte della Lana di Giffoni (oggi Giffoni Valle Piana in provincia di Salerno), importante impresa tessile che andava ad affiancarsi alla più nota e prestigiosa Arte della Lana istituita da Ferrante con la collaborazione di Francesco Coppola, di cui si dirà più avanti.[78]

Al fine di sostenere l'iniziativa intrapresa, il gran camerlengo si rivolse al banco in più occasioni: per avviare la produzione, per acquistare le attrezzature, per retribuire i dipendenti e per far fronte ad ogni altra spesa connessa all'esercizio dell'attività manifatturiera.[79] Appare quanto mai evidente il ruolo ricoperto dall'azienda bancaria nel sistema economico dell'epoca, e quanto gli strumenti finanziari e creditizi di cui la stessa poteva disporre si rivelassero fondamentali per sostenere la produzione e il consumo, per favorire l'espansione del mercato, per creare e accrescere la ricchezza e il benessere individuale e sociale.

76. Rossi, *La lana nel Regno di Napoli*. Si vedano, in merito, anche Del Treppo, *Il re e il banchiere*, pp. 229-304: 267-269; Del Treppo, *L'anima, l'oro e il boia*, pp. 7-25: 24-25; e Delle Donne, *Regis servitium nostri mercatura*, pp. 91-150: 92-94.

77. Petracca, *Le terre dei baroni ribelli*, pp. 176-177.

78. Nel 1472 l'arte della lana è costituita anche a Capua. Cfr. Senatore, *Cerimonie regie e cerimonie civiche a Capua*, pp. 151-205: 153.

79. Sull'industria laniera di Giffoni, cfr. Leone, *Profili economici della Campania aragonese*, pp. 15-26; e Marino, *L'economia pastorale nel Regno*, p. 400.

All'abbondanza di dati ricavabili dalla contabilità del 1473, si contrappone uno sparuto gruppo di partite, appena 21, annotate nel *Giornale* del 1476, in cui è possibile intravedere i movimenti di denaro riconducibili al gran camerlengo. Iniziamo col dire che a suo nome ricorre, in realtà, una sola operazione conclusa il 24 di aprile.[80] È un prestito grazioso di 300 ducati accreditati dal banco sul conto del d'Avalos per estinguere un debito contratto dallo stesso nei confronti del priore degli Ospedalieri di Barletta, Bonifacio Gaetano. Per quanto strano possa apparire, si tratta, in questo caso, dell'unica e sola partita a suo nome; le altre 20, a cui abbiano accennato, si riferiscono al conto corrente intestato a Domenico de Giptiis, che al tempo ricopriva la carica di cancelliere del gran camerlengo.[81] Al de Giptiis, in quanto responsabile dell'amministrazione finanziaria, fanno capo nel 1476 le richieste di liquidità e i depositi che interessano la gestione di casa d'Avalos. Passano così dal suo conto gli accrediti destinati a saldare i vari prestatori cui si rivolge il camerlengo (gli eredi di Dionigi da Scorno, Pierandrea da Verazzano e compagni, Benedetto Salutati e compagni, Joan Villeglia, Joan Sances e il conte di Fondi).[82] Su tutti, i rapporti con le compagnie bancarie fiorentine si dimostrano i più intensi, a conferma di quanto le stesse si rivelassero fondamentali per soddisfare il continuo bisogno di contante avvertito da chi, come tanti altri esponenti del ceto feudale, era costantemente attanagliato dalla carenza di liquidità. Varie e molteplici, infatti, saranno state le esigenze cui far fronte per mantenere un tenore di vita più che agiato. Il personaggio in questione – lo ricordiamo – era stato investito della contea di Monteodorisio, a seguito del matrimonio con Antonella d'Aquino (1452), a cui si erano aggiunti nel 1472 i titoli di marchese di Pescara, conte di Loreto e conte di Satriano.

Tra gli operatori fiorentini, particolarmente attivi e presenti entro i confini della signoria dei d'Avalos, un ruolo di primo piano sembra essere ricoperto da Pierandrea da Verazzano, al quale, limitatamente alla stessa signoria, era tributata la funzione di «procuratore dei creditori fiorentini», che immaginiamo essere stati piuttosto numerosi.[83] Con Pierandrea da Verazzano, così come con gli altri, si interfacciava direttamente il cancelliere

80. *Libro giornale 1476*, c. 85v.
81. Ivi, cc. 48v e 134r.
82. Ivi, cc. 32r, 49r, 82r, 145v, 171v, 176v, 179v e 180v.
83. Ivi, c. 82r.

de Giptiis, portando a termine per il suo signore e attraverso il conto aperto presso il banco napoletano tutta una serie di operazioni finanziarie, dalle più semplici alle più complesse, inclusa l'emissione o la ricezione di lettere di cambio spiccate dall'Aquila su Napoli.[84] Lo stesso, all'occorrenza, si recava allo sportello bancario per i prelievi di contante destinato, come già detto, a soddisfare varie necessità. Senza dilungarsi oltre circa le spese regolarmente affrontate per forniture alimentari, tessuti, legname, oggetti di lusso, ecc. – oltre che per sostenere l'"industria" manifatturiera di Giffoni –, riportiamo qualche dato limitatamente alla retribuzione di alcuni dipendenti, come il precettore, incaricato dell'educazione e dell'istruzione dei figli del gran camerlengo, per il quale il de Giptiis preleva dal banco la somma di 6 ducati; o come il non meglio precisato «commissario che va ad examinare» cui si corrispondono 10 ducati.[85]

Anche gli accrediti del 1476, puntualmente versati dal cancelliere, ricalcano a grandi linee le voci ricorrenti nella contabilità precedente. Degne di nota sono tuttavia due partite (del 5 e dell'8 marzo) che attestano il deposito di ben 841 ducati, ricavati dalla vendita di alcuni maiali provenienti dagli allevamenti di proprietà del d'Avalos, e l'avvenuta consegna della provvisione annua, la cui cifra è ora ridotta a 1.000 ducati.[86] Anche in questo caso l'importo, versato in più rate, transita attraverso il banco dal conto di Marino di Jancane di Sulmona, regio tesoriere in Abruzzo, deputato a incassare il focatico e la tassa sul sale, a quello del cancelliere del gran camerlengo, cui spetta il diritto di incamerare tali cespiti sotto forma di provvisione.[87]

In ultima analisi, dal conto corrente di Iñigo d'Avalos è stato possibile risalire ai suoi interessi culturali e, in più in generale, a quelli coltivati dalla nobiltà regnicola in quel fervente clima di rinascita degli studi umanistici che animava il Quattrocento meridionale.[88] Nel giugno 1473, ad esempio, il gran camerlengo contrae un prestito di 9 ducati per acquistare dal libraio fiorenti-

84. Ivi, c. 23v.

85. Ivi, cc. 51r e 62r.

86. Ivi, cc. 46r e 48v.

87. Un richiamo al personaggio è in ASF, *Carte Strozziane*, serie V, reg. n° 28, *Libro di ricordanze di Filippo e Lorenzo Strozzi, mercanti fiorentini a Napoli* (1473-1474), ms., c. 67v (sabato 2 aprile).

88. Sull'umanesimo meridionale, si rinvia a Tateo, *L'umanesimo meridionale* e ai volumi miscellanei *Linguaggi e ideologie del Rinascimento monarchico*, in particolare le pp. 13-80 e *Principi e corti nel Rinascimento meridionale*.

no Vespasiano da Bisticci,[89] suo biografo tra l'altro, un libro con le opere dei poeti latini Ausonio e Sidonio Apollinare.[90] Il ricorso al credito per rifornire biblioteche e studi privati è all'epoca ampiamente documentato. A Firenze, Cosimo de' Medici ne apre uno illimitato presso la sua banca a nome dello stesso libraio, il quale, con l'aiuto di numerosi copisti, si impegnava a realizzare ben duecento volumi.[91] Anche sul conto "proprio" di Pascasio Diaz Garlon, relativamente al secondo dei due *Giornali*, ricorre tra le spese di casa il compenso per un maestro libraio, il napoletano Giuliano di Maio, al quale il percettore aveva commissionato la redazione di un testo contenente le poesie di Marziale.[92] Diversi uomini di potere coltivavano passioni letterarie e artistiche, accogliendo da mecenati presso le loro dimore i più valenti rappresentanti del mondo dell'arte e della cultura.

Uomo colto, grande estimatore dei classici, appassionato lettore e bibliofilo, Iñigo d'Avalos, ad esempio, amava partecipare a discussioni erudite, circondandosi di letterati, poeti, artisti e musicisti, verso i quali non mancava di dimostrare grande prodigalità.[93] Altrettanta attenzione rivolgeva, come si è visto, all'educazione e all'istruzione dei propri figli che affidava alle cure e all'esperienza di qualificati maestri, reclutati e stipendiati dal cancelliere personale Domenico de Giptiis.[94]

Se i conti correnti a cui abbiamo fatto riferimento si attestano tra i più consistenti ed elastici, non meno importanti per cogliere la vivacità economica della piazza napoletana nel XV secolo sono quelli intestati a esponenti cittadini del mondo delle professioni (notai, avvocati, medici, speziali, ecc.) e dei mestieri artigianali, *in primis* orafi, argentieri e gioiellieri, titolari di una propria bottega, ma anche sarti, pellicciai, fabbricanti di borse e cinture, cartolai, filatori di oro, ricamatori e ricamatrici di seta. Come già in precedenza indicato, i loro nomi ricorrono con frequenza, soprattutto tra quanti destinatari di un compenso riscosso direttamente presso il banco quale corrispettivo per il lavoro prestato. In alcuni casi, tuttavia, abbiamo a che fare con veri e propri correntisti, che attingono al credito nell'esercizio della propria attività professionale, per investire in finanziamenti attivi, nell'acquisto di immobili

89. Per un profilo dello scrittore, umanista e libraio fiorentino, si veda Rammairone, *Bisticci da, Vespasiano*.

90. *Libro giornale 1473*, p. 460.

91. Dubreton, *La vita quotidiana a Firenze*; Tanzini, *Cosimo de' Medici*.

92. *Libro giornale 1476*, c. 203v.

93. Del Treppo, *Il re e il banchiere*, p. 259.

94. *Libro giornale 1476*, c. 51r.

da locare, come anche per procurarsi beni di prima necessità o di lusso. È il caso di Andrea del Dottore, uomo di legge, che vi ricorre per saldare le spese effettuate presso il fondaco degli stessi Strozzi, dai quali ha acquistato del tessuto pregiato (il damaschino), o ancora per accaparrarsi 200 tomoli di orzo; mentre gli speziali Mazzeo Donnamira e Santillo Vitaliano se ne servono per rifornirsi di preparati, unguenti e medicamenti necessari alla loro professione (come zucchero o noce moscata).[95] Tra gli orefici e gli argentieri attivi nella capitale, più spesso stranieri e in particolare catalani, spicca il nome di Franzì Perez, intestatario di un proprio conto corrente e a capo di un'avviata bottega artigianale, all'interno della quale, oltre ai figli Martino e Alfonso, cui il padre aveva trasmesso il mestiere, lavoravano diversi garzoni e apprendisti, come un tal Franceschello, deputato, a quanto pare, a liquidare i piccoli debiti contratti dal suo datore di lavoro.[96] Presso il laboratorio-bottega dei Perez si fondeva e si lavorava l'oro e l'argento per realizzare gioielli (verghette, collane, anelli o altro), piccole sculture e oggetti vari, destinati a impreziosire la corte regia e le più altolocate dimore signorili. Naturalmente le continue richieste da soddisfare dovevano fare i conti con la disponibilità di materia prima, per far fronte alla quale il maestro argentiere più accreditato in quell'arte accedeva, ovviamente, a importanti aperture di credito.[97]

### 3.1. *La clientela feudale*

Oltre ai risonanti nomi dell'alta ufficialità governativa – in gran parte catalana –, degno di attenzione è il ruolo svolto nei circuiti del credito dalla feudalità regnicola, più o meno titolata. Questa componente sociale, ben rappresentata in tutte le province del Regno, interagisce con l'azienda bancaria in maniera ricorrente e sistematica, sia per versare e depositare i cespiti delle proprie rendite, sia, e soprattutto, per chiedere credito. E sono proprio le operazioni finanziarie caratterizzate da un prestito a palesare con evidenza la parte e l'incidenza avute dal banco nel sostegno dei consumi, anche e soprattutto aristocratici, e nel potenziamento di attività e filiere

95. *Libro giornale 1473*, pp. 346, 360, 489, 395 e 509.

96. Ivi, p. 283; *Libro giornale 1476*, cc. 15v, 40v, 114r, 116r, 119r e 161v. Sulle botteghe dei maestri orafi e argentieri, e in particolare su quella dei Perez, vedi Patroni Griffi, *Banchieri e gioielli alla corte aragonese*, pp. 45-56.

97. Per le generalità di altri professioni e artigiani, attivi sulla piazza napoletana e titolari presso il banco di un conto corrente a proprio nome, si rinvia ai dati riportanti nelle Appendici 1 e 2 (pp. 237-282).

produttive (agroalimentare, zootecnica, dei tessuti o altro) riconducibili all'iniziativa del ceto baronale.

Per clientela feudale, come anticipato, non si intendono solo i più potenti e blasonati baroni del Regno, elevati spesso alle più alte cariche, come i Sanseverino (dei rami di Salerno e Bisignano), i del Balzo, gli Orsini (d'Abruzzo e di Puglia), i Gaetani, i Pandone, i Cantelmo, i Centelles, gli Acquaviva e altri loro simili, ma anche signori di minor levatura, che esercitavano, ad esempio, il proprio dominio nello spazio circoscritto di un piccolo feudo o di un singolo centro. Ad accomunare gli uni agli altri, oltre al fatto di disporre di un proprio conto aperto presso il banco, era la condizione di non risiedere, se non saltuariamente, nella capitale. Per quanto attratti dalle opportunità offerte da un contesto a consolidata vocazione internazionale, e soprattutto dalla contiguità alla corte napoletana, cui naturalmente si ispiravano imitandone il gusto e lo stile, baroni e signori dimoravano di solito presso i rispettivi feudi, attorno ai quali ruotava, tra l'altro, il grosso dei loro interessi, e ai quali dovevano la propria forza e le proprie fortune.

A questa tipologia di clienti risultano intestati 45 conti nel *Giornale* del 1473 e 26 conti in quello del 1476, per un totale, rispettivamente, di 510 e di 230 operazioni, che ammontano nel 1473 a 71.028 ducati (pari al 5,2% dell'attività complessiva del banco) e nel 1476 a 43.661 ducati (pari a circa il 3%).[98] Numeri a parte, tra i suddetti conti correnti sono ancora da distinguere quelli aperti direttamente a nome di baroni o signori e quelli intestati ai loro amministratori o dipendenti, come tesorieri, cancellieri e procuratori, i quali, con competenze di natura finanziaria e contabile, componevano l'apparato burocratico e amministrativo del dominio feudale dei primi. Se prendiamo, ad esempio, il caso del duca di Venosa, Pirro del Balzo, notiamo come nel 1473 una sola operazione transiti direttamente sul conto intestato al barone (si tratta, nello specifico, dell'accredito di un prestito grazioso di 100 ducati), mentre le restanti 27, riconducibili comunque alla sua persona e alla sua corte, investono i conti di cui erano titolari il cancelliere, il notaio Guglielmo di Vernais, e il tesoriere Perinetto de Veneritis.[99] La situazione, di lì a poco, sembra quasi capovolgersi. Nel

98. Per la contabilità relativa al primo dei due *Giornali*, si rimanda ancora a Del Treppo, *Il re e il banchiere*, p. 260.

99. *Libro giornale 1473*, p. 408; Del Treppo, *Il re e il banchiere*, p. 299. Sulla figura di Pirro del Balzo, vedi Volpicella, *Regis Ferdinandi primi*, pp. 274-278; Petrucci, *del Balzo Pirro*; e Petracca, *Pirro del Balzo: barone fedele divenuto "adverso"*, pp. 381-436.

1476, infatti, ben 18 operazioni avvengono sul conto personale del duca, a fronte di 10 che interessano invece il suo tesoriere Giovanni de Holiveto de Vallata, subentrato al posto del precedente ufficiale (vedi Appendice 2).

Tra i dipendenti e i funzionari al servizio di grandi signori e loro intermediari presso il banco, possiamo ricordare i nomi di Francesco de Felice (detto Cecchella o Cenzella), impiegato presso la corte del principe di Salerno (Antonello Sanseverino); Michele di Palatino, cancelliere del principe di Bisignano (Geronimo Sanseverino); Covelluccio Albertini, amministratore del duca d'Ascoli (Orso Orsini);[100] Marino di Terlizzi, notaio e cancelliere del duca di Gravina (Jacopo Orsini); Nuzzo Andrano, cancelliere del conte di Palena (Matteo di Capua); Guglielmo Serafia, cancelliere del conte di Capaccio (Guglielmo Sanseverino); Massone di Marco, al servizio del conte di Fondi (Onorato Gaetani);[101] e ancora, relativamente ad operazioni conclusesi nel 1476, il già richiamato Domenico de Giptiis, cancelliere di Iñigo d'Avalos.

Al pari di quanto osservato in merito al conto corrente intestato a Pirro del Balzo, anche per altri esponenti della feudalità è possibile riscontrare dal confronto tra i due *Giornali* una tendenza analoga, e cioè il sensibile aumento delle operazioni bancarie portate a termine, senza intermediari, direttamente dal signore. È lui, in molti casi, a recarsi di persona allo sportello, a contrattare con gli Strozzi, a ricevere a credito le somme desiderate, così come a depositare sul proprio conto i proventi di rendite e provvisioni. E sebbene, nel 1476, tra i clienti del ceto feudale il numero maggiore di partite (29) veda coinvolto l'amministratore del duca d'Ascoli, Covelluccio Albertini, al conto personale dello stesso duca Orsini si riconducono ben 26 operazioni; il conte di Caiazzo, Galeazzo Sanseverino, ne gestisce personalmente 16, mentre il duca di Gravina 10, seguiti da chi – come Antonello Sanseverino, Onorato Gaetani, Matteo di Capua e Nicolò da Procida (conte di Aversa) – sembra invece ricorrere al proprio conto molto più di rado.

Come si può ben notare, sul piano dello spazio geografico la rendicontazione strozziana investe tutto il territorio del Regno, offrendo un quadro pressoché completo della sua mappatura feudale, almeno per quanto concerne il più alto baronaggio. Aspetto, questo, che conferma la capacità di

100. Su Covelluccio Albertini, noto esponente del notabilato nolano, si rinvia al recente studio di Tufano, *Una famiglia, una signoria, una città*, in particolare le pp. 117 e 130.
101. Del Treppo, *Il re e il banchiere*, p. 299.

penetrazione del banco e dei servizi dallo stesso erogati ben oltre il circuito napoletano e cittadino. In particolare, a manifestare segnali di crescita è soprattutto il volume d'affari del mercato creditizio, che giunge a coinvolgere e attrarre clienti dalle diverse province del Mezzogiorno, dall'Abruzzo Ultra alla Calabria Ultra, dalla Terra di Lavoro alla Terra d'Otranto, toccando contesti anche piuttosto distanti e periferici. Accanto ai nomi, già richiamati, delle famiglie più in vista della feudalità regnicola, si incontrano quelli di personaggi meno noti come Giovanni Antonio de Ferrariis, vice-conte di Caiazzo, o come Jacopo Faccipecora, discendente dei Protonobilissimo.[102] Numerosa è poi la schiera di quanti, appartenenti sempre al ceto feudale, ricorrono nelle partite per i motivi più vari – perché, ad esempio, mallevadori in un negozio, destinatari di una somma richiesta in prestito da terzi, committenti di prestazioni o altro – senza risultare però intestatari di alcun conto. È questo, ad esempio, il caso del duca di Melfi Giovanni Caracciolo, del marchese di Gerace Giovanni Antonio Ventimiglia, della contessa Giovanna Sanseverino, di quella di Trivento e di diversi altri baroni.

In una ipotetica scala gerarchica dei clienti di riguardo – eccettuato il re –, un posto d'onore spettava sicuramente al duca di Calabria, Alfonso d'Aragona. Il titolo era stato regolarmente trasmesso all'erede al trono a partire da Roberto d'Angiò, che per primo ne fu investito dal padre Carlo II. In quanto feudo a tutti gli effetti, il ducato disponeva di un proprio apparato burocratico, amministrativo e finanziario, distinto e separato da quello regio operante nell'ambito delle due circoscrizioni provinciali calabresi (la Citra e la Ultra). La compresenza e la sovrapposizione a livello locale di differenti strutture di governo, quella regia e quella feudale, si riflette nelle scritture del banco che certificano l'esistenza di un conto corrente intestato al tesoriere regio Venceslao de Campitello e di due conti intestati ai tesorieri personali (Mazzeo Ferrillo e Gilio Mangione) del duca di Calabria, titolare, a sua volta, presso gli Strozzi di un conto proprio. Analogamente distinto risulta l'organico di funzionari e collaboratori al servizio delle rispettive tesorerie cui facevano capo le finanze del territorio soggetto alla signoria del duca.

Anche la duchessa di Calabria, Ippolita Maria Sforza, figlia del duca di Milano Francesco Sforza e moglie di Alfonso dal 1465, era titolare di un conto a suo nome, così come lo erano i suoi ufficiali, l'amministratore Baldo Martorelli e il tesoriere Michele di Maio. Sia il duca che la duchessa risiedevano per lunghi periodi in Calabria, sebbene soggiornassero spesso

102. *Libro giornale 1473*, pp. 385 e 461; *Libro giornale 1476*, c. 22r.

anche in Castelnuovo, a Napoli (dove Alfonso nel 1487 farà costruire la residenza della Duchesca); entrambi i coniugi si spostavano con il personale amministrativo al seguito, accompagnati da consiglieri, famuli e servitori, incluso il medico privato, il *fisico* Lanzilao de Pisinis.[103] La schiera di collaboratori e dipendenti era alquanto variegata e nutrita. Includeva, tra gli altri, i "compratori" personali del duca (Paulo di Nisyo e Ambrogio di Maio)[104] e della duchessa (Antonio Barone),[105] i rispettivi assistenti, i cancellieri al servizio di amministratori e tesorieri, gli scrivani di razione, i *reposteri* (gli ufficiali deputati alla mensa e alla dispensa di corte), gli scudieri, gli addetti alle munizioni e i cappellani.[106]

Numericamente ridimensionata, ma grossomodo corrispondente alla medesima struttura amministrativa, si presentava la squadra dei funzionari reclutati presso le corti baronali. Nella contabilità strozziana sono soprattutto i tesorieri, responsabili dell'ordinaria gestione delle finanze signorili, a interfacciarsi più di frequente col banco, giacché titolari – come già visto – di un conto corrente "pubblico" su cui versare le entrate feudali del proprio signore e addebitarne le uscite. Tra quanti svolgevano compiti di tesoreria in seno alla famiglia reale, oltre ai funzionari già menzionati, si ricordano i nomi di Michele Franza (detto de Irans), al seguito di don Giovanni d'Aragona,[107] e di Joan Olzina, tesoriere di don Federico,[108] entrambi frequentatori dello sportello strozziano.

Il banco, in aggiunta al servizio di deposito, garantiva alla clientela feudale la copertura di credito per tutta una serie di esigenze e richieste: dal saldo delle imposte dovute al fisco (ordinarie e straordinarie), alla retribuzione in contanti dei dipendenti della curia baronale («per dare le terze alli hofitiali di casa»[109]); dall'acquisto di schiavi, merci di varia natura, animali, erbaggi, immobili e terreni – che costituivano un'importante forma di investimento –, alla costituzione delle doti per le figlie in età da marito.[110]

Tramite il suo procuratore, Jacopo da Ponticelli, il duca di Gravina Jacopo Orsini, ottiene, ad esempio, nel 1476 il prestito di 736 ducati, che

103. *Libro giornale 1476*, c. 79r.
104. Ivi, cc. 54v e 79r.
105. Ivi, c. 78v.
106. *Libro giornale 1473*, pp. 138, 285, 321, 467 e 471-473.
107. Ivi, p. 79; *Libro giornale 1476*, c. 158r.
108. *Libro giornale 1476*, c. 149r.
109. Ivi, c. 56r.
110. Ivi, c. 27r.

corrisponde a Vitillo Spina quale «parte di maggior quantità» della somma dovuta per l'acquisto di un'abitazione a Napoli.[111] Diverse operazioni di addebito sono attestate a nome di Pirro del Balzo, che riceve liquidità ora per rifornirsi di tessuti e drappi destinati ad abbellire le sue residenze, ora per saldare i debiti contratti con altri finanziatori, soprattutto catalani, come i mercanti Joan Villeglia e Franzì Riniú.[112]

Da alcune operazioni bancarie, in particolare, si intravedono inequivocabili segnali di una prospettiva di investimento nel settore immobiliare. Oltre ai mercanti forestieri, insediatisi da tempo nei quartieri centrali della capitale, anche alcuni alti funzionari di governo o grandi baroni scelgono di acquistare un'abitazione a Napoli, per risiedervi stabilmente o saltuariamente, in occasione dei soggiorni partenopei, oppure da dare in affitto; cominciano magari a prediligere una zona rispetto a un'altra (come il rione di Castelnuovo, dove, in vico San Bartolomeo, possedeva una casa il percettore generale Diaz Garlon),[113] la cui collocazione poteva incidere sul livello, più o meno alto, della rendita derivante dalla proprietà dell'immobile acquistato. Come accade contestualmente presso altre importanti realtà urbane, si va via via organizzando e strutturando un mercato immobiliare condizionato da proprie logiche, che obbediscono, sulla base di una ragionevole gerarchia degli spazi, alle oscillazioni di mercato legate al rapporto fra domanda e offerta.[114] Certo, si tratta ancora di casi episodici, che tuttavia segnalano l'avvio di una tendenza destinata a crescere nel tempo, incoraggiata proprio dalle risorse finanziarie erogate dalle grandi banche, dalla circolazione dei capitali e dal conseguente accrescimento della capacità di acquisto, dei forestieri quanto dei regnicoli. Si apre così la strada, soprattutto per gli esponenti della feudalità, verso nuovi canali di investimento che attivano comparti della vita economica anche tradizionalmente più statici, come quello del mercato degli immobili strettamente correlato al settore della gestione e delle funzioni, anche economiche, degli spazi urbani.[115]

Dai conti intestati ai principali esponenti del ceto feudale si evincono spesso saldi di segno negativo, dai quali, tra l'altro, deriva e si alimenta la

111. Ivi, c. 45r
112. Ivi, cc. 38r e 71v.
113. Ivi, c. 202r.
114. Per uno sguardo ad altri contesti, si rinvia a Vaquero Piñeiro, *Il mercato immobiliare*, pp. 555-570; e Palermo, *La rendita e gli spazi urbani*, pp. 5-32.
115. Sulle funzioni economiche dello spazio urbano nel Medioevo, si rinvia a Grohmann, *Spazio urbano e organizzazione economica*, pp. 7-35.

continua e ripetuta richiesta di credito. Una parte consistente delle uscite era destinata alle spese voluttuarie e di lusso, che registravano all'epoca un decisivo incremento. Rientravano in questa tipologia di acquisti il vasellame, le suppellettili, i preziosi e gli arredi, anche sacri, forgiati da abili argentieri, gioiellieri, scalpellini, *marmorari* e altri artigiani attivi presso le numerose botteghe della piazza napoletana. Il duca d'Ascoli accede, ad esempio, al credito per retribuire i lavori dei maestri argentieri Antonello Rapuano e Girolamo Rosso; a quest'ultimo, in particolare, una volta acquistata la materia prima da parte dello stesso richiedente, era stata commissionata la fattura di alcune stoviglie in argento; mentre il maestro *marmoraro* Bernardino di Pietro viene ricompensato per la realizzazione di alcune finestre.[116] Sono ancora documentate richieste di prestito per l'acquisto di perle e di drappi in oro e in seta.

Il rifornimento di stoffe e tessuti da destinare alla confezione di abiti, capi di biancheria, arazzi e tendaggi, avveniva spesso con il concorso del gruppo Strozzi, non solo perché ci si rivolgeva al banco per accedere a un prestito, ma anche perché il commercio dei panni era gestito a Napoli, attraverso il fondaco, dall'azienda mercantile degli stessi Strozzi. Le continue occasioni di contatto e il flusso degli affari rendevano sempre più solido il rapporto tra feudalità e banca. Per il barone il banchiere rappresentava sì il cassiere capace di gestire un deposito e far fruttare, all'occorrenza, i suoi investimenti, ma costituiva, soprattutto, il prestatore ideale di liquidità, colui il quale avrebbe potuto rispondere, grossomodo, a qualsiasi domanda di credito. E difatti, nei confronti dalla clientela feudale Filippo Strozzi interviene di solito con tempestività, personalmente e direttamente, avvalendosi solo in un secondo momento dei banchieri a lui consociati, e senza dover necessariamente verificare, di volta in volta, la piena disponibilità nei conti di altri correntisti ai quali attingere.[117] Sopperisce dunque alle richieste dei debitori anche in mancanza di un'adeguata copertura, e questo perché, in caso di insolvenza, i clienti in questione offrivano comunque al banchiere le necessarie garanzie. Quest'ultimo poteva infatti rivalersi sul patrimonio dei signori feudali e incamerare, soprattutto, le entrate derivanti dai loro domini. Ciò non significa, tuttavia, che la banca non prendesse tutte le precauzioni possibili per scongiurare situazioni di rischio a suo carico. Era sua facoltà

116. *Libro giornale 1473*, p. 30; *Libro giornale 1476*, cc. 32r e 30v.
117. Del Treppo, *Il re e il banchiere*, p. 263.

ricorrere al contratto scritto davanti alla presenza di un notaio – ampio infatti è il ricorso a questa categoria professionale nelle operazioni bancarie –; richiedere il pignoramento di gioielli e altri beni mobili di proprietà dei clienti, o ancora avvalersi di quanto goduto dai debitori in termini di rendite, provvisioni, stipendi o altro.

È questo, in particolare, un aspetto da non sottovalutare, dal momento che la forza economica dei baroni faceva leva, oltre che sull'ammontare complessivo delle entrate feudali, garanzia della loro stabilità e posizione di preminenza, anche sulle assegnazioni e sulle provvisioni dello Stato, che costituivano il corrispettivo dell'espletamento di funzioni pubbliche, amministrative, giudiziarie e militari. Non meno importante agli occhi dei creditori, che elargivano prestiti, si rivelava l'immagine sociale e politica dei debitori, soprattutto quando questi ultimi appartenevano ai gruppi dominanti, la cui influenza e il cui potere contrattuale crescevano in maniera direttamente proporzionale al loro ruolo e al loro prestigio. Tra gli appartenenti al ceto feudale è riscontrabile inoltre una sorta di solidarietà di classe, sancita spesso da alleanze matrimoniali strette all'interno del parentado, e anche al limite dei divieti canonici, che operava quale deterrente nei confronti di malaugurate e improvvise complicazioni finanziarie. Si trattava di strategie adottate nell'ottica della salvaguardia dell'unità patrimoniale e della difesa di benefici economici. Alla momentanea difficoltà di un barone si sopperiva con l'appoggio e il sostegno di altri, o di altre casate alleate, che intervenivano nell'accordo col banco in veste di fideiussori per offrire garanzia al prestatore. Un esempio in tal senso è dato da un affare concluso il 10 maggio 1473, che vede il duca di Gravina, Jacopo Orsini, ricevere in prestito dal banco 150 ducati «a detta o sichurtà» del duca di Ascoli Orso Orsini, che presta la sua garanzia.[118]

Oltre all'impegno espresso da una terza persona, i creditori per ridurre i livelli di rischio potevano richiedere altre coperture supplementari, come la consegna di un pegno, costituito generalmente da un oggetto reale, di valore almeno pari a quello dell'importo del mutuo concesso. In questo caso la mancata restituzione della somma prestata veniva compensata dalla vendita dell'oggetto impegnato.[119] Diversamente la garanzia per il prestatore era assicurata dal trasferimento di un titolo di credito, come il diritto di riscuotere una rendita al posto del debitore. Non mancavano poi i casi in

118. *Libro giornale 1473*, p. 352.
119. Patroni Griffi, *Banchieri e gioielli alla corte aragonese*, pp. 11-30.

cui i prestatori preferivano premunirsi anche di un vero e proprio contratto scritto contenente tutti gli estremi dell'accordo. Ne sono prova nei *Giornali* i ripetuti rinvii a contratti *in potere* di notai, quali Petruccio e Marco Pisano, Cola Scherano, Antonello di Martino, Cola Bernardo, Sabatino di Galluzzo, Giovanni Sanguins, Francesco Gaetano, Andrea e Cola d'Afeltro, Ligorio di Casa Nuova, Pietro di Dita di Amalfi, Paolo di Benedetto di Capua, Francesco Malatesta di Napoli, Girolamo Bernardo, Antonio Mastro (del consolato dei Catalani) e Cola Guglielmo.

Tornando ora ai conti correnti intestati a esponenti del mondo feudale e signorile, soffermiamoci sulle diverse voci che contribuivano ad alimentarli. Innanzitutto, riguardo al grande baronaggio, il servizio reso alla monarchia in qualità di pubblici ufficiali con funzioni amministrative, giudiziarie e militari consentiva, come già detto, di cumulare sul proprio conto il frutto di assegnazioni e provvisioni annuali. A queste poteva aggiungersi la liquidità prestata da terzi (singoli privati o compagnie di finanziatori) e quella versata tramite aperture di credito concesse dallo stesso banco. Nel secondo caso, utilizzando lo "scoperto di conto", il banchiere metteva a disposizione del cliente una determinata somma, concordata tra le parti, la cui restituzione poteva richiedere tempi variabili, anche molto lunghi.

Il capitale originato, per così dire, da sorgenti esterne, giacché diverse dal diretto intestatario del conto, era di solito rimpinguato con regolari versamenti, che lo stesso cliente o il suo amministratore effettuava al banco una volta entrato in possesso del denaro fresco. Per la componente aristocratica le principali fonti d'entrata erano rappresentate dalle rendite feudali e dai donativi corrisposti da comunità e vassalli.[120]

La natura degli accreditamenti apre uno squarcio sulle attività produttive e sulla dimensione economica della signoria meridionale, che si conferma votata principalmente all'allevamento e all'agricoltura. Da questi settori, infatti, proviene la parte più cospicua delle entrate dei baroni. In molti possiedono estesi allevamenti di bestiame, masserie e fondi agricoli, che destinano in particolare alla coltivazione del grano, dell'olivo, della vite e della canna da zucchero. Il commercio di questi prodotti consente loro di avviare proficue collaborazioni col mondo della finanza e degli affari, che passa inevitabilmente attraverso il banco. Qui convergono e si incrociano gli interessi della "proto-industria" baronale e quelli dei mag-

120. Petracca, *Le terre dei baroni ribelli*, pp. 123-143.

giori operatori economici che gestiscono i circuiti della circolazione e della distribuzione delle merci nell'intero spazio mediterraneo.

## 3.2. *La clientela mercantile: forestieri, stranieri e regnicoli*

Il gruppo più consistente dei clienti del banco risulta rappresentato dalla componente mercantile, italiana e straniera, attorno alla quale ruotava il grosso degli affari. Essa ravvisava nella società strozziana il più valido interlocutore per l'impiego dei propri capitali e, soprattutto, per il supporto creditizio offerto alle attività imprenditoriali e alle iniziative economiche. A metà Quattrocento, in realtà, la piazza bancaria napoletana poteva vantare la presenza di differenti profili di operatori finanziari; c'erano i semplici prestatori su pegno, le compagnie di banchieri locali e, a un gradino più alto, le società di mercanti-banchieri di caratura internazionale – per intenderci gli Strozzi e i Medici –, che per qualità e varietà dei servizi erogati assumevano una posizione apicale nel più ampio sistema finanziario euro-mediterraneo dell'epoca. Un banchiere del calibro di Filippo Strozzi non tornava utile, come si è visto, solo a risolvere i problemi di contabilità e di gestione delle casse regie, o per soccorrere baroni attanagliati dai debiti e da esigenze di liquidità, ma rappresentava, e in misura certamente più evidente e preponderante, un sicuro e affidabile punto di riferimento per un vasto numero di operatori del settore finanziario, commerciale e creditizio, per compagnie più o meno grandi di banchieri e "uomini di negozio" di varia natura e provenienza.

Come già detto, il dato numerico che emerge dai *Giornali* relativamente al conteggio dei soli intestatari di conto corrente non rispecchia esattamente la realtà in termini di ruolo e presenze mercantili sul territorio regnicolo, giacché alle cifre indicate nelle tabelle 3 e 4 (alla pagina successiva) si dovrebbero aggiungere anche i nomi di tutti quegli affaristi e procacciatori d'affari, che, per quanto non clienti abituali degli Strozzi, agiscono nelle poste o partite per il tramite di altri banchieri o mercanti.

Fatta questa necessaria precisazione e sulla base degli effettivi correntisti, proviamo a ricostruire il quadro d'insieme, partendo dalle compagnie bancarie che più di tutte interagirono col banco Strozzi. Scorrendo i nominativi del giornale del 1476,[121] spiccano soprattutto quelli dei banchieri napoletani Colapietro di Penne, Luigi di Gaeta e Francesco Palmieri (questi ultimi

121. Per i dati riguardanti il primo dei due *Libri giornali*, quello del 1473, si rinvia a Del Treppo, *Il re e il banchiere*, pp. 266-269 e 300-303.

uniti in società), del fiorentino Lorenzo de' Medici e compagni e del senese Ambrogio Spannocchi e compagni, i cui affari e le cui attività, soprattutto di credito e di cambio, si intrecciavano e si completavano a vicenda.[122]

Tabella 3. La clientela mercantile del banco Strozzi nel 1473

| TIPOLOGIA | N° OPERATORI | N° OPERAZIONI | AMMONTARE IN DUCATI | PERCENTUALE |
|---|---|---|---|---|
| Catalani | 93 | 1.665 | 289.351 | 40% |
| Toscani | 47 | 837 | 194.416 | 27% |
| Regnicoli | 40 | 1.720 | 193.251 | 27% |
| Italiani | 32 | 207 | 36.668 | 5% |
| Stranieri | 9 | 27 | 2.793 | 0,4% |
| Ebrei | 4 | 21 | 4.390 | 0,6% |
| TOT. | 225 | 4477 | 720.869 | 100% |

Fonte: Del Treppo, *Il re e il banchiere*, p. 266.

Tabella 4. La clientela mercantile del banco Strozzi nel 1476

| TIPOLOGIA | N° OPERATORI | N° OPERAZIONI | AMMONTARE IN DUCATI | PERCENTUALE |
|---|---|---|---|---|
| Catalani | 51 | 835 | 237.498 | 38,9% |
| Toscani | 58 | 829 | 253.733 | 41,5% |
| Regnicoli | 24 | 477 | 76.323 | 12,5% |
| Italiani | 24 | 208 | 40.409 | 6,6% |
| Stranieri | 6 | 13 | 2.707 | 0,4% |
| Ebrei | x | x | x | x |
| TOT. | 163 | 2362 | 610.670 | 100% |

Tutti risultano intestatari presso il banco Strozzi, con cui erano consociati, di nutriti conti correnti di corrispondenza, mediante i quali, fornendo un servizio di cassa ai rispettivi clienti, eseguivano pagamenti e riscossioni

122. Sulla compagnia di Ambrogio Spannocchi e, in particolare, sui suoi affari a Napoli, vedi Navarro Espinach, Igual Luis, *Mercaderes-banqueros en tiempos de Alfonso el Magnánimo*, pp. 949-967. Riguardo invece all'attività romana, si rinvia a Igual Luis, *Los banqueros del Papa: Ambrogio Spannocchi*, pp. 147-181; e Ait, *Aspetti dell'attività mercantile-finanziaria*, pp. 91-129; e ancora Ait, *Da banchieri a imprenditori: gli Spannocchi*, pp. 297-331.

per loro conto. Queste operazioni, attivate su iniziativa e con l'accordo delle parti (il correntista e il cliente), passando attraverso il banco, che anticipava il credito consentendo al correntista di assolvere all'impegno preso col cliente, innescavano una catena di relazioni orizzontali che allargava, di fatto, lo spettro dei fruitori e il campo d'azione dello stesso banco strozziano. In quest'ottica, per clientela – sebbene sia da considerarsi in senso lato – non dovremmo intendere solamente i correntisti, ma anche tutti coloro che, a vario titolo e in vario modo, traevano beneficio dai servizi offerti dal banco. Si ricorda inoltre che tra aziende consociate, in caso di mancanza di capitali, ci si rifornìva reciprocamente della liquidità necessaria per attivare singole operazioni economiche. Si ricorreva, in questo caso, al "credito d'esercizio", che abbatteva i costi di gestione delle risorse mancanti.[123]

Per descrivere la clientela mercantile in tutte le sue componenti, ci serviremo della tripartizione proposta da Mario Del Treppo tra i forestieri (intesi come italiani non regnicoli), gli stranieri veri e propri (provenienti d'oltralpe e d'oltremare) e l'elemento regnicolo.[124]

### 3.3. *I forestieri: le società toscane*

Dopo il gruppo degli affiliati, una posizione di rilevo nel sistema mercantile e bancario napoletano era occupata da alcune compagnie di operatori forestieri e, in particolare, stranieri, come quelle dei catalani Franzì de Besalù, Franzì Toraglies, Pere e Joan Aveglia. Queste ultime, di cui si dirà meglio più avanti, si distinguevano dalle altre società di connazionali dimoranti a Napoli per l'ampiezza del loro raggio d'azione e per il volume degli affari, sebbene un po' tutti i mercanti catalani rappresentassero nel complesso un rifermento costante per il finanziamento di operazioni di microcredito.

Riguardo invece ai forestieri, il numero maggiore di presenze lo raggiungevano i toscani, titolari di importanti aziende come quella del pisano Dionigi da Scorno, dei fiorentini Tommaso Ginori, Battista Pandolfini e Benedetto Salutati, o ancora, dei senesi Pietropaolo Tommasi e Giovanni Arrighi.[125] Tra questi, fiorentini e senesi, disponendo di maggiori capitali, continuavano come nel Trecento a farla da padroni. Il loro interesse per la piazza di Napoli, scattato già in concomitanza con l'assunzione del ruolo

123. Palermo, *La banca e il credito nel Medioevo*, p. 37.

124. Del Treppo, *Stranieri nel Regno di Napoli*, p. 181.

125. Sulle compagnie senesi dei Tommasi, si rinvia a Tognetti, «Fra li compagni palesi et li ladri occulti».

di capitale e progressivamente cresciuto con l'affermazione della dinastia angioina, aveva promosso l'inclusione della città e dell'intero Regno nel più ampio circuito mercantile e finanziario internazionale di cui gli stessi fiorentini tenevano le fila.[126] In un *continuum* di scambi, relazioni e collaborazioni, avviato da grandi finanziatori come i Bardi, i Peruzzi, gli Acciaiuoli, i Bonaccorsi, ecc., veri e propri dominatori della scena economica e politica (italiana ed europea) del XIV secolo – e proseguito in pieno Quattrocento grazie al concorso di diverse società di mercanti-banchieri che, con alla testa il potente gruppo degli Strozzi, alimentavano la macchina fiscale e finanziaria del Regno aragonese –, si dispiegava nel tempo il rapporto, sempre vivo e fecondo, tra Firenze e Napoli, tra mondo degli affari e mondo delle istituzioni.

Tuttavia i fiorentini godevano di visibilità e credito ben oltre le stanze degli uffici regi e lo spazio cittadino. Radicati in tutto il territorio del Regno, molti disponevano di filiali strategicamente posizionate nei centri nevralgici del commercio mediterraneo. Si pensi, ad esempio, al ruolo della città di Trani e del suo porto, sicuro e cruciale punto di raccordo con le opposte sponde adriatiche e con il Levante. Qui operavano soprattutto le compagnie impegnate nell'esportazione dei grani pugliesi.[127] A Trani, che acquisì nel tempo la funzione di principale piazza di compensazione dei crediti e nucleo direzionale dell'economia locale, era attivo, ad esempio, Giovanni Strozzi, fattore e procuratore dei fratelli Strozzi che operavano in Puglia. E sebbene la città non fosse sede di un autonomo mercato cambiario e non vantasse diretti collegamenti con l'estero, i suoi costanti rapporti con la città partenopea, e tramite il banco di Napoli, le consentirono di interagire con piazze e operatori economici tra i più diversi in un scambio di reciproca integrazione, che metteva insieme la produzione agricola pugliese, la flotta mercantile veneziana, i capitali esteri e la rete bancaria fiorentina, sapientemente dislocata nei gangli vitali dell'alta finanza.[128] Per

126. Del Treppo, *Stranieri nel Regno di Napoli*, pp. 196-198.

127. Sull'estrazione e sul commercio del grano in Puglia, si rinvia, innanzitutto, ai fondamentali lavori di Carabellese, *Le relazioni commerciali fra Puglia e la Repubblica*; Luzzatto, *Studi sulle relazioni commerciali*, pp. 174-195; Pontieri, *La Puglia nel quadro della monarchia*, pp. 19-52. Molto utili sono anche gli studi di Raffaele Licinio (*L'organizzazione del territorio*, pp. 202-272; *Masserie medievali* e *Uomini e terre nella Puglia medievale*); Alfonso Leone (*Il versante adriatico del Regno*, pp. 69-82, e *Caratteri dell'economia mercantile pugliese*, pp. 83-106); Rivera Magos (*La «Chiave de tutta la Puglia»*, pp. 63-99) e Amedeo Feniello (*Commercio del grano in Puglia*, pp. 325-340).

128. Leone, *Il versante adriatico del Regno*, pp. 69-81.

mezzo di quest'ultima e attraverso la ricezione e l'invio di lettere di cambio, si apriva per Trani la possibilità di collegamento, in particolare, con Firenze, Roma e Venezia. Diverse, anche se in numero minore rispetto a quelle all'indirizzo della capitale, sono infatti le rimesse di denaro che da Napoli venivano spiccate su queste città per conto di Trani. A Lecce, invece, estrema frontiera orientale del Regno, operavano Bartolomeo Davanzati e Bindaccio Peruzzi: entrambi ottimi clienti del banco Strozzi di Napoli; e sempre a Lecce nacque la compagnia del fiorentino Rosso de' Ricci.[129]

Si potrebbe, a questo punto, tracciare, relativamente al versante adriatico, una sorta di geografia bancaria fiorentina, in grado di assicurare rapidi collegamenti e proficui scambi tra i diversi operatori della rete finanziaria *intra* ed *extra* regnicola, e che proviamo a sintetizzare nella tabella 5.

Tabella 5. La geografia bancaria fiorentina

| PIAZZA ECONOMICA | OPERATORI ECONOMICI FIORENTINI E SOCI |
|---|---|
| Venezia | Giovanni Frescobaldi e Bartolomeo de' Nerli, Mauro Arrighetti (già dipendente di Filippo Inghirami), Medici, Antonio da Castiglione |
| Firenze | Medici, Strozzi, Bartolomeo da Castiglione, Benedetto e Francesco de' Nerli |
| Roma | Medici, Strozzi, Vieri da Castiglione |
| Napoli | Strozzi, Medici, Pandolfini, Carlo Borromei e Angelo Serragli, Spannocchi di Siena |
| Trani | Giovanni Strozzi e Federigo di Piero d'Arcangelo da Urbino, Guido da Castiglione, Carlo Borromei e Angelo Serragli, Deo Frescobaldi e Antonio di Matteuccio da Urbino |
| Monopoli | Roberto da Castiglione |
| Lecce | Bartolomeo Davanzati, Bindaccio Peruzzi, Rosso de' Ricci |

Dalla stessa emerge chiaramente l'ossatura dell'intero sistema bancario a guida fiorentina, che vede in posizione di vertice la compagnia dei Medici e quella degli Strozzi, cui si legano e si appoggiano, generando catene di filiali, una serie di aziende minori dislocate nelle singole aree geografiche e specializzate in specifici settori economici. Sia sul piano mercantile sia su quello bancario, queste aziende operano a livello locale interagendo con altrettante ditte, ora internazionali – come nel caso della piazza veneziana

129. Leone, *Caratteri dell'economia mercantile pugliese*, p. 94.

dove sono particolarmente attivi gli operatori tedeschi –, ora toscane e non, maggiormente presenti nella capitale partenopea, ma anche distribuite nelle diverse province del Regno. La rete bancaria toscana, e in specie fiorentina, mette a disposizione dell'economia locale i suoi servizi internazionali unitamente alle più raffinate e progredite tecniche finanziarie, «prime fra tutte l'accreditamento a distanza o girata in banco e la girata fuori del titolo».[130]

Il circuito d'affari dei mercanti fiorentini, fruttuoso e di ampia portata, investendo le principali stazioni di transito e d'imbarco del Mezzogiorno, contribuiva non solo a creare una solida trama di relazioni commerciali che unificava virtualmente lo spazio economico meridionale, ma anche ad accrescere le potenzialità di sviluppo dell'imprenditoria regnicola. Diversi risultano infatti gli operatori e le piccole e medie aziende locali, attive, ad esempio, in città come L'Aquila, Sulmona, Gaeta, Amalfi, Salerno, Cosenza e Trani, le quali, capaci di inserirsi nell'ambito dell'incontro tra domanda e offerta di prodotti agricoli, in particolare, ma anche di panni lana, seta e legname, stringevano proficui affari con i fiorentini.

Nata sui banchi del mercato sub-regionale, regionale e regnicolo, la collaborazione tra società fiorentine e aziende locali, stimolo all'aumento della produttività e al potenziamento delle colture maggiormente richieste sulle piazze nazionali e internazionali, traeva dall'inserimento e dalla distribuzione presso queste ultime i suoi migliori profitti. Grazie ai fiorentini, e tra questi, nel Quattrocento, grazie soprattutto agli Strozzi, abili tessitori di una fitta trama di relazioni con le maggiori compagnie mercantili italiane ed europee dell'epoca, si aprivano per Napoli e per l'interno Mezzogiorno continentale (ma anche insulare – non dimentichiamo, infatti, la vivacità produttiva di centri come Palermo, Trapani o Messina –) le porte di accesso al mercato internazionale. Da Napoli il raggio d'azione della grande banca fiorentina si allargava e si estendeva oltre lo spazio della monarchia (la geografia del Regno) e oltre gli spazi fisici appositamente deputati ai commerci e allo scambio (quali fiere e mercati, più o meno vivaci aree regionali e interregionali), per raggiungere i più alti livelli dello «spazio capitalistico»,[131] accessibile

130. Leone, *Il versante adriatico del Regno*, p. 79. La girata fuori del titolo è l'ordine di pagare una cambiale, spiccata a proprio favore, «ad un'altra persona che, insieme a tale ordine, esibirà anche la lettera di cambio» (cfr. Melis, *Lo sviluppo economico della Toscana*, pp. 3-26: 17).

131. Del Treppo, *Il Regno aragonese*, pp. 178-179; Id., *Stranieri nel Regno di Napoli*, p. 213. Per una più recente rilettura di questi aspetti, si rinvia a Figliuolo, *I mercanti fiorentini e il loro spazio economico*, pp. 639-664; e Id., *Alle origini del mercato nazionale*.

solo ai grandi esponenti dell'alta finanza. Sono gli uomini d'affari fiorentini a traghettare il Regno e i suoi prodotti verso nuove rotte, a collegare le sue piazze con quelle di Londra, Bruges, Avignone, Milano, Genova, Venezia, ma anche Barcellona, Valencia, Pisa, Roma, Trapani e Palermo. È qui che giungono copiosi carichi di grano provenienti da Puglia, Calabria e Terra di Lavoro, qui viene smerciato l'olio pugliese e campano, qui si soddisfano le continue richieste di seta calabrese.[132]

La vastità dell'area geografica interessata e l'entità degli investimenti erano tante e tali da coinvolgere un gran numero di operatori (forestieri e stranieri, quanto regnicoli) che alimentavano, a loro volta, un giro d'affari di notevole portata. Ciò imponeva, tra le altre cose, la garanzia di efficienti e rapidi servizi di cambio, prestito e trasferimento di denaro da una piazza all'altra. E anche in questo caso, è il banco degli Strozzi a rispondere a tali esigenze, come dimostrano, ad esempio, le operazioni prettamente cambiarie concluse – per restare tra i fiorentini – con Francesco e Bernardo Cambini o con i soci Matteo Baroncelli e Guglielmo Rucellai e compagni, tutti inseriti sulla piazza romana.[133]

Queste attività, unitamente all'emissione di polizze assicurative, alla negoziazione di divise o valute estere, alla speculazione commerciale (operazione che prevede l'acquisto massiccio di un bene primario su un mercato per poi rivenderlo ad alti costi su un altro, che ne è sprovvisto) e all'arbitraggio delle monete o speculazione cambiaria (che presuppone non solo la conoscenza delle differenze di valore delle divise, ma anche quella del ritmo stagionale delle fluttuazioni dei cambi), mostrano chiaramente come i toscani, e *in primis* i fiorentini, occupassero un posto di primo piano nell'élite finanziaria, non solo napoletana ma su scala internazionale.[134] Con sofisticati strumenti e tecniche contabili, oltre a gestire di fatto

132. Per un quadro più ampio dei prodotti meridionali immessi sul mercato internazionale, si rinvia a Del Treppo, *Il Regno aragonese*, p. 179.

133. *Libro giornale 1476*, cc. 7v, 10v e 84r.

134. Non si dimentichi, inoltre, che i grandi banchieri decidevano anche in merito alle quotazioni. A Firenze, a Venezia, a Bruges, a Ginevra, a Barcellona, come a Napoli, non era una istituzione a stabilire il valore delle monete di conto, ma la stessa comunità degli uomini d'affari. A Lione, la piazza centrale della città vecchia si chiama ancora oggi "Change", così come la borsa di Londra prende il nome di "London Stock Exchange", giacché luogo fisico presso il quale i consoli delle *nationes* mercantili si "davano il cambio", cioè comunicavano le quotazioni delle rispettive valute. Il meccanismo, alquanto complesso, era piuttosto simile a quello adottato negli odierni *change point*. Se cambiamo degli euro in dollari, il *change point* sottovaluterà i nostri euro (colonna "buy") e

la quasi totalità dei flussi merceologici in entrata e in uscita dal Regno, l'alta finanza fiorentina controllava molteplici e significative correnti di traffico, monitorando, e spesso condizionando, le bilance commerciali dei paesi nei quali operava o con i quali entrava in contatto. In quella che è stata, più o meno felicemente, definita come la "repubblica internazionale del denaro"[135] (ovverosia una sorta di sovrastruttura extrastatale ed extraterritoriale tenuta insieme dagli interessi economici e dalla circolazione monetaria, entro la quale agivano tutti gli uomini d'affari), particolare attenzione era rivolta alle oscillazioni di valuta e ai rischi di cambio. La conoscenza diretta delle piazze commerciali su cui spiccare o da cui accettare lettere di cambio – strumento del quale si dirà meglio a breve – e delle rispettive fluttuazioni stagionali, dalle quale dipendeva la «larghezza» o al contrario la «carestia» di moneta, era alla base del bagaglio tecnico-professionale e culturale di cambiavalute esperti e accorti.[136]

La presenza dei fiorentini trova ampio riscontro anche nel settore prettamente manifatturiero e dell'innovazione tecnologica. Se guardiamo, ad esempio, all'istituzione dell'Arte della Lana e dell'Arte della Seta, significativo risulta il coinvolgimento di capitali, competenze e maestranze d'origine fiorentina, a Napoli come a Giffoni.[137] In quest'ultimo caso si segnala la presenza dei fratelli fiorentini Bardo e Dato Dati, reclutati per svolgere funzioni di alta responsabilità dal conte-imprenditore Iñigo D'Avalos, ideatore e titolare della locale azienda tessile.[138]

sopravvaluterà i suoi dollari (colonna "sell"). Se poi decidiamo di farci ridare la somma in euro, si verificherà il contrario. In questo modo il *change point* guadagnerà due volte. È questo il sistema che riproduce il meccanismo del cambio con ricambio, particolarmente proficuo per chi prestava denaro tramite lo strumento della lettera di cambio. A interferire negativamente sui profitti del datore iniziale sarebbe potuta intervenire solo un'improvvisa perturbazione dei cambi valutari, dovuta, per esempio, allo scoppio di guerre o al crollo del mercato creditizio.

135. *La repubblica internazionale del denaro*, in particolare pp. 9-10.

136. Si rimanda in proposito alle raccomandazioni di Giovanni da Uzzano, *La pratica della mercatura*, cap. XLVI, pp. 153-156, 148: «Chi vuole essere buono cambiatore, conviene primamente avere termini e usanze delle lettere, e come si paga in tutte terre, ed esserne bene avvisato; appresso le stagioni, e le fiere, e i tempi, quando e' danari sono buoni in quelle luoghora; e appresso lega d'ogni ragione moneta, e vuolsi sopra tutto essere sollecito, e fermo, esercitarsi dì, e notte, e massime collo scrivere per stare bene avvisato». Sulla figura di questo mercante, si veda Dini, *Nuovi documenti su Giovanni di Bernardo*, pp. 309-329.

137. Coniglio, *L'Arte della lana a Napoli*, pp. 62-79.

138. Cfr. *infra*, p. 118; *Libro giornale 1473*, pp. 459-460. Cfr. anche Del Treppo, *Stranieri nel Regno di Napoli*, p. 182.

Agli stessi fiorentini, come già visto, in mancanza di liquidità si rivolgevano capi di Stato e loro ufficiali o rappresentanti per ottenere importanti anticipazioni su imposte, cespiti fiscali e rendite non ancora esatti né maturati, la cui copertura, spesso rinviata da un ufficio all'altro, poteva innescare un sistema di aperture di credito a catena, giocato, per di più, anche su piazze diverse. Il trasferimento di moneta e le conseguenti operazioni di pagamento avvenivano in questo caso mediante un contratto di cambio. La sua esecuzione – lo ricordiamo – implicava il ricorso a uno specifico e agile dispositivo bancario: la lettera di cambio, che troviamo documentata a partire dalla fine del XIII secolo.[139] Utilizzata anche per prestazioni creditizie, questa scrittura privata (cui sarà dedicato un apposito paragrafo), redatta generalmente in volgare su una strisciolina di carta, consentiva di fornire, riscuotere e spostare capitali sulle lunghe distanze e in altra valuta.[140]

Alle aziende fiorentine, che hanno costituito un fondamentale punto d'incontro e di raccordo tra capitali, risorse produttive e trasporto marittimo, va dunque il merito di aver rappresentato in pieno Quattrocento l'elemento unificatore del mercato internazionale (per quanto concerne soprattutto la sfera finanziaria), di aver alimentato e favorito i circuiti di scambio nelle maggiori aree del commercio europeo e mediterraneo, all'interno delle quali uno spazio non certo marginale è stato occupato anche dal Mezzogiorno d'Italia.

## 3.4. *La lettera e il contratto di cambio: un affare internazionale*

L'attività cambiaria, intimamente connessa a quella mercantile e bancaria, rivestiva un ruolo fondamentale nella pratica degli affari e nei pagamenti internazionali. Lo sapeva bene anche il Cotrugli, che considerava il cambio «quasi uno elemento et condimento di tucte le cose mercantili, sença lo quale, come l'humana conpositione sença gli elementi essere non può, così la mencatanthia sança lo cambio».[141] Per trasferire del denaro da una piazza A a una piazza B il *datore* o cliente si rivolgeva *in loco* a un banchiere, il *pren-*

139. Una lettera di cambio, datata 24 marzo 1291 e inviata dai Cerchi di Firenze ai loro agenti in Inghilterra, è stata segnalata da Bruno Dini (*Lo sviluppo delle tecniche amministrative e bancarie*, pp. 93-109: 104), sebbene contratti di cambio risultino presenti nei registri notarili genovesi già a partite dalla fine del XII secolo. Si veda in merito de Roover, *L'évolution de la lettre de change*, in particolare le pp. 25-29.

140. *Infra*, pp. 141-145.

141. Benedetto Cotrugli, *Libro de l'arte de la mercatura*, p. 76.

*ditore*, al quale conferiva una somma che, dopo un certo periodo di tempo, sarebbe stata pagata da un secondo banchiere, il *trattario*, nella piazza B. Il *prenditore*, acquisito il denaro, scriveva una lettera di cambio destinata al *trattario*, il quale, una volta ricevuta la lettera che fungeva da ordine di pagamento, sarebbe stato nelle condizioni di liquidare il *beneficiario*, che riscuoteva nella piazza B la somma corrisposta dal *datore* nella piazza A.

Si trattava, in realtà, di operazioni effettuate senza alcun reale spostamento di denaro. Il movimento in attivo (l'accredito) o in passivo (l'addebito) interessava infatti solo i registri di contabilità dei due banchieri coinvolti, che annotavano rispettivamente azioni di segno contrapposto. Com'era naturale, a piazze diverse, soprattutto se geograficamente distanti, potevano corrispondere monete diverse; in tal caso, il cambio di valuta, anche se non sempre conveniente per il *datore* o il *beneficiario*, risultava comunque necessario. E a quel punto, il rapporto tra le due valute implicate, quella data nella piazza di emissione e quella prelevata nella piazza di riscossione, andava a rappresentare l'elemento fondamentale del cambio (vale a dire la *ratio* dello stesso cambio) e dello strumento finanziario impiegato: la lettera. Di questo mezzo di pagamento della prassi mercantile e preziosa fonte di credito è noto che la corte aragonese di Alfonso V se ne servì ampiamente, soprattutto in occasione di guerre e campagne di conquista.[142] La lettera, in questo caso, era redatta materialmente da uno scrivano dell'ufficio di cancelleria sulla base delle indicazioni ricevute dal sovrano, che si limitava ad apporre la sua firma autografa.[143] Registrata in cancelleria e convalidata dal tesoriere generale (quando non anche dal protonotario e dal conservatore del patrimonio), la stessa veniva consegnata al creditore che l'avrebbe spedita al suo corrispondente nella piazza del rimborso. In generale le lettere riportavano l'indicazione esplicita del tasso a cui veniva effettuato il cambio delle valute, quella "ragione del cambio" che presupponeva un'approfondita e aggiornata conoscenza delle quotazioni e delle oscillazioni del mercato.[144]

142. Imprescindibile resta, a riguardo, il contributo di Del Treppo, *"El tomar de los cambios me destruye"*, pp. 405-431, che evidenzia l'importanza tributata da Alfonso il Magnanimo al «difficile mondo del cambio». Contributi interessanti sono anche quelli di Conde, De Molina, *La letra de cambio en el sistema financiero de Alfonso*, pp. 257-269; Navarro Espinach, Igual Luis, *Mercaderes-banqueros en tiempos de Alfonso*, pp. 949-967; e Igual Luis, *València e Italia en el siglo XV*, in particolare le pp. 419-435.

143. Nel mondo mercantile, invece, la lettera di cambio doveva necessariamente essere olografa. Vedi *infra*, pp. 41-42.

144. Del Treppo, *"El tomar de los cambios me destruye"*, pp. 409-411.

Nel più ampio contesto dalla pratica cambiaria, quando l'operazione di cambio implicava la fornitura di un prestito, il tasso di cambio imposto dalla conversione monetaria poteva nascondere quello di interesse (di cui, però, non si forniva alcuna indicazione): motivo per cui la lettera di cambio svolse anche l'importante funzione di occultare il prestito remunerato, inviso e rigorosamente avversato dalla Chiesa.[145]

Sulle origini di questo importante strumento bancario e sulle sue molteplici funzioni diversi studiosi hanno concentrato la loro attenzione a partire dal XIX secolo.[146] Particolarmente privilegiata è stata soprattutto l'analisi degli aspetti tecnici, connessi a quelli giuridici ed economici, mentre più in sordina sono rimaste le implicazioni politiche e sociali.[147] Nel quadro della storiografia europea novecentesca, imprescindibile punto di riferimento sul tema resta il già richiamato storico belga Raymond de Roover, autore nel 1953 del più che noto studio sulla storia e sull'evoluzione della lettera di cambio,[148] nonché di numerosi altri scritti dedicati all'analisi dei movimenti monetari e del mercato del credito, che hanno contribuito ad alimentare il dibattito sul sistema bancario bassomedievale, sulle relative tecniche e gli appositi strumenti creditizi.[149] Proprio questi ultimi sono stati sviscerati sul piano prettamente giuridico da Giovanni Cassandro, che intorno alla metà degli anni Cinquanta ha ripercorso le tap-

145. Sull'argomento, si rinvia a *Chiesa, usura e debito estero*; e a Vismara, *Questioni di interesse*.

146. Per una panoramica degli studi tra Ottocento e prima metà del Novecento, si rimanda a de Roover, *L'Évolution de la lettre de change*, pp. 11-21. Tra le ricerche più significative, si segnalano i lavori di Ugo Nicolini (*Studi storici sul pagherò cambiario*), André Sayous (*L'origine de la lettre de change*, pp. 66-112; *Les transferts de risques, les associations commerciales et la lettre de change*, pp. 469-494 e *Les méthodes commerciales de Barcelone*, pp. 255-301) e di Tommaso Zerbi (*La genesi della partita doppia*; e *Le origini della partita doppia*).

147. In quest'ultima direzione si ricordano, in particolare, i lavori di Reinhold C. Mueller, tra i quali si limita il rinvio a Mueller, *Money and Banking* e *The Venetian Money Market*. Tra i lavori più recenti, si veda anche Del Bo, *Banca e politica a Milano*.

148. de Roover, *L'Évolution de la lettre de change*. Dello stesso autore, sempre sul mercato delle lettere di cambio, si vedano anche *What Is Dry Exchange?*, pp. 250-266 (ora in Id., *Business, Banking, and Economy*, pp. 183-199); *New Interpretations of the History of Banking*; e *"Cambium ad Venetias": Contribution to the History*, pp. 631-648 (ora in Id., *Business, Banking, and Economy*, pp. 239-259).

149. Per una rassegna sulla produzione storiografica di de Roover, si rimanda a Goldthwaite, *Raymond de Roover on Late Medieval*, pp. 3-14, e alla nota bibliografica curata da Munro, *Il bullionismo e la cambiale*, pp. 193-269: 193, nota 1.

pe fondamentali della storia della cambiale in polemica con il de Roover, che attribuiva al fattore creditizio la componente decisiva e preminente del negozio cambiario.[150] Grossomodo negli stessi anni, si deve a Federigo Melis una approfondita analisi su un consistente nucleo di lettere di cambio cinquecentesche rinvenute nell'Archivio di Stato di Firenze.[151] A questi pionieristici e importanti lavori, a distanza di circa un ventennio si andarono ad aggiungere i contributi di Giulio Mandich, che riprese il tema delle lettere di cambio in uno studio più generale dedicato alle attività mercantili e bancarie delle compagnie toscane del Trecento, dello stesso Federigo Melis e di Marco Spallanzani, interessati piuttosto ad approfondire l'argomento in modo mirato e circoscritto.[152] Rinviando in nota a quanti più di recente, anche all'interno di lavori più ampi e dai diversi tagli, sono tornati a trattare delle caratteristiche tecniche del contratto di cambio e del suo significato in termini economici, e non solo,[153] preme qui richiamare l'attenzione soprattutto su due aspetti: le vere finalità dell'affare cambiario e le ragioni del suo straordinario successo.

Relativamente al primo punto, richiamando le considerazioni di Alfonso Leone, è bene distinguere tra le operazioni cambiarie, quelle strettamente speculative, il cui fine riconosciuto era «la speculazione su un misto di previsione del cambio e di interesse implicito» (come cambio e ricambio o cambio fittizio), e quelle – decisamente in maggior numero – che avevano il solo scopo di trasferire del denaro per pagamenti a distanza. Dare

150. Cassandro, *Breve storia della cambiale*, pp. 827-839 (ora in Id., *Saggi di storia del diritto commerciale*, pp. 397-423) e Id., *Vicende storiche della lettera di cambio*, pp. 1-91 (ora in Id., *Saggi di storia del diritto commerciale*, pp. 31-123). Sulla polemica sviluppatasi a metà degli anni Cinquanta tra il de Roover e il Cassandro riguardo all'affare di cambio, si rinvia a Leone, *L'interesse nel cambio: una discussione da riprendere*, pp. 11-15.

151. Melis, *Di alcune girate cambiarie*, pp. 3-27 (ora in Id., *La banca pisana*, pp. 1-48).

152. Mandich, *Per una ricostruzione delle operazioni mercantili e bancarie*, pp. CI-CCXXIII: CXLIV-CLV e CLXXIV-CXC; Melis, *Sulla non-astrattezza dei titoli di credito*, pp. 3687-3701 (ora in Id., *La banca pisana*, pp. 343-356); Spallanzani, *A Note on Florentine Banking*, pp. 145-168.

153. Si limita il rinvio a: Mueller, *«Chome l'ucciello di passagio»*; Lane, Mueller, *Money and Banking in Medieval*; Mueller, *The Venetian Money Market*, pp. 288-355, 587-609, 636-639; Palermo, *Un aspetto della presenza dei Fiorentini*, pp. 81-96; Id., *I mercanti e la moneta a Roma*, pp. 243-281; Tognetti, *Il banco Cambini*; Id., «*Fra li compagni palesi et li ladri occulti*», pp. 27-101; Del Bo, *Banca e politica a Milano*, pp. 27-38; Palermo, *La banca e il credito nel Medioevo*, pp. 34-43; Tognetti, *Le compagnie mercantili-bancarie toscane*, pp. 701-705; Guidi Bruscoli, *Le tecniche bancarie*, pp. 557-560. Relativamente al contesto aragonese, si veda *supra*, nota 140.

il giusto peso a questa distinzione significa – per dirla con le parole dello stesso Leone – «liberare le ricerche di storia bancaria dall'ipoteca della tesi monolitica dello studioso belga», basata sulla teoria dell'interesse e che, in contraddizione con quanto lo stesso studioso avrebbe voluto dimostrare, finiva col negare alla banca bassomedievale la sua più alta funzione di ente finanziario e creditizio dalla caratura internazionale.[154] Si precisa, tuttavia, che ogni attività cambiaria, sia stata dell'uno o dell'altro tipo, comportava una percentuale di guadagno corrispondente, come vedremo, alla remunerazione per il servizio (cioè quel «prezzo», che «si dà a chi scrive la lettera per ragion delle spese, che deve fare per tenersi vari ministri, e per l'incomodo di scrivere le lettere, e per altri pesi»).[155]

Riguardo invece alle ragioni del successo, la prima fra tutte – come già richiamato e come sottolineato con convinzione dal de Roover – consiste nel fatto che la lettera di cambio, concentrando in un'unica operazione le componenti peculiari dell'attività bancaria (e cioè il cambio di valuta, il trasferimento di disponibilità e l'erogazione di credito), offriva l'opportunità di aggirare le disposizioni anti-usurarie, in base alle quali era proibito ricavare un profitto dal denaro. Ciò escludeva categoricamente la possibilità che un prestito fosse gravato da interesse. Tuttavia, convertendo «il cambio in arte», così come indicato da una figura di spicco del Cinquecento fiorentino quale fu Bernardo Davanzati, si sarebbe potuto offrire «danari a cambio, non per bisogno d'averli altrove», ma col solo scopo di ricavare un guadagno («riaverli con utile»).[156] In altri termini a un'operazione di cambio, richiesta mediante la scrittura di una lettera inviata da una piazza A a una piazza B, avrebbe fatto seguito una seconda operazione di ricambio, richiesta questa volta, dopo la scadenza (*usanza*) della prima, dalla piazza B alla piazza A. Il meccanismo del cambio e del ricambio avrebbe così permesso a chi prestava una somma nella prima piazza non solo di rientrarne in possesso al ritorno della lettera inviata dalla seconda piazza, ma anche, attraverso un abile gioco di interessi, di ricevere una cifra superiore a quella versata. La somma aggiuntiva altro non era che il compenso per il prestito erogato, cioè l'interesse, il cui tasso variava ovviamente col variare dei rapporti di cambio tra le valute.[157]

154. Leone, *L'interesse nel cambio*, pp. 13-14.
155. Cfr. *Il Codice Marittimo del 1871*, p. 886.
156. Bernardo Davanzati, *Notizia de' Cambj*, p. 70.
157. Guidi Bruscoli, *Le tecniche bancarie*, p. 558. Sulla prevedibilità dei tassi di cambio e dei tassi interessi, si veda anche *infra*, p. 40.

In alternativa alla tesi di de Roover, per spiegare il successo della lettera di cambio altri studiosi hanno individuato ragioni e motivazioni diverse dal divieto di usura, che si sarebbe comunque potuto aggirare ricorrendo a formule contrattuali più semplici, magari dichiarando una somma più alta di quella realmente prestata al fine di includere nella restituzione anche l'interesse o concordando il versamento di una penale in caso di ritardo nei pagamenti.[158] Certo è che, oltre alle ben note proibizioni anti-usurarie, non meno determinanti nel favorire la diffusione della lettera di cambio quale mezzo di trasferimento internazionale di denaro furono il divieto di esportazione dei metalli preziosi e la carenza di numerario.[159]

Altrettanto significativa risulta essere la questione dei profitti realizzati nelle operazioni di cambio, argomento che apre diversi interrogativi circa il rapporto fra tassi di interesse e tassi di cambio, fra speculazione e legittima ricompensa per i rischi assunti, fra transazione commerciale e modalità di pagamento a distanza (con il connesso problema delle pratiche di sconto e delle procedure con cui queste venivano registrate in termini contabili), nonché sul rapporto tra cambi, tassi e bilance commerciali e dei pagamenti.[160] Senza entrare nel dettaglio, ci limitiamo ad accennare a tali aspetti unicamente per rimarcare la complessità del sistema bancario medievale perfettamente «integrated into the wider economic system».[161] Ciò induce, innanzitutto, a riconoscere un ruolo determinante alla funzione svolta dalla rete internazionale dei corrispondenti finanziari e alla loro efficiente organizzazione, che consentiva di abbracciare e monitorare l'intera area economica e geografica dominata dagli uomini d'affari italiani, i quali usufruivano da un luogo all'altro e da una piazza all'altra dei servizi erogati dalla "macchina" bancaria sovranazionale. A livello locale ogni singolo banco si avvaleva infatti della collaborazione e del supporto di altri istituti bancari (nazionali quanto esteri), con i quali era in contatto e intratteneva costanti rapporti, anche al fine di scongiurare il rischio di protesti, eventuali spese legali, problemi causati da prenditori e trattari che potevano rivelarsi inaffidabili, malaugurati ritardi o addirittura mancati pagamenti.[162]

158. In questo caso la multa avrebbe costituito la remunerazione per il prestito erogato. Si vedano, in merito, gli esempi riportati da Munro, *Il bullionismo e la cambiale in Inghilterra*, in particolare le pp. 194-196; e Abulafia, *The Impact of Italian Banking*, pp. 17-34: 18-19.

159. Guidi Bruscoli, *Le tecniche bancarie*, p. 559.

160. Leone, *Some Preliminary Remarks*, pp. 17-29, in particolare p. 17.

161. *Ibidem*.

162. Si fa presente che il trattario avrebbe potuto saldare il cambio anche in merci (panni, beni di valore o altro) oppure impegnare oggetti preziosi come garanzia di un pros-

Se consideriamo nello specifico il caso del banco Strozzi di Napoli, risulta evidente come lo stesso, nella seconda metà del XV secolo, mantenesse una regolare e intensa corrispondenza con le principali compagnie mercantili e bancarie, *intra* ed *extra* regnicole, oltre che estere, svolgendo con solerzia e continuità indifferentemente la funzione di *prenditore* e quella di *trattario*. In ragione di ciò fondamentale importanza assumevano gli scambi di informazioni con le 'agenzie satellite' soprattutto di Firenze e Roma, con cui il banco strozziano interagiva coinvolgendo rispettivamente ora i Medici, ora Francesco e Bernardo Cambini, e con tutte le altre città interessate ai medesimi giri d'affari.[163]

Sempre a Roma, Filippo Strozzi poteva contare sulla collaborazione degli Spannocchi di Siena, dei Gaddi, degli Spinelli, delle società Santacroce e Signoretti (d'origine romana) e di quella Boni e Bardi, dei Borgherini, dei Centurioni, degli Usodimare, dei Pazzi, dei Franciotti (originari di Lucca), di Giuliano Gallo, Antonio del Palagio e altri ancora; mentre a Firenze erano suoi corrispondenti i Mannelli, i Gianfigliazzi, i Martelli, i Salviati, i Nerli, i del Nero, i Pandolfini, i Gondi, Piero di Gino Capponi come pure Filippo e Luca Rinieri.

Sulla piazza di Venezia il banco faceva solitamente ricorso a Filippo Inghirami, ma anche a Mauro Arrighetti, Francesco Agliata, Bernardo Contarini e Gherardo Ringhiadori; in quella di Genova si erano creati stretti contatti in particolare con la ditta Spinola e Lomellini; mentre a Milano agivano per gli Strozzi i Portinari e i Landriano. E ancora, a Bologna c'erano le compagnie dei Zanchini, dei Graziuoli e dei Logliano e Guastavillani; a Ferrara operavano i Machiavelli; a Siena i Cinughi, i Saracini e i Chigi; a Pisa i Cambini, i Neri Capponi e i Martelli; a Gaeta c'era Francesco Buondelmonti; ad Ancona la ditta Sertommasi e Giacomi; a L'Aquila i Santucci e gli Antonelli, mentre a Sulmona e Lanciano i Sanità.

Più a Sud, passando in Puglia, a Trani gli Strozzi erano in affari con Bartolomeo Davanzati, con la compagnia gestita in società dagli Arcangioli di Urbino e dagli Strozzi, con Deo Frescobaldi e con Berto Belfradelli; mentre a Lecce potevano contare sulla collaborazione di Bindaccio

simo pagamento. Sull'uso dei panni (tessuti e stoffe) come mezzo di pagamento, impiegato soprattutto per remunerare le truppe, i domestici e il personale di corte, si vedano Ryder, *Cloth and Credit: Aragonese War Finance*, pp. 1-21; e i più recenti contributi di Russo, *La corte del re di Napoli Ferrante I*, pp. 7-8 e *La Tesoreria generale della Corona d'Aragona*, in particolare le pp. 92, 213-214, 326-327, 455, 519 e 532.

163. Leone, *Some Preliminary Remarks*, p. 18.

Peruzzi e di Rosso de' Ricci. Infine, se a Palermo c'erano Guglielmo Aiutamicristo, i del Tignoso e i Lanfranchi (tutti oriundi d'origine pisana trasferitisi in Sicilia dopo la conquista fiorentina della loro città),[164] e ancora, Giovanni Corsini, i Ridolfi e gli eredi del fiorentino Giovanni del Mastro Libero;[165] a Cosenza e a Cagliari erano attivi rispettivamente Urbano de' Beccuti e il fiorentino Giovanni di Filippo.

Riguardo invece al mercato estero, in Catalogna assidui contatti erano tenuti con Francì e Pere Benet, ai quali si aggiungevano da Barcellona i de Basalù, Giacomo Vernagalli e Ambrogio Fatinanti (entrambi oriundi pisani trasferitisi in Catalogna);[166] mentre a Valencia fungevano da corrispondenti gli eredi di Martino Ruiz e Francesco del Vigna. Anche le piazze franco-fiamminghe rientravano nel circuito degli scambi grazie alla collaborazione con i Mannelli, i Medici, i Doria e la ditta Capponi e Buondelmonti, tutti attivi ad Avignone; così come a Montpellier c'era Taddeo Masi, a Lione nuovamente i Capponi e Buondelmonti, a Parigi Albizo del Bene, a Ginevra Guglielmo Altoviti, e ancora a Bruges e Anversa gli Strozzi contavano sul supporto dei Pazzi e della società Medici e Portinari. Infine, per gli affari oltre Manica il banco si avvaleva a Londra del contributo di Giovanni de' Bardi e a Southampton di quello della ditta di Cristoforo Ambrogi e Damiano del Poggio; mentre su Rodi intensi scambi sono documentati con Gentile de' Bardi e Ruggero Della Casa.[167]

Collaboratori, corrispondenti e inviati rendevano dunque agevole il trasferimento da una piazza all'altra, e in tempi rapidi, di somme di denaro anche piuttosto elevate. Ciascuna agenzia era in grado di contribuire alla buona riuscita dell'operazione economica fornendo informazioni sul valore della moneta e sul movimento dei cambi. Fu solo grazie all'esistenza di questa vasta e solida rete di contatti che la banca medievale poté intraprendere azioni di finanziamento su scala internazionale, rispondere alle richieste di una clientela sempre più esigente, valutare accuratamente la

164. Petralia, *Per la storia dell'emigrazione quattrocentesca da Pisa*, pp. 373-388; Id., *I Toscani nel Mezzogiorno medievale*, pp. 287-336; Id., *Banchieri e famiglie mercantili nel Mediterraneo aragonese.*

165. Sull'azienda palermitana dei Liberi, si veda Trasselli, *Note per la storia dei banchi in Sicilia*, p. 323.

166. Soldani, *Uomini d'affari e mercanti toscani*, pp. 541-544.

167. *Libro giornale 1473*, pp. 49, 67; *Libro giornale 1476*, cc. 56v e 135r. Si tratta, come si può ben notare, di una rete internazionale di contatti piuttosto vasta, che coinvolge prevalentemente ditte fiorentine o toscane, senza escludere tuttavia il ricorso anche a operatori catalani o di altre nazionalità.

proporzione tra rischi e benefici, nonché raggiungere un grado particolarmente elevato di efficienza, affidabilità e sicurezza, prerogative essenziali per il tipo di servizi che le stesse banche erano chiamate a fornire.

Non stupisce pertanto il fatto che, in questo quadro, la fitta trama di relazioni e di raccordi che l'istituto bancario o il singolo banchiere intrattiene e instaura con i diversi gruppi e operatori finanziari costituisca la struttura portante dell'intero sistema economico internazionale. E su questo aspetto vale ancora la pena insistere per comprendere la rilevanza del fenomeno bancario e la portata dei suoi effetti in termini non solo economici, ma anche sociali e culturali, i quali, al contrario della dibattuta questione sull'influenza del profitto nelle operazioni di cambio, meritano sicuramente una nuova luce e una rigenerata attenzione.[168]

## 3.5. *L'interazione tra forestieri e regnicoli*

Nel considerare più da vicino i rapporti economici intessuti fra i mercanti forestieri – fiorentini in particolare – e i mercanti regnicoli attivi sulle piazze locali, non possiamo, sia pur di sfuggita, non richiamare alcuni paradigmi interpretativi, che hanno a lungo condizionato la percezione della natura degli stessi. Il riferimento, nello specifico, è a quelle letture troppo incentrate su una sostanziale uniformità economica del Mezzogiorno (come l'idea delle radici medievali della cosiddetta "questione meridionale"[169]) o sul concetto di "scambio ineguale" o "diseguale",[170] che avrebbe determinato una situazione di forte squilibrio tra le due Italie, favorendo i grandi gruppi mercantili delle città centro-settentrionali, produttori ed esportatori di manufatti e beni di lusso, a discapito dei medi e piccoli operatori del Regno, ancora poco "industrializzato" e prevalentemente agricolo. Se da un lato, come spesso ribadito

168. Leone, *Some Preliminary Remarks*, p. 20.

169. In base alla quale, a un Nord già caratterizzato in età medievale da vivaci centri urbani dalla forte vocazione mercantile e manifatturiera, imprenditorialmente capace e ricco di risorse finanziarie, si contrapponeva un Sud in prevalenza agricolo, dipendente economicamente dai mercanti forestieri e governato da una monarchica ritenuta troppo forte nei confronti delle comunità urbane e troppo debole nei confronti della feudalità. Sul tema del dualismo si limita il rinvio al volume miscellaneo *Alle origini del dualismo italiano*. Sul riavvicinamento delle "due Italie" in età aragonese, si veda Abulafia, *Signorial Power in Aragonese Southern Italy*, pp. 173-192.

170. Tognetti, *Uno scambio diseguale*, pp. 461-490; e Id., *L'economia del Regno di Napoli*, pp. 757-768.

dal dibattito storiografico, il Mezzogiorno è stato a lungo segnato da un sistema poco integrato di scambi tra economie del Nord ed economie del Sud, a tutto vantaggio dei mercanti forestieri ampiamente inseriti nella vita e nella società meridionale, è pur vero, d'altro canto, che tali presenze si sono tradotte in interessanti occasioni di stimolo per lo sviluppo dell'economia locale, incrementandone i livelli di produttività, favorendo il potenziamento di alcune colture e la costituzione *in loco* di nuove aziende. Sebbene con vocazioni ed esiti differenti, alle diverse province del Regno si deve senz'altro riconoscere la capacità di un'economia di eccedenza, che è, a buona ragione, anche una "economia concorrenziale", almeno per quanto riguarda la produzione agricola e il suo indotto. Richiamando alcune considerazioni di Raffaele Licinio, risulta evidente che, quando si produce non solo, e non più, per il fabbisogno interno «ma per il mercato», e per «un mercato che ha caratteri sovraregionali, si è fuori da un'economia di mera sussistenza», si possono offrire le eccedenze produttive, si può «utilizzare, immagazzinare e vendere scorte»,[171] e si può, ancora, essere più che competitivi, oltre che indispensabili, specialmente se si offre risposta a una domanda in forte crescita.

È in particolare la commercializzazione dei grani – settore trainante dell'economia regnicola sin dalla metà del XIII secolo –, unita a una vivace produzione a livello locale, regionale e interregionale di vari generi alimentari, come olio, vino, carni salate, zafferano, formaggi e legumi, a fare da pungolo alla dilatazione del sistema degli scambi. Al già vivace commercio interno nuove e maggiori opportunità saranno offerte dalla più generale ripresa economica quattrocentesca, assecondata nel Regno da una monarchia accorta ai processi in atto, ai quali, tra l'altro, «collegò la costruzione e l'ammodernamento dello Stato», promuovendo, in pari tempo, iniziative volte a una più «intensa ed estesa commercializzazione della sua economia».[172] Vanno lette in questa direzione l'espansione del circuito fieristico regionale e locale,[173] l'istituzione di nuovi empori franchi e l'abolizione di un discreto numero di passi (punti obbligati di transito delle mer-

171. Licinio, *Masserie medievali*, p. 237.

172. Del Treppo, *Stranieri nel Regno di Napoli*, p. 208.

173. Sulla dilatazione del sistema fieristico regionale, si veda ancora Sakellariou, *Southern Italy in the Late Middle Ages*, pp. 191-215; ed Ead., *Demography, Economy, and Trade*, pp. 78 e 83. Sull'argomento sia inoltre consentito il rinvio anche a Petracca, *L'espansione del circuito fieristico regionale*, pp. 449-469 ed Ead., *The Trade Fair Network in Apulia.*

ci), ritenuti abusivi e per questo sottratti al controllo della feudalità.[174] Si andava così a incidere positivamente sulla circolazione dei prodotti locali, sulle capacità economiche e sulle potenzialità di sviluppo delle regioni meridionali, in particolare di quelle città e di quei centri, persino minori, brulicanti di mercanti, sensali, affaristi e banchieri, per la gran parte forestieri, ma con sempre più frequenza anche regnicoli.

L'interazione tra i due gruppi – i forestieri e i regnicoli – era facilitata dal ricorso ad appositi strumenti che rispondevano a differenti tipologie di transazione economica. Uno di essi era il *baratto*, ovvero un'operazione polarizzata sullo scambio alla pari di una coppia di merci, l'una contro l'altra, generalmente molto diverse e spesso corrispondenti, da un lato, alla materia prima, dall'altro, al prodotto finito.[175]

In questo modo l'eccedente produzione agricola meridionale veniva indirizzata verso i tradizionali mercati di sbocco del Nord Italia, ma anche inserita nel più vasto circuito dell'economia capitalistica fiorentina. Il ricorso al baratto è stato a lungo interpretato come l'emblema dello sfruttamento delle risorse locali da parte degli operatori forestieri, sebbene lo stesso non implicasse, necessariamente, la totale eliminazione della moneta, che continuava a essere utilizzata per indicare il valore delle merci e per saldare i conti.[176] L'importanza di questa transazione per l'economia del tempo si evince in modo chiaro dalle parole di un esperto come il già citato Cotrugli, che definiva il baratto «la prima et principal parte de la mercatura», aggiungendo che «fu trovato per cagion de la commodità de le parte, come per manifesti exemplii ogni giorno vegiamo».[177]

Per quanto non si possano sottovalutare le alte competenze tecniche dei fiorentini, la loro maggiore capacità imprenditoriale e una maggiore vocazione al rischio – fattori ai quali si aggiungeva poi l'ampia disponibi-

174. Del Treppo, *Il Regno aragonese*, pp. 162-164; Dalena, *Passi, porti e dogane marittime*; Id., *Diritti e funzionari di passo*, pp. 251-270; Sakellariou, *Southern Italy in the Late Middle Ages*, pp. 169-175.

175. Sul baratto e sull'incetta, di cui si dirà a breve, praticati nel Mezzogiorno dai fiorentini, si vedano Melis, *Napoli e il suo Regno nelle fonti aziendali toscane*, pp. 367-388: 371-384; Del Treppo, *Stranieri nel Regno*, pp. 179-233, e Feniello, *Marchandises et charges publiques*, pp. 55-119. Interessanti considerazioni sono anche in Dini, *Arezzo intorno al 1400*, in particolare p. 72: «il baratto costituisce, nel Medio Evo, un mezzo per imporre i propri prodotti (in genere quelli italiani) in cambio delle materie prime offerte da mercanti stranieri».

176. Pinto, *Firenze medievale e dintorni*.

177. Benedetto Cotrugli, *Libro de l'arte de la mercatura*, p. 55.

lità di mezzi e capitali –, da cui inevitabilmente derivavano più lauti guadagni, il baratto rappresentava una valida opportunità anche per gli operatori meridionali, giacché si traduceva in «un eccezionale modo di valorizzare la produzione locale di materie prime, di cui il Regno abbondava».[178]

Altro importante strumento della pratica mercatile era l'*incetta*, che comportava l'istituzione di una società temporanea tra più mercanti interessati ad acquistare grandi quantità di un unico prodotto (generalmente il grano, ma anche l'olio, il vino, la seta, la lana, lo zafferano, il sapone, ecc.). L'acquisto era ovviamente finalizzato a una successiva rivendita sul mercato internazionale che avrebbe consentito guadagni più vantaggiosi. Sul piano giuridico, questo tipo di operazione commerciale, frequentemente adottata da mercanti e affaristi toscani, specie fiorentini e pisani, implicava una ragione sociale più ampia e complessa della singola azienda, perché consentiva di allargare la partecipazione ad associati esterni, i quali, in genere, o si muovevano a stretto contatto con le realtà locali o erano essi stessi operatori indigeni, esperti delle specifiche situazioni territoriali e merceologiche. Di conseguenza, laddove i forestieri contribuivano alla buona riuscita dell'azione commerciale in termini di capitali e competenze organizzative, i locali fornivano la base logistico-operativa e la conoscenza diretta dei luoghi. L'esercizio di una sì fatta azienda, per quanto circoscritto nel tempo (limitato a una sola volta nel corso dell'anno), assicurava ampi margini di profitto a quanti si rifornivamo nel Regno, ma apportava altresì vantaggi in termini di opportunità e crescita anche al mercato interno, così promosso a livello nazionale e internazionale, e ai suoi operatori. Se dunque l'apporto delle regioni meridionali influì in maniera determinante sulle fortune economiche dei fiorentini, la loro massiccia e operosa presenza si rivelò di primaria importanza per lo sviluppo dell'economia regnicola. Intercettata la domanda del mercato estero, i forestieri imprimevano una forte sollecitazione alle attività locali connesse alla produzione e alla distribuzione di derrate agricole e materie prime, generando valore aggiunto e ricchezza.

Non si dimentichi, però, che le incette di generi di prima necessità, come i prodotti cerealicoli, si prestavano più di altre a speculazioni molto vantaggiose, e soprattutto in caso di carestie o guerre, quando, in concomitanza con l'aumento della domanda, ma abbassandosi i livelli di quantità dell'offerta, i prezzi subivano una forte impennata. A soffrire

178. Del Treppo, *Stranieri nel Regno di Napoli*, p. 215.

maggiormente il peso di questa situazione erano soprattutto le fasce più deboli della popolazione che vedevano drasticamente diminuire il loro potere d'acquisto, motivo per cui l'incetta del grano, che andava spesso a costituire un regime di monopolio o di semi-monopolio provocando artificiosi rincari, era condannata da teologi e predicatori, come, ad esempio, Bernardino da Siena.[179] Ben informato sulla natura di certe operazioni commerciali e finanziarie, e attento osservatore della vita economica del tempo, Bernardino nelle sue prediche metteva in guardia sui rischi della speculazione e sulla pericolosità, anche sociale, di alcune tipologie di contratto, dietro cui si celava assai di frequente l'usura.[180]

Ma, nonostante ciò, l'accaparramento "forestiero" di ingenti quantità di prodotti agricoli continuava a rappresentare un'occasione per l'economia locale. Ne sono prova le grandi incette del grano, della seta e dello zafferano, in particolare, in cui si ritrovò coinvolto l'intero Mezzogiorno. Navi regnicole, catalane, ragusee e biscagline, soprattutto, solcando l'Adriatico, lo Jonio e il Tirreno, facevano scalo nei numerosi porti e caricatoi (insenature adatte ad accogliere imbarcazioni di piccola portata, attracchi minori e basi di appoggio), che fungevano da sbocco a mare per la produzione dell'entroterra destinata all'esportazione e incanalata lungo le direttrici del traffico internazionale.

Tra le principali aziende di operatori regnicoli spicca quella di Loise e Francesco Coppola, che partecipano, dividendo a metà utili e perdite, alle incette del grano e dell'olio organizzate dalla compagnia degli Strozzi soprattutto in Puglia.[181] Altrettanto attiva risulta la ditta del fiorentino Antonio de Beccuti di Cosenza, coinvolto nell'incetta della seta, attorno al quale ruota uno stuolo di produttori e piccoli operatori locali. Dalla Campania, in particolare dai porti di Torre Annunziata e Castellammare, partono invece ingenti carichi di nocciole.

Attraverso i *Giornali* del banco, e incrociando le informazioni contenute nei libri di *Ricordanze*, possiamo avere prova dell'alto grado di coinvolgimento e di inclusione delle regioni meridionali nel sistema internazionale degli scambi. I più tradizionali rapporti biunivoci intercorsi tra operatori forestieri e mercati di approvvigionamento o di spaccio re-

179. Bernardino da Siena, *Opera omnia*, p. 153.

180. Bazzichi, *Il modello socio-economico nel pensiero*, pp. 51-62: 61-62.

181. Del Treppo, *Il Regno aragonese*, p. 179; *Libro giornale 1476*, cc. 9v, 49v, 117v e 146v.

gnicoli si aprono a una più organica circolarità di uomini e di merci che raggiunge spazi sempre più ampi e distanti, coinvolge specializzazioni e operatori diversi, e attinge sempre più spesso al mercato del credito. Cresce, di conseguenza, il numero delle piazze internazionali che entrano in contatto con la produzione meridionale, veicolata dagli Strozzi, dai Medici, dagli Inghirami, dai Grimaldi, dai Lomellini e da altri mercanti ancora, che, pienamente inseriti nei circuiti della grande distribuzione, ne scandiscono ritmi, tempi, modalità e regole.

### 3.6. *I mercanti stranieri: i catalani*

Tra gli stranieri, e in assoluto su tutte le componenti del sistema economico attive nel Regno – ad eccezione dei toscani, il cui volume d'affari registra un significativo incremento –, spicca soprattutto la presenza dei catalani. Lo dimostrano chiaramente i dati delle tabelle in Appendice (1 e 2), che riportano 91 mercanti e 4 patroni di nave, relativamente ai clienti del banco nel 1473, e 51 mercanti e 2 patroni marittimi nel 1476. Anche in questo caso, estendendo il computo ben oltre gli intestatari di conto corrente, le cifre tenderebbero, e non poco, a lievitare, a conferma di quanto la presenza catalana fosse profondamene radicata nel locale tessuto sociale ed economico.[182]

Se volessimo risalire alla prima fase di penetrazione dei mercanti e degli armatori catalani nella capitale del Regno e su buona parte del territorio di quest'ultimo, dovremmo fare un salto indietro e tornare ai tempi di Roberto d'Angiò e della sua seconda moglie Sancia di Maiorca, sposata nel 1304. La loro corte, promotrice di intense relazioni diplomatiche con i paesi della Corona aragonese, aveva richiamato l'attenzione di un cospicuo numero di connazionali della regina, attratti, tra l'altro, dalle opportunità di guadagno offerte dalle piazze regnicole e, in particolare, tirreniche.[183] Lungo il litorale campano e calabrese le compagnie catalane si distinsero per l'efficienza dei servizi di trasporto forniti nel breve, medio e lungo cabotaggio da un porto all'altro.

182. Sulla presenza catalana nel Regno, dalla conquista alfosina alla fine della dinastia aragonese di Napoli, si vedano, oltre ai classici studi di Del Treppo, *I mercanti catalani e l'espansione della Corona* e *Stranieri nel Regno di Napoli*; i contributi di Cruselles Gómez, J.M. Cruselles, *Valencianos en la corte napoletana de Alfonso*, pp. 875-897, e Feniello, *Catalani a Napoli nel XV secolo*, pp. 33-45. Utile anche il rinvio al volume miscellaneo *La Catalogna in Europa, l'Europa in Catalogna.*

183. Del Treppo, *I mercanti catalani e l'espansione della Corona*, p. 187.

Con l'avvento della dinastia aragonese la presenza catalana nel Regno raggiunse il suo apogeo. Il Mezzogiorno continentale, conquistato da Alfonso V d'Aragona nel 1442, entrò a far parte della confederazione catalano-aragonese, integrandosi nel suo spazio politico ed economico.[184] I catalani pronti a trasferirsi stabilmente a Napoli, come in altri centri del Sud Italia, erano soprattutto funzionari pubblici e mercanti. Molteplici apparivano le possibilità di reclutamento e di carriera nei gangli dell'amministrazione statale e altrettanto vantaggioso per gli uomini d'affari risultava l'inserimento nei canali distributivi del mercato napoletano, prospero sul piano della produzione agricola, ma ancora troppo povero di risorse manifatturiere e di iniziative mercantili e imprenditoriali.

Napoli iniziò a rappresentare una tappa obbligata nelle rotte del commercio catalano in partenza e in arrivo da Barcellona; la sua piazza divenne uno dei principali centri di spaccio dei prodotti iberici e, in particolar modo, dei panni confezionati in Catalogna, che andavano progressivamente a sostituire quelli di fattura fiorentina, così come del sale estratto a Tortosa e, soprattutto, a Ibiza.[185] La massiccia immissione di operatori catalani, provenienti in particolare da Barcellona, Perpignano, Valencia o Maiorca, e il favore accordato loro da Alfonso comportarono evidenti cambiamenti anche in seno ai consolati istituiti a Napoli, Gaeta, Castellammare, Scalea, Tropea e presso altre comunità del Mezzogiorno. La carica di console, infatti, alla cui giurisdizione erano sottoposti tutti i catalani attivi in queste piazze, non fu più ricoperta esclusivamente da personaggi di spicco del locale mondo politico ed economico, ma divenne prerogativa degli stessi catalani, certo più accorti nel salvaguardare gli interessi dei loro connazionali.[186] Compito di queste istituzioni era quello di migliorare e regolamentare le transazioni, diminuendo i rischi e aumentando le probabilità di riuscita negli affari, ma anche accogliere e facilitare l'esperienza all'estero dei propri membri, attraverso la promozione di mirati interventi d'integrazione e la costruzione di reti di solidarietà sociale, oltre che fungere da punto di raccordo e di riferimento per le attività diplomatiche di ufficiali e ambasciatori in missione.[187] Altro aspetto non trascurabile delle funzioni svolte

184. Del Treppo, *Stranieri nel Regno di Napoli*, pp. 179-233: 205.

185. Sulle saline di Tortosa e Ibiza, si rinvia ad Anatra, *Il sale nel Mediterraneo bassomedievale*, pp. 571-580.

186. Del Treppo, *Stranieri nel Regno di Napoli*, p. 205.

187. Sui consolati catalani all'estero si veda Carrère, *Barcelona 1380-1462*, pp. 134-141.

dai consolati catalani riguarda l'attenzione rivolta a tutelare l'intrinseco *modus operandi* dei propri affiliati, che prediligevano accordi societari di breve durata, come la *commenda*, costituita generalmente per finanziare i commerci marittimi della durata di un singolo viaggio,[188] la diversificazione dei negozi e delle rotte, e una configurazione piuttosto composita della società mercantile, che andava a includere professionalità diverse aprendosi anche a patroni di navi e marinai.[189]

Negli anni Quaranta del Quattrocento le tendenze autarchiche e protezionistiche, che avevano già preso il sopravvento nella politica e sul mercato iberici, alimentando una forte ostilità nei confronti degli operatori stranieri, *in primis* gli italiani e tra questi soprattutto i fiorentini, si diffusero anche in area napoletana, complice la guerra dichiarata nel 1447 da Alfonso a Firenze.[190] Le ostilità produssero effetti sul piano politico e militare, ma ebbero ripercussioni anche in ambito economico-finanziario, dal momento che i mercanti fiorentini e quanti originari delle città loro alleate vennero considerati *hostes publici* e per questo espulsi da tutti i domini aragonesi.[191] Il provvedimento, ribadito nel 1451, imponeva l'evacuazione e la chiusura di ogni attività a gestione fiorentina; furono revocati anche i salvacondotti di uomini d'affari che avevano in precedenza finanziato la conquista aragonese di Napoli (come Giovanni Bandini, Paolo di Paolo Rucellai, Zanobi Peruzzi, Bernardo Buondelmonti e molti altri ancora).[192] Per di più si proibiva a tutti i sudditi della Corona di partecipare in attività societarie e commerciali con i fiorentini, nonché di ricevere prestiti, pagare cambi e depositare beni presso i loro banchi.

Sul fronte partenopeo, il vuoto venutosi a creare con l'allontanamento degli affaristi fiorentini, pienamente inseriti nei circuiti finanziari e del mercato internazionale, venne colmato dal progressivo e sempre più robusto inserimento della componente aragonese, rappresentata soprattutto da catalani e valenzani. Contestualmente anche alcune riconversioni produttive contribuivano a dettare gli indirizzi strategici della politica economica di Alfonso. Mentre, infatti, a Barcellona il comparto manifatturiero legato

188. Fornasari, *La banca, la borsa, lo Stato*, pp. 32-33.

189. Soldani, *Comunità e consolati catalanoaragonesi in Toscana*, pp. 257-284: 282.

190. Soldani, *Alfonso il Magnanimo in Italia*, pp. 267-324.

191. Cfr. la pragmatica sanzione *super expulsione florentinorum* del 17 dicembre 1447: ACA, C, reg. 2894, ms., cc. 145r-146v; citata in Del Treppo, *I mercanti catalani e l'espansione della Corona*, p. 323.

192. Soldani, *Uomini d'affari e mercanti toscani*, pp. 302-303.

alla produzione dei panni di lana, in concorrenza con in fiorentini (ma anche con l'industria fiamminga), si orientava nella direzione di un innalzamento degli standard di qualità del prodotto finale, il sovrano aragonese tracciava, nel 1449 e sempre dal capoluogo catalano, le linee programmatiche del suo piano d'intervento che, ispirato ancora a logiche di tipo protezionistico, faceva leva sullo scambio reciproco e integrato lungo l'asse Barcellona-Napoli.[193] Tra le misure adottate, le più cariche di conseguenze riguardavano il divieto di importare nei domini della Corona aragonese panni di lana di produzione straniera, l'obbligo di ricorrere per i trasporti ai soli servizi nazionali (vale a dire catalano-aragonesi), il potenziamento della flotta mercantile di grosso tonnellaggio (funzionale al contenimento dei costi di noleggio) e, da ultimo – ma certo non meno significativo –, il divieto per i regni iberici di rifornirsi di grani o di altri prodotti agricoli che non provenissero dai domini occidentali della Corona (dalla Sicilia, dalla Sardegna e dal Regno di Napoli). Il disegno era abbastanza chiaro. Da un lato, si andava a promuovere lo sviluppo di due dei principali settori produttivi dell'economia catalana: l'industria tessile laniera e quella dell'armamento nautico; dall'altro, in un'ottica di mutua e reciproca collaborazione, si sosteneva la produzione agricola di gran lunga prevalente nei regni italici, convertiti in vero e proprio granaio di quelli iberici.[194]

Immediata conseguenza di tali provvedimenti fu la piena conquista del mercato napoletano da parte dei catalani, massicciamente presenti anche nei centri nevralgici della finanza e della politica. Il loro processo di infiltrazione non si arrestò con la morte di Alfonso, ma proseguì pressoché immutato ancora sotto il figlio Ferrante, sebbene la successione avesse comportato la separazione del Regno di Napoli dal complesso dei domini aragonesi, inclusa la Sicilia.[195]

Al tempo di Ferrante i catalani occupavano i vertici dell'amministrazione finanziaria dello Stato e, digradando nella scala gerarchica degli uffici, risultavano nondimeno presenti nei diversi settori del pubblico impiego. Dal centro alla periferia, funzionari di origine catalana ricoprivano le cariche di capitano, castellano, credenziere di fondaco,

193. Per la politica economica della Corona aragonese, si vedano Del Treppo, *I mercanti catalani e l'espansione della Corona*, pp. 596-605; Igual Luis, *Los grupos mercantiles y la expansión politica de la Corona*, pp. 9-32: 13-17.

194. Del Treppo, *I mercanti catalani e l'espansione della Corona*, pp. 602-603.

195. Del Treppo, *Stranieri nel Regno di Napoli*, p. 207.

tesoriere, doganiere, maestro portolano e via discorrendo. Tra i più fidati collaboratori del sovrano, sin dai suoi primi giorni di regno, c'erano – lo si è già visto – i catalani Pascasio Diaz Garlon, percettore generale, guardarobiere maggiore e castellano di Castelnuovo ininterrottamente sino al 1499, e il responsabile della tesoreria generale e della dogana maggiore di Napoli, Pere Bernat. Catalani erano anche il capitano della flotta regia, Galçeran de Requesens, investito dal 1465 della contea di Trivento, l'ammiraglio Bernardo Villamarino e il regio conservatore dell'arsenale di Napoli, Jaume Calatayud;[196] così come lo erano alcuni dei più affidabili ambasciatori (si pensi, ad esempio, ad Antoni Gaço e Garçia Betes)[197] e il già citato intermediario e procacciatore di prestiti per conto della Corona, Guillèm Marc Cervelló, il quale, giunto a Napoli nel 1447 da mercante e sensale, si era specializzato nelle pratiche cambiarie, i traffici finanziari e la fornitura di credito, ricavandone ingenti guadagni. E ancora, tra i tanti nomi di ufficiali catalani, si possono ricordare quelli del segretario regio Franzì Scales – al quale è dedicata l'VIII novella del *Novellino* di Masuccio Salernitano –, di Joan Puig Oliver, Joan de Guares, Guillem Candell e Miquel de Bellprat, tutti maestri razionali della Regia Camera della Sommaria, e quello di un altro esponente della famiglia de Bellprat, Simonot, che ricopriva invece la carica di tesoriere dell'armata navale regia.

Al radicamento di elementi catalani nell'apparato di governo e nel tessuto finanziario ed economico napoletano – fenomeno, quest'ultimo, che risulta ben distribuito su tutte le fasce sociali, dal banchiere al piccolo prestatore o bottegaio – si affiancava quello di importanti casate nobiliari, come i Centelles, i d'Avalos e i Guevara, i cui discendenti, attratti dalla prospettiva di nuove acquisizioni feudali, si erano trasferiti nel Regno al seguito di Alfonso, vedendo così accrescere il proprio patrimonio e le proprie fortune.

Per tornare più precisamente alla componente mercantile, se, e soprattutto nei primissimi anni di regno, Ferrante si era limitato a rispettare e confermare mediante la pratica del privilegio il ruolo di preminenza giocato sulla piazza napoletana dagli operatori catalani, a partire dal 1465 circa il suo atteggiamento iniziò a rivelarsi meno accondiscendente. Una maggiore attenzione per le sorti dell'economia locale, rilanciata attraverso

196. Del Treppo, *La marina napoletana nel Medioevo*, p. 44.

197. Sul coinvolgimento dei catalani nell'ambito della mediazione politica tra gli Stati, si rinvia a Senatore, *La cultura politica di Ferrante*, pp. 113-138.

l'istituzione dell'Arte della Lana e dell'Arte della Seta,[198] lo spingeranno a prendere misure protezionistiche anche nei riguardi degli stessi catalani. Nel 1477, infatti, sarà loro proibito lo smercio di tessuti di modesta qualità sui mercati del Regno, dove nel frattempo stava dando i suoi primi, ma già proficui frutti, la neonata "industria" napoletana. La risposta d'oltremare però non si fece attendere. Imprenditori, tessitori e mercanti catalani lamentavano le inevitabili ricadute del divieto in termini di produzione e di profitti. Il *pressing* di trattative e suppliche all'indirizzo di Ferrante fu tanto e tale che il provvedimento venne revocato nel giro di pochi mesi, senza incidere in maniera significativa sulla posizione dei catalani nel Regno.[199]

Esaminando ora più nel dettaglio i protagonisti dell'economia e della finanza catalana, diciamo subito qualcosa sulla natura dei loro affari. Dediti – lo si è visto – soprattutto alla distribuzione di panni di loro fabbricazione (prodotti in prevalenza nell'area di Barcellona, Perpignano, Maiorca e Valencia), smerciano anche grosse quantità di panni di fattura inglese, francese e genovese. Sono pienamente inseriti nel commercio degli schiavi, del vino e del corallo, e prestano le loro competenze anche al servizio del mercato regnicolo interno, vendendo, ad esempio, sulle piazze locali riso calabrese o panni aquilani.[200]

Rispetto alla generazione di mercanti giunta al tempo di Alfonso, quella che vive appieno gli anni Settanta del XV secolo sembra sviluppare un rapporto più partecipato e immersivo con la realtà regnicola. Senza alcuna recisione dei legami con la terra d'origine – anche se le relazioni marittime tra Napoli e Barcellona avevano già iniziato a registrare un discreto calo –, i catalani presenti nel Regno eleggono sempre più spesso quest'ultimo a propria residenza, affiancando alla più consueta attività commerciale e marittima, cariche amministrative e responsabilità politiche.

Altrettanto avviato e proficuo risulta il loro coinvolgimento nel mercato finanziario e del credito, pubblico e privato. Anche in questo caso, il ridimensionamento del tradizionale primato fiorentino, imposto dalle politiche economiche perseguite dal Magnanimo (almeno fino alla tardiva adesione, nel gennaio del 1455, alla Lega italica, che imponeva l'abbandono della linea autarchico-protezionistica e la riapertura di tutti i mercati aragonesi

198. Cfr. *infra*, pp. 138, 198 e 200-207.
199. Del Treppo, *I mercanti catalani e l'espansione della Corona*, pp. 249-250.
200. Ivi, pp. 251-252.

alla concorrenza extra-regnicola), aveva contribuito ad accrescere le prospettive di successo della componente catalana.[201]

Se appare difficile ogni tentativo di effettuare un conteggio degli operatori economici che, senza aprire necessariamente un banco, praticavano il credito al minuto nei confronti dei propri clienti (piccoli rivenditori, modesti mercanti, artigiani, ecc.), piuttosto esiguo, sulla scorta delle categorie proposte da Raymond de Roover, risulta il numero dei cosiddetti "banchi grossi" gestiti a Napoli da catalani.[202] Tra quelli ai quali possiamo sicuramente riconoscere la prestazione di servizi di deposito, prestito e contrattazione di lettere di cambio con piazze e operatori finanziari a livello internazionale – cifra distintiva del grande banchiere – al tempo di Ferrante se ne possono annoverare essenzialmente due: il banco di Joan Martines, attivo nei primi anni di regno, e il banco di Joan Calatayud, aperto nel 1478.[203]

Congiuntamente alla mercatura, dunque, la stragrande maggioranza degli operatori era coinvolta in piccole attività finanziarie e creditizie che praticava avvalendosi della perizia e degli strumenti tecnici di altri mercanti-banchieri, soprattutto fiorentini, ma anche napoletani, titolari in città di aziende di credito che interagivano col banco degli Strozzi. I movimenti di denaro, trasversali ai diversi ambienti sociali, testimoniano l'ampio ricorso al capitale catalano, di cui si serviva, di frequente, la stessa corte regia per esigenze di liquidità, pagamenti in contanti e anticipazioni di numerario, necessari, ad esempio, per stipendiare le genti d'arme, saldare un debito o provvedere alle varie esigenze di gestione interna. È stato calcolato che nel 1464 risiedevano nel Regno non meno di 140 catalani impegnati in attività finanziarie e creditizie, con tassi di interessi anche oltre il 20%.[204] Tra i prestatori della Corona maggiormente ricorrenti nella documentazione strozziana si ricordano, in particolare, Galçeran Martì, i fratelli de Besalù, la società di Raymond Perez e Joan Vidal e quella dei Benet.

Galçeran Martì, mercante attivo a Napoli a cavallo tra gli anni Settanta e gli Ottanta, risulta principalmente dedito alla vendita di panni maiorchini

201. Per alcuni esempi di mercanti-banchieri attivi a Napoli in età alfonsina, cfr. Silvestri, *Sull'attività bancaria napoletana*. Sul ruolo dei banchieri catalani, cfr. Patroni Griffi, *Banchieri e gioielli alla corte aragonese*, in particolare le pp. 31-43; Igual Luis, *Entre Valencia y Nápoles. Banca y hombres de negocios*, pp. 103-143; Navarro Espinach, Igual Luis, *La tesorería general y los banqueros*, pp. 257-269.

202. de Roover, *Il banco Medici*, pp. 13-18.

203. Del Treppo, *I mercanti catalani e l'espansione della Corona*, p. 257.

204. Del Treppo, I *Catalani a Napoli e le loro pratiche con la corte*, pp. 31-112.

e valenziani; frequenta la fiera di Salerno e pratica assiduamente la tratta Napoli-Palermo.[205] La bontà dei servizi resi alla Corona gli varrà nel 1481 la nomina a doganiere del sale nella città di Napoli.[206] Anche i fratelli Francì e Rafael de Besalù, mercanti di Barcellona, intervengono in più di una occasione a sostegno delle finanze regie, e altrettanto fa la ditta di Raymond Perez in società con Joan Vidal. Abituali frequentatori della fiera di Salerno, i due uomini d'affari immettono panni di lana sul mercato regnicolo e si approvvigionano di grani da smerciare sulle piazze egiziane e tunisine. Al pari di numerosi altri connazionali, anche il Perez beneficiò della prodigalità di Ferrante e in seguito del figlio Federico, che lo investirono, rispettivamente, delle cariche di maestro portolano di Puglia e castellano di Cosenza, il primo, e di tesoriere provinciale di Calabria Citra, il secondo. E infine, tra le società commerciali più dinamiche – anche se, in realtà, la lista degli operatori catalani che si interfacciarono con la Corona per attività finanziarie sarebbe ancora molto lunga – si ricorda la ditta dei fratelli Luis e Miquel Benet, cui si aggiunse in un secondo momento la partecipazione del figlio di quest'ultimo, Pere Benet, particolarmente attivi sulle piazze di Napoli e Salerno.[207]

Altrettanto rilevante fu il ruolo dei catalani nel prospero mercato delle assicurazioni. Scorrendo le partite dei *Giornali*, infatti, i loro nomi tornano con particolare frequenza in occasione di richieste di credito destinate a coperture assicurative, che gli stessi, accettato il rischio, provvedevano ad anticipare, contribuendo, in tal modo, a decretare il successo della piazza assicurativa napoletana. Ai catalani Bernardo Zologl e Joan Taverner si rivolge, ad esempio, la ditta di Loise e Francesco Coppola per assicurare la baleniera di Franzì Benet (anche lui catalano);[208] e ancora, in contratti assicurativi siglati per garantire un risarcimento in caso di danni arrecati alla baleniera nominata *Dimbarrea*, risulta più volte coinvolto il mercante e armatore Franzì Salvador, rappresentato, come suo procuratore, ora da Valerio Marc Discer, ora da Felip Sabater. Assicuratori del medesimo naviglio sono anche Guillem Salavert, Guillem Pasqual, Galçeran Santo Angelo, Franzì de Spla, Gaspar Gibert, Jaume Alemagni, Bernardo Salvador, Franzì Alfonso, Nicolau Servera, Jaume Traginer e il già richiamato

205. Sulla fiera di Salerno e più in generale sulle fiere gravitanti sulla costa tirrenica, si veda Grohmann, *Le fiere del Regno di Napoli*, pp. 206-234.

206. Del Treppo, *I mercanti catalani e l'espansione della Corona*, pp. 257-258.

207. Ivi, p. 259.

208. *Libro giornale 1476*, cc. 5r, 6v, 21r, 29v, 56v, 89v, 98r, 111r, 131r, 145v, 172v, 173r e 189r.

Raymond Perez, tutti catalani. Gli stessi Filippo e Lorenzo Strozzi vi facevano ricorso per la sottoscrizione di alcune polizze che avrebbero dovuto salvaguardare importanti carichi diretti o in partenza da Napoli.[209]

Non meno significativa, come già anticipato, fu la presenza catalana nel settore nautico e degli armamenti. Si ricorda infatti che, nonostante la monarchia, prima angioina e poi aragonese, avesse decisamente favorito e incentivato lo sviluppo di una marina napoletana da guerra, nella quale far confluire le competenze tecniche, le energie umane e le risorse economiche delle diverse province del Regno, e malgrado gli sforzi compiuti dalla stessa per dotare la capitale di aree attrezzate per l'ormeggio e l'attività cantieristica, come moli e arsenali (la cui funzione era quella di ospitare i lavori di costruzione, allestimento e riparazione dei navigli, nonché provvedere alla loro conservazione e custodia), il movimento portuale di Napoli resterà a lungo dominato dalle marinerie straniere.[210] Fenomeno, questo, che appare ancor più evidente se consideriamo la sfera d'azione, piuttosto limitata, e la natura dei traffici – essenzialmente di cabotaggio – che caratterizzavano l'operatività della marina mercantile regnicola. E difatti, mentre piccole imprese di armatori locali, proprietari e patroni soprattutto di piccoli natanti (semplici barche o saettie di non più di una decina di tonnellate), operavano da costa a costa sulle brevi tratte, le grandi correnti del traffico commerciale mediterraneo erano battute da imbarcazioni di maggior tonnellaggio (navi, baleniere, galee e saettie grosse) che issavano quasi sempre bandiere straniere. Alla flotta catalana, in particolare, spettò il compito sotto gli Aragonesi di traghettare il Regno di Napoli nel "mercato comune" dei regni iberici e di coprire le distanze che intercorrevano fra le principiali piazze del commercio internazionale, il cui baricentro si era da tempo spostato, abbandonando il versante orientale (gravitante attorno al mondo greco-bizantino-islamico) per quello occidentale (inglobato nel campo di influenza franco-provenzale, italico e catalano-aragonese).[211] Al potenziamento della flotta, da guerra e mercantile, provvede ovviamente la stessa tesoreria regia.

209. Del Treppo, *I mercanti catalani e l'espansione della Corona*, p. 261 e nota 297.

210. Degni di nota sono soprattutto gli interventi promossi al tempo di Roberto d'Angiò, quando venne ultimato, nel 1309, un nuovo arsenale, presto ampliato fino a contenere 24 edifici e, di seguito, affiancato dall'attività di due altri arsenali (uno allestito sulla spiaggia sottostante Castelnuovo, l'altro, più distante, costruito lungo il litorale di Moricino). Cfr. Del Treppo, *La marina napoletana nel Medioevo*, pp. 40-42.

211. Ivi, p. 40.

Lo fa Alfonso, che ordina tra il 1450 e il 1453 la costruzione di 3 galee grosse (o di mercato, dette anche galeazze), di altre 2 galee e di 4 navi, di cui 2 definite *grosse*, la *Santa Maria e il Drago* e la *San Michele e l'Aquila*;[212] e lo fa Ferrante – come si dirà a breve –, a cui si deve, tra l'altro, l'ampliamento del più antico arsenale angioino.[213]

Chiara testimonianza del ruolo svolto dalla flotta catalana nel mercato dei noli sulle lunghe distanze proviene proprio dalla contabilità strozziana. Diversi proprietari e armatori di navigli (Jaume Calatayud, Tomás Argent, Simonot de Bellprat, Guillem Salavert, Nicolau e Lorenç de Pedralbes, Franzì Benet, Franzì Salvador, Joan Soler e Tommaso Tacchini) si rivolgono, ad esempio, al banco per coprire le spese destinate alla manutenzione delle rispettive imbarcazioni, al rifacimento di impianti e arredi di bordo, alle occorrenze dell'equipaggio e al rifornimento delle scorte (pane, biscotto, carne, vino, aceto e medicinali). Si tratta, ovviamente, di grandi armatori o di aziende armatoriali con disponibilità di mezzi, risorse materiali e tecniche, che operano spesso in società con la Corona e che sono in grado di reclutare ciurme e marinari, amministratori, capitani, comiti, scrivani e quanti necessari a comporre la «giente della nave», retribuita, alle volte, anche grazie alla liquidità erogata dagli Strozzi.[214]

Dopo l'armatore, proprietario o meno del naviglio di cui assumeva l'esercizio, per ordine di importanza (quando non ricoperto dalla medesima persona) veniva il ruolo di "patrono", che svolgeva invece le funzioni di capitano o comandante. Era suo compito rappresentare l'armatore, reclutare e remunerare il personale marittimo, dirigere le manovre di navigazione, vigilare sull'operato dell'intero equipaggio, assicurare il vettovagliamento e garantire la sicurezza a bordo, inclusa quella della merce trasportata. Se a disporre di un conto bancario tra i patroni di nave d'origine catalana risulterebbero – allo stato attuale delle fonti – solo quattro nominativi, e cioè Andreu Baracondat, Sancho di Samudia, Perotto Martì e Joan Soler, il dettato dei *Giornali* lascia comunque intravedere la parte avuta nel commercio marittimo da questi professionisti del mare e dalla loro flotta mercantile. Quest'ultima mostra, tra l'altro, in linea con le tendenze del tempo, una particolare propensione verso

212. Schiappoli, *Napoli aragonese*, pp. 25-26.

213. Del Treppo, *La marina napoletana nel Medioevo*, p. 44.

214. *Libro giornale 1473*, p. 268. Sui compiti di comiti e scrivani, si vedano: Falchetta, *Il trattato "De navigatione" di Benedetto Cotrugli*, pp. 15-334: 120 (*Dello comito*); e Filosa, *Lo «scrivano» dagli Ordinamenta maris*, pp. 259-270.

la costruzione di tipi nautici sempre più possenti e capaci.[215] Nel luglio 1473 un'apertura di credito a favore dei Coppola ci informa di un considerevole carico di sale trasportato grazie al noleggio di tre distinti navigli catalani: due *chalovere* (o caracche), una di Andreu Ferrier e l'altra di Bertomeu Beringhier, e una *vicha*, di cui era patrono Guillem Marchò.[216] Nello stesso anno altri catalani – proprietari e non delle navi che conducono – ricoprono la medesima carica, come Joan Soler, Perotto Martì, Bartomeu Ghitar, Franzì Pastor e Joan de Roncho, confermando il ruolo dominante della componente iberica nel settore della grande marineria e del trasporto mediterraneo. I dati a nostra disposizione avvalorerebbero infatti la tesi di una pressoché totale assenza della marina mercantile napoletana e regnicola dal mercato internazionale dei noli, cui, corrisponde, di conseguenza, il necessario ricorso del Mezzogiorno all'industria, ai mezzi, alle risorse e alle professionalità navali estere.[217]

Dati interessanti sulla composizione della flotta catalana emergono anche dal libro *Giornale* del 1476, che consente, tra l'altro, di azzardare una stima delle unità nautiche che costituivano l'armata regia, potenziata proprio in quegli anni e capitanata dal catalano Galçeran de Requesens. Di proprietà di quest'ultimo, ad esempio, era la galea chiamata *Rosa*, che aveva come patrono Jaume de Bellprat, sostituito in seguito da Perruzzo Gallego; una seconda galea del capitano era affidata al patrono Pasquale Agnio; e ancora un'altra, detta *Ferrandina*, aveva per patrono Luis Soler.[218] Il contingente regio includeva poi una baleniera di proprietà di Jaume Calatayud, il cui patrono era Bonaventura d'Alexio, una galea dello stesso Calatayud e una galeazza. Quest'ultima, armata con il contributo della ditta Coppola, era comandata da Matteo Coppola, figlio di Loise e fratello minore di Francesco,[219] ai quali si dedicherà un approfondimento specifico più avanti.

A questi navigli – come dimostrato dagli studi di Irma Schiappoli – se ne aggiungevano diversi altri, messi al varo tra il 1472 e il 1473, e cioè una fusta, una galeazza, una nave (capitanata da un altro catalano, Andreu Vilagut), otto galere sottili, realizzate nell'arsenale di Napoli, e ancora due

215. Sulle trasformazioni in atto nella cantieristica navale quattrocentesca, tendente al gigantismo, e cioè a sostituire i piccoli tonnellaggi con navigli di maggiore capacità, si rinvia a Musarra, *Medioevo marinaro*, p. 75 (e relativa bibliografia).

216. *Libro giornale 1473*, p. 504.

217. Del Treppo, *La marina napoletana nel Medioevo*, p. 43.

218. *Libro giornale 1476*, cc. 43v, 88r, 86v, 116v e 75v.

219. Ivi, cc. 5r, 23r, 103v, 200v, 72r e 146v. Per Matteo Coppola, vedi *infra*, pp. 167, 208, 221 e 272.

galeazze, denominate *Ferrandine*.[220] Il potenziamento della flotta regia richiedeva necessariamente la costruzione di nuove navi,[221] ma si realizzava anche attraverso l'espediente di acquistare da privati armatori una quota di proprietà dei loro navigli, con il vantaggio di contribuire solo in parte al soldo dell'equipaggio e alle spese di approvvigionamento. Non meno importanti ai fini dell'armamento erano la manutenzione e la riparazione delle imbarcazioni vecchie o malandate, che venivano interamente raddobbate, oppure demolite per ricavare materiali utilizzabili per nuove costruzioni. Così il 30 luglio 1476 il tesoriere Pere Bernat contrae col banco un debito di 50 ducati, che, versati sul conto del suo collaboratore Joan de Guares, serviranno a coprire le spese per l'*aconcio* (l'accomodatura) della galeazza del re nominata *Santermo*.[222] Causale pressoché simile, ma ancor più particolareggiata, ricorre in un'operazione conclusa il 10 maggio dello stesso anno tra il banchiere e l'armatore catalano Tomás Argent, che ottiene un prestito di 30 ducati per retribuire il lavoro delle maestranze impegnate a "calafatare" la sua nave.[223] I maestri calafati (Antonio di Ponte, Antonio Corso, Giovanni Paolo e Tanzo da Mare, che, nello specifico, ricevono una prima paga di 7 ducati e mezzo) si occupavano solitamente dell'impermeabilizzazione dello scafo, mediante l'uso di stoppa e catrame, e realizzavano i pali delle vele, chiamati antenne.[224]

Per un quadro d'insieme delle imbarcazioni che all'epoca solcavano il Mediterraneo fino al Levante, si sintetizzano nelle tabelle 6 e 7, riportate qui di seguito, i dati estrapolati da entrambi i *Giornali* del banco, immaginando che quelle per le quali non viene specificato alcun tipo di carico trasportato abbiano costituito il nerbo della marina militare o da guerra.[225]

220. Schiappoli, *Napoli aragonese*, p. 30.

221. Nel 1476, ad esempio, si ha notizia di una saettia commissionata da Simonot e Joan de Bellprat a mastro Cola di Jacopo di Roxa di Gaeta (*Libro giornale 1476*, c. 123r).

222. Ivi, c. 180r.

223. Ivi, c. 101v.

224. Sulle maestranze impiegate per la costruzione e l'acconcio dei navigli, si veda Balletto, *I lavoratori nei cantieri navali*, pp. 103-153. Per la costruzione navale, con particolare riguardo per l'area meridionale, si vedano: Colesanti, *La strategia navale dei principi di Taranto*, pp. 287-328: 291-299; Alaggio, Colesanti, *La construcción de embarcaciones en el reino de Nápoles*, pp. 271-288, e Petracca, *Il principe, la città, il porto*, pp. 83-93.

225. Sulle diverse tipologie di imbarcazioni e, in particolare, sulla marineria napoletana, si rinvia ancora a Schiappoli, *Napoli aragonese*, pp. 3-152, e Del Treppo, *La marina napoletana nel Medioevo*, pp. 32-46. Per una prospettiva più ampia, si rimanda invece a Tangheroni, *Commercio e navigazione nel Medioevo* e Musarra, *Medioevo marinaro*.

Tabella 6. Dati relativi al 1473

| TIPOLOGIA DI NAVIGLIO | ARMATORE/ PROPRIETARIO | PATRONO | TRATTA | CARICO |
|---|---|---|---|---|
| Baleniera | Re e Jaume Calatayud | Bonaventura d'Alexio (scrivano) | | |
| Baleniera | | Andreu Baracondat | Catalogna-Napoli | sale |
| Baleniera | Nicolau de Pedralbes | | Ibiza-Napoli | sale |
| Baleniera | Joan Chandegl | | Saragozza-Licata-Barcellona | |
| Baleniera | Gabriello Alamagn | | | |
| Baleniera | Raffaello Ghambacorta | | | sale |
| Baleniera di *San Gil* | | Antonio di Monte (scrivano) | | balle grosse di *bordate* |
| Caravella/ *Calovera* | Andreu Ferrier | Andreu Ferrier | Catalogna-Napoli | sale |
| Caravella/ *Calovera* | Bartomeu Beringhier | Bartomeu Beringhier | Catalogna-Napoli | sale |
| Galea | Sancho di Samudia | Sancho di Samudia | | schiave turche |
| Galea | Bertoldo Carafa | Matteo Restabuccio, corso, patrono; Sa Carafa di Barletta, (scrivano) | | |
| Galea detta *Capitana* | Miquel Fredera | | | |
| Galea francese | | Guglielmo La Croce | Palermo-Napoli | panni |
| Galea francese | | Tommaso Villagio | Napoli-Procida | bardature per cavalli |
| Galeazza | Re | Aniello Pierozzi | | |
| Galeazza | Re | | | |

| | | | | |
|---|---|---|---|---|
| Fusta | | Cola della Castella | | biscotto |
| Nave | Re | Andresicco Samaglio | diretta in Levante | |
| Nave | Re/Tommaso Tacchini | | | |
| Nave | Re | Franzì Pastor | | |
| Nave detta *Sant'Angelo* | Re | Francesco Sicarella (Cicharello) | | |
| Nave detta *Santa Croce* | Enrique Pérez de Guzmán, duca di Medina Sidonia | Luigi della Meschita | | |
| Nave *Santa Maria* | Re | | diretta in Levante | |
| Nave detta *San Sebastiano* | | Cicco Bonfiglio | | sale |
| Nave detta *San Michele* | | Francesco Saglocca, (scrivano) | | sale |
| Nave | Luigi Tortorino | Luigi Tortorino | | sapone per conto dei Coppola |
| Nave | Bartomeu Ghitar | Bartomeu Ghitar | | |
| Nave | | Giovanni de Angiol | Scio- Napoli | cuoio |
| Nave | Nicolau del Tamiser | Nicolau del Tamiser | | |
| Nave | Luciano Doria | | | |
| Nave | | Joan Soler | | |
| Nave | Felip Infante, maiorchino | Felip Infante, maiorchino | | formaggi |
| Nave | Arcinbas, messer | | Palermo-Napoli | panni |
| Saettia | | Cola Grasso di Pisciotta | | panni |

| | | | | |
|---|---|---|---|---|
| Saettia | Teramo da Brigha, genovese | Teramo da Brigha, genovese | Firenze-Napoli | panni |
| Saettia | Bandino de' Nerli | Bandino de' Nerli | Pisa-Napoli | melarance |
| Saettia | Guillem Salavert | Guillem Salavert | | |
| Saettia | Jacopo di Federico di Gaeta (forse il castellano) | Jacopo di Federico di Gaeta | Napoli-Monreale | scrigni |
| Saettia/ caravella | castellano di Gaeta | castellano di Gaeta | | |
| Saettia | Joan de Roncho | Joan de Roncho | Genova-Gaeta | |
| Saettia | Termo di Vitigha | Termo di Vitigha | Roma-Napoli | schiavi turchi |
| Saettia | Cola Bonfiglio di Lipari | Cola Bonfiglio di Lipari | | |
| Saettia grossa | | Piero di mastro Veniero da Porto Venere | Palermo-Napoli | panni |
| Vica | | Guillem Marchò | Catalogna-Napoli | sale |

Tabella 7. Dati relativi al 1476

| TIPOLOGIA DI NAVIGLIO | ARMATORE/ PROPRIETARIO | PATRONO | TRATTA | CARICO |
|---|---|---|---|---|
| Baleniera | Re e Jaume Calatayud | Bonaventura d'Alexio | Ibiza-Genova-Napoli | sale, biscotto, aceto |
| Baleniera | Franzì Benet | | | |
| Baleniera/ caravella nominata *Dimbarrea* | Franzì Salvador | | | |
| Caravella | Piscopo di Penna di Gaeta | | | |
| Galea detta *Ferrandina* | Galçeran de Requesens | Luis Soler | | |

| | | | | |
|---|---|---|---|---|
| Galea detta *Rosa* | Galçeran de Requesens | Jaume de Bellprat, Perruzzo Gallego | | |
| Galea | Galçeran de Requesens | Pasquale Agnio | Brindisi-Napoli | |
| Galea | Sanchio di Samudia | Sanchio di Samudia | | |
| Galea | Galçeran de Requesens | Pere Guillem Castigliar | | |
| Galea | Jaume Calatayud | | | |
| Galea | Simonot de Bellprat | Pere Planes, patrono; Luca Alfonso di Valencia (scrivano); Bartolomeo di Talla (comito) | Napoli-Catalogna | |
| Galea detta *Monaca* | | Nicolau Sabater | | |
| Galea/galeazza | Re | Matteo Coppola | Napoli-Alessandria-Palermo-Calabria | |
| Galeazza detta *Santermo* | Re | | | |
| Galee | Filippo Lomellino | | | |
| Saettia | Agostino di Laudato | | | |
| Saettia | Antonio d'Aviello | | | |
| Saettia | Antonello Darnano | | | |
| Saettia | Giuliano Donnamira | | | |
| Saettia | Jacobello Paccione | | | |
| Saettia | Bandino de Nerli | | | |
| Saettia | | Adexo, catalano | Calabria-Napoli | vino |
| Saettia | | Jacovazzo di Montano | | |

| | | | | |
|---|---|---|---|---|
| Saettia | | Paolo di Roberto | | |
| Saettia | | Cola Porcella di San Lucido | | |
| Saettia | Mariano d'Avanzo | Perillo delle Boffe | persa a Gaeta | |
| Saettia | Alessandro di Capri | | Calabria-Napoli | vino |
| Nave | Tommaso Tosingli | Andrea di Ragusa e Giovanni di Andrea di Ragusa | Puglia-Firenze | frumento |
| Nave | Paolo d'Andrea di Ragusa | Paolo d'Andrea di Ragusa | Trani-Porto Pisano | frumento |
| Naviglio | | Simone di Jacopo di Ragusa | Barletta-Napoli | frumento |
| Nave | | Giovan Bianco di Ragusa | | |
| Nave | | Michele di Giovanni Bianco di Ragusa | | |
| Nave detta *la Meschitta* | | Giannot Coll | | |
| Nave detta *Sant'Elmo* | Agostino de Onetto, genovese | | | frumento |
| Nave detta *Fogazza* | | | Puglia-Porto Pisano | frumento |
| Nave | Tomás Argent | | | |
| Nave | Joan Soler | Joan Soler | | |
| Nave | Loise e Francesco Coppola | | | |
| Nave | | Prosperandeo Parmaro, genovese | Levante-Napoli | |
| Nave | | Andrea di Giovanni Strozzi | Pisa-Genova-Tunisi | frumento |

| | | | | |
|---|---|---|---|---|
| Nave | | Dimitri Faga | Trani-Pisa, Manfredonia-Pisa | frumento |
| Nave | | Gregorio di Giara | Barlatta – Napoli | orzo, biscotto |
| Nave | | Giorgio di Agano | | |
| Nave | Giorgio Dragono | Giorgio Dragono | Fiandre-Napoli | panni e lane |
| Nave | | Francesco Sardo | Sardegna -Napoli -Pozzuoli | |
| Nave | Giovanni di Nicolò di Venezia | | | nocciole |
| Nave | Jacopo Soligo | | | |

## 3.7. *Artigiani e bottegai*

Meno numerosi rispetto ai mercanti e al personale degli uffici, ma ugualmente ben inseriti nel tessuto cittadino, erano gli artigiani e i bottegai di nazionalità catalana, cui si aggiungevano, restando in ambito straniero e in particolare iberico, alcuni mastri castigliani e valenzani. In una Napoli brulicante di vita e di commerci, interessata, come già detto, da un forte incremento demografico,[226] sarebbe tornato piuttosto facile far fortuna, soprattutto per quanti capaci di offrire professionalità particolarmente richieste dal crescente mercato "aristocratico" – attratto dal lusso e attento alle mode del momento –, come quella dell'argentiere, dell'orafo o dell'abile sarto. Le fonti attestano un sensibile slancio del comparto artigianale, confermando la presenza in città di numerose botteghe e officine dove si lavoravano la carta, il cuoio e altri pellami, il legno, il vetro, il ferro, il marmo, la pietra, l'argento e l'oro, o dove si confezionavano abiti, tappezzerie, arazzi, capi di corredo, biancheria per la casa e altro ancora. Ovviamente esisteva una gerarchia dei mestieri, che aveva in maggiore considerazione quei settori per quali si richiedevano alte

226. Per una stima sulla popolazione di Napoli tra metà Quattrocento e metà Cinquecento (quando si sarebbero raggiunti i 150.000 abitanti) si rinvia a Sakellariou, *Southern Italy in the Late Middle Ages*, p. 104; e a un recente saggio di Senatore, *About the Urbanization in the Kingdom of Naples*, pp. 109-206.

capacità specialistiche e appositi percorsi formativi, rispetto a mansioni puramente manuali, ma altrettanto richieste dal mercato del lavoro.

Scorrendo i nomi di quanti titolari di un conto corrente presso il banco napoletano, si segnalano quelli dei maestri argentieri e gioiellieri Franzì Perez (catalano) e Armante da Toledo (castigliano), entrambi al servizio della corte regia e richiestissimi dalla più raffinata clientela aristocratica. Per Ferrante, nel 1473, Armante realizza un collare d'oro e altri preziosi, sempre in oro; dello stesso gioielliere si servono il duca e la duchessa di Calabria, per i quali vengono confezionati, rispettivamente, un collarino e un ornamento per il capo («portatura di testa»); mentre i cancellieri del duca d'Atri, Giulio Antonio Acquaviva, gli commissionano la lavorazione di un collare «di gioie», il cui costo è stimato 297 ducati.[227]

Importanti lavori per la corte regia e per il duca di Calabria vengono affidati anche all'argentiere Franzì Perez, che realizza, ad esempio, presso la sua bottega, un altro collare d'oro e certe gioie, di cui alcune destinate alla principessa Eleonora d'Aragona, così come un calice e delle tazze in argento richieste invece dalla sorella Beatrice, la futura regina d'Ungheria.[228] Ulteriori commesse risultano evase nel 1476 per conto della corte e di alcuni esponenti del ceto baronale, come il conte di Aversa, Nicolò da Procida.[229]

Il piacere di possedere oggetti costosi e ricercati non si limita però alla sola famiglia reale e alla componente feudale, ma coinvolge anche gli alti funzionari dello Stato, il patriziato urbano, la società mercantile e quanti in grado di permettersi spese voluttuarie. Ricorrono così alla maestria di orafi e argentieri personaggi come il regio commissario Renzo d'Afflitto, lo scrivano di razione Miquel de Bellprat, il capitano Miquel Fredera, l'armatore Franzì Salvador, o ancora il fiorentino ser Jacopo di Agnolo Acciaiuoli.[230] In particolare, a Franzì Perez si rivolge, per richieste personali, anche il percettore generale Pascasio Diaz Garlon, che commissiona al gioielliere la fattura di una catena d'oro e tutta una serie di altri lavori di alta oreficeria.[231] Oltre a rispondere alla vivace domanda di preziosi, i maestri argentieri si dedicavano anche alla realizzazione di

227. *Libro giornale 1473*, pp. 89, 307, 309, 447, 334 e 228.
228. Ivi, pp. 98, 279, 283, 303, 306-307, 317, 347, 359, 385 e 445.
229. *Libro giornale 1476*, cc. 11v, 15r, 69v, 113v, 125r, 130r e 200r.
230. *Libro giornale 1473*, pp. 93, 335-336; *Libro giornale 1476*, cc. 15v e 40v,
231. *Libro giornale 1473*, pp. 97 e 317; *Libro giornale 1476*, c. 113r.

fregi ornamentali che decoravano oggetti (tipo cassoni, specchi, cofanetti, libri, ecc.) e ambienti.

Altro importante settore artigianale che conosce un incremento piuttosto consistente è quello tessile. Sarti, filatori, cimatori, drappieri e tessitori lavoravano sia in proprio, sia per conto di privati imprenditori, come la ditta Coppola o la già richiamata industria laniera avviata a Giffoni dal conte d'Avalos. Tra i numerosi artigiani del taglio e del cucito titolari di bottega a Napoli (come i mastri Lorenzo Porro, Alessio Paccha, Simone di Trani, Bernardo Plaustret[232] e Giorgio di mastro Bernardo – attestati nel 1473[233] –, e quelli attivi nel 1476, come i già menzionati Paccha e Plaustret, e ancora i mastri Aymo di Cleve, Pere Arnau, Giovanni di Leo, Gabriello d'Attanasio, Pere Picard, Giovanni detto *camarlingo*, Giovanni della Pagliara, Bernardo di Spiano e Tommaso di Bottino[234]), solo un sarto catalano, Salvador Rosell, risulta disporre di un proprio conto bancario.[235] Il dato, che certo non riduce lo spessore economico e sociale della categoria in un'epoca di grande fermento, vitalità e crescita dei consumi – quale fu il secondo Quattrocento –, si presta tuttavia a una considerazione circa la reale diffusione e ramificazione della grande banca nel più ampio settore dei mestieri e delle professioni artigianali, i cui esponenti appaiono ancora piuttosto refrattari a ricorrere sistematicamente, in qualità di veri e propri clienti, ai servizi bancari di deposito, credito, custodia e gestione dei propri risparmi. Per loro il rapporto con la banca si configura in prevalenza come occasionale e strettamente funzionale all'esigenza del momento, che risulta essere, per la maggiore, quella di ricevere un compenso.

Numericamente più rappresentata, tra i correntisti, è invece la professione dello speziale (esercitata, a quanto pare, in prevalenza da regnicoli),[236] che gode, all'epoca, di un riconosciuto apprezzamento, forse giustificato dal valore tributato alle competenze di quest'arte non solo per la preparazione di unguenti e medicinali, ma anche per quella di profumi e confettate. Sia nel primo che nel secondo caso si trattava di prodotti particolar-

232. Barone, *Le cedole di tesoreria dell'Archivio di Stato di Napoli*, p. 388.

233. *Libro giornale 1473*, pp. 77, 84, 522-523, 139, 387, 87, 225 e 315.

234. *Libro giornale 1476*, cc. 111v, 53v, 23r, 43v, 33v, 49r, 81r, 83r, 95r, 146v, 162r, 164r, 189v, 193r e 195v.

235. *Libro giornale 1473*, p. 204.

236. Si ricorda, tuttavia, il nome dello speziale catalano Joan Vines, aromatario del duca di Calabria. Si veda, al riguardo, Bernato, *Gli artigiani catalani a Napoli*, p. 4, online: http://www.filmod.unina.it/aisc/attive/.

mente ricercati, perché indispensabili per la cura dei malati o perché molto apprezzati in occasione di importanti feste e banchetti, nel corso dei quali si era soliti offrire, a fine pasto, porzioni di confetti e mandorle, cedronata e pignolata,[237] spesso accompagnate da semi di coriandolo, acqua rosata o altri infusi. Allo speziale, come già visto, si ricorreva anche prima di prendere il mare per l'acquisto di balsami e medicamenti, che sarebbero tornati utili nei lunghi mesi di navigazione.

La ricchezza delle informazioni raccolte circa le generalità di quanti, stranieri e non, esercitavano una professione o un mestiere, rende utile, anche in questo caso, la redazione di tabelle riassuntive (8 e 9) alla fine di questo capitolo.

### 3.8. *I mercanti regnicoli*

Se al banco Strozzi si riconosce un ruolo propulsore e trainante nell'ambito del sistema mercantile e bancario napoletano, ciò presuppone – non sembri banale – l'esistenza di un'imprenditorialità locale, per quanto piccola o medio piccola, capace di cogliere e sfruttare le opportunità offerte dal mercato creditizio e dalla disponibilità finanziaria. È il mondo degli operatori regnicoli, cui appartengono mercanti-banchieri, compagnie di affaristi, artigiani, allevatori, commercianti, appaltatori e nuovi imprenditori, che ruotano intorno agli Strozzi, usufruendo dei loro servizi nella prospettiva di facili guadagni o al fine di soddisfare le esigenze dettate dal funzionamento della propria attività.[238] C'è la società di Antonello d'Alessandro e fratello, attiva a Napoli soprattutto nel commercio dei tessuti e del grano, quella di Roberto d'Avitabulo e fratello, specializzata nella vendita di panni, tele d'Olanda e *berrette*,[239] e ci sono, sempre nella capitale, disinvolti uomini d'affari come Cola da Landa, il cui nome ricorre in numerose operazioni di prestito e contratti assicurativi, i d'Afflitto, i Pie-

237. Si trattava, nel primo caso, di un dolce duro «fatto di cedro tritato», nel secondo di un dolce a base di mandorle, zucchero e pinoli (Traina, *Vocabolarietto delle voci siciliane*, pp. 135-136 e 321).

238. Sull'artigianato napoletano, si rimanda ai saggi di Leone, *L'artigianato napoletano nella moda e nel costume*, pp. 65-73; e Leone, *Sull'artigianato napoletano nel periodo aragonese*, pp. 691-697. Per la piccola imprenditorialità attiva nel mercato degli appalti, si veda invece il contributo di Senatore e Terenzi, *Aspects of Social Mobility in the Towns of the Kingdom of Naples*, pp. 247-262, in particolare le pp. 256-260; e ancora Senatore, *Una città, il Regno: istituzioni e società*, pp. 264-271.

239. Barone, *Le cedole di tesoreria dell'Archivio di Stato di Napoli*, p. 389.

rozzi, gli Sperandeo[240] e il più noto Angelo Cuomo.[241] Quest'ultimo, grazie alla collaborazione del figlio Leonardo e a una fitta rete di corrispondenti, esporta seta calabrese da Napoli a Firenze e a Lucca, e importa, nella direzione opposta, drappi serici e altri filati.[242] Oltre a disporre di un proprio conto bancario presso gli Strozzi di Napoli, il facoltoso mercante napoletano tiene aperto un conto corrente intestato a suo nome anche a Firenze presso il banco Cambini,[243] inconfutabile prova del volume e dell'ampia dimensione dei suoi traffici, nonché della capacità di operare su piazze che vanno ben oltre il locale e la realtà regnicola. È soprattutto la poderosa documentazione aziendale e familiare della ditta Cambini (ben 85 registri contabili conservati nel fondo Estranei dell'Archivio dell'Ospedale degli Innocenti di Firenze), e presa in esame da Sergio Tognetti, a offrire il maggior numero di informazioni circa la relazione di Angelo Cuomo col mondo degli affari fiorentino. Per le ditte toscane, coinvolte nel commercio dei drappi serici, della seta e dei panni di lana tra Firenze e Napoli, il Cuomo svolge un ruolo fondamentale, è il tramite attraverso il quale, per tutta la seconda metà del XV secolo, si avviano le trattative e si concludono le transazioni tra fornitori di materie prime e produttori di manufatti. Le operazioni commerciali, come già richiamato, prevedevano spesso il ricorso allo strumento del baratto, che consentiva, ad esempio, di scambiare la seta grezza calabrese, in particolare di Cosenza o di Taverna, con partite di drappi confezionati nelle botteghe fiorentine.[244] Da questa

240. Su queste famiglie, si veda Feniello, *Mercanzie e cariche pubbliche: la fortuna dei d'Afflitto*, pp. 15-88; Id., *Marchandises et charges publiques: la fortune des d'Afflitto*, pp. 55-119; e Id., *Tracce dell'economia catalano aragonese a Napoli*, pp. 181-197: 91.

241. Per alcuni esempi, si veda il *Libro Giornale 1476*, cc. 20r, 24v, 37v, 99r, 125r, 137r e 194v. Sul personaggio, si rinvia a Silvestri, *Il commercio a Salerno*, pp. 102-104; Sapori, *Una fiera in Italia alla fine del Quattrocento*, pp. 443-474: 461; Grohmann, *Le fiere del Regno di Napoli*, pp. 298, 464; Melis, *Napoli e il suo Regno nelle fonti aziendali toscane*, pp. 367-388: 370 e 377; Del Treppo, *I mercanti catalani e l'espansione della Corona*, p. 261; Id., *Il re e il banchiere*, p. 300; Id., *Stranieri nel Regno di Napoli*, p. 217; Leone, *Aspetti dell'economia: l'artigianato*, pp. 13-56: 36; *Napoli. Notai diversi 1322-1541*, pp. 34, 37, 39, 44, 74-75; e Tognetti, *Il banco Cambini*, pp. 227, 233-235, 271, 286, 289, 311-312.

242. Sull'industria serica lucchese, si veda Del Punta, Rosati, *Lucca una città di seta.*

243. Pinto, *Firenze medievale e dintorni*; Tognetti, *Uno scambio diseguale. Aspetti dei rapporti commerciali tra Firenze e Napoli*, in particolare le pp. 465-490.

244. Per avere un'idea del volume di affari dell'attività di *import-export* gestita dalla ditta di Angelo Cuomo, si rinvia alle tabelle realizzate da Tognetti (*Uno scambio diseguale. Aspetti dei rapporti commerciali tra Firenze e Napoli*, pp. 472, 475-478, 482, 484).

attività di *import-export*, che permise, tra l'altro, al mercante napoletano di mutuare dai toscani le tecniche commerciali e finanziarie più funzionali e vantaggiose, derivò gran parte della sua fortuna economica, la voglia di emulare i più potenti uomini d'affari, come gli Strozzi, e l'aspirazione a essere assimilato al loro *status*.[245] A tal proposito il Cuomo volle ampliare e abbellire, secondo i modelli architettonici del Rinascimento fiorentino, il palazzo di famiglia (con un'imponente facciata in bugnato, rustico al pianterreno e liscio al piano superiore), situato nei pressi nell'antica basilica di San Giorgio Maggiore e oggi sede del museo Filangieri.[246]

E ancora, dall'area abruzzese provengono i mercanti-allevatori di bestiame Pasquale Santucci e compagni dell'Aquila e Gentile di Mazzara da Sulmona, le cui aziende producono e vendono lana all'ingrosso da immettere sul mercato interno ed estero.[247] A questi grandi proprietari di greggi si rivolgono tanto gli Strozzi quanto la società fiorentina dei Cambini per rifornire le numerose botteghe laniere dell'area toscana, ma anche veneta, lombarda e umbro-marchigiana.[248]

Né mancano, come già visto, i mercanti-banchieri, tra i quali spiccano i nomi di Pietro di Penne, Luigi di Gaeta e Francesco Palmieri (questi ultimi titolari di un banco in società) e neppure i grandi imprenditori, se pensiamo a figure del calibro di Loise e Francesco Coppola, ideatore, quest'ultimo, assieme a Ferrante, dell'Arte della Lana. Ed è proprio alla ditta Coppola che sarà dedicato il capitolo successivo. Ma accanto al conte di Sarno, altri mercanti e imprenditori regnicoli – così come il già menzionato conte d'Avalos – animano la scena economica del Mezzogiorno aragonese, dal napoletano Aniello Pierozzi, capitano delle galeazze regie,[249] al siciliano Francesco Zacio[250] o al salernitano Antonello Dardano, cui era affidato il delicato compito di mettere in collegamento la produzione agricola della

245. Ivi, p. 488; Del Treppo, *Stranieri nel Regno*, pp. 179-233: 217.

246. Per la storia dell'edificio, di veda il volume miscellaneo *Da Palazzo Cuomo a Museo Filangieri.*

247. *Libro giornale 1473*, pp. 57, 85, 110, 123, 138 e 461; *Libro giornale 1476*, cc. 6r, 35r, 39v, 50r, 126v, 158r e 202v. Il primo a valorizzare il ruolo di questi operatori commerciali abruzzesi è stato lo studioso giapponese Hidetoshi Hoshino nei suoi libri dedicati alla produzione laniera fiorentina. Cfr. Hoshino, *L'arte della Lana a Firenze nel Basso Medioevo*, pp. 238-244; e Id., *Industria tessile e commercio internazionale.*

248. Tognetti, *L'economia del Regno di Napoli*, p. 765.

249. *Libro giornale 1473*, pp. 72, 80-81 e 98.

250. Ivi, p. 651.

grande aristocrazia fondiaria con la richiesta dei mercati esteri, espressa attraverso gli operatori forestieri residenti nella capitale.[251]

Resta tuttavia da sottolineare quanto lo sviluppo di attività mercantili e finanziarie regnicole, particolarmente vivaci a cavallo tra primo e secondo Quattrocento, non riuscì comunque a tradursi in un più generale incremento del settore manifatturiero. Salvo poche eccezioni, infatti, molte iniziative locali faticarono a decollare o a raggiungere risultati di rilievo. Il comparto più attivo continuava a confermarsi quello tessile, destinato soprattutto alla produzione di panni lana di modesta o bassa qualità. Ma, ovviamente, rispetto all'attività commerciale e creditizia, quella imprenditoriale, che fosse in grado di istallare *ex novo* una manifattura o una "proto-industria", era certo più difficile e complicata, richiedeva un maggiore sforzo e ingenti capitali, a cui solo la collaborazione con l'elemento forestiero avrebbe potuto far fronte.

Tabella 8. Professioni e mestieri (1473)

| N° | PROFESSIONE/ MESTIERE | NOME | PROVENIENZA |
|---|---|---|---|
| | MEDICO | | |
| 1 | medico | Bartolomeo | Genova |
| 2 | medico | Luis Cardona, medico dell'armata navale regia | Catalogna |
| 3 | medico | Lanzilao de Pisinis, medico del duca di Calabria | |
| 4 | medico | Silvestro Galiotto, medico di corte[252] | |
| 5 | medico | Francesco Monreale | Monreale |
| | SPEZIALE | | |
| 1 | speziale | Tommaso di Mauro | |
| 2 | speziale | Mazzeo Donnamira | Napoli |

251. Leone, *Il ceto notarile nel Mezzogiorno del basso Medioevo*, p. 136.

252. Presso la corte regia furono attivi anche altri medici, come Costantino de Tibaldo, Raffaele de Porros (castigliano), Francesco Martino di Sessa e Luca Tomeo. Cfr. *Libro giornale 1473*, pp. 606-607 (e relativi rinvii), tra i quali si segnala il contributo, sia pur datato, di Mastrolilli, *I lettori della Scuola di medicina di Napoli.*

| | | | |
|---|---|---|---|
| 3 | speziale | Filippo d'Uliva | Napoli |
| 4 | speziale | Alberto Palonbo | Napoli |
| 5 | speziale | Pasquarello | |
| 6 | speziale | Giovanni Riccha | |
| 7 | speziale | Benedetto Spano | |
| 8 | speziale | Santillo Vitaliano | Napoli |
| | NOTAIO | | |
| 1 | notaio | Girolamo Bernardo | |
| 2 | notaio | Matteo Caruso di Ariano | Ariano (Avellino) |
| 3 | notaio | Bernardo Colella | |
| 4 | notaio | Ugolino da Castel Bolognese | Castel Bolognese (Ravenna) |
| 5 | notaio | Andrea d'Afeltro[253] | |
| 6 | notaio | Salvatore de Alanno | |
| 7 | notaio | Gasparre d'Ambrogio di Trani | Trani |
| 8 | notaio | Jacopo de Andria | Andria |
| 9 | notaio | Marco de Atino | |
| 10 | notaio | Gasparre de Baccharia di Nola | Nola (Napoli) |
| 11 | notaio | Oddo de Bitetta, al servizio del duca d'Atri, Giulio Antonio Acquaviva | Bitetto (Bari) |
| 12 | notaio | Parillo de Gharamo di Trani | Trani |
| 13 | notaio | Giovanni de Literelis | |
| 14 | notaio | Angelo della Guardia, maestro di grammatica[254] | Napoli |
| 15 | notaio | Luca della Mantia | |
| 16 | notaio | Bernardo dello Letto, del contado di Palena | Palena (Chieti) |
| 17 | notaio | Francesco de Notaro | Nola (Napoli) |

253. Leone, *Il ceto notarile del Mezzogiorno nel basso Medioevo*, p. 22.
254. *Libro giornal*e *1473*, p. 611.

| | | | |
|---|---|---|---|
| 18 | notaio | Antonello de Pilellis | Castelforte (Latina) |
| 19 | notaio | Domenico de Roghati | Castellammare di Stabbia, abitante a Napoli |
| 20 | notaio | Guglielmo di Vernais, cancelliere del duca di Venosa, Pirro del Balzo | Venosa (Potenza) |
| 21 | notaio | Nardo di Baluzio | |
| 22 | notaio | Antonello di Benevento | Benevento |
| 23 | notaio | Gabriello di Capo, cancelliere del conte di Ugento, Angilberto del Balzo | forse del Capo di Leuca |
| 24 | notaio | Jacopo di Castellaneta | Castellaneta (Taranto) |
| 25 | notaio | Andrea di Cioffo (de Zoffis) di Vico (Equestre)[255] | Napoli |
| 26 | notaio | Paolo di Civita di Penne | Penne (Pescara) |
| 27 | notaio | Francesco di Consiglio | |
| 28 | notaio | Girolamo di Grignietto (Ingrignetti)[256] | Napoli |
| 29 | notaio | Andrea di Marattia | |
| 30 | notaio | Antonello di Martino | |
| 31 | notaio | Bernardino di Martino | |
| 32 | notaio | Giufredi di Matalone (Maddaloni) | Maddaloni (Caserta) |
| 33 | notaio | Cola di Morte | |
| 34 | notaio | Marino di Paolo di Pettorano | Pettorano (L'Aquila) |
| 35 | notaio | Jacopo di Rocca Romana | Roccca Romana (Caserta) |
| 36 | notaio | Nardo di Rocca Romana | Roccca Romana (Caserta) |
| 37 | notaio | Giovanni di Sanguiono | Salerno |

255. Ivi, p. 559.

256. Filangieri, *Documenti per la storia, le arti e le industrie*, p. XIV; Feniello, *Napoli: notai diversi (1322*-1541), p. 21.

| | | | |
|---|---|---|---|
| 38 | notaio | Giovanni di Sant'Angelo[257] | |
| 39 | notaio | Rencio di Sasso di Aversa | Aversa (Caserta) |
| 40 | notaio | Giovanni Antonio di Submonte | Summonte (Avellino) |
| 41 | notaio | Nardo di Tavani | Monopoli (Bari) |
| 42 | notaio | Marino di Terlizzi | Terlizzi (Bari) |
| 43 | notaio | Francesco di Tommaso della Guardia di Fieri | |
| 44 | notaio | Roberto di Ociento | Ugento (Lecce) |
| 45 | notaio | Galeazzo Dolcie di Prato | Prato |
| 46 | notaio | Paolino d'Ugolino | |
| 47 | notaio | Cola Ferraiolo | |
| 48 | notaio | Francesco Gaetano | |
| 49 | notaio | Antonio Gentile di Sulmona | Sulmona |
| 50 | notaio | Pietro Gharitano | |
| 51 | notaio | Leonardo Graziano | |
| 52 | notaio | Pietro Moscato | |
| 53 | notaio | Giuliano Petrone | Salerno |
| 54 | notaio | Marco Pisano | |
| 55 | notaio | Petruccio Pisano | |
| 56 | notaio | Tommaso Riccio di Altavilla | Altavilla (Salerno) |
| 57 | notaio | Gasparre Ricompagnacci da Francavilla | Francavilla (Chieti) |
| 58 | notaio | Cola Scherano | |
| 59 | notaio | Pietro Serra | |
| | MAESTRO | | |
| 1 | maestro di casa | Pietro di Napoli, maestro di casa di Matteo di Capua | Napoli |

257. Feniello, *Francesco Coppola*, pp. 228-229.

| | | | |
|---|---|---|---|
| 1 | maestro | Geremia Burello | |
| 2 | maestro | Antonello delle Frangie | |
| 3 | maestro | Marino di Giorgio | |
| 4 | maestro | Jacobello di Martino | |
| 5 | maestro | Giovanni di Rossinia | |
| 6 | maestro | Colella di Serino | |
| 7 | maestro | Francesco Laurano | |
| 8 | maestro | Francesco Lombardo | lombardo |
| 9 | maestro | Allegro Mazzerello | |
| 10 | maestro | Gabriello Veticharo | |
| 11 | maestro argentiere | Giovanni della Torina | Napoli |
| 12 | maestro argentiere | Cristofano di Santo Mango | Santo Mango (Avellino) |
| 13 | maestro argentiere | Franzì Perez | catalano |
| 14 | maestro argentiere | Antonello Rapuano | |
| 15 | maestro armiere | Nardo de Errico[258] | |
| 16 | maestro armiere | Cristofano de Sali | |
| 17 | maestro armiere | Antonello di Rocco | |
| 18 | maestro barcarolo | Joan | catalano |
| 19 | maestro brigliaro | Pietro Sardo | |
| 20 | maestro calzettiere | Giorgio Mendoni | |
| 21 | maestro calzettiere | Piero Ressegl | francese |
| 22 | maestro calzolaio | Anichino | francese |
| 23 | maesttro calzolaio | Jacopo di Caiazzo | Caiazzo (Caserta) |
| 24 | maestro calzolaio | Giovanni Siciliano | |
| 25 | maestro calzolaio e pianellaro | Antonello d'Uliva | Napoli |

258. *Libro giornale* 1473, p. 608.

| | | | |
|---|---|---|---|
| 26 | maestro corazzaio | Basilio Copa di Castellammare[259] | Castellammare (Napoli) |
| 27 | maestro cordaro | Martín Rois | catalano |
| 28 | maestro costruttore | Palamide de Gaudioso della Cava[260] | Cava |
| 29 | maestro costruttore | Giulio Quaranta della Cava[261] | Cava |
| 30 | maestro costruttore | Marco Quaranta della Cava[262] | Cava |
| 31 | maestro cretaro | Pasquale di Ciennamo | |
| 32 | maestro cretaro | Pasquale di Saveno | |
| 33 | maestro cuoiao | Giovanni di Nolfo | |
| 34 | maestro d'ascia | Simone Capodibue | Napoli |
| 35 | maestro della "chonia" di Montalto | Salamone | ebreo |
| 36 | maestro della "chonia" di Montalto | Mosè | ebreo |
| 37 | maestro di bombarde | Alessandro de Prata | |
| 38 | maestro ferraro | Moneta | |
| 39 | maestro ferraro | Polito | |
| 40 | maestro gioielliere | Armante da Toledo | castigliano |
| 41 | maestro gioielliere | Giovanni de Ghirardi | Genova |
| 42 | maestro gioielliere | Michele di Pasqua | Genova |
| 43 | maestro gioielliere | Ghirigoro di Ressa | Genova |

259. Negli stessi anni era corazzaio anche Bartolomeo Colom. Cfr. *Libro giornale 1473*, p. 571.

260. Strazzullo, *Documenti sull'attività napoletana dello scultore*, pp. 325-341: 328.

261. Partecipa assieme ad altri mastri costruttori (Onofrio de Jordano, Carlo de Marino e Raimondello de Citellis) ai lavori che interessarono Castel dell'Ovo. Cfr. *Libro giornale 1473*, p. 576; e Mazzoleni, *Lavori a Castel dell'Ovo nell'epoca aragonese*, pp. 377-382.

262. Partecipa, negli stessi anni, ai lavori di rifacimento del fossato di Capua. Cfr. Senatore, *Una città, il Regno: istituzioni e società*, p. 331.

| 44 | maestro marmoraro | Jacopo della Pia | |
|---|---|---|---|
| 45 | maestro organista | Giovanni Ghaetano[263] | Napoli |
| 46 | maestro organista | Antonello Sebastiano[264] | |
| 47 | maestro pellicciere | Giovanni Ciertao | |
| 48 | maestro pellicciere | Andrea di Guidone | |
| 49 | pellicciere | Beringhieri | |
| 50 | pellicciere | Lemmo | |
| 51 | maestro remolaro | Giuliano Davete | |
| 52 | maestro sarto | Allegro | |
| 53 | maestro sarto | Alessio Paccha | |
| 54 | maestro sarto | Bernardo Plaustret | catalano |
| 55 | maestro sarto | Bernardo | |
| 56 | maestro sarto | Giorgio di mastro Bernardo | |
| 57 | maestro sarto | Giovancio di Vergara | |
| 58 | maestro sarto | Pere Picard | catalano |
| 59 | maestro sarto | Salvador Rosell | catalano |
| 60 | sarto, *cucitore* | Marino Auciello | |
| 61 | sarto, *cucitore* | Troilo Mazzacapo | |
| 62 | sarto, *cucitore* | Paradis | francese |
| 63 | maestro sellaro | Francesco Passero | |
| 64 | maestro tintore | Bartolomeo d'Ughino | |
| 65 | maestro tessitore | Cristofano di Santalmitre | |

263. Su mastro Giovanni Ghaetano, costruttore di organi e titolare di una pensione annua di 36 ducati, cfr. Minieri Riccio, *Gli artisti ed artefici che lavoravano in Castel Nuovo*, p. 9. Negli stessi anni erano cantori del re Giovanni Lotentotier e Filippo di Dorten, musici Pere Sarajades, Consalvo di Cordova, Antonio Pons e Andrea Fiore, organisti Stefano del Paone e mastro Perpinet. Lorenzo di Prato e Antonello Sebastiano erano ancora costruttori di organi, mentre Pietro de Vicario maestro campanaro. Si veda, ivi, pp. 8-10; *Libro giornale 1473*, pp. 551 e 598; e Barone, *Le cedole di tesoreria dell'Archivio di Stato di Napoli*, pp. 229, 243 e 399.

264. Ivi, p. 242.

| | | | |
|---|---|---|---|
| 66 | maestro tessitore | Andrea de Carlo | Bergamo |
| 67 | maestro tessitore | Giovanni di Andrea de Carlo | Bergamo |
| 68 | maestro tessitore | Jaume Guillem | Catalano |
| 69 | maestro trasportatore | Pietro Fonte di Tupia | |
| 70 | maestro scrigniaio | Raimondo | |
| | ALTRI MESTIERI | | |
| 1 | libraio | Giovanni Vaglies | |
| 3 | mugniaio | Pietro Schiavone | |
| 4 | fruttarolo | Matteo | |
| | VETTURALE | | |
| 1 | vetturale | Domenico Albanese | Albania |
| 2 | vetturale | Biagino Castrucci | Firenze |
| 3 | vetturale | Jacopo da Lantella | |
| 4 | vetturale | Pasquale Dall'Aquila | L'Aquila |
| 5 | vetturale | Giovanni d'Antonio, detto il Genovese | Genova |
| 6 | vetturale | Domenico d'Arquate | |
| 7 | vetturale | Donato da Tagliaferro | |
| 8 | vetturale | Battista da Urbino | Urbino |
| 9 | vetturale | Filippo da Urbino | Urbino |
| 10 | vetturale | Pasquale della Forciella | |
| 11 | vetturale | Marino di Bino | |
| 12 | vetturale | Biagio Marzucchi | Firenze |
| 13 | vetturale | Tacola | |

Tabella 9. Professioni e mestieri (1476)

| N° | PROFESSIONE/ MESTIERE | NOME | PROVENIENZA |
|---|---|---|---|
| | MEDICO | | |
| 1 | medico | Giovanni Caggiola | |

| | | | |
|---|---|---|---|
| 2 | medico | Nardello d'Antonio | |
| 3 | medico | Lanzilao de Pisinis, medico del duca di Calabria | |
| 4 | medico | Silvestro Galiotto, medico di corte | |
| 5 | medico | Antonio Volombiello | |
| 6 | maestro barbiere, medico chirurgo | Nardo Quivo, al servizio del re | |
| | SCRITTORE | | |
| 1 | scrittore | Giovanni Marco[265] | |
| | SPEZIALE | | |
| 1 | speziale | Giovanni Zinzo | |
| | NOTAIO | | |
| 1 | notaio | Simione | |
| 2 | notaio | Girardo Alliata, protonotaro di Sicilia | |
| 3 | notaio | Cola Bernardo | |
| 4 | notaio | Girolamo Bernardo | |
| 5 | notaio | Giliberto Campanile | |
| 6 | notaio | Rinaldo Cefalano | |
| 7 | notaio | Antonio Cupota | San Germano (Frosinone) |
| 8 | notaio | Andrea d'Afeltro | |
| 9 | notaio | Cola d'Afeltro | |
| 10 | notaio | Luigi d'Alemagno | |
| 11 | notaio | Jacopo d'Alessandro di Marigliano | Marigliano (Napoli) |
| 12 | notaio | Giovanni d'Alifi, padre di Pietro | Alife (Caserta) |
| 13 | notaio | Pietro d'Alifi, figlio di Giovanni | |
| 14 | notaio | Gasparre d'Ambrogio | Trani |

265. Barone, *Le cedole di tesoreria dell'Archivio di Stato di Napoli*, pp. 228, 235, 239, 248: «Ed a Giovanni Marco, scrittore della biblioteca del Re, si danno 26 duc. pel prezzo di un bel messale alluminato di foglia d'oro e di azzurro e di altri colori, ove sono istoriate tutte le feste dell'anno».

| | | | |
|---|---|---|---|
| 15 | notaio | Nanni d'Angelo | Campana d'Aquila (L'Aquila) |
| 16 | notaio | Nardo d'Aversa | Aversa (Caserta) |
| 17 | notaio | Matteo de Bonosere | |
| 18 | notaio | Andreotto della Cava | Cava (Salerno) |
| 19 | notaio | Damiano de Stocco, sindaco di Capua | Capua (Caserta) |
| 20 | notaio | Bartolomeo di Antonio | Manoppello (Pescara) |
| 21 | notaio | Giuliano di Barbereto di Salerno | Salerno |
| 22 | notaio | Paolo di Benedetto | Capua (Caserta) |
| 23 | notaio | Bernardo di Carinola | Carinola (Caserta) |
| 24 | notaio | Ligorio di Casa Nuova | |
| 25 | notaio | Niccolò di Castel Forte | |
| 26 | notaio | Nicola di Cervaro | Piedemonte (Frosinone) |
| 27 | notaio | Andrea di Cioffo (de Zoffis) di Vico (Equestre) | Napoli |
| 28 | notaio | Pietroangelo di Damiano di Pozzuoli | Pozzuoli (Napoli) |
| 29 | notaio | Pietro di Dita | Amalfi (Salerno) |
| 30 | notaio | Battista di Francavilla | Francavilla (Brindisi) |
| 31 | notaio | Sabatino di Galluzzo | |
| 32 | notaio | Nicola di Gravina | Gravina (Bari) |
| 33 | notaio | Giufredi di Guarino | |
| 34 | notaio | Carlo di Jaquinto | Montalto (Cosenza) |
| 35 | notaio | Jacopo di Jaquinto | Montalto (Cosenza) |

| | | | |
|---|---|---|---|
| 36 | notaio | Jacopo di Marco | Viggiano (Potenza) |
| 37 | notaio | Antonello di Martino | |
| 38 | notaio | Dionigi di Morte | |
| 39 | notaio | Roberto di Nola | Nola (Napoli) |
| 40 | notaio | Tommaso di Paola, alario | Paola (Cosenza) |
| 41 | notaio | Antonuccio di Pianella | Pianella (Pescara) |
| 42 | notaio | Ottaviano di Pietro Scarinti di Faycchia | Faicchio (Benevento) |
| 43 | notaio | Giovanni di Santo Patre | |
| 44 | notaio | Nicola di Sermoneta | Sermoneta (Latina) |
| 45 | notaio | Antonio di Villanova | Villanova (Brindisi) |
| 46 | notaio | Francesco Gaetano | |
| 47 | notaio | Antonio Gentile di Sulmona | Sulmona (L'Aquila) |
| 48 | notaio | Nicola Gifi di Gravina | Gravina (Bari) |
| 49 | notaio | Cola Guglielmo | |
| 50 | notaio | Francesco Malatesta | Napoli |
| 51 | notaio | Antonio Masdamonte | Perpignano (Spagna) |
| 52 | notaio | Antonio Mastro, del Consolato dei Catalani | |
| 53 | notaio | Pietro Moscato | |
| 54 | notaio | Matteo Muto della Friola | |
| 55 | notaio | Antonello Passasepe di Trani | Trani |
| 56 | notaio | Tommaso Pescione, erario di Paola | Paola (Cosenza) |
| 57 | notaio | Marco Pisano | |
| 58 | notaio | Petruccio Pisano | |

| | | | |
|---|---|---|---|
| 59 | notaio | Paolo Samnio | Civita di Penne (Pescara) |
| 60 | notaio | Giovanni Sanguins | |
| 61 | notaio | Cola Scherano | |
| | MAESTRO | | |
| 1 | maestro di casa | Aquilante, al servizio di Valentino Claver | |
| 2 | maestro di casa | Giovanni Sicarola, al servizio del vescovo di Ascoli | Ascoli |
| | | | |
| 1 | maestro | Feo | |
| 2 | maestro | Pasquarello di Contieri | |
| 3 | maestro | Pasquale di Franco | |
| 4 | maestro | Francesco di Giovanni | Firenze |
| 5 | maestro | Jacopo di Ievoli | Ievoli (Catanzaro) |
| 6 | maestro | Giovanni di Lune di Pozzuoli | Pozzuoli (Napoli) |
| 7 | maestro | Jacopo di Novello | |
| 8 | maestro | Cola di Rosa | |
| 9 | maestro | Guglielmo di Scotia | |
| 10 | maestro | Antonio di Sorrento | |
| 11 | maestro | Manolo Gambacorta di Rodi | Rodi (Grecia) |
| 12 | maestro | Allegro Mazzerello | |
| 13 | maestro | Jacopo Noriello di Eboli | Eboli (Salerno) |
| 14 | maestro | Paolo Torina di Napoli | Napoli |
| 15 | maestro | Sattro Viola | |
| 16 | maestro | Vitale, sindaco dei Giudei di Terra di Lavoro | ebreo |
| 17 | maestro argentiere | Giovanni della Torina | |
| 18 | maestro argentiere | Giovanni di Ponzillo | |
| 19 | maestro argentiere | Alfonso Perez, figlio di Franzì | catalano |

| | | | |
|---|---|---|---|
| 20 | maestro argentiere | Franzì Perez | catalano |
| 21 | maestro bombardiere | Aspramonte di Messina | Messina |
| 22 | maestro calafato | Antonio Corso | |
| 23 | maestro calafato | Tanzo da Mare | |
| 24 | maestro calafato | Cola di Jacopo di Roxa di Gaeta | Gaeta (Latina) |
| 25 | maestro calafato | Antonio di Ponte di Porto Venere | Porto Venere (La Spezia) |
| 26 | maestro calafato | Giovanni Paolo | |
| 27 | maestro calzettiere | Dalmau | |
| 28 | maestro calzettiere | Pietro | |
| 29 | maestro calzettiere | Gabriello D'Attanasio | |
| 30 | maestro calzettiere | Bernardo di Spiano | |
| 31 | maestro calzolaio | Angiolillo | |
| 32 | maestro cappellaio | Tosino Meni | |
| 33 | maestro carrettiere | Vasto | francese |
| 34 | maestro ciabattiere | Francesco | |
| 35 | maestro corazzaio | Jacopo Spagnolo | |
| 36 | maestro costruttore | Resillo | |
| 37 | maestro costruttore | Andreotto della Cava | Cava (Salerno) |
| 38 | maestro costruttore | Francesco della Cava | Cava |
| 39 | maestro costruttore | Gualagniolo della Cava | Cava |

| | | | |
|---|---|---|---|
| 40 | maestro costruttore | Petrillo della Cava | Cava |
| 41 | maestro costruttore | Rimedio della Cava | Cava |
| 42 | maestro costruttore | Jacopo di Polito | |
| 43 | maestro costruttore | Sollazzo Campanora della Cava | Cava |
| 44 | maestro costruttore | Matteo Cafaro della Cava | Cava |
| 45 | maestro costruttore | Elmo Cimino della Cava | Cava |
| 46 | maestro costruttore | Antonio della Corte della Cava | Cava |
| 47 | maestro costruttore | Climento di Crescenzo della Cava | Cava |
| 48 | maestro costruttore | Ambrosio di Franco della Cava | Cava |
| 49 | maestro costruttore | Martino Mangrello della Cava | Cava |
| 50 | maestro costruttore | Novello Paparo di Napoli | Napoli |
| 51 | maestro costruttore | Guadagnolo Pappalardo della Cava | Cava |
| 52 | maestro costruttore | Orlando Pappalardo della Cava | Cava |
| 53 | maestro costruttore | Manicello Puzza della Cava | Cava |
| 54 | maestro costruttore | Giulio Quaranta della Cava | Cava |
| 55 | maestro costruttore | Marco Quaranta della Cava | Cava |
| 56 | maestro *cucitore*, sarto | Tommaso di Bottino | |
| 57 | maestro *cucitore*, sarto | Bernardo Plaustret | |
| 58 | maestro cuoco | Giovanni Campis, cuoco del re | |

| | | | |
|---|---|---|---|
| 59 | maestro d'ascia | Giuliano di Cola | |
| 60 | maestro di corrieri | Michele di Ciuccio, al servizio del re | |
| 61 | maestro di corrieri, di cavallari | Colella del Bianco | |
| 62 | maestro di "fare felle" | Giovanni Biscotto Bonero | |
| 63 | maestro di "fare felle" | Piero Franzese | francese |
| 64 | maestro di stalla | Peruscia di Mongnia, al servizio del re | |
| 65 | maestro di stalla | Antonello di Riciardo, al servizio di don Federico | |
| 66 | maestro di stampa | Mattia Morago | |
| 67 | maestro ferraro | Martino | francesce |
| 68 | maestro ferraro | Spremmo | |
| 69 | maestro ferraro | Francesco de Rapallo | Genova |
| 70 | maestro fruttarolo | Urbano di Pellegrino | |
| 71 | maestro fruttarolo | Jacopo Giuvino | Napoli |
| 72 | maestro marmoraro | Luca di Santo Elia | |
| 73 | maestro marmoraro | Nardo Romano | |
| 74 | maestro massaro | Jacopo | Alife (Caserta) |
| 75 | maestro minatore | Giovanni Sardan | Longobucco (Cosenza) |
| 76 | maestro panettiere | Stefano Putigliano | |
| 77 | maestro pittore | Gregorio | |
| 78 | maestro sellaro | Aniello di Rosa | |
| 79 | maestro sarto | Giovanni, detto *camarlingo* | |
| 80 | maestro sarto | Giovanni della Pagliara | |

| | | | |
|---|---|---|---|
| 81 | maestro sarto, *giubbonaro* | Giovanni di Leo | |
| 82 | maestro libraio | Giuliano di Maio di Napoli | Napoli |
| 83 | maestro orefice | Andrea di Sorrento | Sorrento (Napoli) |
| 84 | maestro sarto | Pere Picard | catalano |
| 85 | maestro scrigniaio, *cubertaro* | Aviello dell'Abate | |
| 86 | maestro tessitore | Aymo di Cleve | |
| 87 | maestro tessitore | Cristofano di Santalmitre | |
| 88 | maestro tessitore | Alessio Paccha | |
| | ALTRI MESTIERI | | |
| 1 | battiloro | Tommaso Ridolfi | Firenze |
| 2 | bottegaio | Bernabò di Penne | Penne (Pescara) |
| 3 | cartolaio | Caccino di Bartolomeo | |
| 4 | cuoiaio | Paciullo Paulillo | Napoli |
| 5 | frabbro ferraio | Giovanni Pepe delli Pagani | |
| 6 | polliere | Martino di Palma | |
| 7 | scrigniaio | Massimo di Nola | Nola (Napoli) |
| 8 | sataiuolo | Antonio Gallo | |
| 9 | setaiuolo | Covelluccio Giovanni di Pulice | |
| 10 | setaiuolo | Giovanni Luigi | |
| 11 | setaiuolo | Giovanni Pollice | |
| 12 | tessitrice | Franceschella Quaranta | |
| | VETTURALE | | |
| 1 | vetturale | Domenico Albanese | Albanese |
| 2 | vetturale | Mariotto da Gubbio | Gubbio (Perugia) |
| 3 | vetturale | Biagino d'Antonio Castrucci | Firenze |

| | | | |
|---|---|---|---|
| 4 | vetturale | Mariano d'Antonio da Firenze | Firenze |
| 5 | vetturale | Angniolo del Tacca da Lanciano | Lanciano (Chieti) |
| 6 | vetturale | Bino di Piero | |
| 7 | vetturale | Stefano Picco | Genova |

# 4. La società di Loise e Francesco Coppola: capacità imprenditoriali e segnali di sviluppo dell'economia meridionale

Tra i correntisti del banco Strozzi, un discorso a parte merita sicuramente la società di Loise e Francesco Coppola, rispettivamente padre e figlio, protagonisti di una straordinaria vicenda di intraprendenza e di ascesa sociale, i cui sviluppi – in parte già ripercorsi da altri studiosi – andarono ben oltre le più ambiziose aspettative di qualsiasi mercante dedito all'esercizio del credito e della finanza.[1] Francesco Coppola, infatti, da socio in affari del padre nella ditta di famiglia,[2] impegnata in diversi traffici, inclusa l'esportazione del grano, in particolare pugliese, si troverà a ricoprire prestigiosi incarichi per conto della Corona, sarà investito di feudi, insignito di titoli e nobilitato a tal punto da legarsi in parentela con lo stesso sovrano. Il figlio Marco avrebbe dovuto sposare il 13 agosto 1486 una nipote di Ferrante, Maria Piccolomini. Ma è ben noto il tragico epilogo di questo matrimonio, che segnò la fine di una delle più brillanti carriere di uomo d'affari.

1. Sulla figura di Francesco Coppola, si rimanda al profilo tracciato da Irma Schiappoli, pubblicato postumo nel 1972 (Schiappoli, *Napoli aragonese*, pp. 153-252). Molto utili sono anche i contributi di Petrucci, *Coppola Francesco*; Feniello, *Francesco Coppola: un modello di ascesa sociale*, pp. 211-240; Sansoni, *Francesco Coppola imprenditore*.

2. La prima attestazione della sua diretta partecipazione alle attività dell'azienda paterna risale al gennaio 1466, quando gli Strozzi annotano una rimessa effettuata dal banco su Trani a nome di Francesco, sebbene addebitata sul conto del padre Loise. Cfr. ASF, *Carte Strozziane*, V serie, reg. n° 18, *Libro di ricordanze di Filippo e Lorenzo Strozzi, mercanti fiorentini a Napoli* (1466-1467), ms., c. 2r. Ulteriori prove del fatto che Loise Coppola fosse correntista del banco già nella seconda metà degli anni Sessanta del Quattrocento si ricavano anche dal reg. n° 19, *Libro di ricordanze di Filippo e Lorenzo Strozzi, mercanti fiorentini a Napoli (1470-1471)*, ms., cc. 32rv, 36rv, 38rv, 40v, 75v, 91rv e 100rv.

## 1. *Un breve profilo biografico*

Volendo offrire soltanto qualche rapido cenno biografico di Francesco Coppola, iniziamo col dire che nacque a Napoli intorno agli anni Trenta/Quaranta del Quattrocento,[3] da una famiglia originaria di Scala, antico centro della Costiera amalfitana da cui prese nome nella capitale il quartiere di Scalesia, situato a ridosso del porto e frequentato proprio dalla colonia scalese.[4] Il successo socio-economico dei Coppola, oltre a derivare da una spiccata abilità nei commerci, si lega soprattutto al fruttuoso *business* degli appalti pubblici, ottenuti in cambio di prestiti erogati alla curia regia, che giunsero a rappresentare la loro principale fonte di profitto. In qualità di appaltatori o arrendatori essi ricoprirono un ruolo chiave nell'amministrazione fiscale e finanziaria del Regno, operando all'interno della macchina statale in costante e diretto contatto col re. Era questo un ambito di attività economica scarsamente sfruttato dagli operatori forestieri, ma dal quale i regnicoli più capaci e intraprendenti erano riusciti, già nei secoli XIII e XIV, a cogliere le migliori opportunità di guadagno e di promozione sociale.[5]

Per i Coppola furono in particolare le piazze pugliesi a offrire a metà Quattrocento vantaggiosi margini economici e proficue occasioni di successo. Il momento più propizio coincise con la fine della stagione orsiniana del principato di Taranto, estesa compagine feudale incamerata dalla Corona all'indomani della morte del principe Giovanni Antonio Orsini del Balzo, avvenuta nel novembre 1463.[6] In questo particolare frangente il padre di Francesco Coppola (il futuro conte di Sarno), Loise, già vicino e caro al Magnanimo che, definendolo *dilecto nostro*, lo aveva beneficiato

3. Sansoni, *Francesco Coppola imprenditore*, p. 9.

4. Capone, Leone, *La colonia scalese dal XII al XV secolo*, pp. 173-186; Gaglione, *Amalfi e Napoli tra alto Medioevo*, pp. 33-69; Feniello, *Francesco Coppola*: *un modello di ascesa sociale*, pp. 214-215.

5. Si vedano in merito le considerazioni di Yver, *Le commerce et les marchands*, pp. 164-165; riprese e sviluppate da Jean-Marie Martin (*Amalfi e le città marinare del Mezzogiorno*, pp. 31-51) e da Amedeo Feniello (*Élites imprenditoriali napoletane e il Regno di Ferrante*, pp. 163-180: 163-164).

6. Sul Principato di Taranto in età orsiniana si rimanda innanzitutto agli studi e alle edizioni di fonti pubblicati negli ultimi anni dal Centro di Studi Orsiniani di Lecce. Tra i quali si segnalano le miscellanee: *Un principato territoriale nel Regno di Napoli*; e *"Il Re cominciò a conoscere che il Principe era un altro Re"*.

di particolari esenzioni,[7] iniziò ad assumere importanti responsabilità istituzionali: fu regio secreto e maestro portolano della Terra d'Otranto e di Basilicata – ufficio che ottenne ancora nel 1467 dietro versamento di 4.000 ducati –, e fu regio secreto di Capitanata e della Terra di Bari.[8]

Il conferimento della carica di maestro portolano consentiva di cumulare tutta una serie di entrate, ricostruite di recente da Amedeo Feniello sulla base di un registro contabile del 1471/72 conservato nell'Archivio di Stato di Napoli.[9] Queste andavano, tra le tante voci, dal recupero dei crediti fiscali (tramite le *significatorie* emesse dalla Sommaria), riscossi tanto in natura quanto in denaro nei centri di competenza, alla cessione di uffici civili e giudiziari, diritti di tratta per l'esportazione dei grani e rendite di vario genere: dai proventi di dogane (come quelle di Taranto, Otranto e Brindisi) e baglive alla vendita del sale, unitamente ai profitti ricavati da importanti e complesse transazioni economiche (si veda, ad esempio, «lo retracto de li panni et de salnitri baractati con li dicti panni in Venezia et venduti in Lecce»).[10] Rientravano nei compiti dell'ufficio sia la corresponsione delle provvisioni destinate a funzionari e amministratori locali, sia il rifornimento delle provviste per l'*armata* regia, che richiedeva continuo vettovagliamento e supporto logistico.

7. Silvestri, *Il commercio a Salerno*, p. 105.

8. Sulle competenze di questa carica, si veda Gentile, *Lo Stato napoletano sotto Alfonso I d'Aragona*, 63 (1938), pp. 1-20; Cassandro, *Lineamenti di diritto pubblico del Regno di Sicilia*, pp. 40-41; e Delle Donne, *Burocrazia e fisco a Napoli*, pag. 93: «Altro ufficiale provinciale era il Maestro Portulano, a cui spettava la vigilanza sugli approdi, e la cura della loro costruzione; il controllo delle esportazioni e la riscossione dei diritti di tratta. Secondo il Cassandro le incombenze del Portulano si andarono ampliando fino a includere anche quelle del Secreto, che, secondo la tradizione, con il suo ufficio di Secrecia era preposto alla riscossione delle imposte gravanti sui consumi, sui traffici e sui monopoli regi. Il Maestro Portulano che sotto gli Angioini era stato preposto alla custodia dei porti e delle spiagge, sotto gli Aragonesi divenne il più importante amministratore delle finanze provinciali». Su Loise Coppola, si rimanda invece a Schiappoli, *Napoli aragonese*, pp. 156-157; al profilo tracciato da Petrucci, *Coppola, Loise*; e a Sansoni, *Francesco Coppola imprenditore*, pp. 5-10, il quale rigetta il *topos* storiografico che vorrebbe i Coppola di origine modesta, rinviando al genealogista secentesco Carlo De Lellis che richiama, invece, la loro appartenenza al ceto nobiliare (De Lellis, *Discorsi delle famiglie nobili del Regno*, parte II, pag. 190).

9. Archivio di Stato di Napoli (ASN), *Regia Camera della Sommaria, Dipendenze*, fascio 27, busta 557. Cfr. Feniello, *Francesco Coppola: un modello di ascesa sociale*, pp. 218-240.

10. ASN, *Regia Camera della Sommaria, Dipendenze*, fascio 27, busta 557, f. 62r. Il termine *retracto* o *ritratto* indica il ricavato di una vendita.

Componente significativa del giro d'affari di Loise Coppola, stimato intorno ai 23/24.000 ducati annui,[11] erano anche gli utili realizzati come titolare di una grande azienda commerciale, la quale, godendo della fiducia e della protezione del sovrano, effettuava abitualmente transazioni economiche operando in società direttamente con la Corona. Dalla differente natura dei rapporti, delle attività e delle operazioni via via concluse risulta evidente come la relazione tra il re e il mercante si dispiegasse secondo due distinti percorsi: uno totalmente pubblico, nell'ambito del quale il Coppola, in virtù delle cariche conferitegli e in qualità di rappresentante ed esecutore della volontà regia, svolgeva funzioni di tipo burocratico-amministrativo per conto dello Stato; l'altro solo parzialmente pubblico (o semipubblico), giacché lo stesso intratteneva affari con la Corona da privato investitore e finanziatore. In altre parole, il pubblico ufficiale, l'amministratore, non avrebbe mai dismesso l'abito del commerciante di grani, panni e altre merci lucrose, dell'affarista, dello scaltro imprenditore, costruendo la sua fortuna e quella dei suoi eredi proprio grazie all'alternanza e alla complementarità dei due ruoli.

La vicenda personale del mercante-imprenditore Francesco Coppola, personaggio tra i più noti e singolari del Quattrocento meridionale, presenta molti punti in comune con quella di altri grandi uomini d'affari europei dal percorso eccezionale, abili nel tessere relazioni, desiderosi di successo e protagonisti del mondo economico del loro tempo. Se ci spostiamo, ad esempio, in area francese, la figura di Coppola ricorda molto quella del mercante Jacques Coeur (vissuto nella prima metà del XV secolo), il quale, nonostante fosse figlio di un pellettiere, giunse a ricoprire importanti cariche presso la corte di Carlo VII. Il Coeur fu infatti consigliere del re, finanziatore di fiducia e suo ambasciatore; e, come il Coppola, caduto in disgrazia, pagò con il carcere un presunto tradimento.[12] Non molto dissimili appaiono le carriere di alcuni uomini d'affari di Tours (sede dei sovrani Valois nella seconda metà del Quattrocento), alle cui società era affidato il compito di rifornire il guardaroba del re, della regina e del delfino. Le stesse furono in grado di raggiugere i massimi livelli della finanza e della politica del Regno di Francia.[13] Qui come a Napoli, e come del resto in

11. Feniello, *Francesco Coppola: un modello di ascesa sociale*, p. 223.

12. Su Jacques Coeur, si veda Canseliet, *Jacques Coeur*; Heers, *Jacques Coeur: 1400:1456*.

13. Tognetti, *I Gondi di Lione*, pp. 52-53. Si rinvia, in merito, anche a Chevalier, *Tours, ville royale, 1356-1520*, pp. 256-273, 275-289, 351-362.

tutte le monarchie feudali, fare l'uomo d'affari di successo richiedeva necessariamente un *modus operandi* diverso rispetto al contesto dell'Italia comunale, significava, innanzitutto, porsi al servizio della Corona, accumulare fama e denaro con l'obbiettivo ultimo di ottenere la nobilitazione. Lo faranno i Gondi in Francia, così come quasi tutti i banchieri pisani che avevano scelto di trasferirsi in Sicilia.[14]

## 2. *La manifattura tessile*

Tra imprese avviate e ricchezze accumulate Loise lasciò al figlio Francesco e al fratello di questi Matteo una rilevante e sostanziosa eredità, calcolata superiore ai cento ducati,[15] che rappresentò il capitale di partenza per ulteriori e ancor più fortunati investimenti, come l'istituzione dell'Arte della Lana.

Grazie ai *Giornali* del banco Strozzi è possibile ricostruire, se non tutte, buona parte delle attività economico-finanziarie in cui i Coppola, Loise e Francesco in particolare, si ritrovarono coinvolti in qualità di intestatari di un conto corrente unico; dato che conferma la costituzione, a cavaliere tra gli anni Sessanta e Settanta del Quattrocento, di una vera e propria compagnia composta dai due soci. In realtà, stando alla documentazione superstite (alcune carte della cancelleria aragonese visionate da Irma Schiappoli e una lettera spedita dagli Strozzi di Napoli a quelli di Firenze il 25 gennaio 1470),[16] è proprio intorno a questa data che avrebbe cominciato a operare la società stipulata tra Loise e il figlio Francesco. La loro attività commerciale, affaristica e imprenditoriale, stimolo e incentivo per l'intera economia regnicola, aveva trovato in Ferrante un ottimo alleato e sostenitore. Nell'ottica del sovrano, infatti, meramente funzionale alla rivitalizzazione del mercato interno, la creazione di società autoctone avrebbe potuto contenere il dominio incontrastato degli operatori extra-regnicoli e dell'"industria" straniera, riducendo di

14. In questo caso torna utile il confronto con le vicende dei Gaetani, dei Buonconti, dei Vernagallo, degli Agliata, degli Aiutamicristo e di tante altre famiglie di mercanti pisani. Cfr., al riguardo, Petralia, *Per la storia dell'emigrazione quattrocentesca*, pp. 373-388; Id., *Banchieri e famiglie mercantili nel Mediterraneo*; e Ligresti, *Mercanti, banchieri, imprenditori*, pp. 203-355.

15. Feniello, *Francesco Coppola*: *un modello di ascesa sociale*, p. 225.

16. Cfr. Schiappoli, *Il conte di Sarno. Contributo alla storia della congiura*, pp. 17-115: 19-20; e ASF, *Carte Strozziane*, V serie, reg. n° 20, *Libro di ricordanze di Filippo e Lorenzo Strozzi, mercanti fiorentini a Napoli* (1470-1471), ms., c. 60v.

fatto il volume delle importazioni e incentivando, al contempo, la manifattura locale. Il perseguimento di una simile politica economica chiamava necessariamente in causa più soggetti (compresi però gli stessi forestieri, come lo erano, ad esempio, le grandi compagnie di mercanti-banchieri), ciascuno dei quali adempiva per conto dello "Stato" a un proprio e precipuo compito. Così, se al banco dei fiorentini Lorenzo e Filippo Strozzi, che svolgeva, tra l'altro, la funzione di cassa e quella di erogatore di liquidità al servizio degli apparati pubblici, si ricorreva per la copertura finanziaria di spese correnti, per urgenze varie e mirate iniziative economiche, il coinvolgimento di una ditta regnicola ben avviata come quella dei Coppola sopperiva sul piano pratico a tutte le necessità connesse agli aspetti organizzativi, logistici e gestionali di una "fabbrica", tutta "napoletana", destinata, nello specifico, alla produzione dei tessuti.[17] È dall'incontro e dalla compartecipazione attiva tra le risorse della finanza internazionale (gli Strozzi) e le capacità operative dell'imprenditoria locale (i Coppola) che nasce anche nel Mezzogiorno d'Italia l'Arte della Lana e, a partire dal 1474, anche quella della Seta – di cui si dirà più avanti –, il principale progetto "proto-industriale" voluto e promosso da Ferrante per consentire ai propri sudditi una, quantomeno parziale, emancipazione dalla produzione estera.[18] Per la realizzazione di questo propositivo e lungimirante disegno, così come per il buon esito dell'impresa, di fondamentale importanza fu il ruolo giocato dalla fiducia nelle competenze e nell'impegno reciproco delle parti. Inutile dire, infatti, che i Coppola, per tutta una serie di motivi – incluso il più puro interesse economico trattandosi di clienti di tutto riguardo – godevano di ampia considerazione agli occhi del gruppo Strozzi, da questi stimati come veri amici («Solo vi faciamo questa che atexo l'amicizia grande abiamo chon Luigi & Francesco Coppola»).[19] Basti pensare all'elevato numero di operazioni effettuate sul loro conto: nel 1473 si raggiunge la cifra di 739,[20] mentre nel 1476 siamo sulle 247 opera-

17. Sulla convergenza di interessi di questi tre soggetti (il re, gli Strozzi e i Coppola) che hanno reso possibile la realizzazione del progetto, si rinvia ancora a Del Treppo, *Il Regno aragonese*, in particolare p. 160.

18. Coniglio, *L'arte della lana a Napoli*, pp. 62-79: 66; *L'arte della seta a Napoli e la colonia di San Leucio*; Del Treppo, *Il Regno aragonese*, p. 100.

19. *Libro giornale 1473*, *Appendice*, p. 694 (3 dicembre 1472).

20. Sansoni nella sua tesi di dottorato ne conta altre 59 (per un totale di 798), ma include tra queste anche le partite in cui i Coppola ricorrono esclusivamente nella causale dell'operazione e non come titolari di un conto corrente. Per la ricostruzione di quest'ultimo si è infatti adottato il criterio proposto da Mario Del Treppo, che per primo ha esaminato questa documentazione, e cioè di computare soltanto «i nominativi degli intestatari degli

zioni, per un totale complessivo di 986.[21] Nessun'altra compagnia mercantile, forestiera, straniera o regnicola, incluse quelle consociate con gli Strozzi (di Penne, di Gaeta e Palmieri, Medici, Spannocchi e compagni, e ancora Strina), che si attestano mediamente tra le 100 e le 300 operazioni finanziarie annue, risulta in grado di reggere il confronto.[22]

Il rapporto Strozzi-Coppola si configura quindi come particolare, privilegiato e non soltanto di esclusiva pertinenza bancaria, dal momento che le due compagnie cooperarono in vari progetti commerciali e imprenditoriali, per la buona riuscita dei quali, come sottolineato dagli stessi banchieri fiorentini, si rivelava essenziale appianare ogni eventuale divergenza e «andare d'accordo con loro (i Coppola)».[23]

Tra i diversi affari per i quali Loise e Francesco si rivolgono al banco, presso cui transita in entrata e in uscita il denaro depositato sul loro conto, spicca proprio quello incentrato sul progetto "industriale" dell'Arte della Lana, che ricorre, più o meno esplicitamente, nelle causali di ben 354 operazioni compiute nel 1473, mentre nel 1476 il loro numero si riduce drasticamente (solo cinque contengono un rinvio esplicito alla produzione di panni lana, mentre tre riguardano quella serica). Dal confronto emerge con chiarezza quanto il 1473 rappresenti per la ditta Coppola l'anno decisivo per l'avvio di questa importante attività imprenditoriale, che richiede continui finanziamenti e a causa della quale il loro conto si presenta costantemente in rosso, almeno fino al 10 di luglio, quando Ferrante promette al banco una cospicua somma da devolvere a favore dell'impresa. Lo strumento utilizzato è un *albarano* dell'importo di 9.983 ducati, 2 tarì e 9 grani, che verrà regolato in tre distinte rate («duc. 5633.2.13 a' dì 12 d'aprile 1474 e duc. 3802.2.14 a' dì IIII° di giugnio 1474 e duc. 547.2.2 per dì X di setenbre 1474»).[24] Tramite l'*albarano*, emesso in questo caso dal re a proprio nome e sottoscritto di suo pugno, lo stesso sovrano, accordato un prestito, si rendeva garante nei confronti della banca o di qualsiasi altro creditore. Questo particolare strumento finanziario, ampiamente utilizzato dall'amministrazione aragone-

articoli», inseriti nella registrazione immediatamente dopo la particella "a" o "da", a seconda che si tratti di debitori o di creditori al *Libro mastro* del banco. Cfr. Del Treppo, *Il re e il banchiere*, p. 247. Cfr. *infra*, cap. 2, pp. 84 e 90.

21. Per la ricostruzione di questo conto corrente, si rinvia a Sansoni, *Francesco Coppola imprenditore*, pp. 106-158.

22. Del Treppo, *Il re e il banchiere*, pp. 300-303.

23. *Libro giornale 1476*, c. 99r.

24. *Libro giornale 1473*, p. 504.

se in seguito alla contrazione di un debito, aveva, appunto, il carattere di una obbligazione riconducibile alla forma della *promissio reddendi.* Al suo interno – e come annotato anche dalla contabilità strozziana – veniva registrata la data di scadenza entro la quale il re si impegnava a saldare il debito, che poteva anche essere venduto a terzi.[25] L'esempio richiamato conferma come il banco fosse solito praticare ampie aperture di credito, e soprattutto a favore dei suoi clienti più importanti, come poteva essere il sovrano e come lo era anche la società di questi grandi imprenditori napoletani.

Rispetto alle operazioni concluse dal gruppo Coppola nel 1473, quelle che li vedono coinvolti nel 1476 attestano una più ampia gamma di interessi, attività e settori d'investimento, che si vanno ad aggiungere al già avviato "affare" della Lana, come il mercato assicurativo, quello cambiario e la cantieristica navale, ai quali sarà dedicato, più avanti, uno specifico spazio. Inoltre, a partire dal 1474 – come anticipato – Ferrante, sempre in collaborazione con Loise e Francesco Coppola, promuove la creazione a Napoli dell'Arte della Seta. Questa volta, facendo forse tesoro della precedente esperienza, l'industria serica si avvale, sin da subito, anche del contributo di operatori forestieri, il fiorentino Francesco di Nerone e il veneziano Marino da Ca' da Ponte, che entrano in società con i Coppola; mentre sul piano più prettamente tecnico essi possono contare sulle competenze del genovese Pietro Cavursi.[26] Sarà questa per la capitale una grande occasione di crescita e di sviluppo, che le consentirà di avere un peso sempre più rilevante nell'economia dell'intero Regno, così come lo sarà per i Coppola, avviati ormai a raggiungere le più alte vette del successo. Solo per citare alcune delle principali tappe della loro ascesa, si ricorda che nel 1475 ottengono da Ferrante il permesso di sfruttare le miniere calabresi di oro e piombo dell'*Argentera* di Longobucco;[27] tre anni dopo fondano a Napoli, dietro concessione regia, uno o più sapo-

25. Sull'*albarano*, distinto in due differenti tipologie, quello emesso dalla scrivania di razione (privo di termini di scadenza e utilizzato soprattutto per la corresponsione dei salari ai dipendenti pubblici) e quello regio, emesso e sottoscritto dallo stesso sovrano, si rinvia a Del Treppo, *I catalani a Napoli e le loro pratiche*, pp. 60-71. Per alcuni esempi di albarani rilasciati dalla scrivania di razione al tempo di Alfonso V, si rimanda alla tesi di dottorato di Enza Russo (*La Tesoreria generale della Corona d'Aragona*, in particolare le pp. 210-213).

26. Feniello, *Francesco Coppola*: *un modello di ascesa sociale*, p. 230; Ragosta, *Napoli, città della seta*, p. 27.

27. Sullo sfruttamento della miniera nel medioevo, si rimanda a Gradilone, *Longobucco e le sue miniere*, pp. 57-61; e Cutieri, *Paesaggi minerari in Calabria*, pp. 401-406: 404. Cfr. *Libro giornale 1476*, c. 47v.

nifici, presso i quali producono grosse pietre di sapone grezzo;[28] mentre nel 1481, Francesco Coppola ottiene il privilegio di estrarre e vendere l'allume di Ischia, unitamente a tutta una serie di diritti ed esenzioni che contribuiscono ad accrescere le sue fonti di guadagno.[29] Protetto dal sovrano, aprirà a Sarno una cartiera della quale si serviranno gli stessi uffici regi;[30] per non parlare poi del suo impegno in occasione della guerra di Otranto, tra il 1480 e il 1481, quando fornisce a Ferrante il supporto di ingenti finanziamenti e un'imponente flotta.[31]

Sviscerando i dati dei *Giornali*, è stato possibile risalire alla fonte di provenienza degli accrediti destinati in particolare alla manifattura tessile, e che alimentavano il conto corrente dei Coppola.[32] Il finanziatore più generoso si conferma lo "Stato" («lo Singnor Re manda loro a anticipare per l'arte della lana»), che grazie al banco Strozzi e per il tramite del tesoriere regio, Pere Bernat, assicura ampie coperture di credito. Tanto per iniziare, il 20 febbraio 1473 la corte versa ai Coppola poco più di 7.097 ducati,[33] che nello stesso giorno la società utilizzata «per uno contratto di lane, chom'apare in potere di notar Andrea d'Afeletro».[34] Successivamente, con due *albarani pagatori* emessi il 10 e il 17 luglio dello stesso anno, Ferrante fornisce al banco la garanzia per ulteriori accrediti, che verranno corrisposti ai Coppola nella misura di 16.076 ducati.[35] A questi finanziamenti si vanno ad aggiungere altri 4.000 ducati, corrispondenti alla somma complessiva che, in tre *tranches*, la corte fornisce ai Coppola tramite l'arrendatore dei dazi nella provincia di Catanzaro, Rinaldo Scarsella.[36] Ma, oltre all'intervento dell'*albarano*, con un atto scritto di suo pugno il sovrano può agevolare l'erogazione di un prestito concedendo la possibilità al debitore di esibire, a mo' di garanzia, la *detta piana della Corte*, che rappresenta «un ordine orale di giro» collegato a una promessa di pagamento.[37] Nel 1476, relati-

28. Schiappoli, *Napoli aragonese*, pp. 175-177.
29. Feniello, *Estrazione e commercio dell'allume*, pp. 163-164.
30. Schiappoli, *Napoli aragonese*, p. 163.
31. Petrucci, *Coppola Francesco*; Del Treppo, *La marina napoletana nel Medioevo*, pp. 31-46: 45.
32. Relativamente al primo dei due *Giornali*, si veda Feniello, *Francesco Coppola: un modello di ascesa sociale*, pp. 226-227.
33. *Libro giornale 1473*, p. 137.
34. Ivi, p. 138.
35. Ivi, pp. 504 e 519.
36. Ivi, pp. 48, 251 e 258
37. Del Treppo, *I catalani a Napoli e le loro pratiche*, pp. 71-85: 74.

vamente a operazioni che coinvolgono i Coppola, il ricorso a questo agile strumento della pratica creditizia è attestato ben dodici volte.[38]

Alle spese per l'Arte della Lana, al pari di quelle occorse per finanziare altre attività – meglio documentate nella contabilità del 1476 –, concorrono anche i diversi banchi consociati con Filippo Strozzi, i quali contribuiscono accreditando il denaro con *promesse* e *abbuoni*. Si riportano nella tabella i dati estrapolati da Amedeo Feniello (relativamente all'Arte),[39] cui si aggiungono quelli – complessivi – ricavati dal secondo dei due *Giornali* superstiti (tabelle 10 e 11).

Tabella 10. Finanziamenti erogati dai banchi consociati a sostegno dell'Arte della Lana (1473)

| BANCHI | NUMERO OPERAZIONI | SOMME FINANZIATE (IN DUCATI) |
|---|---|---|
| Colapietro di Penne | 8 | 555 |
| Lorenzo de' Medici e compagni | 5 | 346 |
| Luigi di Gaeta e Francesco Palmieri | 4 | 185 |
| Ambrogio Spannocchi | 3 | 185 |
| Francesco Strina | 2 | 64 |
| TOT. | 22 | 1.335 |

Tabella 11. Finanziamenti erogati dai banchi consociati per vari scopi (1476)

| BANCHI | NUMERO OPERAZIONI | SOMME FINANZIATE (IN DUCATI) |
|---|---|---|
| Colapietro di Penne | 8 | 5.867 |
| Lorenzo de' Medici e compagni | 8 | 1.472 |
| Luigi di Gaeta e Francesco Palmieri | 6 | 2.105 |
| Ambrogio Spannocchi | 4 | 1.501 |
| Francesco Strina | 0 | 0 |
| Benedetto Salutati e compagni* | 8 | 3.193 |
| TOT. | 34 | 14.138 |

* Nel 1476 tra i banchi consociati con gli Stozzi figura anche la società fiorentina di Benedetto Salutati, mentre non si attesta alcun versamento da parte del banco di Francesco Strina.

38. *Libro giornale 1476*, cc. 133r, 163r, 166v, 167v, 171v, 193v, 194r e 198v.
39. Feniello, *Francesco Coppola: un modello di ascesa sociale*, p. 227.

Riguardo alle uscite connesse al funzionamento della manifattura tessile, la contabilità strozziana consente di individuare almeno quattro differenti voci di spesa, e cioè l'acquisto della materia prima (la lana) e delle attrezzature per l'avvio delle attività; l'acquisto e il trasporto di materiali vari; il reclutamento e la retribuzione del personale tecnico; e le spese di esercizio (tabella 12). Si tratta di operazioni che i Coppola svolgono sia direttamente, sia servendosi di loro fidati referenti, collaboratori e corrispondenti, tra i quali spiccano i nomi di Giovanni Tramontano, dei notai Giovanni Bozzavotra e Giovanni di Sant'Angelo, e del fiorentino Alamanno di Lazzaro (tabella 13).

Tabella 12. Spese complessive per l'Arte della Lana (1473)

| SPESE | NUMERO OPERAZIONI | DUCATI DA VERSARE | TARÌ | GRANA |
|---|---|---|---|---|
| «Ispese per l'arte della lana» | 246 | 6.028 | 0 | 0 |
| Attrezzature e trasporto | 15 | 393 | 23 | 0 |
| Materiali (guado e robbia) e trasposto | 12 | 332 | 26 | 18 |
| Reclutamento personale | 1 | 16 | 2 | 10 |
| Retribuzione personale | 16 | 157 | 2 | 10 |
| TOT. | 290 | 6.927 | 24 | 18 |

Tabella 13. Referenti dei Coppola (1473)

| REFERENTE | NUMERO OPERAZIONI | SOMME ASSEGNATE (IN DUCATI) |
|---|---|---|
| Giovanni Tramontano | 57 | 1.753 |
| Alemanno di Lazzaro | 52 | 1.086 |
| Pierantonio d'Anna | 29 | 836 |
| Leonardo Graziano, notaio | 31 | 883 |
| Giovanni Bozzavotra, notaio | 54 | 769 |
| Giovanni di Sant'Angelo, notaio | 43 | 534 |
| Francesco di Marante | 18 | 355 |
| Andrea di Cioffo, notaio | 4 | 156 |
| Luigi Minutolo | 18 | 162 |
| TOT. | 306 | 6.562 |

Di questi nel *Giornale* del 1476 ritorna solo il nome del notaio Andrea di Cioffo, al quale i Coppola per adempiere a una promessa corrispondono, tramite il banco, poco più di 16 ducati.[40] Anche in questo caso il confronto tra le due annualità rivela evidenti differenze, indice di una diversa progettualità o delle mutate esigenze, che si traducono, relativamente al 1476 e per quanto concerne l'"industria" tessile, in un limitato ricorso al credito. Al contrario, nel 1473, l'impianto *ex novo* e l'allestimento di quanto necessario all'avvio di attività manifatturiere specifiche avevano imposto all'azienda Coppola tutta una serie di acquisti, funzionali a garantire il rifornimento della lana, ma anche la disponibilità di spazi ed edifici adeguati, attrezzature efficienti, macchinari e strumenti di produzione (*tiratoi*, pozzi, travi per le gualchiere, caldaie in rame e peltro, pettini, *schardassi*, bacchette o altri dispositivi per filare e battere la lana).[41] Il reperimento di questi ultimi, non sempre disponibili *in loco*, poteva incidere, ovviamente, sul loro costo e su quello di trasporto. Riguardo alla materia prima, acquisti piuttosto sostanziosi sono documentati il 20 febbraio 1473, quanto la ditta, per rifornire di lana le botteghe dell'Arte, si rivolge proprio al fondaco degli Strozzi cui corrisponde la cifra dei già citati 7.097 ducati, messi a disposizione dal sovrano per il tramite del tesoriere regio.[42] Discreti quantitativi di panni e drappi vengono comprati anche da altre importanti ditte toscane, come quelle di Lorenzo de' Medici e di Tommaso Ginori,[43] oppure procurati sul mercato estero, nel quale predomina la produzione di lane inglesi e provenienti dalle Fiandre (verosimilmente imbarcate dal porto di Sluis);[44] mentre per la seta, che risulta acquistata in comune con gli Strozzi, ci si riforniva soprattutto a Venezia.[45] Tra quanti coin-

40. *Libro giornale 1476*, c. 53v.

41. *Libro giornale 1473*, pp. 24-25: «A Luigi & Franc. Choppola a parte duc. CXL, per loro a m. Antonello d'Alexandro; d° sono per prezzo di uno pezzo di terra di circha tomola 2 per fare tiratoi – com'apare per chontratto in potere di notaro Franc. Ghaetano; per lui a' dì 19, a Antonello d'Alexandro &'l fratello». Cfr. anche le pp. 264, 73, 171, 263, 407, 302 e 440.

42. *Libro giornale 1473*, p. 137: «A m. Piero Bernardo duc. VIIMLXXXXVII, g. VIII ½, per lui a Luigi & Franc. Choppola; d° sono li quali lo S. Re manda loro a anticipare per l'arte della lana, li quali doviano avere per tutto lo mese di maggio prossimo, secondo la forma di cierti chapitoli, cioè duc. VIIMLXXXXVII, g. VIII ½».

43. *Libro giornale 1473*, pp. 83 e 373.

44. Ivi, pp. 195 («panno di Londra»); *Libro giornale 1476*, c. 167r: «lane a portate loro di Fiandra».

45. *Libro giornale 1476*, c. 117v. Sui principali mercati della seta, cfr. Tognetti, *I drappi serici*, pp. 143-170; Guidi Bruscoli, *Tessuti di seta fra la penisola italiana*, pp. 68-77; e Spallanzani, Guidi Bruscoli, *Tessuti di seta tra Firenze e il Levante*.

volti nel commercio dei tessuti si segnala la presenza del conte di Caiazzo, Roberto o Giovanni Francesco Sanseverino, che vende ai Coppola, tramite un suo collaboratore, Matteo da Castiglione, alcune pezze di panno garbo.[46] Le attività di filatura delle lane e di tessitura dei panni si svolgevano presso le locali botteghe di proprietà degli artigiani iscritti alla corporazione, i quali, come si dirà più avanti, erano tanto regnicoli quanto forestieri.

Scorrendo le partite dei *Giornali* torna frequente anche l'acquisto di materiali tintori (erbe coloranti come la robbia e il guado), provenienti in particolare dalle piazze liguri, umbre e marchigiane.[47] Nel primo caso, il carico di maggior rilievo risale al 4 marzo 1473 ed è corrisposto da Raffaello Morfini e Bernardo Ciragiolo, che a 9 once (l'equivalente di 54 ducati) e 16 tarì vendono ai Coppola due balle di robbia, trasportate dai genovesi Cosimo e Francesco Spinola.[48] Tra i fornitori figurano anche Jacopo Valetta e Bartolomeo Alopa.[49] Per il guado, invece, oltre ai già menzionati Spinola, ricorrono in particolare i nomi di Battista di Pietro (*vetturale*) e Antonio di Giovanni, entrambi di Urbino, di Matteo de Memino, detto Perla, e Cosmo Gharro di Genova, e ancora di Pier Giovanni da Camerino, Filippo dalla Sciola e Benedetto di Pozzevera.[50]

Riguardo invece al reclutamento del personale, la carenza di manodopera specializzata sul posto rendeva spesso necessario il ricorso a maestranze esterne. Ci si rivolse, ad esempio, a Gallo di Manfredi di Genova che ingaggiò «tessitori e altri lavoranti da Norcia».[51] Oltre che umbri, gli operai del tessile erano in gran parte toscani, come Giachi di Filippo di Giachi; milanesi, come mastro Agostino de Buris e Paolo d'Antonio, e bergamaschi, come la famiglia di tessitori composta da mastro Andrea de Carlo e da suo figlio Giovanni.[52] I locali, tuttavia, non sembrano del tutto assenti, e tra questi si possono ricordare i nomi di Nataliello d'Abundolo della Cava e del maestro

46. *Libro giornale 1476*, cc. 26v e 63r.

47. Sulle materie tintorie utilizzate nella manifattura tessile (laniera e serica), in particolare toscana, si rinvia agli studi di Harsch, *Niccolò di Piero di Giunta Del Rosso*, pp. 53-61; *L'impatto dell'attività tintoria*, pp. 26-49, e relativa bibliografia. Molto utili anche: Edler de Roover, *L'arte della seta*, in particolare p. 44, e Molà, *The Silk Industry of Renaissance Venice*, pp. 109-120.

48. *Libro giornale 1473*, p. 160.

49. Ivi, pp. 85, 274.

50. Ivi, pp. 107, 205, 239, 243, 373, 398, 523.

51. Ivi, p. 86.

52. Ivi, pp. 24, 33, 81, 155, 171, 191, 260, 268.

*gualchieraio* Giovanni di Maio di Napoli.[53] In alcune partite traspare con evidenza il richiamo a specifiche mansioni e attività per le quali viene corrisposto un compenso, ora per *asodare* e *cimare* i tessuti, ora «per valchatura di panni», che gli operai «ànno a valchare a' deti Copoli».[54]

Come già anticipato, nel 1476 il numero delle operazioni finanziarie a supporto dell'Arte si riduce notevolmente a conferma del fatto che le spese più importanti, cioè quelle di avviamento degli impianti e delle stesse attività, sono oramai terminate. Di particolare, in questa seconda fase della produzione, si segnala la presenza al fianco dei Coppola di un personaggio piuttosto famoso, come il già ricordato imprenditore fiorentino Francesco di Nerone, il quale, oltre a rivestire un ruolo di primo piano in seno alla corporazione della Lana – tanto da occuparsi in alcuni casi dei prelievi di contante[55] –, sembrerebbe gestire per conto dei Coppola anche «la bottega dell'Arte della Seta», così come si evince da una partita datata 29 maggio 1476.[56]

Quanto fin qui esposto consente di guardare all'Arte della Lana e della Seta come a un sistema-azienda complesso ed eterogeneo, ma al contempo integrato e sinergico di risorse, uomini e competenze, capace di aggregare visioni e segmenti diversi di una realtà sociale estremamente composita, a partire dalla più alta posizione di vertice occupata dallo stesso sovrano, che ne aveva caldeggiato la creazione.[57] A lui facevano capo i due principali rappresentanti del governo regio, il percettore generale Pascasio Diaz Garlon e il tesoriere Pere Bernat, che in più occasioni intervengono con aperture di credito a favore dell'Arte; così come al servizio del re operavano sul piano finanziario gli Strozzi e su quello pratico-organizzativo i Coppola, agevolati, tra l'altro, da una singolare forma di collaborazione con Ferrante. Il conto di questi ultimi – stando sempre alla rendicontazione dei *Giornali* – accoglieva il denaro messo in circolo dai crediti erogati in varie forme e a vari soggetti dal più ampio organismo bancario, cui appartenevano, oltre agli Strozzi, i banchi loro associati e quelli di altri, più o meno grandi, operatori finanziari. A un diverso livello, una molteplicità di figure ruotava anche intorno ai Coppola, che coordinavano le attività sul territorio servendosi di un

53. Ivi, pp. 145, 424; *Libro giornale 1476*, cc. 40r, 112r.

54. *Libro giornale 1473*, pp. 424, 469, 227.

55. *Libro giornale 1476*, cc. 27r e 65r.

56. Ivi, c. 121v.

57. Feniello, *Francesco Coppola: un modello di ascesa sociale*, p. 230.

nutrito stuolo di collaboratori e uomini di fiducia, ma anche di tecnici, trasportatori, operai specializzati e semplici lavoranti, i quali con la loro opera contribuivano al buon esito della produzione. Insomma, una struttura multiforme e composita tenuta insieme da quella che si era venuta a delineare come la società commerciale e industriale «de lo Signor Re», dal momento che il gruppo Coppola ripartiva gli utili proprio con la Corona.[58] A ciò si aggiunga che la posizione già influente di Francesco – analogamente a quanto accaduto al padre – sarà rafforzata tra la fine degli anni Settanta e i primi anni Ottanta dal conferimento di prestigiosi incarichi, come quello di doganiere maggiore del fondaco delle città di Napoli e Gaeta, di maestro portolano di Puglia e Terra di Lavoro, di capitano e governatore a vita dell'isola di Ischia, di governatore, castellano e capitano di Castellammare di Stabia e, ancora, di maestro portolano di tutto il Regno e grande ammiraglio. A coronamento di una brillante carriera di uomo politico e di uomo d'affari, giunse nel 1483 l'investitura a conte di Sarno, il pieno riconoscimento della nobiltà, dalla quale non è escluso sia derivata anche la voglia di identificarsi pienamente col ceto aristocratico, condividendone tensioni, ambizioni e progetti, inclusi i più sovversivi che condussero i Coppola ad aderire alla grande congiura dei baroni del 1485.[59] Ma, ancor prima che si compisse la tragica fine dell'imprenditore napoletano, decapitato l'11 maggio 1487, e dei suoi eredi (Marco e Filippo),[60] la collaborazione in affari con la Corona – per intenderci, la società commerciale tra il re e i Coppola –, durata all'incirca un decennio, sfuma fino al definitivo scioglimento. Difficile stabilirne con precisione le cause, anche se non è escluso che la sfrenata ambizione e le ingenti ricchezze accumulate da Francesco, potente mercante, alto ufficiale, grande armatore e abile imprenditore, abbiano finito irrimediabilmente con l'incrinare i rapporti di fiducia reciproca tra di due soci, il re e il mercante, rendendo quest'ultimo inviso e sgradito agli ambienti di corte, primo tra tutti il duca di Calabria.[61]

58. Schiappoli, *Napoli aragonese*, p. 182; Petrucci, *Coppola Francesco*; Feniello, *Francesco Coppola: un modello di ascesa sociale*, p. 231.

59. *Infra*, pp. 58-59, nota 20.

60. Sull'arresto di Francesco Coppola e dei suoi familiari, avvenuto il 13 agosto 1486 in Castelnuovo durante la celebrazione del matrimonio del primogenito Marco con la nipote di Ferrante, Maria Piccolomini, si rimanda a Figliuolo, *Il banchetto come luogo di tranello politico*, pp. 141-165.

61. Galasso, *Il Regno di Napoli*, pp. 696-697.

## 3. *Il mercato del grano*

Come già richiamato, altro rilevante *business* nel quale i Coppola investirono proficuamente energie e risorse fu l'esportazione dei grani pugliesi, diretti in prima istanza a Venezia, piazza in cui operavano Pierfrancesco e Giuliano de' Medici, loro soci in affari.[62] Nell'ambito di questa collaborazione, che a differenza di quanto accaduto per l'istituzione dell'Arte della Lana non prevedeva alcuna partecipazione da parte della Corona, erano coinvolti anche i banchieri fiorentini Filippo e Lorenzo Strozzi.[63] In assenza di scritture aziendali redatte in originale da operatori regnicoli, per ricostruire le attività dei tre soci in affari – i Coppola (Loise e Francesco), i Medici (Pierfrancesco e Giuliano) e la filiale napoletana degli Strozzi – relativamente alla società commerciale finalizzata all'incetta del grano, prezioso si rivela un *conto* stilato dagli stessi Strozzi (sulla base, però, della contabilità ricevuta dai Coppola) e conservato in allegato in un registro di *Ricordanze* presso l'Archivio di Stato di Firenze.[64] In esso sono annotati gli acquisti di derrate effettuati in Puglia, Basilicata, Calabria e Campania nel biennio 1474/75 (quando a Firenze, in Toscana e in altre regioni d'Italia c'era la carestia) proprio dai Coppola, in particolare da Matteo, ma anche dal padre Loise e dal fratello Francesco, o tramite loro emissari, fattori e procuratori.[65] Se la componente fiorentina della società (i Medici e gli Strozzi) si occupava prevalentemen-

62. Sul ruolo dei Medici nel commercio del grano pugliese, cfr. Feniello, *Un capitalismo mediterraneo*, pp. 435-512.

63. Sulla collaborazione tra i Medici e gli Strozzi, si veda Jacoviello, *Strozzi e Medici nel Regno di Napoli*, pp. 185-210.

64. ASF, *Carte Strozziane*, serie V, reg. n° 29, *Libro di ricordanze di Filippo e Lorenzo Strozzi, mercanti fiorentini a Napoli* (1474-1475), ms. Si tratta, in realtà, di due quadernetti (rispettivamente di 22 e 8 carte) menzionati per la prima volta da Federigo Melis in una relazione intitolata *Napoli e il suo Regno nelle fonti aziendali toscane nel XIV-XV secolo*, tenuta nel 1972 presso la Società Napoletana di Storia Patria. Più di recente il documento è stato esaminato da Amedeo Feniello in due saggi (*Un capitalismo mediterraneo*, pag. 435-512, e *Commercio del grano in Puglia*, pp. 325-340); e da Alessandro Sansoni (*Francesco Coppola imprenditore*, pp. 31-33).

65. Si tratterebbe, in realtà, come anticipato nella nota precedente, di due distinte azioni imprenditoriali con differenti ragioni sociali: una relativa al grano immesso sul mercato veneziano; l'altra concernente i grani acquistati in Terra di Lavoro e nella provincia di Principato da destinare, almeno in parte, alle piazze toscane. Per l'edizione di entrambi i conti, cfr. Sansoni, *Francesco Coppola imprenditore*, pp. 159-246. Il nome di Matteo Coppola ricorre anche nel *Giornale* del 1476, nel quale si attestano a suo conto gli acquisti «di grani e orzi fatti dare in Terra d'Otranto» (*Libro giornale 1476*, c. 83v).

te del coordinamento complessivo dell'incetta e degli aspetti economico-finanziari, disponendo della liquidità necessaria all'acquisto della merce, gli imprenditori locali (i Coppola) fornivano i collegamenti logistici sul territorio di estrazione del prodotto e la propria capacità organizzativa nel tessere relazioni con i diversi fornitori. Ma, nonostante la diversità dei compiti – che si andranno più avanti a precisare –, la società istituita per l'incetta dei grani risultava divisa in parti uguali tra i soci, che con pari dignità spartivano equamente costi e utili. È quanto si evince dagli appunti sull'amministrazione strozziana annotati nelle *Ricordanze* (reg. n° 29),[66] così come da alcune partite del *Giornale* del 1476 – riportate di seguito –, che riferiscono operazioni effettuante il 28 maggio di quell'anno e finalizzate a sistemare alcuni conti in sospeso «per la ncetta de grani» tra gli Strozzi e i Coppola.[67]

+ MCCCCLXXVI
+ Martedì, a dì XXVIII di maggio

[...]

A Luigi e Francesco Coppola ducati DCCC, per loro alla ragione nuova del nostro fondaco, dissero sono per parte di robe di che è paxato il tempo

ducati 133, tarì 10

A lloro detti ducati MCCC per conto a parte facciano loro buoni in chonto corrente

ducati 216, tarì 20

A lloro detti a un altro conto a parte ducati IIII, tarì XXIII, grana XVI, fannoci buoni per la nostra metà del ritratto di carra VI, tomola 19¼ di grano restava a Fortore et di salme XI, tomola 7 di grano restava a Cotrone, che lo resto fino a salme 26 dissero essere mancate di misurare di che ci dettono conto insieme con altri grani, copiato a Ricordanze

ducati 4, tarì 23, grana 16

A lloro detti a detto conto ducati XLVIIII, grana XVIII, fannoci buoni a buon conto per la detta nostra metà di grani per ritratto della nostra metà di tomola 3733 di grano a misura di Taranto a grana XVII tomolo, che montano ducati 52, tarì 26, grana 10½, di che abattono ducati 6, tarì 20, grana 12½ per la nostra metà di tomola 472 a detta misura, e peggio dicono restare avere da Troyolo

66. ASF, *Carte Strozziane*, V serie, reg. n° 29, *Libro di ricordanze di Filippo e Lorenzo Strozzi, mercanti fiorentini a Napoli* (1474-1475), ms., cc. 175v-181r.
67. *Libro giornale 1476*, cc. 119v-120r.

di Risolo, de quali a buon conto et di quello restano avere in Terra di Lavoro da Cola Antonio Yotta, che ci fanno buoni ducati 2, tarì 25 per tomola 100, a misura di Taranto a grana 17 tomolo, et se più ritrattanno da detti Troylo e Colantonio ci aranno a far buoni la nostra metà, restano come di sopra

ducati 49, grana 18

A lloro detti a detto conto ducati X, tarì XXVI, grana VII ½, fannoci buoni cioè ducati 4, tarì 6, grana 7½ per la nostra metà di tomola 168½ di grano a misura di Napoli, riscossi di tomola 690 dall'erede di Cola Antonio Yotta, a grana 30 tomolo et ducati 6, tarì 20 per la nostra metà di tratte 800 che stavano avere da messer Antonio Carraffa per la 'ncetta de grani di Terra di Lavoro, che per essere cassato il conto di tale incetta si fanno buoni a Avanzi nostri

ducati 10, tarì 26, grana 7½

A lloro detti a detto conto ducati XII, grana I 1/2, fannoci buoni per ritratto necto come apare per lor conto copiato a Ricordanze della nostra metà di salme 345 d'orzo, a misura di Cotrone, e di carra 38, tomola 8 a misura di Fortore, e quali si fanno buoni alla nostra metà d'orzi

ducati 12, grana 1½

[...]

A Luigi e Francesco Coppola ducati III, tarì XXV, grana X per valuta di grossi 2, soldi 2 di grossi di Vinegia a karlina XI per ducato uno, ci fanno buoni per la loro metà di grossi 4, soldi 4, facemo buoni a Medici di Vinegia per loro provisione e senseria e consolato delle partite ci mandorono del ritratto de grani, e quali si fanno buoni a spese fatte a cagione di ritratto di grani

ducati 3, tarì 25, grana 10

A lloro detti ducati VIII, fannoci buoni per discretione della loro metà di ducati sborsati per la ncetta de grani a comune con loro e con Medici di Vinegia fino a tanto che detti Medici cominciorono a procedere della parte loro..., e quali si fanno buoni a Avanzi nostri

ducati 8

A lloro detti ducati VIII, tarì VII, grana X, fannoci buoni per la loro metà di fiorini 90, l'a fatti buoni a Girolamo Strozzi per suo salario e spese di mesi X stato a Vinegia per cagione della ncetta de grani a comune con loro e con Medici di Vinegia, e quali si fanno buoni a spese fatte per ritratto di grani

ducati 8, tarì 7, grani 10

A lloro detti per conto a parte di tempi della loro terza parte del ritratto del residuo de grani di Vinegia ducati LXXXXIIII, tarì XVIII, grana XIII½, fannoci buoni per valuta di grossi 51, soldi 12, ducati 3 di grossi di Vinegia a X per cento per costo di tavole prese e Medici di Vinegia in baratto di stara 1020 di formento a pagamento per stara 1000, a grossi 3, soldi 4 lo stara, e le tabole della sorta di Candia, a ducati 8 il cantaro, e della sorta di Puglia, a ducati 6 il cantaro, le quali tavole detti Coppoli fanno conte sopra di loro e anno a pagare e noli e ogni altra spesa occorrente a dette tavole, e quali ducati si fanno buoni a tavole aute in Vinegia a baratto di formento

ducati 94, tarì 18, grana 13½

A lloro detti a detto conto ducati III, tarì VIIII, grana IIII½ per valuta di grossi 1, soldi 16, ducati 2 per li 5½ di Vinegia a X per cento, gli avamo fatti più creditori non dovavamo nella loro 3a parte del ritratto delle stara 2737 di formento restava a Vinegia, che per tanto si prese errore nel partimento desso conto perché e Medici non vogliano participare delle stara 1020 di detto formento barattato a tavole per nostro hordine, e quali si fanno buoni a grani a comune con detti Coppoli

ducati 3, tarì 9, grana 4½

A lloro detti al corrente ducati XXXII, tarì I, grana XV, fannoci buoni per il sopradetto conto a parte di tempi e sono per valuta di grossi 17, soldi 9, ducati 9 di grossi di Vinegia a X per cento, ci fanno buoni per il sopra più del costo delle tavole contesi da nnoi sbattutone la loro 3a parte del ritratto de formenti a che si barattorono dette tavole come apare per lo conto autone da detti Medici copiato a Ricordanze

ducati 32, tarì 1, grana 15/

Con lo scopo di concludere l'affare, il banco concede ai Coppola un'apertura di credito «in chonto chorente» per un ammontare di 1.300 ducati, che vengono addebitati su un «conto a parte», espediente contabile utilizzato, molto verosimilmente, per pareggiare quanto rimasto in sospeso tra i due soci in relazione agli acquisti di grosse partite di grano effettuati «a comune» in Puglia, Terra di Lavoro e Calabria. I carichi sarebbero stati in parte rivenduti all'ingrosso sul mercato veneziano, in parte barattati in cambio di legname («dette tavole»). Entrambe le operazioni commerciali avrebbero dovuto prevedere il coinvolgimento della filiale medicea attiva nella Serenissima, alla quale si *fanno buoni* «per loro provisione e senseria e consolato», anche se i Medici si rifiutarono, in realtà, di partecipare alla seconda delle due operazioni («non vogliano participare delle stara 1020 di detto formento barattato a tavole per nostro hordine»). Il sistema dello scambio, ampiamente adottato dalle società commerciali dell'epoca, evitava di intraprendere il viaggio di ritorno verso i porti pugliesi con le stive vuote. Il legname estratto dai boschi alpini, infatti, così come qualsiasi altra merce appetibile per il mercato meridionale, avrebbe contribuito ad ammortizzare le spese della traversata marittima verso Sud. Nel caso specifico, l'acquisto delle tavole di legno si compie ora barattando le stesse con il carico di grano, ora attraverso un conguaglio in denaro.

L'apertura di un «conto a parte» intestato ai Coppola, ma distinto da quello ordinario (il conto corrente vero e proprio) e molto probabilmente estinto appena saldati i passivi, consentiva al banco di addebitare a proprio vantaggio tutta una serie di somme che all'occorrenza erogava ai Coppola sulla base delle diverse esigenze (spese di trasporto o di spedizione, costi aggiuntivi o imprevisti vari). Possiamo infatti ipotizzare che gli Strozzi aprissero un "conto a parte" ogni qual volta accordavano ai propri clienti o soci delle coperture di credito, che venivano appositamente certificate indicando la somma prestata, il beneficiario, la causale e l'avvenuta estinzione del debito.

Per il banco, e dunque per gli Strozzi, ogni spesa sostenuta nell'incetta dei grani, al pari di ogni profitto al netto degli utili finali, andava divisa tra i soci in parti uguali («fannoci buoni per discretione[68] della loro metà di ducati sborsati per la ncetta de grani a comune con loro [i Coppola] e con Medici di Vinegia»), sebbene ciascuno di essi, come già richiamato, fosse tenuto a svolgere ruoli diversi, magari anticipando, ove possibile, il necessario per ottemperare alle funzioni di propria competenza. Così, a quelle esclusivamente amministrative e finanziarie degli Strozzi, si affiancavano quelle economico-commerciali e piuttosto pratiche dei Coppola, che provvedevano all'acquisto e alla conservazione del prodotto; mentre i Medici si occupavano della vendita sul mercato extra-regnicolo ed estero. Secondo questa tripartizione, alla componente regnicola della società messa in piedi per l'esportazione e il commercio del grano, spettava in particolare il ruolo di intermediazione tra i fornitori e gli acquirenti, tra produzione locale e mercato internazionale. Era loro compito trattare col mondo rurale degli agricoltori, accordarsi sul prezzo dei grani (come di altri prodotti), procedere all'acquisto e provvedere al carico fino allo stivaggio a bordo delle navi. La complessità di queste operazioni richiedeva il coinvolgimento di un folto gruppo di dipendenti che erano coordinati da Matteo di Giorgio, procuratore e fattore dei Coppola, affiancato dai figli, Tommaso e Giovanbattista, e dal nipote Carlo, le cui attività – legate non solo al commercio dei grani, ma a una ampia varietà di

68. Termine solitamente impiegato per indicare l'interesse su un prestito o su un deposito vincolato.

iniziative imprenditoriali – emergono chiaramente in diverse causali annotate dallo scrivano del banco in corrispondenza del conto corrente intestato a Loise e Francesco, come ai loro più fidati collaboratori.[69] Nel 1476, in qualità di titolare di conto, Matteo di Giorgio deposita, ad esempio, i guadagni ricavati dalla vendita di tessuti e di schiave.[70]

L'azienda Coppola agiva grossomodo su entrambi i litorali pugliesi, controllando sia la costa adriatica sia quella ionica, che da Taranto, attraverso il Metapontino, convogliava anche la produzione cerealicola dell'entroterra materano.[71] Per far fronte alle spese occorse al personale – piuttosto nutrito – che operava sul territorio, interfacciandosi non solo con i fornitori, ma anche con le locali autorità pubbliche e fiscali, gli investimenti erano di volta in volta garantiti da rimesse effettuate tramite il banco Strozzi, sebbene l'assenza di un *Giornale* che attesti i movimenti di denaro proprio tra il 1474 e il 1475 (l'annualità del *Conto* accolto nel succitato registro di *Ricordanze*) ne impedisca l'esatta ricostruzione. In ragione di ciò, giacché gli esempi tratti dalla contabilità superstite ci mostrano quanto fosse varia la provenienza degli accrediti, che alimentavano il conto corrente dei Coppola, immaginare in una prospettiva tutta "medicea" che l'intera operazione dell'incetta dei grani fosse finanziata dai Medici – siano stati essi quelli della filiale veneziana (che disponevano di una propria ragione sociale) o quelli della casa madre di Firenze, come avanzato da Amedeo Feniello –, può risultare ipotesi poco plausibile.[72] In quella che era, lo ripetiamo, una società tra pari – senza per questo negare il ruolo giocato in generale dalla famiglia Medici nella promozione dei traffici internazionali –, è forse più ragionevole supporre che la filiale veneziana, rappresentata da Pierfrancesco e Giuliano de' Medici, abbia partecipato all'impresa non tanto perché espressione di una potente *lobby* familiare, ma in qualità di corrispondente di fiducia a Venezia degli stessi Strozzi di Napoli.[73]

69. Per alcuni esempi, si rimanda al *Libro Giornale 1473*, pp. 41, 56, 78, 110, 137, 371 e 421; e al *Libro Giornale 1476*, cc. 1v, 16v, 30r, 53r, 55v, 56r, 61rv, 64r, 80v, 88r, 100r, 119r, 125r, 132r, 133r, 150v, 167rv, 171r, 185r, 188v, 204v e 207r.

70. *Libro Giornale 1476*, cc. 11v, 126v e 147r.

71. Feniello, *Francesco Coppola*: *un modello di ascesa sociale*, p. 232. Per la presenza della società napoletana nei principali porti pugliesi, si veda anche ASF, *Carte Strozziane*, serie V, reg. n° 28, *Libro di ricordanze di Filippo e Lorenzo Strozzi, mercanti fiorentini a Napoli* (1473-1474), ms., cc. 78v, 91v, 96v.

72. Feniello, *Un capitalismo mediterraneo*, pp. 440-442.

73. Sansoni, *Francesco Coppola imprenditore*, pp. 36-37.

Altro interessante esempio di operazione svolta in società tra pari, che vede coinvolti tanto i Coppola quanto gli Strozzi, riguarda «le spese per lo spaccio del viaggio di Tunisi», saldate il 6 maggio 1476 «per la loro metà» da Loise e Francesco direttamente sul conto di Andrea di Giovanni Strozzi, patrono della nave impiegata nella traversata, quale rimborso della somma anticipata dal banco.[74] Tra le diverse spese, sappiamo che ben 600 ducati furono stanziati per assicurare l'imbarcazione.[75]

Nel *Giornale* del 1473 gli accrediti versati sul conto corrente unico di Loise e Francesco, la cui causale rinvia esplicitamente al commercio dei grani, sono 43. Tra questi, si segnalano i 500 ducati rimessi l'8 gennaio dagli Spinola per «un merchato» di 900 tomoli;[76] i 1.100 ducati che passano ai Coppola dal conto del principe di Salerno il 10 giugno; e i 300 ducati rimessi da Lorenzo de' Medici e compagni il 3 luglio dello stesso anno.[77]

Operazioni analoghe (in tutto 23) si ripetono anche nel *Giornale* del 1476, confermando, tra l'altro, una proficua collaborazione tra gli Strozzi, i Coppola e i Medici di Venezia, nel tempo sempre più solida, fruttuosa e ricca di risultati. Il 9 marzo, ad esempio, lo scrivano del banco annota le «spese fatte a cagione di una incetta di grani per Vinegia l'anno paxato a comune e Coppoli e noi [gli Strozzi] con li Medici di Vinegia».[78]

Incrociando i dati di questa contabilità (inedita) con quelli di un quaderno del maestro portolano di Manfredonia, Bernardo *de Anghono*, datato 1486/87 (edito), è possibile ripercorrere con maggiore precisione le diverse fasi della filiera del grano (in particolare pugliese), dai produttori/venditori locali alle strutture del commercio e del credito internazionale, ai circuiti di esportazione.[79] I primi, espressione della capacità del locale

74. *Libro giornale 1476*, c. 97v.

75. Ivi, c. 108v.

76. *Libro giornale 1473*, p. 24.

77. Ivi, pp. 430 e 483.

78. *Libro giornale 1476*, c. 49v.

79. *Copia quaderni Bernardi de Anghono.* Interessanti letture di questo documento sono state proposte da David Abulafia (*Grain Traffic out the Apulian Ports*, pp. 25-36, ora in Id., *Mediterrannean Encounters*, cap. IX), che ha messo in evidenza il ruolo giocato negli scambi dagli operatori locali; e da Amedeo Feniello (*Un capitalismo mediterraneo*), che ha invece rimarcato la condizione di dipendenza di questi ultimi e del mercato locale dalle logiche capitalistiche delle grandi compagnie fiorentine. Interessanti spunti sull'argomento anche in Vitale, *Percorsi urbani del Mezzogiorno medievale*, in particolare le pp. 144-149. Un documento analogo, relativo al porto di Barletta e risalente agli anni di Alfonso, è edito nel *Codice diplomatico barese*, XI, doc. n° 221 (11 giugno 1456), pp. 353-359.

tessuto produttivo, si concentravano soprattutto nei centri dell'entroterra barese (Laterza, Bitonto, Spinazzola, Castellaneta), ma anche, come già detto, tra Matera e la costa metapontina. Si trattava di piccoli imprenditori in grado tuttavia di immettere sul mercato (siamo nel 1475) ben 436 *carra* di frumento: un quantitativo annuo sicuramente di tutto rispetto, in grado di «rivaleggiare con le grandi masserie signorili».[80]

Rinviando ad altri studi l'approfondimento della quantificazione dei livelli di produzione granaria pugliese a metà e fine Quattrocento,[81] quello che interessa qui sottolineare è soprattutto la pluralità delle strutture produttive in grado di rispondere alle incalzanti richieste del mercato. Oltre alle già ampiamente avviate masserie regie, che insistevano prevalentemente sul territorio dauno (di cui Lucera era il centro direzionale e Manfredonia l'"agriporto"),[82] e a quelle ricadenti sotto il controllo degli ordini religiosi (come i Teutonici di San Leonardo di Siponto)[83] e della grande feudalità, laica o ecclesiastica,[84] le fonti a disposizione hanno consentito di individuare un ulteriore soggetto, intercettato per i loro traffici dai Medici e dai Coppola, e vale a dire la «micro-azienda contadina».[85] A questa struttura economico-organizzativa, particolarmente diffusa nel Salento d'età moderna, secondo la ricostruzione proposta da Maria Antonietta Visceglia, sembrerebbero rifarsi tutta una serie di unità produttive tardo-quattrocentesche slegate dal sistema masseriale e dai grandi possedimenti signorili. Si tratta di piccole e medie aziende, in espansione, parallele alle precedenti, alle quali le importanti ditte commerciali si rivolgono sempre più di frequente per rifornirsi di frumento e di orzo. Ed è proprio la sollecitazione di queste ultime, interessate a smerciare

80. Feniello, *Commercio del grano in Puglia*, p. 336. Sui rapporti tra élites fondiarie della Puglia centro-settentrionale e strutture del commercio e del credito stranieri, si rinvia a Russo, Violante, *Élites fondiarie e ceti mercantili nella Puglia*, pp. 371-398.

81. Sakellariou, *Southern Italy in the Late Middle Ages*, pp. 244-270; e Feniello, *Commercio del grano in Puglia*, in particolare le pp. 327-328.

82. Del Treppo, *Prospettive mediterranee della politica economica*, pp. 316-338; Licinio, *Masserie medievali*.

83. Si vedano in merito Houben, *L'Ordine religioso-militare dei Teutonici*, pp. 17-44; Licinio, *Teutonici e masserie nella Capitanata*, pp. 175-195; Toomaspoeg, *La contabilità delle Case dell'Ordine Teutonico*; e ancora Licinio, *Aspetti della gestione economica di San Leonardo*, pp. 153-165.

84. Tra i maggiori fornitori dei Coppola ci sono il principe di Salento, Antonello Sanseverino, Antonio Carafa, la contessa madre del conte Galeazzo Sanseverino e il principe di Bisignano. Cfr. *infra*, p. 218.

85. Visceglia, *Territorio, feudo e potere locale*, p. 133.

sempre maggiori carichi di cereali, ad accrescere i volumi di produzione e a moltiplicare il numero dei fornitori, dal grande proprietario terriero al piccolo coltivatore.[86]

Nel momento stesso in cui il grano viene imbarcato sulle navi dirette a Venezia, la responsabilità del carico e delle successive operazioni di vendita passa a Pierfrancesco e Giuliano de' Medici, i quali curano tutti gli aspetti connessi al trasporto marittimo, incluse eventuali assicurazioni; si occupano delle spese relative a dazi, pedaggi e balzelli imposti in Laguna, garantendo la sicurezza della merce sino alla vendita.

Erano dunque i Medici – in mancanza di una propria flotta – a provvedere al nolo e all'allestimento delle navi, che cariche di derrate risalivano l'Adriatico verso la Serenissima per poi fare ritorno nei porti pugliesi. Si ricorreva in genere ad armatori stranieri, in prevalenza dalmati, ragusei e montenegrini, che gestivano il grosso dei traffici tra la Penisola e i Balcani, compiendo a volte anche più di un viaggio al giorno; mentre i locali *patroni* di navi o altre imbarcazioni si limitavano a svolgere per lo più operazioni di cabotaggio, coprivano le piccole tratte o comunque rotte costiere esclusivamente meridionali. Dalla Puglia, passando per Venezia, il grano raggiungeva le più varie destinazioni, gran parte dell'Italia centro-settentrionale, il sud della Francia, le Fiandre, l'Inghilterra e la penisola iberica, come pure la costa dalmata, i Balcani, Costantinopoli, i mercati orientali e il Nord Africa.

Come non riconoscere, a questo punto, l'importante ruolo svolto dalla cooperazione societaria tra i Medici e i Coppola – supportati finanziariamente dal gruppo bancario degli Strozzi – nel sistema economico-produttivo pugliese e, più in generale, dell'intero Mezzogiorno. Va detto, infatti, che sebbene il quadro delineato faccia in prevalenza riferimento a un determinato contesto spazio-temporale, quello della Puglia degli anni Settanta del XV secolo, esso è alquanto eloquente circa le capacità organizzative e di coordinamento, la validità degli strumenti e la bontà degli stimoli che a livello "alto" le grandi compagnie, fiorentine, ma anche regnicole, seppero mettere in campo per promuovere sul mercato internazionale la produzione agricola meridionale. In pari tempo, però, la loro azione congiunta si poté tradurre in risultati concreti solo grazie all'operosità di intermediari, produttori, fornitori e venditori locali, i quali "dal basso" avviavano le prime fasi di una filiera, non certo corta, che im-

86. *Libro giornale 1476*, cc. 26v, 97r, 115v e 119v-120r.

metteva il grano meridionale nei circuiti internazionali. Per il buon esito dell'intero processo negoziale era dunque necessario coordinare e monitorare al meglio ogni passaggio, dalla produzione allo scambio; seguire le diverse operazioni di acquisto, carico, trasporto via terra per raggiungere i canali di accesso al mare (porti, attracchi o semplici caricatori), di conservazione e vendita della merce nei centri d'imbarco, di stivaggio e navigazione fino a destinazione. Ciascuno di questi *step* comportava il raggiungimento di un accordo tra le parti coinvolte e spesso l'esborso di una somma. Motivo per cui i Medici, i Coppola, o chi per loro veniva inviato *in loco* a concludere l'affare, o meglio a eseguire uno dei tanti e inevitabili passaggi, si trovava a usufruire della disponibilità finanziaria, degli strumenti e dei servizi erogati dalla grande banca fiorentina. Dall'alto verso il basso e viceversa, era ancora una volta la nutrita schiera dei corrispondenti e degli uomini di fiducia delle rispettive aziende a fare da collante tra il centro direzionale e i luoghi di produzione, tra i titolari della compagnia e i fornitori locali, grandi o piccoli, di partite di frumento, tra Napoli, la periferia del Regno e le piazze europee.

Sebbene il grosso dei traffici si concentri in territorio pugliese, la società di Loise e Francesco Coppola fa affari anche in area tirrenica. È qui infatti che padre e figlio investono scambiando grano con panni, smerciati poi sul mercato locale.[87]

La gestione della compravendita dei grani a Napoli e nelle diverse province meridionali aveva rappresentato un canale privilegiato anche per i contatti con la corte regia, dal momento che i Coppola ricoprivano per la stessa il ruolo di principali fornitori di cereali e di altre derrate di prima necessità. Il numero maggiore di carichi destinati a «lo Singnor Re» si registra in particolare tra i primi anni Settanta e primi anni Ottanta, con un picco in coincidenza della guerra di Otranto, quando ricade su Francesco Coppola il compito di provvedere al mantenimento delle truppe inviate in Puglia. Dal dicembre 1480 al dicembre dell'anno successivo vengono infatti riservati al vettovagliamento dell'esercito regio 4.880 tomoli di grano, cui si aggiungono, tra maggio e dicembre 1480, diverse forniture di vino e 22.225 tomoli di orzo.[88] Sempre per la corte regia i Coppola acquistano biancheria da letto e da tavola, oggetti preziosi

87. Silvestri, *Il commercio a Salerno*, pp. 23, 73 e 105; Feniello, *Francesco Coppola: un modello di ascesa sociale*, pp. 233-234.
88. Schiappoli, *Napoli aragonese*, pp. 201-202.

e stoffe pregiate (damaschini e broccati in oro, vari velluti e sete), richiestissimi in occasione di cerimonie solenni e matrimoni, come quello del duca di Bari, Ludovico Sforza, con la figlia del duca di Ferrara, Beatrice d'Este, celebrato nella primavera del 1480.[89]

La fortuna dei Coppola nel campo del mercato alimentare non si limitò tuttavia al solo commercio granario, di più o meno ampio raggio; essi – servendosi sempre dei servizi erogati dal banco – acquistavano e rivendevano attraverso lo strumento dell'*incetta* anche altri generi di largo consumo, come olio e vino[90] (in particolare le «botti di grecho»), ma anche formaggi, fagioli e datteri.[91]

Nel 1473, ad esempio, è il percettore generale Diaz Garlon ad anticipare ai Coppola l'importante cifra di 5.850 ducati per l'acquisto di una grossa partita di olio proveniente dagli uliveti del conte di Fondi Onorato Gaetani. Gli stessi Coppola, impegnanti a immettere il prodotto sul mercato, salderanno il debito con la tesoreria regia in due rate.[92] E ancora, tra le spese di casa Strozzi, nel gennaio 1476 risulta aperto un credito («faccian buoni») a favore di Loise e Francesco Coppola per l'acquisto di 17 stara di olio, che vengono fornite da Mattiolo d'Avanzo di Gaeta; mentre il 5 marzo dello stesso anno Andrea di Giovanni Strozzi versa a Matteo di Giorgio, procuratore dei Coppola, 2 ducati e 2 grani «per holio e altro portatoli».[93]

Oltre al conte di Fondi fanno affari con i Coppola altri grandi baroni del Regno, come Antonello Sanseverino (principe di Salerno), Antonio Carafa (ambasciatore di Ferrante a Roma, Firenze, Bologna, Ferrara e Venezia) e Geronimo Sanseverino (principe di Bisignano),[94] dai quali l'azienda partenopea si rifornisce di generi agricoli che vengono immessi sul mercato all'ingrosso o venduti più semplicemente al dettaglio. Il dato si rivela senz'altro indicativo degli interessi economici di almeno una parte della feudalità meridionale, la quale, perfettamente inserita nelle

89. Per l'occasione i Coppola procurarono diverse canne di «domaschino celestro a maglie, brochato d'oro per una robba a coda longa», «una robba ala francese de velluto paonazzo» e del «velluto paonazzo carmesino sopra cety». Si rimanda a Schiappoli, *Napoli aragonese*, p. 188.

90. *Libro giornale 1473*, pp. 325, 391 e 402; *Libro giornale 1476*, c. 4r.

91. *Libro giornale 1473*, pp. 232, 384 e 296.

92. Ivi, pp. 251 e 519. Cfr. anche Sansoni, *Francesco Coppola imprenditore*, p. 20.

93. *Libro giornale 1476*, cc. 5v e 45v.

94. Su questi personaggi, ci si permette di rinviare a Petracca, *Le terre dei baroni ribelli*, pp. 199-204 e al profilo curato da Petrucci, *Carafa, Antonio.*

dinamiche commerciali del traffico *intra* ed *extra* regnicolo, non disdegna affatto la possibilità di incrementare i proventi della rendita signorile smerciando i prodotti dei propri feudi. D'altro canto, però, non possiamo non rimarcare il ruolo portante dell'azienda Coppola, cui va il merito di aver saputo intercettare la domanda del mercato, anche internazionale, avviando proficue collaborazioni tanto con i vari fornitori, i quali garantivano l'accaparramento di merci e derrate, quanto con i finanziatori, che disponevano invece della liquidità necessaria per l'acquisto; e ancora – e non da ultimo – il merito di aver contribuito a promuovere la valorizzazione delle risorse del Sud Italia, lo sviluppo dell'offerta e quello, anche se a tratti timido, delle locali economie. Attraverso i Coppola, almeno sino al momento della congiura, trovava piena attuazione – lo ribadiamo – il disegno economico di Ferrante, animato dalla volontà di imprimere un vigoroso impulso alla produzione e alla commercializzazione dei prodotti regnicoli, così come allo sviluppo e alla crescita dell'imprenditoria e delle manifatture locali, al fine di favorire la promozione economica dell'intero territorio meridionale.

In questo quadro, i Coppola, formidabile esempio di grande impresa regnicola, si muovono da protagonisti; grazie al costante sostegno della monarchia, sfruttano le occasioni, cavalcano l'onda del successo e allargano in breve tempo il raggio delle proprie attività, coniugando quelle prettamente mercantili con quelle più propriamente imprenditoriali e "industriali". I loro interessi, poi, si incrociano e convergono con quelli del gruppo Strozzi, che da abili e scaltri banchieri non rifiutano di supportare finanziariamente con i loro servizi qualunque progetto da cui possano scaturire lauti guadagni. Le iniziative commerciali e manifatturiere avviate dai Coppola si traducono quindi in una regolare collaborazione a tre, col sovrano e con gli Strozzi, in piena interazione – come si è visto – col mondo della finanza internazionale, che opera e fa affari nel territorio del Regno. Qui, il conseguente coinvolgimento di una pletora di operatori e produttori locali, il reclutamento di agenti, di dipendenti e maestranze, la mobilità di capitali e la promozione di investimenti – per quanto fattori circoscritti a una compagine sociale numericamente ridotta e per certi aspetti elitaria – costituiscono una salutare boccata d'ossigeno per l'economia meridionale, sono parte integrante delle trasformazioni socio-economiche, politiche e culturali dell'epoca, orientate in senso capitalistico e che, sia pur con lentezza, anche il Mezzogiorno va via via sperimentando.

## 4. *Mercato assicurativo, cambi e armamenti navali*

Da ultimo, e come anticipato, si farà un breve cenno ad altri settori economico-imprenditoriali e proto-industriali nei quali l'azienda di Loise e Francesco Coppola operò e di cui i *Giornali* offrono puntuale testimonianza. La partecipazione della compagnia al florido mercato delle assicurazioni è confermata da due *sicurtà* stipulate nel 1473 con il mercante Colagniolo Mormile (l'una pari a un importo di 4 ducati e 10 tarì, l'altra per 10 ducati);[95] ma soprattutto dalle operazioni finanziarie concluse nel 1476, anno in cui vengono siglati ben 13 contratti assicurativi per tutelare, tra le altre spedizioni, il carico della baleniera di Franzì Benet,[96] quello della saettia di Antonio d'Aviello,[97] e ancora il carico della caravella di Piscopo di Penne, «che si perdè»,[98] e quello della nave, diretta a Pozzuoli, di cui era patrono Francesco Sardo.[99]

La polizza assicurativa, come si è visto, proteggeva soprattutto in caso di naufragio o attacco da parte di pirati per mezzo di un premio il cui importo variava in relazione ai livelli di rischio.[100]

Tra le attività del gruppo Coppola, lo sviluppo del settore assicurativo risulta strettamente collegato – come si può facilmente intuire – al comparto nautico. L'armamento di una nave, cioè l'insieme di tutte quelle attrezzature che le consentivano di prendere il largo, oltre all'attività di gestione della stessa, richiedeva un cospicuo dispendio di risorse, alle quali andava poi ad aggiungersi il valore del carico e della merce trasportata, motivo per cui, prima di intraprendere un qualsiasi viaggio, soprattutto se lungo, le compagnie mercantili stipulavano tra di loro o con un eventuale finanziatore esterno un contratto assicurato, la cosiddetta *sicurtà*.

Riguardo invece al settore della cantieristica navale e degli armamenti, così come emerge almeno dai *Giornali*, osserviamo la totale assenza nel 1473 di operazioni bancarie riconducibili a questa causale; assenza alla quale si contrappone, solo qualche anno dopo, un discreto numero di richieste di finanziamento per un giro d'affari che conferma l'avvenuto inserimento dell'azienda in questo redditizio campo d'investimento. Nel

95. *Libro giornale 1473*, pp. 238 e 434.
96. *Libro giornale 1476*, c. 5r.
97. Ivi, c. 88r.
98. Ivi, c. 158r.
99. Ivi, c. 200r.
100. *Infra*, cap. 1, pp. 46-51.

maggio 1476, ad esempio, a Loise e Francesco Coppola vengono concessi due prestiti, uno di 300 ducati, l'altro di poco più di 159 ducati, richiesti per coprire le spese della galea di cui risulta patrono il più giovane Matteo Coppola.[101] Ulteriori crediti per l'armamento della medesima imbarcazione vengono erogati dal banco nel mese di giugno.[102] Questa, definita anche «galeazza padron Matteo Coppola», compie nel corso dell'estate due importanti viaggi, uno più lungo fino ad Alessandria d'Egitto, per il quale viene assicurata per 1.500 ducati da Francesco Lomellini; l'altro più breve, da Palermo a «Galipoli di Calavria», coperto da un'assicurazione di 400 ducati stipulata con la ditta di Pietropaolo Tommasi e Giovanni Arrigli.[103]

Gli esempi richiamati mostrano come a quest'altezza cronologica i Coppola, che fino a quel momento erano ricorsi per i loro traffici al noleggio, inizino a contare su un proprio arsenale e su una propria flotta, destinata nel tempo a potenziarsi anche in campo bellico, fino a rappresentare un valido e insostituibile sopporto per la Corona, cosa che avvenne, come già detto, in occasione della presa di Otranto da parte dei Turchi. Non conosciamo molto dei cantieri navali di cui disponevano in quegli anni i Coppola, ma il fatto che i Medici si rivolgessero a loro per noleggiare un'imbarcazione al prezzo di 200 ducati, unitamente al dato relativo al salario di due maestri calafati (o *calafatari*) che nell'agosto del 1476 avrebbero ricevuto 30 ducati da Tommaso di Matteo di Giorgio, figlio del procuratore e fattore dei Coppola,[104] contribuiscono a dare l'idea di un'industria non solo avviata, ma perfettamente ingranata e attiva a pieno ritmo.

Altro rilevante aspetto dell'attività dei Coppola in campo navale riguarda, ancora una volta, il rapporto fra il mercante e il sovrano, con il quale non è escluso che il futuro conte di Sarno e la sua compagnia abbiano agito in società. A tal proposito si segnala un'operazione finanziaria che potrebbe corroborare l'ipotesi. Il 16 marzo 1476 presso lo sportello del banco viene annotato un movimento di denaro tra lo scrivano di razione, Guillem Candell, e la ditta Coppola, che insieme partecipano al «prezzo della metà della nave comprarono da Signiorello di Messina» e alle «spese fatte detto Candeli alla detta nave sino alla fine del primo viaggio fece in Pisa».[105]

101. *Libro giornale 1476*, cc. 120v e 122v.
102. Ivi, cc. 134v, 139v, 147v e 148v.
103. Ivi, cc. 157v e 169v.
104. Ivi, c. 192r.
105. Ivi, c. 55v. È interessante inoltre notare che la cifra indicata nella causale del versamento, pari a 183 ducati, corrisposti «per lo terzo del prezzo della metà della nave»,

Ma gli imprenditori napoletani, analogamente a quanto accadeva per altre attività economiche, non fanno affari solo con il re; ed eccoli allora impegnati assieme agli Strozzi nella già richiamata impresa alla volta di Tunisi, per la quale, sempre nel 1476, provvedono ad armare la galea capitanata da Andrea Strozzi.[106]

Infine, un ultimo aspetto, che va messo in relazione con le diverse iniziative imprenditoriali intraprese dal gruppo Coppola, riguarda l'attività cambiaria, che non interessava però il cambio manuale delle monete, bensì la negoziazione delle lettere di cambio, vale a dire la possibilità, tramite il banco, di trasferire somme di denaro da una piazza all'altra, usufruendo, eventualmente, anche del cambio tra valute diverse.[107] Se nel 1473, i cambi effettuati per conto di Loise e Francesco Coppola risultano essere solamente due, uno da Venezia e l'altro da Gaeta,[108] nel *Giornale* del 1476 l'utilizzo di questo servizio si fa più ricorrente, anche perché, come già visto, lo spettro degli interessi economici dell'azienda, dei suoi titolari e di eventuali soci, si amplia e si diversifica notevolmente. Si registrano così ben 9 cambi da Firenze,[109] mentre 7 provengano da Genova,[110] 2 da Venezia[111] e uno dalla piazza di Londra.[112] Altrettanto interessanti risultano gli acquisti di fiorini che i Coppola effettuano sempre mediante il banco, ricorrendo però direttamente alla filiale fiorentina, che applica loro un tasso variabile dal 10 all'11%.[113]

Sono questi, certo, pochi e isolati frammenti, tasselli di un puzzle, che è tutto da comporre, ma che concorrono senz'altro a orientare il nostro sguardo e la nostra riflessione verso una direzione dai contorni sempre meno sfumati; è quella che porta a riconoscere il ruolo cruciale della ditta Coppola all'interno dei processi di sviluppo dell'economia meridionale quattrocentesca, il suo pieno inserimento nei circuiti commerciali battuti

consente di risalire al costo complessivo di un'imbarcazione dell'epoca, pari all'incirca a 1.098 ducati.

106. *Infra*, nota 74.

107. de Roover, *Il banco Medici*, p. 157.

108. *Libro giornale 1473*, p. 213 (19 marzo) e p. 361 (13 maggio).

109. *Libro giornale 1476*, cc. 25r, 26r, 67r, 132rv, 162r, 167r, 184v e 196v.

110. Ivi, cc. 6v, 40v, 61r e 97v

111. Ivi, cc. 53v e 173v.

112. Ivi, c. 68v.

113. Ivi, cc. 158v, 196v e 202v: «Luigi e Francesco Coppola per conto a parte ducati MMDCCLXXX, tarì III, grana XVII, per valuta di fiorini 2505 1/5 larghi a XI per cento, ci scrissono da Firenze e nostri per lor d'aviso de dì primo di questi che per uso li facessimo debitori e creditori loro per nostro conto».

al tempo dai più ricchi e potenti mercanti-banchieri di caratura internazionale, la sua capacità di proiettarsi oltre i confini del Regno, in quello spazio euro-mediterraneo che rappresentava il mercato globale dell'epoca. E ancora, sulla base di quanto detto, emerge altrettanto chiaramente la parte che in queste dinamiche si deve riconoscere alle compagnie toscane, e in particolar modo fiorentine, le quali, lungi dal limitare il loro intervento al mero sfruttamento delle risorse reperibili sul territorio, contribuirono, interagendo con le aziende locali e mettendo a loro disposizione capitali, servizi e competenze tecniche, alla valorizzazione delle capacità produttive, economiche e commerciali di tutto il Mezzogiorno d'Italia. Segnali importanti che avrebbero potuto imprimere un più deciso e generalizzato cambiamento, produrre crescita diffusa e duratura, se non fosse intervenuta, dopo la morte di Ferrante, nel 1494, una serie drammatica di eventi, culminati con il tramonto della parabola aragonese e con la fine dell'indipendenza del Regno di Napoli, declassato oramai a «periferia dell'Impero».[114]

114. Galasso, *Alla periferia dell'impero.*

# Note conclusive

Nel corso della seconda metà nel Quattrocento, sotto gli Aragona, la situazione economica del Regno di Napoli registra visibili segnali di ripresa. Diversi sono i fattori che vi concorrono, ai quali, in base alla sensibilità e all'angolo visuale dell'osservatore, è stato attribuito un maggiore o minore peso; tra questi, l'espansione demografica, l'aumento dei tassi di urbanizzazione, un'agricoltura sempre più intensiva, lo sviluppo di importanti attività manifatturiere e "protoindustriali" (legate soprattutto al comparto tessile) e il rafforzamento dell'autorità sovrana, a cui si deve, dopo anni di turbolenze e guerre intestine, la salvaguardia della pace e un più autorevole e diffuso esercizio della giustizia.[1]

Ma c'è ovviamente dell'altro. Napoli e l'intero Mezzogiorno sono investiti da un intenso flusso di scambi commerciali di portata internazionale, attivati e gestiti da società di operatori economici caratterizzate da una forte specializzazione nel settore mercantile e bancario.[2] A introdursi quasi ovun-

1. È soprattutto in quest'ultima direzione che, sulla base delle teorie economiche di stampo neoistituzionalista (la cosiddetta *New Institutional Economics School*), si sono orientate recenti letture volte a interpretare i segnali di crescita e di sviluppo quale esclusivo esito dell'intervento programmato delle istituzioni. Pionieristico in questa direzione, sebbene incentrato sulla sola Sicilia, è stato il lavoro di Epstein, *An Island for Itself.* Sulla politica economica degli Aragona nel Mezzogiorno peninsulare, volta soprattutto a ridurre o abbattere i costi di transazione per favorire il rilancio del mercato locale, si veda invece la proposta interpretativa di Sakellariou, *Southern Italy in the Late Middle Ages*, in particolare le pp. 165-230.

2. Ricca e autorevole è al riguardo la bibliografia alla quale si può rimandare. Oltre agli studi di Mario Del Treppo – ampiamente richiamati –, ma anche di Maurice Aymard (*Il Sud e i circuiti del grano*, pp. 755-787; *Mercato e normative pubbliche*, pp. 131-147) e di Henri Bresc (*Un monde méditerranéen*), incentrati sul Mezzogiorno, sono da ricordare quelli sul commercio mediterraneo bassomedievale, sulla circolazione monetaria e delle

que sono soprattutto, ma non solo, gli uomini d'affari fiorentini, i veneziani, i genovesi e i catalani, i quali si integrano appieno nella società locale e innescano un complesso intreccio di relazioni finanziarie con la Corona. Questi rapporti sono variamente attestati da una molteplicità di fonti, ma emergono in maniera più vivida e chiara proprio dai *Giornali* superstiti del banco strozziano, documentazione unica nel suo genere per quanto riguarda il territorio del Regno. Illuminanti sotto vari aspetti della vita socio-economica napoletana del XV secolo, essi hanno aperto interessanti scenari sui traffici internazionali dell'epoca, sul mercato del credito, visto tanto dalla parte del banchiere (un forestiero) quanto dalla parte del cliente (in molti casi regnicolo), nonché, più in generale, sul complesso mondo bancario e dell'alta finanza.

Ma lo sguardo interpretativo di chi scrive è stato volto soprattutto a superare logiche divisive e di contrapposizione circa la relazione tra le due Italie, quella del Nord, imprenditorialmente capace e ricca di risorse finanziarie, e quella del Sud, in prevalenza agricola e dipendente economicamente dai mercanti forestieri,[3] al fine di cogliere quanto la capillarità e, se vogliamo, la pervasività della struttura del commercio e della grande banca fiorentina abbiano comunque giocato un ruolo propulsore nel favorire e sollecitare lo sviluppo economico del Regno. In questa direzione, particolarmente eloquente si è rivelato proprio il materiale documentario privato, mercantile e contabile, che ha consentito, attraverso una straordinaria ricchezza di dati e informazioni, di ricostruire gli spazi e i contesti di interazione economica della Penisola, la trama dei collegamenti con quelli euro-mediterranei, le reciproche peculiarità e le molteplici relazioni.

A tal proposito, per una visione comparativa, interessanti sollecitazioni sono giunte dalla scuola valenziana di Paulino Iradiel, e in particolare dai più recenti lavori di David Igual Luis, Enrique Cruselles Gómez e German Navarro Espinach, i quali hanno approfondito il ruolo svolto, tra pieno e tardo Quattrocento, dalla piazza di Valencia e dal suo Regno

lettere di cambio, sul mondo della finanza e via discorrendo – legati tutti a nomi come Fernand Braudel (*Civiltà materiale, economia e capitalismo*), come Armando Sapori (*La cultura del mercante medievale*, in particolare, I, pp. 53-93; e *I beni del commercio internazionale*, pp. 535-575), Federigo Melis (*Aspetti della vita economica medievale*; *Documenti per la storia economica*; e *Origini e sviluppi delle assicurazioni in Italia*), Raymond de Roover (*L'évolution de la lettre de change*) – e ancora Frederic Lane (*I mercanti di Venezia*; e *Le navi di Venezia*) e Reinhold Mueller (*The Venetian Money Market*), solo per citarne alcuni.

3. Sul tema del dualismo: *Alle origini del dualismo italiano*; e *infra*, cap. 3, p. 147 e nota 169.

nei circuiti del commercio e della finanza catalano-aragonese, superando l'idea che questa regione iberica avesse rappresentato un'area depressa e periferica.[4] Analogamente a quanto verificatosi nel Mezzogiorno d'Italia, la ripresa economica è stata in parte ricondotta all'arrivo nella città del Turia di numerosi uomini d'affari italiani (toscani e non, come genovesi, lombardi e veneziani), che hanno contribuito significativamente:

> a la riqueza nativa, lo que se deduce tanto de la iniciativa mantenida por los empalmes tirrénicos y adriáticos en la inserción internacional de la economía autóctona, como de su reflejo en los ingresos fiscales de la monarquía.[5]

In quest'ottica, il crescente "capitalismo" degli scambi interni al Mediterraneo assume la fisionomia di un "sistema integrato", che assorbe gli sforzi delle migliori energie europee, manifatturiere e imprenditoriali, quanto agricole, incanalandoli in una «relación de interdependencia».[6] Questa interessa e investe le diverse aree del continente (quella centro settentrionale, quella norditaliana e le cosiddette "periferie" del Mediterraneo meridionale), ciascuna delle quali apporta il suo contributo, concorrendo come parte indispensabile allo sviluppo delle altre.[7]

Anche in ambito prettamente italiano, in un mercato che immaginiamo "unitario", e che più di recente non si è esitato a definire «nazionale *ante litteram*»,[8] i mercanti e banchieri fiorentini del calibro degli Strozzi

4. Cfr. Igual Luis, *Valencia e Italia en el siglo XV*; Cruselles Gómez, *Los mercaderes de Valencia en la Edad Media*; Cruselles Gómez, *Los comerciantes valencianos del siglo XV*; Navarro Espinach, *Los origines de la sederia valenciana*; e il volume miscellaneo *El País Valenciano en la Baja Edad Media.*

5. Igual Luis, *Valencia e Italia en el siglo XV*, p. 472.

6. Iradiel Murugarren, *En el Mediterráneo occidental peninsular*, pp. 64-77: 64-65, 70-71. Concetti ampiamente ripresi e sviluppati dallo studioso nel volume *El Mediterráneo Medieval y Valencia.*

7. Igual Luis, *Valencia e Italia en el siglo XV*, p. 481. Sempre nella direzione di uno sguardo comparativo all'interno del *Commonwealth* catalano-aragonese, si segnala un recente studio di Giuseppe Seche (*Un mare di mercanti*), sviluppatosi attorno al ritrovamento, presso l'Archivio capitolare di Cagliari, di un cospicuo carteggio commerciale, che attesta l'inclusione della Sardegna nel più ampio sistema degli scambi e dei collegamenti del Mediterraneo quattrocentesco. Ricchi di spunti interessanti circa le potenzialità connesse all'integrazione (economica, sociale, culturale, linguistica, artistica, ecc.) di tutti i Regni della Corona d'Aragona sono anche alcuni saggi contenuti nell'ultimo numero monografico della «Rivista dell'Istituto di Storia dell'Europa Mediterranea», 13/II n°s., dicembre 2023, intitolato: *Per i Settecento anni del Regno di Sardegna.*

8. Figliuolo, *Alle origini del mercato nazionale*, p. 12.

(così come dei Medici) hanno agito da protagonisti, o meglio – non sembri azzardato – come una sorta di grandi burattinai, particolarmente abili a tenere sotto costante e sicuro controllo numerosi fili (la complessità dei loro affari), a calibrare e controllare ogni movimento (funzionale a valutare dove e in cosa fosse più o meno conveniente investire), ma altrettanto capaci a dar vita col loro intervento (la varietà dei servizi finanziari offerti) a tutta una serie di iniziative e di azioni (pubbliche e private) che diversamente sarebbero rimaste improduttive.[9] Le loro compagnie, infatti, oltre a gestire tutte le fasi di un traffico commerciale ad ampio raggio, hanno soprattutto erogato credito, hanno concesso le risorse necessarie a una monarchia spesso in affanno per evidenti ristrettezze di liquidità, hanno sostenuto i consumi del mondo aristocratico e cittadino, incoraggiato l'imprenditorialità locale (si pensi, ad esempio, al successo della ditta Coppola) e, in alcuni casi, garantito anche la sopravvivenza di determinate professioni ed esercizi commerciali.

La circolarità della «costruzione capitalistica fiorentina» – che a differenza dell'attività mercantile di veneziani o genovesi andava ben oltre la linearità delle rotte battute, tanto dalla Serenissima quanto dalla Superba, per raggiungere i rispettivi terminali di scalo dei loro viaggi (Alessandria d'Egitto, Caffa o Tana, Bruges, Londra e via discorrendo) – metteva in collegamento una vasta categoria di operatori economici (dai produttori di materie prime a quelli di manufatti, dai piccoli rivenditori locali alla grande distribuzione sul mercato dell'economia-mondo), fungendo da collante tra spazi geografici e spazi commerciali anche molto distanti (sebbene sempre in collegamento diretto attraverso un filo di contatti con la madrepatria), e all'interno dei quali le stesse compagnie fiorentine introducevano un sistema organizzativo così lucido e omogeneo «che pare rispondere in tutti i suoi aspetti a un modello elaborato a tavolino».[10] Puntuali competenze tecnico-computistiche e ragionieristiche, spiccate capacità imprenditoriali e collaborative, maturate in seno alle compagnie, ma sperimentate anche in associazione con gli operatori locali con i quali si entrava in contatto, disponibilità di capitali e di forza-lavoro impiegata per la produzione delle

9. Riguardo le capacità del mercante di condizionare positivamente, quale "deus ex machina", la società del tempo, si rinvia a Tognetti, *Le compagnie mercantili-bancarie toscane*, pp. 687-689, che offre una chiara sintesi della principale letteratura in merito.

10. Figliuolo, *I mercanti fiorentini e il loro spazio economico*, p. 656. Sull'ampio raggio dei circuiti commerciali fiorentini e sulla loro integrazione, si veda ancora Tognetti, *Le compagnie mercantili-bancarie toscane*, pp. 703-704.

merci da esportare, ampio circuito di relazioni economiche e finanziarie, con annessa rete di distributori e di consumatori, accomunavano e contraddistinguevano le maggiori aziende fiorentine.

Un *modus operandi*, questo, che ritorna più o meno perfezionato in tutte o quasi le piazze economiche in cui gli operatori della città gigliata si trovano a operare, a Napoli, come a Londra, in Catalogna come in Borgogna. La ragnatela dei loro rapporti commerciali, tuttavia, non si estende solo alle capitali dell'«economia dei grandi spazi»,[11] ma connette queste realtà, in reciproca comunicazione, a una innumerevole serie di centri e mercati intermedi, e finanche minori, stimolandone, quando non addirittura provocandone, lo sviluppo.[12] Dappertutto i fiorentini immettono merci e denaro, ma esportano anche la loro capacità gestionale, le loro competenze organizzative, finanziarie e contabili, la loro «nuova mentalità capitalistica».[13] Pronti a concedere ampie aperture di credito a sovrani e signori in difficoltà, ottengono in cambio privilegi e licenze di estrazione di derrate e risorse locali, come cereali, olio, sale, zafferano, lana e seta, che destinano, oltre che a Firenze, al mercato internazionale, orientando e alimentando essi stessi – aspetto non certo secondario – la richiesta commerciale di determinati prodotti, verso i quali alcune aree regionali andranno via via a indirizzare, in senso monocolturale, i propri sforzi e le proprie energie.

Per restare nel territorio del Regno di Napoli, quanto descritto comporterà un ampliamento o andrà comunque a rimarcare la vocazione granaria di Puglia (e Sicilia), quella serica calabrese, la vitivinicola campana, la produzione di lana e zafferano dell'Abruzzo e così di seguito in altri contesti, progressivamente inglobati nel mercato "unico" bassomedievale a guida prevalentemente fiorentina.

Il sistema degli scambi per alimentarsi ha tuttavia bisogno di investire e di far circolare il denaro, quel denaro che gli stessi mercanti-banchieri fiorentini sono pronti a erogare attraverso l'ampia gamma dei servizi finanziari offerti dalle loro banche: uno stimolo alla domanda di merci e prodotti che il loro credito consente di acquistare, ma anche una forma di ossigeno per le medie e piccole attività locali, agricole, artigianali quanto commerciali, che dall'accrescimento di quella domanda traggono certo grande vantaggio.

11. Melis, *L'economia fiorentina del Rinascimento*, pp. 126-179.
12. Figliuolo, *Tipologia economica della città nel basso Medioevo*, pp. 17-30.
13. Figliuolo, *I mercanti fiorentini e il loro spazio economico*, p. 654.

Le aziende strozziane, del banco e del fondaco, come tutte le grandi società creditizie e commerciali dell'epoca, agivano – naturalmente – secondo parametri orientati a garantire sempre e comunque facili guadagni, sicché ogni operazione economica, finanziaria e, a maggior ragione, feneratizia si concludeva con un ampio margine di profitto per il mercante-banchiere, che, stando almeno a quanto annotato nei *Giornali* del banco napoletano, si aggirava su un tasso di interesse di poco inferiore al 17%. Strategie di profitto e di espansione dei circuiti di approvvigionamento e di scambio, ragionati investimenti e un lucido e «profondo razionalismo», che tiene insieme in un unico sistema la produzione, l'attività finanziaria, il commercio e la distribuzione, sono alla base del "modello" economico fiorentino, un modello che, considerata la totalità delle sue caratteristiche, è stato appunto definito come "capitalistico".[14]

Resta, a questo punto, solo da ritornare su un altro aspetto: valutare se, quanto e in che termini il suddetto modello fiorentino, trapiantato a Napoli dagli Strozzi (come da altre compagnie di mercanti e banchieri con le quali, tra l'altro, la società strozziana imbastiva continue e proficue relazioni) abbia inciso nel quadro dell'economia regnicola. Sicuramente la forte domanda estera di derrate agricole e alimentari, soprattutto di grano, di cui i fiorentini si facevano portavoce, condizionava e non poco le scelte di produzione, orientandole, come si è visto, sulla strada della coltura prevalente; ma, altrettanto sicuramente – almeno da un punto di vista puramente economico – ciò apportava, nell'immediato, un effetto benefico per gli operatori regnicoli, i quali, aumentando la resa delle coltivazioni, aumentavano di conseguenza anche la disponibilità di denaro contante. Denaro che, com'è ovvio, entrava in "circolo", garantiva potere d'acquisto, o meglio – per dirla con le parole del sociologo Niklas Luhmann – rendeva «possibile riprodurre la capacità di pagare attraverso pagamenti».[15] E medesima capacità, lo ricordiamo, veniva assicurata per mezzo dei servizi di credito erogati dai banchi (in contanti o tramite operazioni di giro).

In un caso come nell'altro erano fondamentalmente le compagnie fiorentine, o più in generale forestiere, a introdurre capitali freschi nel Mez-

14. Figliuolos, *I mercanti fiorentini e il loro spazio economico*, p. 661. È Del Treppo, nel saggio sulle presenze straniere nel Regno di Napoli, a indicare come «già capitalistico» l'operato di un imprenditore come Filippo Strozzi (cfr. Del Treppo, *Stranieri nel Regno di Napoli*, p. 213).

15. Luhmann, *L'economia della società*, in particolare il cap. IV: *La doppia circolazione del sistema monetario*, pp. 100-115: 100.

zogiorno d'Italia, a riattivare – almeno a parer di chi scrive – il ritmo in parte rallentato o depresso delle economie locali, sollecitando con la loro domanda una risposta che avrebbe consentito l'immissione del Regno, dei suoi operatori e dei suoi prodotti nello spazio, per l'epoca 'globale', dell'economia di mercato e monetaria. Tale inserimento non sarebbe avvenuto senza però comportare anche una rivitalizzazione del circuito degli scambi locali, a breve e media distanza, di cui era espressione il sistema delle fiere e dei mercati settimanali, che registra in pieno Quattrocento una crescente dilatazione. È stato osservato come entrambe le occasioni di scambio assolvessero a funzioni distinte e di diverso livello, giacché mettevano in relazione lo spazio urbano – ospitante l'evento – con le aree rurali circostanti, fungevano da centri di raccolta e di distribuzione dei prodotti provenienti dalle più varie province del Regno, e ancora, costituivano il tramite del grande commercio internazionale.[16] A tutti i livelli dello scambio i mercanti forestieri e la grande banca toscana non fanno mancare la loro presenza. Quest'ultima si spinge con i suoi servizi e i suoi strumenti finanziari «fin nella provincia geograficamente e psicologicamente più remota».[17] Ed ecco annoverati tra i clienti del banco operatori locali impegnati in piccole attività di cabotaggio, proprietari di aziende rurali, possessori di greggi, commercianti all'ingrosso, maestranze specializzate e artigiani, che molto spesso provengono proprio dalla provincia.

Lo spazio in cui scorre il capitale fiorentino è dunque ampio e socialmente variegato, abbraccia l'intero territorio del Regno; dalla capitale, sede del banco Strozzi, la diffusione del credito raggiunge i principali snodi del tessuto economico meridionale (L'Aquila, Sulmona, Salerno, Capua, Trani, Lecce, Foggia e Cosenza), per poi introdursi, come già detto, anche in aree regionali e sub-regionali più interne e marginali. Ma, dal Regno – lo ripetiamo – il complesso sistema di relazioni commerciali, finanziarie, creditizie e cambiarie facente capo al gruppo fiorentino si irradia nel più grande spazio "capitalistico" euro-mediterraneo, occidentale e non solo, i cui centri nevralgici sono rappresentati da città come Venezia, Bruges, Londra, Avignone, Genova, Barcellona, Valencia, Pisa, Roma, Trapani, Palermo, Tunisi, Alessandria e ovviamente Firenze, da dove partono e dove giungono

16. Del Treppo, *Il Regno aragonese*, pp. 174-175; Sakellariou, *Southern Italy in the Late Middle Ages*, pp. 191-192; Figliuolo, *Alle origini del mercato nazionale*, pp. 17-30; Sakellariou, *Demography, economy, and trade*, pp. 65-93: 66-68.

17. Del Treppo, *Stranieri nel Regno di Napoli*, p. 213.

incessanti flussi di informazioni, transazioni commerciali, lettere di cambio, spedizioni monetarie e quant'altro trasmesso tra i banchieri Filippo e Lorenzo Strozzi e i «nostri di Firenze», ovvero i loro compagni fiorentini della madrepatria.

La capacità dimostrata da queste società di mercanti-banchieri di collegare e integrare, a livello "globale", mercati, piazze e realtà economiche così diverse e distanti, oltre a connotare positivamente la loro azione in termini di circolazione di merci, capitali, uomini, idee e competenze, agevolando i rapporti e intensificando gli scambi, non avrebbe che potuto rappresentare un'occasione di crescita anche per il Mezzogiorno d'Italia. Malgrado qui la gestione del mercato, l'elaborazione delle sue strategie e la definizione delle sue regole fossero esclusivo appannaggio di operatori forestieri o stranieri, legati ai centri direzionali di Firenze, di Venezia, di Genova, come della Catalogna, la loro vivacità e il loro dinamismo nella conduzione degli affari hanno consentito allo spazio economico meridionale di estendere la sua prospettiva oltre la dimensione del Regno e di raggiungere orizzonti sempre più vasti (da Porto Pisano a Palermo, dalla Provenza a Palma di Maiorca, dalle Fiandre a Londra, da Tunisi a Beirut e da Alessandria a Costantinopoli). È così che i prodotti dell'economia regnicola si affermano tra i più richiesti sul mercato, che transitano copiosi lungo le più battute linee di traffico, terrestri e marittime, attivate, coordinate e finanziate dal grande commercio e dalla banca internazionale. Napoli diventa il principale porto di imbarco dei vini campani e dell'intero Mezzogiorno, Trani e Barletta accolgono i maggiori "caricatori" di grano della Puglia, del Regno e di tutta l'area mediterranea, in Abruzzo vengono acquistati imponenti quantitativi di lana per rifornire le botteghe toscane, e non solo. Si muovono le merci, si muovono gli uomini e si muove il denaro, in forme e modi sicuramente più veloci di quanto fosse accaduto in passato.

Il tutto sotto gli occhi vigili di una monarchia che, per quanto accorta a incrementare l'integrazione all'interno del cosiddetto *Commonwealth* catalano-aragonese, e animata da propositi di efficienza e razionalizzazione amministrativa (ravvisabili nell'adozione di particolari misure),[18] avrebbe

18. Si tratterebbe, per quanto concerne l'ambito prettamente economico, dell'editto *super passibus* emanato da Ferrante nel 1466, che regolamentava i diritti di passo detenuti fino a quel momento dai baroni, demandando la supervisione alla Regia Camera della Sommaria; e di quello con cui, nel 1480, si stabiliva di uniformare i pesi e le misure adottati nel Regno a quelli in vigore nella città di Napoli (cfr. Del Treppo, *Il re e il banchiere*, pp. 290-291, e *Il Regno aragonese*, pp. 162-164 e 172-175). A questi provvedimenti sono da aggiungere tutta una

forse potuto intervenire con una maggiore incisività a favore del territorio e della componente economica meridionale. Mostrare più determinazione nel pianificare strategie e azioni non solo mirate e circoscritte a singoli progetti – per quanto importati come l'Arte della Lana e l'Arte della Seta istituite in società con i Coppola – ma capaci di smuovere le acque dal profondo e far assumere una diversa fisionomia al Paese. Se da un lato, però, si continua a ragionare su come e quanto alcune politiche aragonesi siano state il frutto di una reale volontà di intervento a tutela e a supporto del mercato regnicolo e sul loro relativo impatto,[19] dall'altro, nella difficoltà di misurarne in maniera esaustiva gli esiti, non possiamo non imputare anche alla endemica carenza di risorse finanziarie dello Stato meridionale e alle congiunture politiche interne e internazionali – particolarmente difficili soprattutto dopo la presa di Otranto e l'ennesima sommossa baronale – il mancato slancio per trasformare un'occasione, un momento propizio, come sembrano essere proprio gli anni Settanta del Quattrocento, in concrete opportunità di crescita e, soprattutto, di sviluppo.

Qualcosa certo in quegli anni, gli anni d'oro della ditta Coppola, si stava muovendo. Ne sono prova non solo i richiami a tutta una serie di impresari, appaltatori, intermediari e sensali di ogni tipo di commercio, che operavano sul territorio e con i quali i mercanti fiorentini, o i loro agenti, erano pronti a trattare per fare incetta di derrate e di merci da convogliare verso i porti di carico, ma anche le numerose attestazioni di una vivace componente artigianale che animava le strade e i vicoli della capitale così come delle principali realtà urbane del Regno.

serie di privilegi e concessioni di franchigia – incluso l'ampliamento del "sistema fieristico" meridionale (passato dai 108 incontri annui d'età angioina ai circa 230 d'età aragonese) –, che avrebbero agevolato e incentivano il commercio regionale e interregionale. Si veda, a riguardo, Sakellariou, *Southern Italy in the Late Middle Ages*, pp. 165-191.

19. Epstein, *Dualismo economico, pluralismo istituzionale*, pp. 63-77; Feniello, *La rete commerciale campana*, pp. 297-312; Sakellariou, *Southern Italy in the Late Middle Ages*, pp. 127-230; Tognetti, *L'economia del Regno di Napoli*, pp. 757-768: 764.

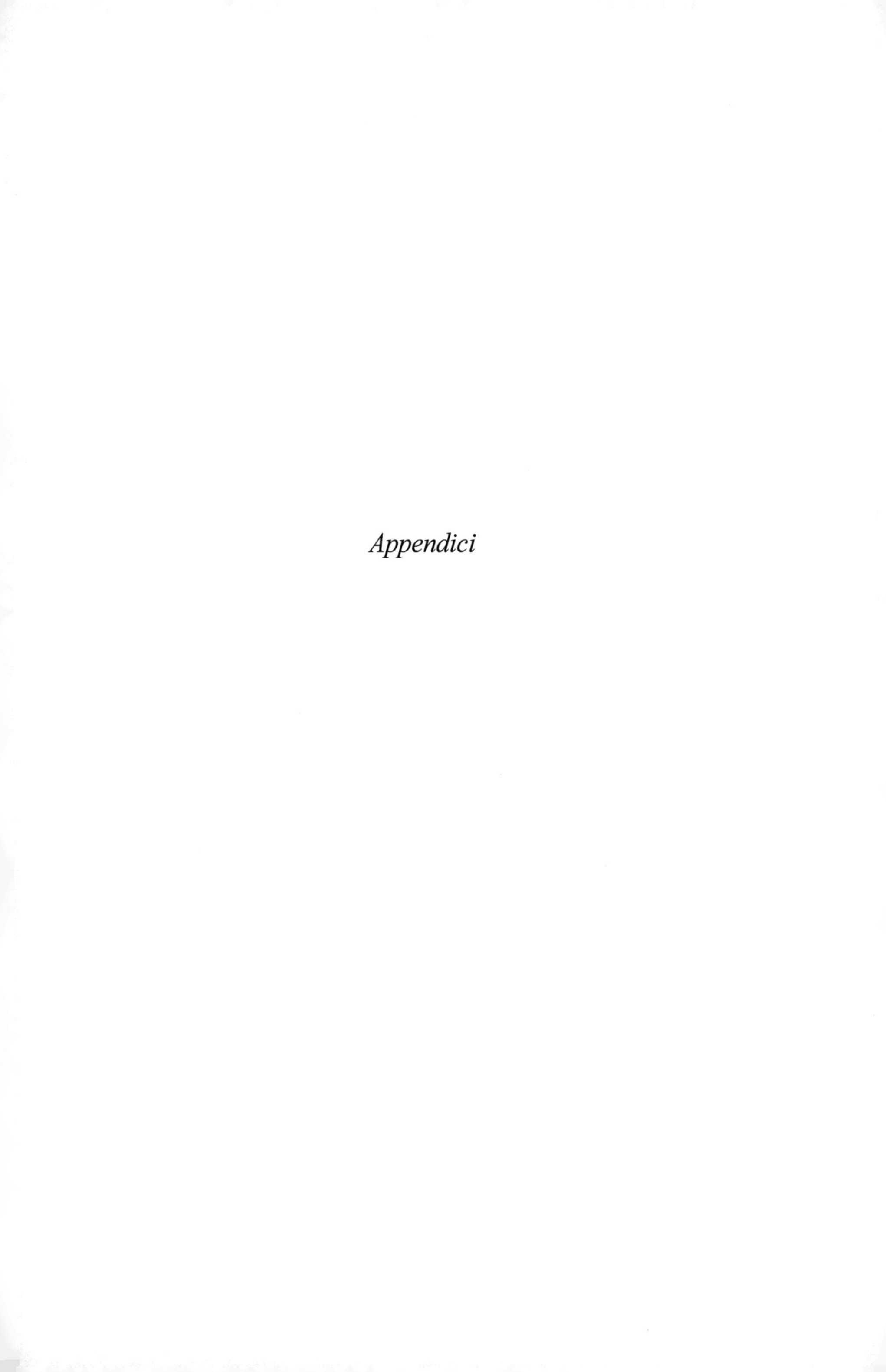

*Appendici*

# Appendice 1

## La clientela del banco Strozzi a confronto*

### La clientela del banco Strozzi (1473 e 1476)[1]

### 1. L'amministrazione dello stato

*Organi finanziari centrali:*

1 C/to corrente della CORTE (Pascasio Diaz Garlon)
2 C/to corrente della TESORERIA (Pere Bernat)

| N° | INTESTATARIO | N° OP. '73 | SOMMA IN DUCATI | N° OP. '76 | SOMMA IN DUCATI |
|---|---|---|---|---|---|
| 1 | Pascasio Diaz Garlon | 377 | 313.883 | 421 | 415.495 |
| 2 | Pere Bernat | 484 | 232.567 | 603 | 300.784 |
| | Partite «d'ordine del re» comuni ai 2 conti | 241 | 220.161 | 283 | 289.392 |
| TOT. | | 620 | 326.289 | 741 | 426.887 |

* La presente appendice ripropone i dati elaborati, relativamente al 1473, da Mario Del Treppo nel saggio *Il re e il banchiere*, in particolare alle pp. 296-304, cui si affiancano, per un confronto, quelli estrapolati dalla rendicontazione del 1476.

1. Intestatari di conto, numero di operazioni, ammontare in ducati.

*Casa reale*

| N° | INTESTATARIO | N° OP. '73 | SOMMA IN DUCATI | N° OP. '76 | SOMMA IN DUCATI |
|---|---|---|---|---|---|
| 3 | Il re | 1 | 9.983 | x | x |
| 4 | Eleonora d'Aragona | 1 | 700 | x | x |
| 5 | Pietro DE ROSA, *spenditore* di Eleonora d'Aragona | 85 | 2.297 | x | x |
| 6 | Guglielmo PEDROSO, *spenditore* per le nozze di Eleonora d'Aragona | 21 | 1.170 | x | x |

*Funzionari centrali e periferici*

| N° | INTESTATARIO | N° OP. '73 | SOMMA IN DUCATI | N° OP. '76 | SOMMA IN DUCATI |
|---|---|---|---|---|---|
| 7 | Guillèm Marc CERVELLÓ, regio mediatore | 49 | 27.065 | x | x |
| 8 | Joan DE GUARES, servitore del tesoriere generale | 99 | 11.253 | 47 | 8.771 |
| 9 | Miquel DE BELLPRAT, scrivano di razione | 97 | 14.596 | 95 | 16.827 |
| 9bis | Miquel DE BELLPRAT, «conto proprio» | | | 2 | 288 |
| 10 | Joan PUIG OLIVER, scrivano di razione | 44 | 7.342 | 2 | 550 |
| 11 | Joan CANDELL, scrivano di razione | 28 | 2.152 | 22 | 2.976 |
| 12 | Tomàs ARGENT, scrivano di razione | 22 | 743 | 39 | 2.893 |
| 13 | Simonot DE BELLPRAT, tesoriere dell'armata navale | 49 | 15.387 | 50 | 5.850 |
| 14 | Aniello PIEROZZI, imprenditore napoletano, capitano di regia galeazza | 61 | 9.213 | x | x |

| | | | | | |
|---|---|---|---|---|---|
| 15 | Michele FREDERA, capitano di regia galeazza | 75 | 4.249 | x | x |
| 16 | Piero TAGLIANTE, addetto alla regia flotta | 3 | 236 | x | x |
| 17 | Simone CASOLLA, regio comandante al molo di Tropea | 2 | 369 | x | x |
| 18 | Renzo D'AFFLITTO, regio commissario in diverse province | 46 | 8.011 | 60 | 17.995 |
| 19 | Gabriello DI SANTAGNES, dipendente di Renzo d'Afflitto | 3 | 216 | x | x |
| 20 | Garçia DE VERA, regio commissario in Terra di Lavoro | 9 | 1.326 | x | x |
| 21 | Galieno de CAMPITELLO, tesoriere di Puglia | 28 | 2.829 | x | x |
| 22 | Venceslao de CAMPITELLO, tesoriere di Calabria | 1 | 30 | x | x |
| 23 | Allegro DI BONELLO, dipendente del tesoriere di Calabria | 4 | 5.029 | x | x |
| 24 | Antonio GAZULL, già tesoriere d'Abruzzo | 8 | 559 | x | x |
| 25 | Marino DI JANCANE di Sulmona, regio tesorerire in Abruzzo | 14 | 1.660 | 39 | 4.791 |
| 26 | Francesco D'AGNOLO di Chieti, sostituto tesoriere in Abruzzo | 5 | 5.315 | x | x |
| 27 | Gaspare DI CASTIGLIONE, doganiere di Puglia | 3 | 2.614 | 1 | 236 |
| 28 | Agnolo DELLA CAPRUZZA, cassiere della Dogana delle Pecore | 7 | 95 | 2 | 412 |

| | | | | | |
|---|---|---|---|---|---|
| 29 | Luigi Antonio DI CECCHILLO di Sulmona, dipendente della Dogana | 2 | 9.074 | X | X |
| 30 | Bartolo LONGO, segretario di Antonello Petrucci, segretario del Re | 19 | 3.473 | 27 | 4.977 |
| 31 | Joan GIL, connestabile | 35 | 5.147 | x | x |
| 32 | Stefano PROCACCIO, arrendatore delle gabelle di Napoli | 54 | 17.363 | 29 | 6.879 |
| 33 | Gabriello SORRENTINO, arrendatore delle gabelle di Napoli | 15 | 2.106 | x | x |
| 33 bis | PROCACCIO e SORRENTINO | | | 24 | 9.375 |
| TOT. | | 890 | 171.602 | 389 | 82.820 |
| TOT. GEN. | | 1.510 | 497.891 | 1.130 | 509.707 |

## 2. La clientela cittadina

*Funzionari dell'amministrazione statale*

| N° | INTESTATARIO | N° OP. '73 | SOMMA IN DUCATI | N° OP. '76 | SOMMA IN DUCATI |
|---|---|---|---|---|---|
| 34 | Iñigo D'AVALOS, conte camerlengo | 87 | 10.725 | 1 | 300 |
| 35 | Francesco BANDINI, maestro razionale del camerlengo | 3 | 78 | x | x |
| 36 | Pietro GUEVARA, gran siniscalco | 12 | 3.881 | 3 | 75 |
| 37 | Pietro MOSCATO, notaio, tesoriere del gran siniscalco | 11 | 1.030 | x | x |

| | | | | | |
|---|---|---|---|---|---|
| 38 | Pascasio DIAZ GARLON, percettore generale («conto proprio») | 80 | 9.147 | 128 | 5.282 |
| 39 | Pere BERNAT, tesoriere generale («conto proprio») | 5 | 710 | x | x |
| 40 | Valentino CLAVER, vicecancelliere | 7 | 600 | 8 | 1.190 |
| 41 | Jaume SABATER, sta in casa del vicecancelliere | 18 | 318 | x | x |
| 42 | Cola SPINELLO, maestro della Zecca | 8 | 2.963 | 3 | 375 |
| 43 | Guillem DE SANT CLIMENT, ambasciatore aragonese | 1 | 3.550 | x | x |
| 44 | Galçeran DE REQUESENS, capitano generale dell'armata navale | 2 | 800 | x | x |
| 45 | Joan POU | 4 | 137 | x | x |
| 46 | Giovanni Antonio PODERICO, uomo d'arme di Arrigo d'Aragona | 3 | 139 | x | x |
| 47 | Marino BRANCACCIO | 6 | 244 | x | x |
| 48 | Luca TOZZOLO, viceprotonotario, presidente del Sacro Regio Consiglio | 7 | 360 | 7 | 228 |
| 49 | Agnolo DI GIOVINAZZO, presidente della Sommaria | 2 | 138 | x | x |
| 50 | Pietro LUPO, maestro razionale della Sommaria | 7 | 200 | x | x |
| 51 | Cesare M. BOZZUTO, mastrodatti della Vicaria | 2 | 233 | x | x |
| 52 | Antonio DOSA, scrivano di razione | 6 | 163 | 11 | 414 |
| 53 | Giovanni DE CONCHETTIS, regio percettore a Sessa | 1 | 668 | x | x |

| 54 | Tommaso CICALESE, impiegato di tesoreria | 2 | 406 | x | x |
|---|---|---|---|---|---|
| 55 | Nicolò DE STATIS, alto funzionario | 3 | 928 | x | x |
| 56 | Antonio SANS, gentiluomo di corte | 2 | 100 | x | x |
| 57 | Rinaldo DELLO DOLCE, paggio e coppiere del re | 9 | 639 | 1 | 300 |
| 58 | Santolo DA FERRARA, aiutante di camera del re | 1 | 35 | x | x |
| 59 | Luigi LO MONACO, figlio del regio bombardiere | 6 | 218 | x | x |
| 60 | Joan DE BELLPRAT, stipendiato di corte | 1 | 114 | x | x |
| 61 | Guglielmo VELA, stipendiato di corte | 3 | 65 | x | x |
| 62 | Duesso GALTEN di Vico, provvisionato | 2 | 162 | x | x |
| 63 | Giusto DELLA CANDIDA, castellano di Ischia | 1 | 161 | x | x |
| 64 | Guerau IVAGNES, castellano di Gaeta | 2 | 216 | x | x |
| 65 | Gabrio DI FRAIA di Pozzuoli, castellano di Brindisi | 2 | 200 | x | x |
| TOT. | | 306 | 39.328 | 162 | 8.164 |

*Arrendatori*

| N° | INTESTATARIO | N° OP. '73 | SOMMA IN DUCATI | N° OP. '76 | SOMMA IN DUCATI |
|---|---|---|---|---|---|
| 66 | Rinaldo SCARSELLA, arrendatore di dazi | 19 | 17.433 | x | x |
| 67 | Antonio IMPARATO, guardiano della dogana maggiore | 7 | 310 | 6 | 213 |

| | | | | | |
|---|---|---|---|---|---|
| 68 | Jacopo SARROCCO, arrendatore di gabelle | 5 | 119 | x | x |
| TOT. | | 31 | 17.862 | 6 | 213 |

*Patriziato urbano*

| N° | INTESTATARIO | N° OP. '73 | SOMMA IN DUCATI | N° OP. '76 | SOMMA IN DUCATI |
|---|---|---|---|---|---|
| 69 | Jacopo Antonio MARAMALDO, nobile del seggio di Nido | 7 | 822 | x | x |
| 70 | Simonotto SCANNASORCI, nobile del seggio di Portanova | 1 | 19 | 2 | 8 |
| 71 | Alfonso TOMACELLI, nobile napoletano | 1 | 226 | x | x |
| 72 | Luigi DELLA TOLFA, nobile napoletano | 1 | 100 | x | x |
| 73 | Jacopo LATRO di Gaeta, nobile napoletano, usciere del re | 2 | 110 | 1 | 50 |
| 74 | Paolo D'AGNOLO, nobile napoletano | 2 | 50 | x | x |
| 75 | Jacopo NOTARA, uomo d'arme, cavaliere di Costantinopoli | 3 | 72 | x | x |
| 76 | Renzo DELLA MARRA, nobile di Barletta | 13 | 329 | x | x |
| 77 | Bernabò DELLA MORTE, di Manfredonia | 2 | 200 | x | x |
| 78 | Sansonetto CHIMENTI, cittadino di Aversa | 1 | 49 | x | x |
| 79 | Jacopo ACCIAIUOLI di Agnolo, fiorentino | 1 | 184 | x | x |
| 80 | Cola VESPOLO, borghese napoletano | 1 | 73 | x | x |

| | | | | | |
|---|---|---|---|---|---|
| 81 | Luigi D'ANNA, forse nobile napoletano | 3 | 420 | x | x |
| 82 | Gaspare TAGLIALOCO, forse nobile napoletano | 2 | 34 | x | x |
| 83 | Luca MAZZA, forse nobile salernitano | 1 | 200 | x | x |
| TOT. | | 41 | 2.888 | 3 | 58 |

*Professionisti*

| N° | INTESTATARIO | N° OP. '73 | SOMMA IN DUCATI | N° OP. '76 | SOMMA IN DUCATI |
|---|---|---|---|---|---|
| 84 | Giuliano PETRONE, notaio | 2 | 482 | x | x |
| 85 | Bernardo COLELLA, notaio | 2 | 48 | x | x |
| 86 | Rencio DI SASSO di Aversa, notaio | 2 | 700 | x | x |
| 87 | Andrea DEL DOTTORE, uomo di legge, bolognese | 8 | 139 | x | x |
| 88 | Battista VASSALLO, magistrato napoletano | 2 | 65 | x | x |
| TOT. | | 16 | 1.434 | x | x |

*Donne*

| N° | INTESTATARIA | N° OP. '73 | SOMMA IN DUCATI | N° OP. '76 | SOMMA IN DUCATI |
|---|---|---|---|---|---|
| 89 | Caterina RONCHELLA, proprietaria di case | 4 | 155 | x | x |
| 90 | Caterina BONIFACIO, proprietaria di case | 2 | 259 | x | x |
| 91 | Selvaggia GAMBACORTA | 1 | 7 | x | x |
| TOT. | | 7 | 421 | x | x |

*Ecclesiastici*

| N° | INTESTATARIO | N° OP. '73 | SOMMA IN DUCATI | N° OP. '76 | SOMMA IN DUCATI |
|---|---|---|---|---|---|
| 92 | Oliviero CARAFA, cardinale di Napoli | 2 | 704 | 2 | 480 |
| 93 | Pere BRUSCA, vescovo di Aversa, spagnolo | 2 | 350 | x | x |
| 94 | Antonio DE AGELLO, arcivescovo di Bari | 2 | 200 | x | x |
| 95 | Giovanni GERALDINI di Amelia, vescovo di Catanzaro | 4 | 154 | x | x |
| 96 | Bernat Guerau DE REQUESENS, commendatore dell'Ordine di Rodi | 3 | 199 | x | x |
| 97 | Martino MIGLIERO, arcidiacono maggiore di Gerona | 3 | 43 | x | x |
| 98 | Giovanni GAGLIARDO, abate di Santo Vito | 1 | 8 | x | x |
| 99 | Bonifacio GAETANO, priore di Barletta | 2 | 216 | x | x |
| 100 | Giorgio SANS, abate | 2 | 400 | x | x |
| 101 | Giovanni COPPOLA, frate | 2 | 306 | 6 | 442 |
| 102 | Domenico DE PATIS, procuratore di fra' Ciuccio Orsini | 2 | 200 | x | x |
| 103 | don Pietro DI SANTO GIORGIO, di Montefusco | 1 | 12 | x | x |
| TOT. | | 26 | 2.792 | 8 | 922 |

*Artigiani*

| N° | INTESTATARIO | N° OP. '73 | SOMMA IN DUCATI | N° OP. '76 | SOMMA IN DUCATI |
|---|---|---|---|---|---|
| 104 | Antonello DI ROCCO, maestro armiere | 2 | 1.500 | x | x |

| | | | | | |
|---|---|---|---|---|---|
| 105 | Giovanni DE GHIRARDI e Michele DI PASQUA, gioiellieri genovesi | 3 | 1.157 | x | x |
| 106 | Armante DA TOLEDO, maestro argentiere | 5 | 285 | x | x |
| 107 | Ghirigoro DI RESSA, gioielliere, genovese | 1 | 243 | x | x |
| 108 | Franzì PEREZ, maestro argentiere, catalano | 2 | 200 | 6 | 1.341 |
| 109 | Giovanni DELLA TORINA, maestro argentiere | 4 | 166 | x | x |
| 110 | Salvatore ROSELL, sarto, catalano | 2 | 54 | x | x |
| 111 | Giuliano DAVETE, maestro remolaro | 7 | 203 | x | x |
| 112 | Giovanni DI NOLFO, cuoiaio | 1 | 34 | x | x |
| TOT. | | 27 | 3.842 | 6 | 1.341 |

*Bottegai*

| N° | INTESTATARIO | N° OP. '73 | SOMMA IN DUCATI | N° OP. '76 | SOMMA IN DUCATI |
|---|---|---|---|---|---|
| 113 | Mazzeo DONNAMIRA, speziale | 9 | 412 | X | X |
| 114 | Santillo VITALIANO, speziale | 15 | 196 | X | X |
| 115 | Filippo D'ULIVA, speziale | 2 | 80 | X | X |
| TOT. | | 26 | 688 | X | X |
| TOT. GEN. | | 480 | 69.255 | 185 | 10.698 |

## 3. La clientela feudale

*Ducato di Calabria*

| N° | INTESTATARIO | N° OP. '73 | SOMMA IN DUCATI | N° OP. '76 | SOMMA IN DUCATI |
|---|---|---|---|---|---|
| 116 | ALFONSO (II), duca di Calabria | 2 | 700 | 2 | 1.050 |
| 117 | Ippolita Maria SFORZA, duchessa di Calabria | 1 | 73 | 3 | 6.130 |
| 118 | Mazzeo FERRILLO, tesoriere del duca | 54 | 7.941 | 21 | 3.030 |
| 119 | Gilio MANGIONE, tesoriere del duca | 46 | 7.710 | 9 | 1.799 |
| 120 | Baldo MARTORELLI, amministratore della duchessa | 79 | 3.633 | x | x |
| 121 | Lanzalao DE PISINIS, medico del duca | 2 | 108 | x | x |
| TOT. | | 184 | 20.165 | 35 | 12.009 |

*Feudatari e signori*

| N° | INTESTATARIO | N° OP. '73 | SOMMA IN DUCATI | N° OP. '76 | SOMMA IN DUCATI |
|---|---|---|---|---|---|
| 122 | Michele FRANZA (de Irans), tesoriere di Giovanni d'Aragona, abate commendatario di Montecassino | 26 | 14.059 | 16 | 3.680 |
| 123 | Giovanni DE LITERELIS, notaio del tesoriere Franza | 1 | 2.400 | x | x |
| 124 | Matteo DE BONOSERE, dipendente del principe di Altamura (Federico d'Aragona) | 2 | 114 | x | x |
| 125 | Lisio CALENZIO, umanista, sta con Federico d'Aragona | 12 | 304 | x | x |

| | | | | | |
|---|---|---|---|---|---|
| 126 | Francesco DE FELICE (detto Cecchella), dipendente di Roberto Sanseverino, principe di Salerno | 4 | 1.622 | x | x |
| 127 | Cola DI LANDOLFO di Castellabate, erario del principe di Salerno | 6 | 2.659 | x | x |
| 128 | Michele DI PALATINO, cancelliere di Geronimo Sanseverino, principe di Bisignano | 3 | 421 | x | x |
| 129 | Pirro DEL BALZO, duca di Venosa | 1 | 100 | 18 | 4.371 |
| 130 | Guglielmo DI VERNAIS, notaio e cancelliere del duca di Venosa | 14 | 1.704 | x | x |
| 131 | Perinetto DE VENERITIS, cancelliere e tesoriere del duca di Venosa | 13 | 4.644 | x | x |
| 132 | Orso ORSINI, duca d'Ascoli | 34 | 4.262 | 26 | 6.198 |
| 133 | Covelluccio ALBERTINI, amministratore del duca d'Ascoli | 24 | 2.319 | 29 | 3.342 |
| 134 | Jacopo ORSINI, duca di Gravina | 11 | 1.285 | 10 | 1.317 |
| 135 | Marino DI TERLIZZI, notaio e cancelliere del duca di Gravina | 7 | 672 | x | x |
| 136 | Giulio Antonio ACQUAVIVA, duca d'Atri | 5 | 1.446 | x | x |
| 137 | Diomede PODIROSI e Agnolo DI MEZZANO, cancellieri del duca d'Atri | 1 | 297 | x | x |
| 138 | Matteo DI CAPUA, conte di Palena | 3 | 818 | x | 82 |

| | | | | | |
|---|---|---|---|---|---|
| 139 | Nuzzo ANDRANO, cancelliere del conte di Palena | 12 | 1.446 | 3 | 284 |
| 140 | Scipione PANDONE, conte di Venafro | 4 | 295 | x | x |
| 141 | Matteo DELLA VALLE DI TEANO, sta con il conte di Venafro | 2 | 155 | x | x |
| 142 | Camillo PANDONE | 2 | 200 | x | x |
| 143 | Roberto ORSINI, conte di Tagliacozzo | 6 | 1.723 | x | x |
| 144 | Ludovico ORSINI | 2 | 396 | x | x |
| 145 | Galeazzo SANSEVERINO, conte di Caiazzo | 23 | 1.311 | x | x |
| 146 | Giovanni Antonio DE FERRARIIS, vice-conte di Caiazzo | 1 | 200 | x | x |
| 147 | Giovanni CANTELMO, conte di Popoli | 4 | 346 | x | x |
| 148 | Lione GAZULL, dipendente del conte di Popoli | 11 | 458 | x | x |
| 149 | Diomede CARAFA, conte di Maddaloni | 2 | 216 | x | x |
| 150 | Francesco DELLA RATTA, conte di Caserta | 3 | 95 | x | x |
| 151 | Nicolò DA PROCIDA, conte di Aversa | 7 | 146 | 2 | 205 |
| 152 | Guglielmo Raimondo CENTELLES | 52 | 1.641 | x | x |
| 153 | Alfonso CENTELLES, fratello di Antonio Centelles | 11 | 599 | x | x |
| 154 | Guglielmo SERAFIA, cancelliere del conte di Capaccio (Guglielmo Sanseverino) | 2 | 150 | x | x |

| | | | | | |
|---|---|---|---|---|---|
| 155 | Agnolo DI LUCERA, cancelliere del conte di Santangelo | 1 | 42 | x | x |
| 156 | Massone DI MARCO, dipendente del conte di Fondi (Onorato Gaetani) | 1 | 500 | x | x |
| 157 | Giovanni DI COLELLA di Castelvecchio, dipendente del signore di Celano (Antonio Piccolomini) | 3 | 350 | x | x |
| 158 | Giovanni DI MARCO di Aversa, dipendente del signore di Celano | 2 | 100 | x | x |
| 159 | Colella MARTINO di Teggiano, forse dipendente del signore feudale | 7 | 1.288 | x | x |
| 160 | Giovanni Pietro PISANO di Tramonti, forse dipendente del signore feudale | 1 | 80 | x | x |
| TOT. | | 326 | 50.863 | 141 | 19.479 |
| TOT. GEN. | | 510 | 71.028 | 176 | 31.488 |

## 4. La clientela mercantile

*Banchieri consociati con Filippo Strozzi*

| N° | INTESTATARIO | N° OP. '73 | SOMMA IN DUCATI | N° OP. '76 | SOMMA IN DUCATI |
|---|---|---|---|---|---|
| 161 | Colapietro DI PENNE | 328 | 64.636 | 208 | 59.144 |
| 162 | Lorenzo DE' MEDICI | 193 | 49.175 | 181 | 63.755 |
| 163 | Ambrogio SPANNOC-CHI e compagni | 152 | 31.399 | 136 | 45.789 |
| 164 | Luigi DI GAETA e Francesco PALMIERI | 255 | 28.376 | 103 | 16.994 |

| | | | | | |
|---|---|---|---|---|---|
| 165 | Francesco STRINA | 93 | 6.624 | 1 | 1 |
| TOT. | | 1.021 | 180.210 | 629 | 185.683 |

*Mercanti regnicoli*

| N° | INTESTATARIO | N° OP. '73 | SOMMA IN DUCATI | N° OP. '76 | SOMMA IN DUCATI |
|---|---|---|---|---|---|
| 166 | Loise e Francesco COPPOLA | 739 | 55.028 | 244 | 48.688 |
| 166 bis | Francesco COPPOLA, «conto a parte» | | | 3 | 1.765 |
| 167 | Antonello D'ALESSANDRO e fratello | 43 | 5.593 | 39 | 3.149 |
| 168 | Cola DA LANDA | 53 | 3.097 | 12 | 1.257 |
| 169 | Andrea MORMILE | 45 | 1.936 | x | x |
| 170 | Jacopuzzo MORMILE | 9 | 631 | x | x |
| 171 | Luigi MORMILE | 2 | 119 | x | x |
| 172 | Bernardino MORMILE | 1 | 50 | x | x |
| 173 | Gaspare RAVIGNANO | 37 | 1.607 | x | x |
| 174 | Angelo CUOMO | 2 | 609 | 1 | 317 |
| 175 | Tommaso FOLLIERE | 2 | 440 | x | x |
| 176 | Giuliano CONCIO | 7 | 350 | x | x |
| 177 | Roberto D'AVITABULO | 2 | 233 | 1 | 80 |
| 177 bis | Roberto D'AVITABULO e fratello | | | 22 | 2.136 |
| 178 | Giovanni GUADAGNO | 2 | 208 | x | x |
| 179 | Gradalone DI MARINO | 3 | 208 | x | x |
| 180 | Francescso VITALIANO (detto Roccio) | 2 | 160 | x | x |
| 181 | Giovanni DI COSTANZO | 3 | 150 | x | x |
| 182 | Jacopo BRANCALEONE | 2 | 110 | x | x |
| 183 | Francesco DELLA PICCIOLA | 2 | 102 | 1 | 246 |

| | | | | | |
|---|---|---|---|---|---|
| 184 | Francesco DELLA PICCIOLA e Luca MATRONE | 1 | 65 | x | x |
| 185 | Benedetto CAFARO | 1 | 102 | x | x |
| 186 | Gabriello COPPOLARO | 4 | 52 | x | x |
| 187 | Marino DI COLA PICCIOLA | 1 | 8 | x | x |
| 188 | Pasquale DI SANTUCCIO e compagni dell'Aquila | 24 | 12.600 | 31 | 9.047 |
| 189 | Giovanni DI MONTANO, fattore dei Santucci dell'Aquila | 1 | 2.030 | x | x |
| 190 | Jacopo di Marino D'ANTONELLO dell'Aquila | 1 | 1.130 | x | x |
| 191 | Colantonio di Marino D'ANTONELLO dell'Aquila | 4 | 730 | x | x |
| 192 | Gentile DI MAZZARA, di Sulmona | 5 | 2.905 | 8 | 1.168 |
| 193 | Pietrantonio DE PETRI, di Sulmona | 1 | 660 | 2 | 200 |
| 194 | Antonio DE BECCUTI, di Cosenza | 7 | 1.852 | 11 | 3.316 |
| 195 | Jacopo DI PERICCO, di Trani | 3 | 102 | x | x |
| 196 | Antonello CAMPOSANO, di Nola | 9 | 250 | x | x |
| 197 | Raimo DI SIERI, di Gaeta | 2 | 190 | x | x |
| 198 | Nardo DI SASSO, di Gaeta | 2 | 109 | x | x |
| 199 | Francesco BUONDELMONTI, di Gaeta | 3 | 43 | x | x |
| 200 | Troiano DI MARIO, di Caiazzo | 4 | 47 | x | x |
| TOT. | | 1.029 | 93.506 | 375 | 71.369 |

*Mercanti toscani*

| N° | INTESTATARIO | N° OP. '73 | SOMMA IN DUCATI | N° OP. '76 | SOMMA IN DUCATI |
|---|---|---|---|---|---|
| 201 | STROZZI (compagnia del Fondaco) di Napoli | 51 | 19.561 | 92 | 14.990 |
| 202 | STROZZI (i Nostri) di Firenze | 32 | 12.966 | 86 | 27.693 |
| 203 | Filippo e Lorenzo STRONZI (conto «proprio») | 1 | 1.268 | 4 | 1.737 |
| 204 | Filippo STROZZI (conto «proprio») | 2 | 104 | 1 | 110 |
| 205 | Lorenzo STROZZI (conto «proprio») | 5 | 2.150 | x | x |
| 206 | Gabriello STROZZI | 6 | 489 | 36 | 5.909 |
| 207 | Andrea di Carlo STROZZI | 2 | 355 | x | x |
| 208 | Paolo di Giovanni STROZZI, impiegato del banco | 3 | 6 | 7 | 143 |
| 209 | Francesco di Sandro STROZZI | 1 | 3 | x | x |
| 210 | Giovanni STROZZI, di Trani | 6 | 217 | x | x |
| 211 | Dionigi DA SCORNO, pisano | 135 | 24.564 | x | x |
| 211 bis | Eredi di Dionigi DA SCORNO, di Pisa | | | 81 | 32.871 |
| 212 | Paolo TOMMASI e Giovanni ARRIGHI | 26 | 8.834 | 68 | 43.436 |
| 213 | Pierandrea DA VERAZZANO | 33 | 6.963 | 30 | 8.344 |
| 214 | Andrea e Matteo BALDESI | 16 | 5.826 | x | x |
| 215 | Tommaso GINORI | 39 | 4.714 | 40 | 3.470 |
| 215 bis | Tommaso GINORI e Gioacchino GUASCONI | | | 55 | 10.418 |
| 216 | Jacopo PANDOLFINI | 33 | 3.004 | x | x |
| 217 | Battista PANDOLFINI | 3 | 810 | 116 | 37.270 |

| | | | | | |
|---|---|---|---|---|---|
| 218 | Girolamo LOTTI | 23 | 2.025 | x | x |
| 219 | Giovanni GUASCONI | 2 | 1.100 | x | x |
| 220 | Bernardo DI VIERI, da Castiglione | 2 | 734 | x | x |
| 221 | Damiano LOTTIERI | 1 | 250 | x | x |
| 222 | Niccolò LOTTIERI | 3 | 40 | x | x |
| 222 bis | Piero LITTARDO e Niccolò LOTTIERI | | | 2 | 3.970 |
| 223 | Andrea PARTINI | 4 | 180 | x | x |
| 224 | Girolano STIROZZO | 1 | 153 | x | x |
| 225 | Giovanni DE' BARDI, di Londra | 1 | 110 | x | x |
| 226 | Lorenzo DE' MEDICI e Tommaso PORTINARI, di Bruges | 1 | 212 | 1 | 660 |
| 227 | Leonardo MANNELLI e compagni, di Avignone | 1 | 350 | | |
| 227 bis | Leonardo MANNELLI e compagni, di Venezia | | | 4 | 2.237 |
| 228 | Piero BARONCELLI, di Avignone | 1 | 10 | x | x |
| 229 | Filippo INGHIRAMI, di Venezia | 10 | 6.007 | 35 | 15.515 |
| 230 | Lorenzo e Giuliano DE' MEDICI, di Milano | 1 | 582 | 1 | 71 |
| 231 | Bono BONI, di Firenze | 7 | 2.417 | x | x |
| 232 | Carlo BARONCELLI, di Firenze | 1 | 224 | 7 | 1.993 |
| 233 | Lorenzo RICASOLI, di Firenze | 1 | 50 | x | x |
| 234 | Renato DE' PAZZI e compagni, di Firenze | 1 | 16 | 8 | 3.447 |
| 235 | Francesco e Bernardo CAMBINI, di Roma | 22 | 6.303 | 3 | 2.600 |
| 236 | Guglielmo e Giovanni DE' PAZZI, di Roma | 3 | 136 | 3 | 603 |

| | | | | | |
|---|---|---|---|---|---|
| 237 | Giovanni CORSINI, di Palermo | 1 | 1 | 3 | 187 |
| 238 | Domenico CIUCCI, procuratore di Guglielmo RUCELLAI, e Matteo BARONCELLI | 3 | 3 | x | x |
| 238 bis | Guglielmo RUCELLAI e Matteo BARONCELLI e compagni, di Firenze | | | 11 | 260 |
| 239 | Bindaccio PERUZZI, di Lecce | 1 | 284 | 12 | 601 |
| 240 | Rosso DE' RICCI e compagni, di Lecce | 2 | 251 | x | x |
| 241 | Berto BELFRADELLI, fattore dei Medici, di Trani | 1 | 220 | x | x |
| 242 | Ugolino e Antonio MARTELLI, di Pisa | 1 | 144 | x | x |
| 243 | Giovanni DI SALVESTRO, sardo di Pisa | 1 | 100 | x | x |
| 244 | Eredi di Bartolomeo DA LARI, di Pisa | 1 | 45 | x | x |
| 245 | Bartolomeo di Michele SERANTONIO, di Lucca | 1 | 61 | x | x |
| TOT. | | 492 | 113.842 | 724 | 218.575 |

*Mercanti genovesi*

| N° | INTESTATARIO | N° OP. '73 | SOMMA IN DUCATI | N° OP. '76 | SOMMA IN DUCATI |
|---|---|---|---|---|---|
| 246 | Francesco e Pier Bartolomeo LOMELLINI | 41 | 10.592 | x | x |
| 246 bis | Francesco LOMELLINI | | | 33 | 12.071 |
| 246 ter | Pier Bartolomeo LOMELLINI | | | 20 | 2.070 |
| 247 | Cosimo e Francesco SPINOLA | 29 | 3.796 | | |

| | | | | | |
|---|---|---|---|---|---|
| 247 bis | Francesco SPINOLA | | | 21 | 3.190 |
| 247 ter | Francesco SPINOLA e compagni | | | 7 | 716 |
| 248 | Baldassarre SPINOLA | 20 | 3.092 | x | x |
| 249 | Briotto SPINOLA | 2 | 111 | x | x |
| 250 | Polo SPINOLA | 1 | 10 | x | x |
| 251 | Genese e Pier Battista GHISO | 25 | 1.617 | x | x |
| 252 | Luca di GHISO | 8 | 236 | x | x |
| 253 | Gerolamo DELLA CELLA | 3 | 712 | x | x |
| 254 | Manfredi DI PERSI | 2 | 599 | x | x |
| 255 | Ambrogio DI CASTIGLIONE | 4 | 584 | x | x |
| 256 | Antonio DI MATTEO GENOVESE | 4 | 286 | x | x |
| 257 | Eredi di Giovanni di maestro LIBERO, di Palermo | 10 | 788 | 24 | 4.195 |
| TOT. | | 149 | 22.423 | 105 | 22.242 |

*Mercanti veneziani*

| N° | INTESTATARIO | N° OP. '73 | SOMMA IN DUCATI | N° OP. '76 | SOMMA IN DUCATI |
|---|---|---|---|---|---|
| 258 | Lorenzo BIANCO | 1 | 3.813 | 1 | 3.080 |
| 259 | Benedetto GIUSTINIANI | 4 | 2.007 | x | x |
| 260 | Taddeo DI POGGIO | 4 | 1.047 | x | x |
| 261 | Francesco DANDOLO | 2 | 450 | x | x |
| 262 | Michele MINIO | 1 | 40 | x | x |
| 263 | Giovanni DONATI | 1 | 26 | x | x |
| 264 | Jacopo COSTABILI | 3 | 230 | 19 | 2.015 |
| 265 | Giovanni PACETTO di Trani, procuratore di A. Nagaver | 2 | 453 | x | x |

| | | | | | |
|---|---|---|---|---|---|
| 266 | Baldassarre BONO, trevigiano | 2 | 299 | x | x |
| TOT. | | 20 | 8.365 | 20 | 5.095 |

*Mercanti italiani*

| N° | INTESTATARIO | N° OP. '73 | SOMMA IN DUCATI | N° OP. '76 | SOMMA IN DUCATI |
|---|---|---|---|---|---|
| 267 | Giulio DI PARABIAGO, di Milano | 2 | 527 | x | x |
| 268 | Lorenzo CATTANIO e Vincenzo D'ALBERTO | 8 | 337 | x | x |
| 269 | Baldassare di Giovanni MACHIAVELLI, di Ferrara | 3 | 243 | 10 | 2.286 |
| 270 | Guido e Rinaldo ZANCHINI, di Bologna | 1 | 28 | 10 | 561 |
| 271 | Piero D'ARCANGELO, di Urbino | 1 | 1 | x | x |
| 271 bis | Francesco di Piero D'ARCANGELO e fratelli, di Urbino | | | x | x |
| 272 | Federigo di Piero D'ARCANGELO | 10 | 1.115 | x | x |
| 273 | Giuliano GALLO, di Roma | 2 | 2.655 | x | x |
| 274 | Eredi di Tommaso SPINELLI e compagni, di Roma | 5 | 648 | 8 | 1.908 |
| 275 | Jacobello VULPULA, fattore dei Santacroce di Roma | 2 | 200 | x | x |
| 276 | Pietro MAGLIERI di Tagliacozzo, fattore dei Santacroce | 3 | 110 | x | x |
| 277 | Francesco ZACIO, di Messina | 1 | 16 | x | x |
| TOT. | | 38 | 5.880 | 36 | 5.230 |

*Mercanti stranieri*

| N° | INTESTATARIO | N° OP. '73 | SOMMA IN DUCATI | N° OP. '76 | SOMMA IN DUCATI |
|---|---|---|---|---|---|
| 278 | Pietro DI PRATA, tedesco | 1 | 330 | 1 | 18 |
| 279 | Filippo COMBA, francese di Carcassonne | 4 | 461 | x | x |
| 280 | Giovanni DI REALE, francese | 4 | 335 | 2 | 439 |
| 281 | Bartolomeo GARNIER, francese di Lione | 3 | 300 | x | x |
| 282 | Giovanni DI MUSACH, francese | 4 | 53 | x | x |
| 283 | Guglielmo LO MASSÓ, francese | 2 | 44 | x | x |
| TOT. | | 18 | 1.523 | 3 | 457 |

*Patroni di navi*[2]

| N° | INTESTATARIO | N° OP. '73 | SOMMA IN DUCATI | N° OP. '76 | SOMMA IN DUCATI |
|---|---|---|---|---|---|
| 284 | Felip INFANTE, maiorchino, patrono di nave | 2 | 1.537 | x | x |
| 285 | Martino DE PERCASTEGL, armatore biscaglino | 2 | 800 | x | x |
| 286 | Andreu BARACONDAT, catalano, patrono di baleniera | 4 | 235 | x | x |
| 287 | Sancho DI SAMUDIA, catalano, patrono di galea sottile | 3 | 235 | 3 | 150 |

2. Tra i patroni di navi elencati in tabella, riproposta secondo la ricostruzione di Del Treppo, è da includere anche Joan Soler, menzionato più avanti nel gruppo dei mercanti catalani (cfr. in merito *Il Giornale del Banco 1473*, p. 405: «A Antonio Tessitore duc. XIIII°, per lui a Perotto Martì, dissero sono per Giov. Soler padrone di nave; e per lui a Antonio Fonte, dissero sono per la mogliera del detto Joan Solere: ebe chontanti»).

| | | | | | |
|---|---|---|---|---|---|
| 288 | Perotto MARTÌ, catalano, patrono di nave regia | 2 | 100 | 8 | 583 |
| 289 | Antonio DI SANGIOVANNI, scrivano di bordo | 7 | 172 | x | x |
| TOT. | | 20 | 3.079 | 11 | 733 |

*Sensali e vetturali*

| N° | INTESTATARIO | N° OP. '73 | SOMMA IN DUCATI | N° OP. '76 | SOMMA IN DUCATI |
|---|---|---|---|---|---|
| 290 | Gabriello DA PISA, sensale | 14 | 89 | x | x |
| 291 | Gabriello DEL BIANCO, vetturale | 1 | 20 | x | x |
| TOT. | | 15 | 109 | x | x |

*Ebrei*

| N° | INTESTATARIO | N° OP. '73 | SOMMA IN DUCATI | N° OP. '76 | SOMMA IN DUCATI |
|---|---|---|---|---|---|
| 292 | Agnolo DI MOSÉ, di Sessa | 11 | 2.890 | x | x |
| 293 | Diodato D'AGNOLO | 7 | 800 | x | x |
| 294 | Giacop DI BENVENISTI, spagnolo | 2 | 500 | x | x |
| 295 | Raffaello DI LECCE, di Lecce | 1 | 200 | x | x |
| TOT. | | 21 | 4.390 | x | x |

*Mercanti catalani*[3]

| N° | INTESTATARIO | N° OP. '73 | SOMMA IN DUCATI | N° OP. '76 | SOMMA IN DUCATI |
|---|---|---|---|---|---|
| 296 | Franzì BESALÙ, con bottega a Napoli | 106 | 31.881 | 17 | 1.332 |
| 297 | Franzì TORAGLIES, di Barcellona | 106 | 35.475 | 145 | 38.188 |
| 298 | Guillem SCALES | 91 | 8.453 | 29 | 1.330 |
| 299 | Pere AVEGLIA | 60 | 8.684 | 8 | 518 |
| 300 | Pere Antoni ANDREU, di Perpignano | 74 | 13.768 | 22 | 8.893 |
| 301 | Pere di Marc ANDREU, di Perpignano | 50/100 | / | x | x |
| 302 | Franzì VIDAL, figlio di Andreu Vidal | 50/100 | / | x | x |
| 303 | Joan VILLEGLIA | 54 | 7.640 | 81 | 20.459 |
| 304 | Franzì BELTRAM | 30/49 | / | x | x |
| 305 | Gabriel BENET | 30/49 | / | x | x |
| 306 | Luis BENET | 30/49 | / | x | x |
| 306 bis | Franzì BENET | | | 4 | 586 |
| 307 | Jaume CALATAYUD, mercante e armatore, conservatore dell'arsenale di Napoli | 34 | 1.873 | 35 | 11.124 |
| 308 | Bartomeu CAMPREDON, mercante e assicuratore | 24 | 4.295 | 19 | 1.550 |
| 309 | Bernardo COLL, mercante e sensale | 30/49 | / | x | x |
| 310 | Guillem SALAVERT, mercante e armatore | 30 | 16.326 | 18 | 2.169 |
| 311 | Joan SANCHES, di Calatayud | 41 | 7.985 | 35 | 5.097 |

3. Tra i mercanti catalani elencati in tabella, è da includere anche Bartomeu Ghitar, intestatario di 14 partite per una somma complessiva di ducati 275.

| | | | | | |
|---|---|---|---|---|---|
| 312 | Pere AGOSTÍ | 1/29 | / | x | x |
| 313 | Joan e Lorenç AGOSTÍ | 1/29 | / | x | x |
| 314 | Jaume ALAMANY, di Maiorca | 1/29 | / | x | x |
| 315 | Tomás AGUILAR | 1/29 | / | x | x |
| 316 | Joanot ARGENT | 1/29 | / | x | x |
| 317 | Marc ARNES, forse catalano | 1/29 | / | x | x |
| 318 | Miquel BARBERA, di Maiorca | 1/29 | / | x | x |
| 319 | Pere BARCHETTA | 1/29 | / | x | x |
| 320 | Pere BENET, figlio di Miquel Benet | 1/29 | / | x | x |
| 321 | Miquel BENET, mercante e doganiere | 1/29 | / | x | x |
| 322 | Franzì BENET | 2 | 392 | 4 | 586 |
| 323 | Joan BERENGUER | 1/29 | / | x | x |
| 324 | Antoni BLANCA, nipote di Besalú | 1/29 | / | x | x |
| 325 | Joan BONANAT, di Perpignano | 17 | 3.523 | 15 | 3.321 |
| 326 | Simó BUSANNA, mercante e sensale di cambi | 1/29 | / | x | x |
| 327 | Franzì CACIAS | 1/29 | / | x | x |
| 328 | Nicolau CALLAR | 1 | 10 | 8 | 721 |
| 329 | Gaspar CALLAR | 1/29 | / | x | x |
| 330 | Vicent CARRIOLA, di Barcellona | 2 | 200 | 11 | 955 |
| 331 | Manuello CASES | 1 | 35 | 2 | 43 |
| 332 | Bernardo CORBERA | 1/29 | / | x | x |
| 333 | Joan D'AVINYÓ | 1/29 | / | x | x |
| 334 | Gabriel e Luis D'ARGUENS | 1/29 | / | x | x |
| 335 | Luis DALMAU | 1/29 | / | x | x |

| | | | | | |
|---|---|---|---|---|---|
| 336 | Raymond DE PARETS | 8 | 3.513 | 13 | 3.649 |
| 337 | Nicolau DE PEDRALBES, mercante e armatore | 3 | 136 | x | x |
| 338 | Lorenç DE PEDRALBES, armatore di Tortosa | 1/29 | / | x | x |
| 339 | Martín DE QUERALT | 1/29 | / | x | x |
| 340 | Franzì DE SANTAFÉ | 1/29 | / | x | x |
| 341 | Rafael e Nicolau DESPUIG, di Maiorca | 1/29 | / | x | x |
| 342 | Jaume FALCÓ, di Barcellona | 17 | 1.199 | 19 | 2.093 |
| 343 | Franzì FALCÓ | 1/29 | / | x | x |
| 344 | Ausias FIGUEROLA | 14 | 1.469 | 11 | 436 |
| 345 | Manuello FONTCLARA | 4 | 340 | 7 | 2.684 |
| 346 | Joan FONTCUBERTA, mercante e sensale | 1/29 | | x | x |
| 347 | Pere GENER, procuratore di Felip Perot | 1/29 | / | x | x |
| 348 | Gaspar GIBERT | 8 | 153 | 3 | 173 |
| 349 | Joan GIOFRÉ | 1/29 | / | x | x |
| 350 | Pere LEBIA, di Gerona | 1/29 | / | x | x |
| 351 | Joan LEÓ | 1/29 | / | x | x |
| 352 | Melcior LEÓ | 1/29 | / | x | x |
| 353 | Joan LORENS, di Maiorca | 1/29 | / | x | x |
| 354 | Gabriel LOBETES, catalano di Palermo | 1/29 | / | x | x |
| 355 | Galçeran MARTÍ, mercante e patrono di nave | 26 | 11.040 | 44 | 4.090 |
| 356 | Jaume MASSANA e Bartomeu CAMPEGLIES | 1/29 | / | x | x |

| | | | | | |
|---|---|---|---|---|---|
| 357 | Joan MARTINES, mercante, banchiere e console dei Catalani a Napoli | 3 | 81 | 13 | 2.308 |
| 358 | Joan MARQUES | 1/29 | / | x | x |
| 359 | Joan MESSAGUER | 1/29 | / | x | x |
| 360 | Antoni OLIVER, di Solsona | 1/29 | / | x | x |
| 361 | Pere PORTA | 19 | 1.125 | 25 | 1.690 |
| 362 | Manuello e Luis PARDO, di Maiorca | 1/29 | / | x | x |
| 363 | Miquel PIQUER, di Perpignano | 1/29 | / | x | x |
| 364 | Berlinghieri PELLICER | 1/29 | / | x | x |
| 365 | Pere PUIG e Jaume COLL, di Perpignano | 1/29 | / | x | x |
| 366 | Pere PONS | 1/29 | / | x | x |
| 367 | Sebastià PARERA | 1/29 | / | x | x |
| 368 | Joan PALAU, di Puigcerdà | 1/29 | / | x | x |
| 369 | Marc RECORDAT, di Valencia | 3 | 403 | 6 | 191 |
| 370 | Franzì RINIÚ | 15 | 1.319 | 31 | 5.888 |
| 371 | Belssazar ROIG e Jaume DEZMAS | 1/29 | / | x | x |
| 372 | Gabriel ROVIRA | 1/29 | / | x | x |
| 373 | Bernardo RUBERT minore, mercante e sensale | 1/29 | / | x | x |
| 374 | Joan SOQUERATS | 26 | 22.802 | 52 | 59.896 |
| 375 | Antoni STEVE, con bottega a Napoli | 1/29 | / | x | x |
| 376 | Joan SEVER, con bottega a Napoli | 4 | 85 | 1 | 50 |
| 377 | Gabriel SASTRE | 1/29 | / | x | x |
| 378 | Bernardo SALVADOR | 1/29 | / | x | x |

| | | | | | |
|---|---|---|---|---|---|
| 379 | Joan SOLER, di Valencia, patrono, mercante e armatore | 1/29 | / | x | x |
| 380 | Franzì SIRVENT, detto Conte di Perpignano | 1/29 | / | x | x |
| 381 | Antoni TESSIDOR | 1/29 | / | x | x |
| 382 | Tommaso TACCHINI, mercante e armatore | 3 | 52 | 8 | 1.144 |
| 383 | Antoni VERNET | 1/29 | / | x | x |
| 384 | Joan VIASTROSA | 1/29 | / | x | x |
| 385 | Joan VAGLIES, di Barcellona | 1/29 | / | x | x |
| TOT. | | 1.654 | 287.542 | 686 | 181.164 |
| TOT. | | 4.477 | 720.869 | 2.589 | 690.548 |
| TOT. GEN. | | 6.977 | 1.359.043 | 4.080 | 1.242.441[4] |

## 5. Tabella di sintesi: 1473

| CLIENTELA | N° OPERATORI | N° OPERAZIONI | AMMONTARE IN DUCATI | % |
|---|---|---|---|---|
| Amministrazione dello Stato | 33 | 1.510 | 497.891 | 36,6% |
| Clientela cittadina | 82 | 480 | 69.255 | 5,1% |
| Clientela feudale | 45 | 510 | 71.028 | 5,2% |
| Clientela mercantile | 225 | 4.477 | 720.869 | 53,0% |

4. Per l'anno 1476 si tratta di un totale parziale perché tiene conto solo dei correntisti attestati anche nella contabilità del 1473. Per il totale generale si rinvia all'Appendice 2.

# Appendice 2

## La clientela del banco Strozzi nel 1476

### La clientela del banco Strozzi (1476)[1]

### 1. L'amministrazione dello stato

Organi finanziari centrali:
1. C/to corrente della CORTE (Pascasio Diaz Garlon)
2. C/to corrente della TESORERIA (Pere Bernat)

| N° | INTESTATARIO | N° OPERAZIONI 1476 | SOMMA IN DUCATI |
|---|---|---|---|
| 1 | Pascasio Diaz Garlon | 421 | 415.495 |
| 2 | Pere Bernat | 603 | 300.784 |
| Partite «d'ordine del re» comuni ai 2 conti | | 283 | 289.392 |
| TOT. | | 741 | 426.887 |

| N° | INTESTATARIO | N° OPERAZIONI 1476 | SOMMA IN DUCATI |
|---|---|---|---|
| 3 | Tomàs ARGENT, scrivano di razione, armatore | 39 | 2.893 |
| 4 | Guillem CANDELL, scrivano di razione | 22 | 2.976 |
| 5 | Diego CARAVAJAL, comandante di Brindisi | 4 | 120 |

1. Intestatari di conto, numero di operazioni, ammontare in ducati.

| | | | |
|---|---|---|---|
| 6 | Cola D'AVANZO, maestro portulano di Puglia | 1 | 120 |
| 7 | Renzo D'AFFLITTO, regio commissario in diverse province | 60 | 17.995 |
| 8 | Antonello D'AVERSA, segretario del re | 2 | 914 |
| 9 | Miquel DE BELLPRAT, scrivano di razione | 95 | 16.827 |
| 10 | Miquel DE BELLPRAT, («conto proprio») | 2 | 288 |
| 11 | Simonot DE BELLPRAT, tesoriere dell'armata navale regia, armatore | 50 | 5.850 |
| 12 | Joan DE GUARES, servitore del tesoriere generale | 47 | 8.771 |
| 13 | Agnolo DELLA CAPRUZZA, cassiere della Dogana delle Pecore di Puglia | 2 | 412 |
| 14 | Marino DI JANCANE di Sulmona, regio tesorere in Abruzzo | 39 | 4.791 |
| 15 | Gaspare DI CASTIGLIONE, doganiere di Puglia | 1 | 236 |
| 16 | Bartolo LONGO, segretario di Antonello Petrucci, segretario del re | 27 | 4.977 |
| 17 | Bernardo MATERDONA, segretario del re | 2 | 2.839 |
| 18 | Joan PUIG OLIVER, scrivano di razione | 2 | 550 |
| 19 | Joan RIBES, castellano di Castelnuovo | 4 | 512 |
| 20 | Stefano PROCACCIO, arrendatore delle gabelle di Napoli | 29 | 6.879 |
| 21 | Stefano PROCACCIO e Gabriello SORRENTINO, arrendatori delle gabelle di Napoli | 24 | 9.375 |

| | | | |
|---|---|---|---|
| 22 | Marino TOMACELLI, ambasciatore del re a Firenze | 1 | 34 |
| 23 | Franzì TORRES, doganiere di Castellamare | 5 | 286 |
| TOT. | | 458 | 87.645 |
| TOT. GEN. | | 1.199 | 514.532 |

## 2. La clientela cittadina

*Funzionari dell'amministrazione statale*

| N° | INTESTATARIO | N° OPERAZIONI 1476 | SOMMA IN DUCATI |
|---|---|---|---|
| 24 | Valentino CLAVER, vicecancelliere | 8 | 1.190 |
| 25 | Iñigo D'AVALOS, conte camerlengo | 1 | 300 |
| 26 | Rinaldo DELLO DOLCE, paggio e coppiere del re | 1 | 300 |
| 27 | Pascasio DIAZ GARLON, percettore generale («conto proprio») | 128 | 5.282 |
| 28 | Antonio DOSA, scrivano di razione | 11 | 414 |
| 29 | Pietro GUEVARA, gran siniscalco | 3 | 75 |
| 30 | Cola SPINELLO, maestro della Zecca | 3 | 375 |
| 31 | Luca TOZZOLO, viceprotonotario, presidente del Sacro Regio Consiglio | 7 | 228 |
| TOT. | | 162 | 8.164 |

*Arrendatori*

| N° | INTESTATARIO | N° OPERAZIONI 1476 | SOMMA IN DUCATI |
|---|---|---|---|
| 32 | Antonio IMPARATO, guardiano della dogana maggiore | 6 | 213 |
| TOT. | | 6 | 213 |

*Patriziato urbano*

| N° | INTESTATARIO | N° OPERAZIONI 1476 | SOMMA IN DUCATI |
|---|---|---|---|
| 33 | Gasparre CASANOVA, di Napoli | 1 | 35 |
| 34 | Jacopo DA PONTICELLI | 18 | 3.969 |
| 35 | Marino DE NAPOLDA, di Napoli | 1 | 180 |
| 36 | Jacopo LATRO, nobile napoletano, usciere del re | 1 | 50 |
| 37 | Antonio e Lorenzo LAURETANO | 6 | 235 |
| 38 | Antonio di MONTANO, di Norcia | 4 | 800 |
| 39 | Antonio di Battista RUTA, di Napoli | 2 | 450 |
| 40 | Antonaccio TOMACELLI | 2 | 250 |
| 41 | Simonetto SCANNASORCI | 2 | 8 |
| 42 | Francesco SORRENTINO | 4 | 240 |
| TOT. | | 41 | 6.217 |

*Donne*

| N° | INTESTATARIA | N° OPERAZIONI 1476 | SOMMA IN DUCATI |
|---|---|---|---|
| 43 | Jacobella PIERA, moglie di Giovanni Piera, catalano | 2 | 106 |
| 44 | Cotella SASSONA, badessa del monastero di Santa Maria di Donnaromita | 1 | 300 |
| TOT. | | 3 | 406 |

*Ecclesiastici*

| N° | INTESTATARIO | N° OPERAZIONI 1476 | SOMMA IN DUCATI |
|---|---|---|---|
| 45 | Francesco BERTINI, "quondam" vescovo di Capaccio, e il fratello Pierantonio BERTINI | 1 | 12 |
| 46 | Oliviero CARAFA, cardinale di Napoli | 2 | 480 |
| 47 | Giovanni COPPOLA, frate | 6 | 442 |
| 48 | Nardo GIPTIO di Caiazzo, abate | 2 | 1.150 |
| 49 | Antonio MUÑOZ, arcidiacono di Terragona e collettore | 18 | 1.655 |
| TOT. | | 29 | 3.739 |

*Artigiani*

| N° | INTESTATARIO | N° OPERAZIONI 1476 | SOMMA IN DUCATI |
|---|---|---|---|
| 50 | Giuliano DI COLA, maestro d'ascia | 1 | 107 |
| 51 | Jacopo DI POLITO, maestro costruttore | 2 | 100 |
| 52 | Paciullo PAULILLO, cuoiaio di Napoli | 4 | 300 |
| 53 | Franzì PEREZ, maestro argentiere, catalano | 6 | 1.341 |
| TOT. | | 13 | 1.848 |

*Bottegai*

| N° | INTESTATARIO | N° OPERAZIONI 1476 | SOMMA IN DUCATI |
|---|---|---|---|
| 54 | Caccino DI BARTOLOMEO, cartolaio | 6 | 104 |
| 55 | Bernabò DI PENNE, bottegaio | 1 | 7 |
| 56 | Giovanni PEPE DELLI PAGANI, fabbro ferraio | 1 | 150 |
| TOT. | | 8 | 261 |
| TOT. GEN. | | 262 | 20.848 |

## 3. La clientela feudale

*Ducato di Calabria*

| N° | INTESTATARIO | N° OPERAZIONI 1476 | SOMMA IN DUCATI |
|---|---|---|---|
| 57 | ALFONSO (II), duca di Calabria | 2 | 1.050 |
| 58 | Ippolita Maria SFORZA, duchessa di Calabria | 3 | 6.130 |
| 59 | Michele DI MAIO, tesoriere della duchessa di Calabria | 6 | 750 |
| 60 | Mazzeo FERRILLO, tesoriere del duca | 21 | 3.030 |
| 61 | Gilio MANGIONE, tesoriere del duca | 9 | 1.799 |
| 62 | Antonio PAZZO, segretario del duca | 1 | 100 |
| TOT. | | 42 | 12.859 |

*Feudatari e signori*

| N° | INTESTATARIO | N° OPERAZIONI 1476 | SOMMA IN DUCATI |
|---|---|---|---|
| 63 | Nuzzo ANDRANO, cancelliere del conte di Palena | 3 | 284 |
| 64 | Piero CARACCIOLO, nipote di Giovanni Caracciolo, duca di Melfi | 2 | 300 |
| 65 | Ugo D'ALAGNO, fratello di Lucrezia, conte di Borrello e di Gioia | 2 | 150 |
| 66 | Covelluccio ALBERTINI, amministratore del duca d'Ascoli | 29 | 3.342 |
| 67 | Nicolò DA PROCIDA, conte di Aversa | 2 | 205 |
| 68 | Antonio DA TREZZO, ambasciatore del duca di Milano | 6 | 152 |

| | | | |
|---|---|---|---|
| 69 | Pirro DEL BALZO, duca di Venosa | 18 | 4.371 |
| 70 | Alberto Maria D'ESTE | 2 | 324 |
| 71 | Jacopo D'ESTE, camerlengo di Alberto Maria D'Este | 12 | 2.410 |
| 72 | Domenico DE GIPTIIS, cancelliere di Iñigo d'Avalos | 20 | 3.133 |
| 73 | Giovanni DE HOLIVETO DE VALLATA, tesoriere del duca di Venosa | 10 | 2.604 |
| 74 | Matteo DI CAPUA, conte di Palena | 2 | 82 |
| 75 | Joan DI CARDONA, conte di Cardona e di Prades, vicerè di Sicilia nel 1478 | 8 | 145 |
| 76 | Jacopo FACCIPECORA (Protonobilissimo) | 2 | 328 |
| 77 | Michele FRANZA (Irans), tesoriere di Giovanni d'Aragona, abate commendatario di Montecassino | 16 | 3.680 |
| 78 | Onorato GAETANI, conte di Fondi | 1 | 100 |
| 79 | Jacopo ORSINI, duca di Gravina | 10 | 1.317 |
| 80 | Orso ORSINI, duca d'Ascoli | 26 | 6.198 |
| 81 | Antonello SANSEVERINO, principe di Salerno | 1 | 400 |
| 82 | Galeazzo SANSEVERINO, conte di Caiazzo | 16 | 1.277 |
| TOT. | | 188 | 30.802 |
| TOT. GEN. | | 230 | 43.661 |

## 4. La clientela mercantile

*Banchieri consociati con Filippo Strozzi*

| N° | INTESTATARIO | N° OPERAZIONI 1476 | SOMMA IN DUCATI |
|---|---|---|---|
| 83 | Lorenzo DE' MEDICI | 181 | 63.755 |
| 84 | Luigi DI GAETA e Francesco PALMIERI | 103 | 16.994 |
| 85 | Colapietro DI PENNE | 208 | 59.144 |
| 86 | Ambrogio SPANNOCCHI e compagni | 136 | 45.789 |
| 87 | Francesco STRINA | 1 | 1 |
| TOT. | | 629 | 185.683 |

*Mercanti regnicoli*

| N° | INTESTATARIO | N° OPERAZIONI 1476 | SOMMA IN DUCATI |
|---|---|---|---|
| 88 | Loise e Francesco COPPOLA | 244 | 48.688 |
| 89 | Francesco COPPOLA, («conto a parte») | 3 | 1765 |
| 90 | Matteo COPPOLA | 10 | 1.355 |
| 91 | Angelo CUOMO | 1 | 317 |
| 92 | Cola DA LANDA | 12 | 1.257 |
| 93 | Antonello D'ALESSANDRO e fratello | 39 | 3.149 |
| 94 | Roberto D'AVITABULO | 1 | 80 |
| 95 | Roberto D'AVITABULO e fratello | 22 | 2.136 |
| 96 | Antonio DE BECCUTI, di Cosenza | 11 | 3.316 |
| 97 | Francesco DELLA PICCIOLA | 1 | 246 |
| 98 | Marino di Jacopo DELLO GIUDICE e compagni, dell'Aquila | 1 | 88 |

| | | | |
|---|---|---|---|
| 99 | Pietrantonio DE PETRI, di Sulmona | 2 | 200 |
| 100 | Matteo DI GIORGIO, procuratore e fattore dei Coppola | 47 | 1.335 |
| 101 | Vincenzo DI LAUDATO | 1 | 250 |
| 102 | Gentile DI MAZZARA, di Sulmona | 8 | 1.168 |
| 103 | Raffaello DI PENNE | 4 | 80 |
| 104 | Pasquale DI SANTUCCIO e compagni, dell'Aquila | 31 | 9.047 |
| 105 | Oliviero FELICE, di Nola | 18 | 249 |
| 106 | Salvatore MATRONE, di Napoli | 3 | 119 |
| 107 | Antonio MIROBALLO | 2 | 30 |
| 108 | Carlo MIROBALLO | 1 | 8 |
| 109 | Fieramonte MIROBALLO e Giovanni DA VIGNONE | 5 | 1.167 |
| 110 | Tommaso di Antonio OLIVIERI | 4 | 98 |
| 111 | Domenico ROCCIO | 6 | 175 |
| TOT. | | 477 | 76.323 |

*Mercanti toscani*

*Gruppo Strozzi*

| N° | INTESTATARIO | N° OPERAZIONI 1476 | SOMMA IN DUCATI |
|---|---|---|---|
| 112 | STROZZI (compagnia del Fondaco) di Napoli | 92 | 14.990 |
| 113 | STROZZI «i Nostri» di Firenze | 86 | 27.693 |
| 114 | STROZZI «consolato di nostra natione» | 1 | 34 |
| 115 | STROZZI «a allume di Ischia» | 12 | 1.545 |
| 116 | STROZZI «Avanzi» | 5 | 116 |

| | | | |
|---|---|---|---|
| 117 | STROZZI «sichurtà per nostro conto» | 2 | 18 |
| 118 | STROZZI «bestie per nostro uso» | 1 | 2 |
| 119 | STROZZI «spese di casa» | 2 | 8 |
| 120 | STROZZI «spese di compagnia» | 8 | 92 |
| 121 | STROZZI «spese fatte a chagione di ritratto di grani» o «incetta» | 5 | 114 |
| 122 | STROZZI «masserizie di casa» | 5 | 110 |
| 123 | STROZZI «tratte» | 1 | 588 |
| 124 | STROZZI «viaggio» | 1 | 21 |
| 125 | STROZZI «noi debitori» | 3 | 101 |
| 126 | Filippo e Lorenzo STROZZI («conto proprio») | 5 | 1.749 |
| 127 | Filippo STROZZI («conto proprio») | 1 | 110 |
| 128 | Andrea di Giovanni STROZZI, patrono di nave | 15 | 282 |
| 129 | Gabriello STROZZI | 36 | 5909 |
| 130 | Girolamo di Carlo STROZZI | 2 | 440 |
| 131 | Marco di Matteo STROZZI | 1 | 222 |
| 132 | Paolo di Giovanni STROZZI, impiegato del banco | 7 | 143 |
| TOT. | | 291 | 54.287 |

| N° | INTESTATARIO | N° OPERAZIONI 1476 | SOMMA IN DUCATI |
|---|---|---|---|
| 133 | Francesco ANGIOLI, pisano, da Trani | 3 | 600 |
| 134 | Carlo BARONCELLI, da Firenze | 7 | 1.993 |
| 135 | Matteo BARONCELLI e Guglielmo RUCELLAI e compagni, da Roma | 8 | 456 |

| | | | |
|---|---|---|---|
| 136 | Lorenzangelo BILIOTTI, da Firenze | 2 | 1.127 |
| 137 | Salvi BORGHERINI, da Roma | 2 | 10 |
| 138 | Francesco e Bernardo CAMBINI, da Roma | 3 | 2.600 |
| 139 | CAMBINI di Roma | 42 | 10.428 |
| 140 | CAMBINI di Firenze | 2 | 985 |
| 141 | Neri CAPPONI e Bartolomeo BUONDELMONTI, da Venezia | 34 | 10.417 |
| 142 | Piero di Gino CAPPONI e compagni, di Firenze | 14 | 4.709 |
| 143 | Tommaso CAPPONI e compagni, di Firenze | 2 | 154 |
| 144 | Giovanni di Antonio CELLI | 2 | 160 |
| 145 | Nello CINUGLI e compagni, da Siena | 2 | 57 |
| 146 | Giovanni CORSINI, da Palermo | 3 | 187 |
| 147 | Luigi di Ilario DA CANNETO | 3 | 146 |
| 148 | Matteo DA NEPOZZANO | 1 | 222 |
| 149 | Eredi di Dionigi DA SCORNO, da Pisa | 81 | 32.871 |
| 150 | Pierandrea DA VERAZZANO | 30 | 8.344 |
| 151 | Francesco DELLA CASA, rappresentante dei Medici a Roma | 2 | 40 |
| 152 | Lorenzo e Giuliano DE' MEDICI, da Milano | 1 | 71 |
| 153 | Pierfrancesco e Giuliano DE MEDICI e compagni, da Venezia | 7 | 705 |
| 154 | Lorenzo DE' MEDICI e Tommaso PORTINARI, da Bruges | 1 | 660 |
| 155 | Guglielmo e Giovanni DE' PAZZI, da Roma | 3 | 603 |

| | | | |
|---|---|---|---|
| 156 | Renato DE' PAZZI e compagni, di Firenze | 9 | 3.703 |
| 157 | Simone DI GABRIELLO, da Pisa | 2 | 100 |
| 158 | Rinaldo DI CRISTOFANO detto Morello, dipendente della ditta di Tommaso CAPPONI e compagni, di Firenze | 2 | 141 |
| 159 | Luigi DONATI, da Venezia | 2 | 165 |
| 160 | Berlingeri DI GELLO, da Trani | 2 | 884 |
| 161 | Mariano DI VERNARII, da Prato | 2 | 1.343 |
| 162 | Giovanni FRESCOBALDI e Filippo NERLI, da Venezia | 2 | 1.010 |
| 163 | Tommaso GINORI | 40 | 3470 |
| 164 | Tommaso GINORI e Gioacchino GUASCONI | 55 | 10.418 |
| 165 | Baldassare di Giovanni MACHIAVELLI, di Ferrara | 10 | 2.286 |
| 166 | Filippo INGHIRAMI, da Venezia | 35 | 15.515 |
| 167 | Jacopo LANCILOTTI, di San Miniato | 2 | 43 |
| 168 | Piero LITTARDO e Niccolò LOTTIERI | 2 | 3.970 |
| 169 | Niccolò MACHIAVELLI, da Firenze | 1 | 58 |
| 170 | Leonardo MANNELLI e compagni, da Venezia | 4 | 2.237 |
| 171 | Alessandro di Leonardo MANNELLI, da Venezia | 2 | 420 |
| 172 | Ugolino e Antonio MARTELLI, da Pisa | 3 | 40 |
| 173 | Giuliano MARUCELLI e compagni, dall'Aquila | 6 | 241 |
| 174 | Battista PANDOLFINI | 116 | 37.270 |

| | | | |
|---|---|---|---|
| 175 | Bindaccio PERUZZI, da Lecce | 12 | 601 |
| 176 | Giovanni PERUZZI e Gentile DE' BARDI, da Rodi | 1 | 25 |
| 177 | Tommaso RIDOLFI e compagni "battilori", di Firenze | 1 | 198 |
| 178 | Giovanni RUCELLAI e compagni, di Firenze | 2 | 678 |
| 179 | Guglielmo RUCELLAI e Matteo BARONCELLI e compagni, di Firenze | 11 | 260 |
| 180 | Benedetto SALUTATI | 1 | 100 |
| 181 | Benedetto SALUTATI e compagni | 168 | 47.327 |
| 182 | Francesco SALUTATI | 1 | 10 |
| 183 | Lorenzo TIERI | 11 | 239 |
| 184 | Paolo TOMMASI e Giovanni ARRIGHI | 68 | 43.436 |
| 185 | Piero di Bernardo VESPUCCI | 1 | 13 |
| TOT. | | 829 | 253.733 |

*Mercanti genovesi*

| N° | INTESTATARIO | N° OPERAZIONI 1476 | SOMMA IN DUCATI |
|---|---|---|---|
| 186 | Marchione CALVO | 3 | 653 |
| 187 | Eredi di Giovanni di maestro LIBERO, da Palermo | 24 | 4.195 |
| 188 | Francesco LOMELLINI | 33 | 12.071 |
| 189 | Pier Bartolomeo LOMELLINI | 20 | 2.070 |
| 190 | Francesco SPINOLA | 21 | 3.190 |
| 191 | Francesco SPINOLA e compagni | 7 | 716 |
| 192 | Giovanni Antonio SPINOLA, da Cosenza | 14 | 666 |
| TOT. | | 122 | 23.561 |

*Mercanti veneziani*

| N° | INTESTATARIO | N° OPERAZIONI 1476 | SOMMA IN DUCATI |
|---|---|---|---|
| 193 | Lorenzo BIANCO | 1 | 3.080 |
| 194 | Jacopo COSTABILI, mercante di nocciole | 19 | 2.015 |
| 195 | Andrea FOSCARINI | 1 | 170 |
| 196 | Andrea FOSCARINI e Natal SORANZO | 1 | 361 |
| 197 | Leonardo GRIMANI e fratello, di Venezia | 2 | 515 |
| 198 | Marino di messer Triadano GRITTI | 1 | 400 |
| 199 | Jacopo POLANI, di Venezia | 1 | 1.880 |
| TOT. | | 26 | 8.421 |

*Mercanti italiani*

| N° | INTESTATARIO | N° OPERAZIONI 1476 | SOMMA IN DUCATI |
|---|---|---|---|
| 200 | Francesco di Piero D'ARCANGELO e fratelli, di Urbino | 8 | 475 |
| 201 | Francesco di Piero D'ARCANGELO e Giovanni STROZZI, da Trani | 18 | 2.500 |
| 202 | Gregorio DE GRAZIOLI e compagni, di Bologna, e Giovanni DE MALTACIDI | 1 | 46 |
| 203 | Tommaso FACCHINI | 3 | 15 |
| 204 | Bartolomeo di LOGLIANO e Bartolomeo GUASTAVILLANI e compagni, da Bologna | 3 | 203 |
| 205 | Bartolomeo LUPARI, da Bologna | 1 | 2.105 |
| 206 | Eredi di Tommaso SPINELLI e compagni, da Roma | 8 | 1.908 |

| | | | |
|---|---|---|---|
| 207 | Luigi SOLIERI | 3 | 450 |
| 208 | Guido e Rinaldo ZANCHINI, da Bologna | 10 | 561 |
| 209 | ZANCHINI, da Bologna | 5 | 164 |
| TOT. | | 60 | 8.427 |

*Mercanti stranieri*

| N° | INTESTATARIO | N° OPERAZIONI 1476 | SOMMA IN DUCATI |
|---|---|---|---|
| 210 | Giovanni DANI, alemanno | 1 | 337 |
| 211 | Giannino DI MOLROY | 1 | 106 |
| 212 | Pietro DI PRATA, tedesco | 1 | 18 |
| 213 | Giovanni DI REALE, francese | 2 | 439 |
| 214 | Stefano RISCIACH, forse tedesco | 6 | 1.773 |
| 215 | Dìonigi ROSSEGL, francese | 2 | 34 |
| TOT. | | 13 | 2.707 |

*Patroni di navi*

| N° | INTESTATARIO | N° OPERAZIONI 1476 | SOMMA IN DUCATI |
|---|---|---|---|
| 216 | Sancho DI SAMUDIA, catalano, patrono di galea sottile, armatore | 3 | 150 |
| 217 | Perotto MARTÌ, catalano, patrono di nave regia | 8 | 583 |
| 218 | Prosperandeo PARMARO, genovese, patrono di nave | 2 | 668 |
| TOT. | | 13 | 1.401 |

*Sensali e vetturali*

| N° | INTESTATARIO | N° OPERAZIONI 1476 | SOMMA IN DUCATI |
|---|---|---|---|
| 219 | Piero LITTARDO | 5 | 687 |

*Mercanti catalani*

| N° | INTESTATARIO | N° OPERAZIONI 1476 | SOMMA IN DUCATI |
|---|---|---|---|
| 220 | Lorenç AGOSTÍ | 9 | 875 |
| 221 | Giuffrè ALEMAGNI | 6 | 442 |
| 222 | Franzì ALFONSO | 19 | 2.475 |
| 223 | Pere Antoni ANDREU, di Perpignano | 22 | 8.893 |
| 224 | Pere AVEGLIA | 8 | 518 |
| 225 | Franzì BENET, mercante-armatore | 4 | 586 |
| 226 | Franzì BESALÙ, con bottega a Napoli | 17 | 1.332 |
| 227 | Joan BONANAT, di Perpignano | 15 | 3.321 |
| 228 | Jaume CALATAYUD, mercante-armatore, conservatore dell'arsenale di Napoli | 35 | 11.124 |
| 229 | Nicolau CALLAR | 8 | 721 |
| 230 | Bartomeu CAMPREDON, mercante e assicuratore | 19 | 1.550 |
| 231 | Manuello CASES | 2 | 43 |
| 232 | Ferrando DE CIRES | 2 | 290 |
| 233 | Franzì DE SPLA | 18 | 570 |
| 234 | Franzì DE SPLA e Pere Antoni ANDREU, tutori dell'erede di Pere di Marc Andreu | 6 | 851 |
| 235 | Joan DE VINCES e compagni, di Valencia | 12 | 2.890 |
| 236 | Belssazar DI CASASAGGIA, di Barcellona | 1 | 40 |
| 237 | Joan DI SAN JOAN, genero di Jaume Guillem Lo Sordo | 2 | 350 |
| 238 | Bernardo ESPLUGUES, di Palermo | 4 | 946 |

| | | | |
|---|---|---|---|
| 239 | Sancho D'ERBA | 4 | 400 |
| 240 | Pere ESTARÀS, di Maiorca | 4 | 462 |
| 241 | Gaspar FABRIGES | 3 | 226 |
| 242 | Jaume FALCÓ, di Barcellona | 19 | 2.093 |
| 243 | Joan FALCÓ | 1 | 34 |
| 244 | Ambrogio FATINANTI, di Barcellona | 4 | 357 |
| 245 | Manuello FONTCLARA | 7 | 2.684 |
| 246 | Gaspar GIBERT | 3 | 173 |
| 247 | Nicolau JULIA, di Barcellona | 1 | 30 |
| 248 | Jaume Guillem LO SORDO | 6 | 2.150 |
| 249 | Jaume MARTÍ | 5 | 1.299 |
| 250 | Galçeran MARTÍ, mercante e patrono di nave | 44 | 4.090 |
| 251 | Joan MARTINES, mercante, banchiere, console dei Catalani a Napoli | 13 | 2.308 |
| 252 | Joan NADAL, di Valencia | 2 | 267 |
| 253 | Joan PERES minore | 24 | 38.845 |
| 254 | Pere PERICOLES, procuratore di Franzì Alfonso | 16 | 6.950 |
| 255 | Pere PORTA | 25 | 1.690 |
| 256 | Marc RECORDAT, di Valencia | 6 | 191 |
| 257 | Franzì RINIÚ | 31 | 5.888 |
| 258 | Guillem SALAVERT | 18 | 2.169 |
| 259 | Franzì SALVADOR, mercante-armatore | 29 | 726 |
| 260 | Joan SANCHES, di Calatayud | 35 | 5.097 |
| 261 | Alfonso SANTIGLIES | 2 | 162 |
| 262 | Manuello SATRIGLIA | 1 | 100 |
| 263 | Guillem SCALES | 29 | 1.330 |
| 264 | Franzì di Guillem SCALES | 3 | 195 |
| 265 | Joan SEVER, con bottega a Napoli | 1 | 50 |

| | | | |
|---|---|---|---|
| 266 | Joan SOQUERATS | 52 | 59.896 |
| 267 | Tommaso TACCHINI | 8 | 1.144 |
| 268 | Franzì TORAGLIES, di Barcellona | 145 | 38.188 |
| 269 | Raymond TRAGINER | 4 | 28 |
| 270 | Joan VILLEGLIA | 81 | 20.459 |
| TOT. | | 835 | 237.498 |
| TOT. | | 3.300 | 852.728 |
| TOT. GEN. | | 4.991 | 1.431.769 |

## 5. Tabella di sintesi: 1476

| CLIENTELA | NUMERO OPERATORI | NUMERO OPERAZIONI | AMMONTARE IN DUCATI | % |
|---|---|---|---|---|
| Amministrazione dello Stato | 23 | 1.199 | 514.532 | 35,9% |
| Clientela cittadina | 33 | 262 | 20.848 | 1,5% |
| Clientela feudale | 26 | 230 | 43.661 | 3,0% |
| Clientela mercantile | 188 | 3.300 | 852.728 | 59,6% |

# Appendice 3

## Le principali compagnie di mercanti-banchieri: i forestieri

La presente appendice è stata pensata per offrire un breve profilo della storia familiare delle principali compagnie di mercanti-banchieri forestieri (e dunque italiani), che hanno condotto affari nel Regno di Napoli al tempo di Ferrante e di cui resta traccia nella contabilità del banco Strozzi. Di ogni impresa – ad eccezione delle più note società dei Medici e degli stessi Strozzi – si è redatta una scheda sintetica, che è stata corredata di una bibliografia essenziale. I nomi di famiglia, inseriti in ordine alfabetico, sono stati raggruppati in relazione alla provenienza geografica.

### 1. *Le compagnie toscane: i Fiorentini*

**1. Arrighi:**
Giovanni Arrighi e Pietropaolo Tommasi

Famiglia fiorentina dedita alla mercatura, gli Arrighi sono attestati a partire dalla seconda metà del XIV secolo. Un ser Verdiano Arrighi ricorre nel 1397 tra i debitori dell'usuraio Agostino Migliorelli. Alcuni membri della famiglia Arrighi ricoprono importanti cariche al fianco dei Medici, altri partecipano a operazioni commerciali tra la penisola iberica e l'Oriente, come Benedetto di Filippo Arrighi, che collabora nel 1406 con la compagnia degli Alberti, o come Pietro di Giovanni Arrighi, fattore grossomodo negli stessi anni dei Datini di Catalogna. Nella seconda metà del Quattrocento un altro Giovanni Arrighi è attivo nel Regno di Napoli e conduce una compagnia in società con il senese Pietropaolo Tommasi.

Carocci, *I dintorni di Firenze*, p. 422; Tognetti, *«Aghostino Chane a chui Christo perdoni»*, pp. 667-712; Soldani, *Uomini d'affari e mercanti toscani*, pp. 336 e 366; Tognetti, *«Fra li compagni palesi et li ladri occulti»*, pp. 27-101.

**2. Bardi:**
Giovanni Bardi, da Londra
Gentile Bardi, da Rodi

I Bardi sono un'importante famiglia fiorentina, proveniente dalla feudalità rurale originaria di Ruballa, le cui prime attestazioni in città risalgono al XII secolo. Nel 1282 il banchiere Bartolo di messer Jacopo de' Bardi ricopre la carica di priore, dopo di lui diversi esponenti del casato svolgono un ruolo attivo nella vita politica fiorentina, schierandosi a sostegno della fazione magnatizia. Titolari di una grande compagnia mercantile e bancaria, così come i Peruzzi, raggiungono l'apice del successo tra la seconda metà del Duecento e la prima metà del Trecento. Al servizio di pontefici e sovrani, i Bardi istituiscono filiali nelle maggiori città italiane, oltralpe e oltremare, dispongono di ingenti capitali e si prestano a concedere ampie aperture di credito, almeno fino al disastroso fallimento del 1345, che segna inevitabilmente anche il declino politico della famiglia. Pur tuttavia alcuni suoi membri continuano a dedicarsi agli affari, alla mercatura e alla finanza. Benedetto di Lippaccio de' Bardi a partire dalla fine del XIV secolo è socio del grande banchiere Giovanni di Bicci de' Medici e direttore generale del banco mediceo. Nel 1420, a lui succede nella carica il fratello Ilarione de' Bardi, già socio dei Medici e direttore della filiale di Roma. Nel corso degli anni, e fino al 1434, la collaborazione tra queste due eminenti famiglie di mercanti-banchieri si conferma solida e proficua: diversi sono infatti i Bardi che si formano nelle compagnie dei Medici, prestano servizio presso le loro filiali e ne divengono importanti soci. Altri danno vita a compagnie indipendenti, come Giuliano di Nannino de' Bardi, titolare negli anni Venti del Quattrocento di un banco in società con Piero di Francesco Piccioli; mentre Giovanni de' Bardi dirige dal 1465 il banco Medici di Londra. Negli stessi anni un altro Bardi, Gentile, opera invece presso il banco Peruzzi di Rodi.

Sapori, *La crisi delle compagnie mercantili*; Sapori, *Bardi*; Belloni, *Dizionario storico dei banchieri*, pp. 28-31; de Roover, *Il banco Medici*, pp. 54, 66-67, 70-71; Mueller, *The Venetian Money Market*, pp. 647, 656, 659, 661, 682; Goldthwaite, *L'economia della Firenze rinascimentale*, pp. 66, 97-99, 119, 330, 420, 435, 683, 732; Klapisch-Zuber, *Ritorno alla politica*, pp. 70-71, 81-82, 86, 88, 95, 213-215, 364-367; Soldani, *Uomini d'affari e mercanti toscani*, pp. 400-406.

**3. Baroncelli:**
Carlo Baroncelli, da Firenze
Matteo Baroncelli, da Roma e da Firenze
Piero Baroncelli, da Avignone

I Baroncelli, originari del castello di Baroncello, presso Bagno a Ripoli, si trasferiscono a Firenze nel corso del XII secolo. Fra Tre e Quattrocento diversi esponenti della famiglia svolgono attività mercantili e bancarie, collaborando in qualità di corrispondenti con le più importanti società dei Peruzzi, degli Acciaiuoli e dei Medici. Attivi in molte piazze europee, istallano loro filiali in particolare a Roma, Bruges, Anversa e Avignone. A un ramo della casata Baroncelli appartiene Bernardo, coinvolto nel 1478, assieme a Franceschino Pazzi, nell'assassinio di Giuliano de' Medici. Negli stessi anni Bandino Baroncelli dirige la filiale medicea di Bruges, mentre altri esponenti della famiglia sono in società con i Rucellai. Nel 1473, ad esempio, la compagnia di Matteo Baroncelli e Guglielmo Rucellai gestisce un banco locale a Firenze.

Carocci, *I dintorni di Firenze*, p. 266; Belloni, *Dizionario storico dei banchieri*, p. 32; Pampaloni, *Bandini dei Baroncelli, Bernardo*, pp. 734-735; Mueller, *The Venetian Money Market*, p. 679; Goldthwaite, *L'economia della Firenze rinascimentale*, p. 588.

**4. Biliotti:**
Lorenzangelo Biliotti, da Firenze

Di probabile origine lucchese, i Biliotti si stabiliscono a Firenze a cavallo tra XII e XIII secolo. A partire dal 1282 partecipano intensamente alla vita politica cittadina. Diversi membri della famiglia ricoprono importanti cariche pubbliche. La produzione di filati serici, affiancata in seguito anche a quella dei panni lana, consente ai Biliotti di accumulare una notevole fortuna, nonché di stringere importanti rapporti d'affari con le società dei Bardi e dei Peruzzi. Per conto di questi ultimi Bartolo Biliotti svolge dal 1331 al 1335 le funzioni di fattore. Titolari nel Quattrocento di un banco a Londra e di uno a Costantinopoli, risultano particolarmente attivi anche sulle principali piazze della Penisola, concentrando i loro interessi soprattutto nella zona di Macerata. Nel 1471, riaperta a Napoli una filiale del banco mediceo, la direzione è affidata da Lorenzo il Magnifico ad Agostino di Sandro Biliotti, il quale, però, non si rivela un accorto amministratore, venendo presto sostituito da Francesco di Filippo Nasi. Altri Biliotti sono attestati al servizio della compagnia Cambini, come Baldassarre di Gualtieri Biliotti, cassiere tra il 1450 e il 1455, e corrispondente dei Cambini a Pera tra il 1461 e il 1462.

Martines, *The Social World of the Florentine*, p. 123; Belloni, *Dizionario storico dei banchieri*, p. 41; Pampaloni, *Biliotti, Biliotto*; de Roover, *Il banco Medici*, pp. 368, 371; Goldthwaite, *L'economia della Firenze rinascimentale*, pp. 118 e 248; Tognetti, *Il banco Cambini*, pp. 168, 228, 235-236 e 283.

**5. Buondelmonti:**
Bartolomeo Buondelmonti, da Venezia
Francesco Buondelmonti, da Gaeta

Famiglia fiorentina di origine feudale tra le più antiche e potenti, i Buondelmonti rappresentano un nutrito clan magnatizio che si preserva pressoché compatto nel corso delle complesse vicende cittadine del Due e Trecento. Forse poco inclini, almeno agli inizi, alla vocazione mercantile, si dedicano soprattutto alla gestione del loro cospicuo patrimonio fondiario e immobiliare. Staccatisi dal ramo originario della famiglia, derivano il nome da un Buondelmonte, vissuto tra la prima e la seconda metà del XII secolo. I suoi membri, politicamente preminenti, ricoprono importanti cariche sia al tempo della Repubblica Fiorentina, sia sotto il governo mediceo. In ambito commerciale la figura più nota è quella di Jacopo Buondelmonti, mercante di successo attivo a Costantinopoli fra gli anni Sessanta e i Settanta del Quattrocento; mentre Bartolomeo di Francesco di Luca Buodelmonti è, grossomodo negli stessi anni, fattore dei Capponi a Lione.

Sapori, *Buondelmonti, famiglia*; Martines, *The social Word of the Florentine*, pp. 210-214; de Roover, *Il banco Medici*, p. 448; Luzzati, *Buondelmonti, Iacopo*; Bizzocchi, *La dissoluzione di un clan familiare*, pp. 3-43; Goldthwaite, *L'economia della Firenze rinascimentale*, pp. 100-101, 732; Tocco, *Tra memoria e identità.*

**6. Cambini:**
Francesco e Bernardo Cambini, da Roma

Un ramo della famiglia Cambini risiede nel quartiere fiorentino di San Giovanni sin dal tardo Trecento, epoca in cui si attesta l'attività del linaiolo Francesco Cambini, console dell'Arte minore dei rigattieri e dei linaioli, ma anche ufficiale della Mercanzia (il tribunale deputato a dirimere le cause mercantili e finanziarie). I suoi eredi, oltre a proseguire l'attività nella bottega paterna, intraprendono la carriera mercantile al servizio delle principali aziende fiorentine dell'epoca, operando, ad esempio, presso il banco dei Medici a Napoli – dove nel 1404 tra i fattori risulta Niccolò di Francesco Cambini –, così come a Lisbona. Nel 1420, sul modello societario dell'azienda indivisa, i Cambini ne istituiscono una a proprio nome, con sede a Firenze e a Roma. Si specializzano nell'*import-export* e nelle operazioni finanziarie con Napoli e la penisola iberica, attivando contestualmente due banchi. Pienamente inseriti nei circuiti del mercato internazionale, tra la fine degli anni Settanta e i primi anni Ottanta del Quattrocento subiscono i colpi di una progressiva accentuazione delle aperture di credito concesse a debitori insolventi, fino al definitivo fallimento, pronunciato dal tribunale della Mercanzia di Firenze nel 1482.

Belloni, *Dizionario storico dei banchieri*, pp. 54-55 (indicati sotto la voce Cambi); de Roover, *Il banco Medici*, pp. 364-365; Goldthwaite, *L'economia della Firenze rinascimental*e, pp. 86, 102, 113, 216, 593; Tognetti, *Il Banco Cambini.*

**7. Capponi:**

Neri Capponi, da Venezia
Piero di Gino Capponi, da Firenze
Tommaso Capponi, da Firenze

Fiorentini di estrazione popolare, i Capponi sono considerati una fra le più note e numerose famiglie legate alla storia della città gigliata. Tra i suoi membri si annoverano 57 priori e 10 gonfalonieri. Il primo personaggio attestato è Compagno di Uguccione, iscritto nel 1244 all'Arte della Lana e caduto in battaglia a Montaperti nel 1260. Sono i suoi eredi a decretare la fortuna economica dell'azienda di famiglia, dedita alla mercatura (in particolare al commercio di lana e seta) e all'attività bancaria. Nel XV secolo diversi Capponi si affermano nel mondo della finanza internazionale, incrementando il proprio patrimonio immobiliare (Gino di Neri di Gino di Neri Capponi ricorre tra i primi otto contribuenti nel catasto fiorentino del 1457). Negli anni Settanta Francesco Capponi dirige un banco a Lione; Giovanni è banchiere a Roma con Ambrogio Spannocchi; Girolamo di Gino è tesoriere pontificio in Romagna; Piero di Gino è corrispondente del banco Peruzzi di Rodi. La famiglia gestisce due importanti agenzie bancarie, una a Roma, l'altra a Lione. Qui opera a lungo Neri di Gino Capponi (1452-1519), il banchiere che finanzierà la spedizione in Italia di Carlo VIII, attirandosi le accuse dei suoi connazionali.

Sapori, *Capponi, famiglia*; Belloni, *Dizionario storico dei banchieri*, pp. 57-59; de Roover, *Il banco Medici*, pp. 44-45; Kent, *Household and lineage*; Goldthwaite, *Private wealth*, pp. 224, 227-228; Goldthwaite, *L'economia della Firenze rinascimentale*, pp. 73-74, 100, 423, 684, 710.

**8. Celli:**
Giovanni di Antonio Celli

Antica e nobile famiglia toscana i Celli sono originari di Pistoia.

Ganucci Cancellieri, *Pistoia nel XIII secolo*, p. 358.

**9. Corsini:**
Giovanni Corsini, da Palermo

I Corsini, forse di origine senese o pistoiese, si trasferiscono a Firenze intorno alla metà del XIII secolo. Dediti alla lavorazione e al commercio della lana e della seta, divengono presto una delle famiglie più ricche della città, esprimendo tra i propri membri 8 gonfalonieri e 56 priori. Fra Tre e Quattrocento diversi Corsini si distinguono nel mondo degli affari, della diplomazia e della cultura. Amerigo Corsini, ad esempio, tra il 1411 e il 1434, è vescovo di Firenze; mentre un altro Corsini, sotto Cosimo il Vecchio, tiene in gestione il banco Medici a Roma, sebbene i rapporti tra le due famiglie non risultino sempre facili e distesi. Intorno al 1470 i figli di Bartolomeo di Bertoldo Corsini (Bertoldo, Filippo, il letterato e poeta Amerigo e Antonio) avviano un'agenzia di battiloro, in società con i Ridolfi, e una compagnia bancaria con i Martelli e con Pierfilippo Pandolfini. Tra il 1467 e il 1480 gli stessi partecipano a una compagnia, che si occupa della vendita di drappi alle fiere di Lione.

Passerini, *Genealogia e storia della famiglia Corsini*; Picotti, Gabrieli, *Corsini*; Ristori, *Corsini, Filippo*; Allegrezza, *Un secolo di scrittura*, pp. 223-294; Goldthwaite, *L'economia della Firenze rinascimentale*, pp. 73-74, 600-601.

**10. Da Verazzano:**
Pierandrea da Verazzano

I Da Verrazzano, originari delle colline del Chianti, si stabiliscono a Firenze nel corso del XIII secolo. Fra Tre e Quattrocento sono attestati come una famiglia di vinattieri. Dal 1431 ricoprono la loro prima carica nel priorato del governo fiorentino, esprimendo in seguito 25 priori e due gonfalonieri. Dediti prevalentemente all'attività mercantile, si distinguono anche nel mestiere delle armi. Tommaso di Francesco da Verazzano nel Quattrocento è condottiero del duca di Milano, mentre Ludovico da Verazzano ricopre il ruolo di ammiraglio delle galee dell'Ordine di Santo Stefano. Il più noto esponente della famiglia sarà il navigatore fiorentino Giovanni da Verazzano (1485-1528).

Belloni, *Dizionario storico dei banchieri*, p. 226; Rossi, *Decameron: pratiche testuali*, p. 220; Baldini, *La famiglia da Verrazzano*; Surdich, *Verazzano, Giovanni*; Boglione, *Contributo alla biografia di Giovanni*, pp. 231-267; Guidi Bruscoli, *Giovanni da Verazzano*, pp. 125-129.

**11. Della Casa:**
Francesco Della Casa, da Roma

Famiglia fiorentina dedita alla mercatura e all'attività bancaria, i Della Casa rivestono importanti cariche cittadine sin dal Trecento. Nel XV secolo risultano particolarmente vicini al gruppo Medici, per i quali svolgono rilevanti funzioni amministrative. Intorno alla metà degli anni Trenta, Antonio e Ruggeri Della Casa sono, rispettivamente, direttore del banco mediceo di Roma e di quello di Ginevra. Allo stesso Antonio, in società con Jacopo Donati, si deve, nel 1439, la creazione di una compagnia commerciale autonoma, concorrente, ma non in contrasto con quella dei Medici. A Roma è molto probabile si sia formato anche un nipote di Antonio, Francesco Della Casa, corrispondente dei Medici a Lubecca e a Lione.

Belloni, *Dizionario storico dei banchieri*, p. 61; Cassandro, *Due famiglie di mercanti fiorentini*, pp. 291-308; de Roover, *Il banco Medici*, pp. 78, 82, 96, 123, 133, 410-411; Zaccaria, *Della Casa, Francesco*; Zaccaria, *Della Casa, Pandolfo*; Goldthwaite, *L'economia della Firenze rinascimentale*, pp. 86, 89, 102, 119, 167, 208.

**12. Frescobaldi:**
Giovanni Frescobaldi e Filippo Nerli, da Venezia

Famiglia fiorentina che gode di particolare credito a cavallo fra XIII e XIV secolo, i Frescobaldi sono tra i primi ad avviare affari commerciali con i paesi d'Oltralpe. Stringono rapporti finanziari col re di Francia Filippo il Bello e, in società con i Bardi, con Edoardo I ed Edoardo II d'Inghilterra. Impegnati nel commercio della lana e nell'attività bancaria, si alleano con altre famiglie magnatizie fiorentine e capeggiano diverse sommosse contro il governo popolare, vedendo progressivamente diminuire, a metà Trecento, la propria influenza politica. Nonostante ciò e nonostante le crisi finanziarie attraversate, sia in patria che all'estero, nel XV secolo diversi esponenti della famiglia Frescobaldi risultano attivi sulle piazze commerciali di Venezia, Bruges e Londra.

Barbadoro, Mori, Pelaez, *Frescobaldi*; Sapori, *La compagnia dei Frescobaldi*; de Roover, *Il banco Medici*, pp. 201 e 541; Kaeuper, *The Frescobaldi of Florence*, pp. 41-95; Goldthwaite, *L'economia della Firenze rinascimentale*, pp. 184, 193, 202, 218, 318, 732; Guidi Bruscoli, *Mercanti-banchieri fiorentini*, pp. 11-44: 29-30; Tognetti, *Nuovi documenti sul fallimento della compagnia Frescobaldi*, pp. 135-157.

**13. Ginori:**
Tommaso Ginori e Gioacchino Guasconi

Famiglia toscana le cui prime attestazioni a Firenze risalgono agli inizi del XIV secolo, quando i Gironi risultano proprietari di alcuni immobili nella zona del mercato di San Lorenzo. Presenti nelle magistrature cittadine, sono attivi nell'esercizio della mercatura e dispongono di un proprio banco con varie filiali sparse nelle principali piazze europee. Alcuni suoi membri, tra Tre-Quattrocento, figurano tra gli iscritti alle Arti della Lana e della Seta. Zenobi Ginori ricopre importanti cariche durante il governo di Cosimo il Vecchio e di Lorenzo de' Medici. Il figlio, Tommaso (1422-1494), nel 1470 è agente della banca Martelli a Costantinopoli, pochi anni dopo lo troviamo in società con i Guasconi, mentre nel 1478 assume la carica di podestà a Montepulciano, e ancora, vicino ai Medici, ricopre importanti uffici cittadini nel 1486, nel 1489 e tra il 1491 e il 1494.

Passerini, *Genealogia e storia della famiglia Ginori*; Kent, *Household and Lineage*; Kent, *The Rise of Medici*; Parigino, *Ginori, Tommaso*; Goldthwaite, *L'economia della Firenze rinascimentale*, pp. 118-119, 198, 269.

**14. Guasconi:**
Gioacchino Guasconi e Tommaso Ginori

Famiglia fiorentina dedita all'esercizio della mercatura e iscritta all'Arte della Lana, i Guasconi sin dagli inizi del XIV secolo annoverano tra i propri membri diversi priori, gonfalonieri di giustizia, ambasciatori, condottieri, religiosi e uomini di cultura. Poiché vicini agli Albizzi, nel 1434 vengono privati dei diritti politici e condannati al confino a seguito del rientro a Firenze di Cosimo de' Medici. È così che alcuni Guasconi, come la famiglia di Biagio di Jacopo Guasconi, si trasferiscono ad Ancona. Qui trascorre la sua giovinezza il figlio Gioacchino, prima di riparare negli anni Settanta a Napoli, dove si unisce in società con Filippo e Lorenzo Strozzi, partecipando alla compagnia del fondaco. Grazie all'intervento di Lorenzo de' Medici, con il quale è in contatto per questioni commerciali, nel marzo 1478 Gioacchino ottiene il permesso di rientrare a Firenze, sebbene continui a collaborare con gli Strozzi di Napoli. E ancora, tra fine Quattrocento e inizi Cinquecento il Guasconi ricopre importanti cariche cittadine. Altri esponenti della famiglia, come Benedetto e Paolo di Domenico Guasconi, sono corrispondenti del banco Medici in varie piazze italiane ed europee.

Zaccaria, *Guasconi, Gioacchino*; de Roover, *Il banco Medici*, pp. 187, 354, 368; Goldthwaite, *L'economia della Firenze rinascimentale*, p. 589.

**15. Inghirami:**
Filippo Inghirami, da Venezia

Famiglia pratese originaria di Volterra, gli Inghirami sono attestati a Firenze soprattutto nel XV secolo, quando alcuni suoi membri, Giovanni di Baldino Inghirami e il fratello Francesco, risultano al servizio dei Medici in qualità di direttori generali del banco, il primo fino al 1454, il secondo a seguire.

de Roover, *Lorenzo il Magnifico e il tramonto*, pp. 172-185: 175; de Roover, *Il banco Medici*, pp. 24, 96-97, 104-106, 337-338.

**16. Machiavelli:**
Niccolò Machiavelli, da Firenze

Famiglia fiorentina dedita alla mercatura, i Machiavelli, le cui proprietà si concentrano nel quartiere d'Oltrarno, annoverano tra i loro membri numerosi priori e gonfalonieri. Nel 1283 un Boninsegna di Angiolino Machiavelli, vicino alla compagnia dei Bardi, è priore delle Arti; lo stesso pratica l'attività bancaria a Firenze come all'estero. Nella prima metà del Quattrocento, Totto Machiavelli (prozio del più noto Niccolò Machiavelli) soggiorna per un lungo periodo in Inghilterra e nelle Fiandre.

de Roover, *Il banco Medici*, pp. 186-187, 300, 329, 460; Goldthwaite, *L'economia della Firenze rinascimentale*, pp. 584-585; Guidi, *Machiavelli, Bernardo*, pp. 109-112; Boschetto, «Un uomo di basso e infimo stato», pp. 485-524.

**17. Mannelli:**
Leonardo Mannelli e compagni, da Venezia e da Avignone
Alessandro di Leonardo Mannelli, da Venezia

Dediti alla mercatura e all'attività bancaria, i Mannelli sono annoverati tra le più antiche famiglie fiorentine d'Oltrarno, titolari di abitazione e torre in Ponte Vecchio. Tra i suoi membri, il primo priore di giustizia è Zanobi di Lapo Mannelli, che ricopre la carica nel 1343; a lui ne succedono diversi altri, investiti di importati uffici sia al tempo della Repubblica, sia sotto la signoria. A partire dagli ultimi anni del Trecento due diversi rami della famiglia risultano attivi a Barcellona. Nel XV secolo i Mannelli fanno affari con le maggiori compagnie del tempo, inclusi gli Strozzi, e risultano presenti su varie piazze europee, in particolare a Lione e Avignone.

Belloni, *Dizionario dei banchieri italiani*, p. 127; de Roover, *Il banco Medici*, pp. 134, 383, 386, 389, 488; Soldani, *Uomini d'affari e mercanti toscani*, pp. 390-398; Goldthwaite, *L'economia della Firenze rinascimentale*, pp. 88, 213, 222; Focarile, *I Mannelli di Firenze*.

**18. Martelli:**
Ugolino e Antonio Martelli, da Pisa

Famiglia fiorentina di estrazione mercantile, i Martelli annoverano diversi membri nelle più alte cariche cittadine. Il primo a partecipare attivamente alla vita pubblica è Ugolino di Martello (priore nel 1387 e gonfaloniere di giustizia nel 1390). Dai sei figli di Niccolò di Ugolino di Martello discendono i vari rami della famiglia, quasi tutti di banchieri e particolarmente vicini ai Medici, per i quali svolgono spesso la funzione di direttori di filiale, come a Roma, Venezia e Pisa. Qui, in particolare, nel 1442, viene costituita un'accomandita, nella quale i Medici partecipano come soci accomandanti, mentre i soci accomandatari sono Ugolino di Niccolò Martelli e Matteo di Cristofano Masi. Nella seconda metà del Quattrocento diversi Martelli risultano attivi sulle piazze italiane ed estere. Carlo Martelli segue i traffici commerciali diretti a Roma e partecipa alle operazioni finanziarie della compagnia Medici, rivestendo incarichi di grande importanza anche per la Camera Apostolica; mentre Alessandro Martelli dirige la filiale medicea di Venezia.

Palmarocchi, *Martelli*; Belloni, *Dizionario storico dei banchieri*, p. 130; Martines, *La famiglia Martelli*, pp. 29-43; de Roover, *Il banco Medici*, pp. 91, 95, 96-98, 110, 358-361; Ait, *Credito e iniziativa commerciale*, pp. 81-95; Ugolino di Niccolò Martelli, *Ricordanze*, pp. 3-59; Mueller, *The Venetian Money Market*, pp. 651, 695; Goldthwaite, *L'economia della Firenze rinascimentale*, pp. 102, 224.

**19. Marucelli:**
Giuliano Marucelli e compagni, dall'Aquila

I Marucelli, originari di Vitereto nel Mugello, si trasferiscono a Firenze agli inizi del XV secolo e legano le loro fortune ai Medici. Partiti da una condizione economica piuttosto modesta, raggiungono importanti risultati nel commercio del grano, nella produzione della seta e nell'attività bancaria, estendendo i loro affari ben oltre la Toscana, a Roma, nel Regno di Napoli e in Francia.

Albanese, *Marucelli, Francesco.*

**20. Nerli:**
Filippo Nerli e Giovanni Frescobaldi, da Venezia

Antica e nobile famiglia fiorentina i Nerli vengono privati dei diritti politici a seguito degli Ordinamenti di Giustizia di Giano della Bella del 1293. Divisi in più rami, sono impegnati nella mercatura, svolgono attività bancaria e dispongono di fondachi anche in Irlanda. Vicini ai Medici, vivono una stagione politica ed economica particolarmente fortunata al tempo della signoria di quest'ultimi. Nel catasto fiorentino del 1457 Tanai di Francesco Nerli si attesta tra i maggiori possidenti della città.

Sanffiotti Bernardi, *Nerli*; Davidsohn, *Storia di Firenze*, vol. III, p. 302; Belloni, *Dizionario storico dei banchieri*, p. 146; de Roover, *Il banco Medici*, pp. 44, 133, 489; Leone, *Mezzogiorno e Mediterraneo*, p. 93; Leone, *Ricerche sull'economia meridionale*, p. 58.

**21. Pandolfini:**
Battista Pandolfini
Jacopo Pandolfini

Famiglia toscana originaria di Prato lega il suo nome al capostipite Pandolfino di Rinuccione, notaio a Signa che combatte col fronte guelfo nella battaglia di Montaperti (1260). Sul finire del Duecento i Pandolfini si stabiliscono a Firenze, dove negli ultimi decenni del XIV secolo alcuni esponenti della famiglia iniziano a ricoprire la carica di priore (1381) e gonfaloniere (1392). Immatricolati all'Arte dei setaiuli e fedeli ai Medici ottengono importanti incarichi amministrativi, diplomatici e militari. Giannozzo Pandolfini nel 1450 è ambasciatore presso la corte aragonese di Napoli, a Venezia nel 1454 e a Roma l'anno successivo. E ancora, nel 1465 è Pandolfo Pandolfini a essere eletto ambasciatore a Napoli, mentre i suoi figli, Agnolo e Battista, intorno agli anni Settanta sono l'uno titolare di un fondaco a Firenze, l'altro importante banchiere e uomo d'affari a Napoli. Allo stesso Battista, i Medici affidano nel 1482 la vicedirezione, assieme a Francesco Nasi, della loro filiale partenopea.

Belloni, *Dizionario storico dei banchieri*, p. 155; de Roover, *Il banco Medici*, pp. 238, 535, 569; Plebani, *Pandolfini, Agnolo*; Plebani, *Pandolfini, Battista.*

**22. Pazzi:**
Guglielmo e Giovanni Pazzi, da Roma
Renato Pazzi e compagni, da Firenze

Famiglia fiorentina originaria di Fiesole annovera tra i suoi primi esponenti un tal Jacopo, capitano dei Fiorentini nella battaglia di Montaperti del 1260, e suo figlio Pazzino, sostenitore di Carlo di Valois. Divisi in vari rami, i Pazzi si dedicano con successo alla mercatura, acquisendo grande potere economico e politico. I suoi membri tra XIV e XV secolo ricoprono importanti cariche civili, militari e religiose. Secondo il catasto fiorentino del 1457, ben due famiglie Pazzi (quella di Jacopo d'Andrea e quella dei figli di suo fratello Antonio) sono annoverate, assieme a una decina di altri soggetti fiscali, tra i maggiori contribuenti della città. Nel complesso il patrimonio dei Pazzi risulta a metà Quattrocento secondo solo a quello dei Medici, che rappresentano i loro principali rivali. Iscritti alla corporazione della lana, partecipano attivamente alla vita politica fiorentina, mentre alcuni esponenti della famiglia conducono importanti affari, sia in patria che all'estero, come ad esempio, a Bruges, Parigi, Marsiglia, Londra, Barcellona e Ragusa. Divenuti banchieri del papa a partire dal luglio 1474, quanto prendono il posto dei Medici, figurano tra i principali promotori e finanziatori della congiura ordita, nel 1478, ai danni di questi ultimi, e il cui fallimento porterà progressivamente a scemare le loro fortune.

Palmarocchi, *Pazzi*; Belloni, *Dizionario storico dei banchieri*, p. 159; de Roover, *Il banco Medici*, pp. 225, 236, 531; Rubinstein, *Il governo di Firenze sotto i Medici*, pp. 152, 223-225; Soldani, *Uomini d'affari e mercanti toscani*, pp. 416-428; Goldthwaite, *L'economia della Firenze rinascimentale*, pp. 103-104, 182, 184, 187, 223, 251, 332, 615; Cardini, *1478. La congiura dei Pazzi*; Fubini, *Italia quattrocentesca*, pp. 87-106; Martines, *La congiura dei Pazzi.*

**23. Portinari:**
Tommaso Portinari, da Bruges

I Portinari sono una famiglia fiorentina ritenuta originaria di Fiesole. La prima attestazione di un loro membro nelle scritture fiorentine risale al 1201 e si tratterebbe di un antenato della Beatrice dantesca. Legati alla fondazione della maggiore istituzione assistenziale cittadina, l'ospedale di Santa Maria Nuova, i Portinari occupano tra Due e Trecento un posto di riguardo nel locale contesto politico e sociale. Dediti all'esercizio della mercatura e all'attività bancaria – che svolgono anche a servizio delle più importanti compagnie dei Bardi e dei Peruzzi –, nel 1397 riescono a superare una prima crisi. Intanto, a metà Trecento, la famiglia si era divisa in due rami, con i due figli di Giovanni di Manetto di Folco, Sandro e Adovardo. Giovanni di Sandro Portinari costituisce nel 1373, assieme ad altri due soci (Ardingo Ricci e Cristiano Albizzi), la prima compagnia fiorentina in Ungheria, a Buda; mentre il figlio di Adovardo, Folco, ricopre per diversi anni la carica di direttore della sede centrale del banco Medici a Firenze. Nella seconda metà del Quattrocento anche i figli di quest'ultimo, Tommaso, Pigello e Acerrito, saranno a servizio dei Medici, occupandosi rispettivamente delle filiali di Londra e di Bruges, il primo, di quella milanese, gli altri due. Tommaso, in particolare, sarà attivo sulla piazza di Bruges dal 1440 al 1497.

Belloni, *Dizionario dei banchieri italiani*, pp. 174-175; de Roover, *Il banco Medici*, pp. 135-137, 216, 474, 478, 492-502; D'Addario, *Portinari*; Boone, *Apologie d'un banquier médiéval*, pp. 31-54; Mueller, *The Venetian Money Market*, pp. 677, 680; Goldthwaite, *L'economia della Firenze rinascimentale*, pp. 260, 318, 328, 358; Zanoboni, *Portinari, Tommaso.*

**24. Peruzzi:**
Bindaccio Peruzzi, da Lecce
Giovanni Peruzzi e Gentile de' Bardi, da Rodi

Importante famiglia fiorentina, i Peruzzi partecipano attivamente alla vita politica ed economica della città gigliata dalla metà del XIII secolo alla metà di quello successivo. Le più antiche attestazioni risalgono agli inizi del Duecento con Amideo Peruzzi, dal quale discendono i due rami principali della famiglia. I loro palazzi e le loro torri si concentrano nel quartiere di Santa Croce. Filippo di Amideo Peruzzi, nel 1284, è primo di una lunga serie di priori; allo stesso si rivolge nel 1303 il re di Francia, Filippo il Bello, per ottenere supporto finanziario. L'affermazione della casa Medici segna progressivamente il declino della fortuna politica dei Peruzzi, costretti in buona parte ad abbandonare Firenze per riparate in altre città italiane e straniere. Abili mercanti e capaci affaristi si dedicano al commercio, all'industria e i servizi bancari, impiantando loro filiali nei principali snodi del traffico euro-mediterraneo (in Italia, a Genova, Venezia, Pisa, Napoli e Barletta, in Sardegna come in Sicilia; all'estero ad Avignone, Parigi, Bruges, Londra, Maiorca, Tunisi, Cipro e Rodi). Sovvenzionano, assieme ad altre importanti compagnie, come i Bardi e gli Acciaiuoli, sovrani e signori soprattutto nel Regno di Napoli, in Francia e in Inghilterra. Particolarmente attiva risulta anche la sede di Rodi, alla quale ricorrono soprattutto i cavalieri dell'Ordine gerosolimitano. Falliti clamorosamente come compagnia bancaria nel 1343, diversi esponenti della famiglia continuano a dedicarsi all'esercizio della mercatura e all'attività finanziaria anche in seguito, spesso in società con i Bardi.

Sapori, *Storia interna della compagnia mercantile*, pp. 3-65; Sapori, *Peruzzi*; Belloni, *Dizionario storico dei banchieri*, pp. 164-167; de Roover, *Il banco Medici*, pp. 113-115, 117-118; Hunt, *The Medieval Super-Companies*; Mueller, *The Venetian Money Market*, pp. 654, 656, 661; Goldthwaite, *L'economia della Firenze rinascimentale*, pp. 50, 66, 81, 97-99, 181-185, 235, 317.

**25. Ridolfi:**
Tommaso Ridolfi e compagni *battilori*, di Firenze

Famiglia fiorentina articolata in tre rami, distinti a seconda del quartiere di residenza, e cioè quello del Ponte (dal Ponte Vecchio), quello di Borgo (da Borgo San Jacopo) e quello di Piazza (da San Felice in Piazza). I primi due risultano originari di Fiesole, mentre il terzo, più longevo e influente, proviene dal castello di Poppiano in Val di Pesa. Il capostipite, tal Ridolfo, esercitante la mercatura, si sarebbe trasferito a Firenze nel Duecento. Dichiarati magnati, i Ridolfi subiscono le conseguenze del tumulto dei Ciompi, ma, una volta reintegrati nel godimento dei diritti politici, tornano a ricoprire importanti cariche nel governo cittadino. L'ascesa dei Medici li vede seguire percorsi diversi, alcuni si oppongono altri li appoggiano. Tra i sostenitori ci sono Antonio di Jacopo Ridolfi (1454-1499), grande amico del Magnifico, Niccolò di Luigi (1444-1497) e Piero di Niccolò (1467-1525), che sposa Contessina Medici, la figlia di Lorenzo. La famiglia deve la sua fortuna principalmente all'Arte della Lana, sebbene disponga di banchi a Roma, in Francia e in Inghilterra. Nel 1476 il battiloro Tommaso Ridolfi ricopre la carica di gonfaloniere di giustizia.

Carocci, *La famiglia Ridolfi*; Panella, *Ridolfi*; Belloni, *Dizionario storico dei banchieri*, p. 184; Dini, *Manifattura, commercio e banca*, p. 49; Mueller, *The Venetian Money Market*, p. 690; Goldthwaite, *L'economia della Firenze rinascimentale*, pp. 427, 744.

**26. Rucellai:**
Giovanni Rucellai e compagni, da Firenze
Guglielmo Rucellai e Matteo Baroncelli e compagni, da Firenze

I Rucellai sono una tra le più importanti famiglie fiorentine del XIV secolo. La loro fortuna è legata in particolare alla lavorazione e al commercio della lana, cui si dedicano per generazioni accreditandosi sulle maggiori piazze commerciali, italiane e straniere. I suoi membri, oltre a distinguersi nell'attività economico-finanziaria, partecipano attivamente alla vita politica fiorentina del Tre-Quattrocento ricoprendo influenti cariche. Tra i banchieri si ricordano soprattutto i nomi di Giovanni, Lorenzo e Jacopo. Il primo, avviato alla professione presso il banco di Palla Strozzi, fonda a metà Quattrocento diverse società bancarie e imprese commerciali con fondaci a Venezia, Napoli e Pisa. Lorenzo nel 1470 dirige un banco Rucellai con sede a Costantinopoli; mentre Jacopo, attivo sulla piazza romana, nel 1517 sarà nominato tesoriere della Camera Apostolica.

Passerini, *Genealogia e storia della famiglia Rucellai*; Galvani, *Sommario storico delle famiglie celebri*; Belloni, *Dizionario storico dei banchieri*, pp. 188-190; de Roover, *Il banco Medici*, pp. 44, 94, 133, 187; Mueller, *The Venetian Money Market*, pp. 678-679, 690, 695; Goldthwaite, *L'economia della Firenze rinascimentale*, pp. 224, 419, 585-586, 743-744, 788; Böninger, *Rucellai*; Battista, *Rucellai, Giovanni*.

**27. Salutati:**
Benedetto Salutati e compagni
Francesco Salutati

Famiglia toscana d'origine pistoiese e articolata in più rami (di Pescia, di Stignano e di Buggiano), i Salutati sono attestati agli inizi del XIV secolo. Dal ramo di Stignano, dedito in particolare alla professione notarile, discende il noto letterato, filosofo e politico Coluccio Salutati, cancelliere di Firenze dal 1375 al 1406; mentre da quello di Pescia discendono alcuni importanti uomini d'affari. Tra questi, nel corso del Quattrocento si distinguono, in particolare, il mercante e banchiere Antonio di ser Francesco di ser Luporo, stretto collaboratore e socio di Cosimo il Vecchio (fratello tra l'altro del vescovo di Fiesole, Leonardo Salutati), e il figlio Benedetto (1443-

1490), che intraprende la medesima attività del padre, fa affari nel Regno di Napoli e raggiunge importanti traguardi tanto in ambito commerciale che finanziario.

Palagi, *Il Convito fatto ai figliuoli del re di Napoli*; de Roover, *Il banco Medici*, pp. 77-79, 294, 302-303; Cecchi, *Antonio e Benedetto Salutati*, pp. 15-30; Goldthwaite, *L'economia della Firenze rinascimentale*, pp. 119, 128, 305, 511, 529; De Rosa, *Salutati, Lino Coluccio.*

**28. Spinelli:**
Eredi di Tommaso Spinelli e compagni, da Roma

Originari di Pontassieve, nei pressi di Firenze, gli Spinelli emigrano in città nel XIII secolo. Nel 1326 e nel 1330 Spinello di Bonsignore, iscritto all'Arte dei vaiai e dei pellicciai, ricopre la carica di priore. La famiglia concentra le proprie abitazioni nel borgo di Santa Croce, dove risiedono anche i più potenti clan degli Alberti e dei Peruzzi. Ed è proprio al servizio della compagnia bancaria degli Alberti del Giudice che inizia a lavorare come agente il figlio di Spinello, Lorenzo. Questi nel 1375 entra in società con Cipriano di Duccio Alberti e cura le relazioni finanziarie tra Roma e l'Inghilterra. Altri membri della famiglia si legano agli Strozzi. Figlio di Lionardo Spinelli e Bice Strozzi è il grande banchiere Tommaso Spinelli, il quale, trasferitosi a Roma nel 1419 come cassiere della filiale del banco Alberti, fonda nel 1433 un proprio banco con Galeazzo Borromei e, dieci anni dopo, nel 1443, raggiunge la posizione di depositario generale della Camera apostolica. Il banco Spinelli/Borromei, che va a sostituire per volere di papa Eugenio IV quello dei Medici, ha corrispondenti ad Avignone, Montpellier, Ginevra, Perpignano, Lisbona, Valencia e Barcellona. Tornati i Medici alla direzione delle finanze papali, nel 1447, Tommaso affianca all'attività bancaria quella commerciale e imprenditoriale destinata principalmente allo smercio di articoli di lusso e alla produzione tessile. Alla sua morte, nel 1472, il banco Spinelli è ereditato dal nipote Guasparre di Nicodemo (1442-1501), cresciuto a Venezia e che prosegue gli affari mercantili dello zio dirigendo la società intestata agli «eredi di Tommaso Spinelli e compagni di Roma».

Belloni, *Dizionario storico dei banchieri*, pp. 207-208; Caferro, *Spinelli*; Caffero, *L'attività bancaria papale*, pp. 717-753; Caferro, Jacks, *The Spinelli of Florence*; Goldthwaite, *L'economia della Firenze rinascimentale*, pp. 259, 739, 743.

**29. Vespucci:**
Piero di Bernardo Vespucci

Originari di Peretola, alle porte di Firenze, i Vespucci si inurbano nel corso del Duecento. Pienamente inseriti nella vita pubblica cittadina, ricoprono varie volte le cariche di priore e di gonfaloniere di giustizia. Le prime attestazioni si riferiscono alle figure di Vespuccio e Spinello Vespucci. Dai discendenti di Spinello, Bartolo e Bruno, si originano i due rami della famiglia, e da Bartolo discende il noto esploratore Amerigo Vespucci (1394-1471). Alla medesima famiglia appartiene anche Giovanni di Simone Vespucci, nominato nel 1428 consigliere di Alfonso il Magnanimo, che paga con la prigionia l'ostilità ai Medici. Da Bruno Vespucci discende invece il ricco banchiere Giuliano di Lapo così come altri Vespucci meno noti, ma ugualmente impegnati nel cambio e nella mercatura, come Piero di Bernardo Vespucci.

Palmarocchi, *Vespucci*; Belloni, *Dizionario storico dei banchieri*, p. 226; Goldthwaite, *L'economia della Firenze rinascimentale*, pp. 215, 218, 272; Tripodi, *Vespucci*; Tripodi, *Prima di Amerigo. I Vespucci da Peretola*; Formisano, *Vespucci, Amerigo*.

### 1.2. *Le compagnie toscane: i Pisani*

**1. da Scorno:**
Eredi di Dionigi da Scorno, da Pisa

Famiglia pisana di origine popolare, residente nel quartiere del Ponte, da non confondere con quella degli Scornigiani.

Spreti, *Enciclopedia storico-nobiliare italiana*, vol. VI, p. 208; Piattoli, *Scornigiani*.

## 2. *Le compagnie genovesi*

**1. Calvo:**
Marchione Calvo

Potente famiglia di armatori e banchieri genovesi, i Calvo sono attivi fra XIV e XV secolo in diverse piazze italiane ed europee. Una società intestata ad Antonio Calvo e fratelli ricorre in una sentenza emessa a Genova nel luglio 1404. Lo stesso Antonio nel 1438 è procuratore di Renato d'Angiò, per il quale assolda sei galee genovesi; mentre un altro Calvo, Giacomo, capitano di una nave, è tra coloro che sconfiggono gli Aragonesi a Ponza nel 1435. Altri esponenti della famiglia, come Eliano e il figlio Agostino, continuano a sostenere la causa angioina, ricoprendo importanti cariche per conto dei francesi; mentre il mercante Marchione Calvo, intorno alla metà degli anni Settanta, è impegnato a concludere affari con la compagnia degli Strozzi di Napoli.

Belloni, *Dizionario storico dei banchieri*, p. 54; Cacciaglia, *Calvo, Bonifacio*; Cavanna Ciappina, *Calvo, Agostino*; Basso, *Il mare di San Giorgio*, pp. 39, 182, 193-194, 209.

**2. Lomellini:**
Francesco e Pier Bartolomeo Lomellini
Francesco Lomellini
Pier Bartolomeo Lomellini

Di probabile origine lombarda, i Lomellini o Lomellino sono un'importante famiglia dell'aristocrazia genovese, la cui prima attestazione risale al 1137, quando un Vassallo di Lumello ricopre la carica di console. Dediti alla mercatura e alla marineria, a partire dal Trecento dispongono di un proprio banco, al quale si rivolgono le principali compagnie del commercio europeo. Nel 1408 il banchiere Battista Lomellini, in società con Antonio Grilli, è tra i promotori del banco di San Giorgio di Genova. I Lomellini annoverano tra i propri membri diversi capitani, ambasciatori, consoli, ammiragli, podestà e dogi, attivi in patria come nelle colonie orientali. Sul finire del XV secolo, grazie a Niccolò Lomellini, la famiglia intraprende una nuova e redditizia attività, la pesca del corallo, della quale conserverà a lungo l'esclusività.

Vitale, *Lomellini*; Belloni, *Dizionario dei banchieri italiani*, pp. 122-123; Giannini, *Lomellini, Benedetto*; Basso, *Il mare di San Giorgio*, pp. 76-78, 136, 143, 209-210.

**3. Spinola:**
Cosimo e Francesco Spinola
Francesco Spinola e compagni
Baldassare Spinola
Briotto Spinola
Polo Spinola
Giovanni Antonio Spinola, da Cosenza

Antica e importante famiglia genovese, gli Spinola devono il loro nome a Guido, nipote o pronipote del visconte Ido, che per primo assume il soprannome di *Spinula* e ricopre più volte (tra il 1102 e il 1121) la carica di console del comune di Genova. Dai figli di Guido discendono i vari rami della famiglia, distinti, in particolare, tra quelli principali di Lucoli e di San Luca, intitolazioni derivate dal nome delle località di residenza. Protagonisti della vita politica cittadina, nonostante l'espulsione dal governo nel 1339, gli Spinola sostengono la Repubblica contro i Visconti, ottenendo in cambio nel 1378 singolari privilegi di franchigia. Esclusi dalle più alte cariche, tra XIV e XV secolo, si dedicano soprattutto alla carriera diplomatica e militare. Diversi Spinola sono ambasciatori, capitani e armatori di navi, ma anche ricchi mercanti e banchieri. Nel 1251, Guido Spinola è titolare di un banco, mentre nel 1253, il banchiere Giacomo Spinola sostiene il re di Francia, Luigi IX, partito per la crociata. Agli inizi del Quattrocento sono attivi i banchieri Cattaneo, Antonio e Luciano Spinola, titolare quest'ultimo di una società intestata a suo nome e figura legata all'istituzione del Banco di San Giorgio (1407). Nella seconda metà del secolo numerosi esponenti della famiglia risultano coinvolti in operazioni commerciali e finanziare concluse nel Mezzogiorno d'Italia e nelle principali piazze europee, come Londra, Bruges, Malaga e Granada.

Vitale, *Spinola*; Belloni, *Dizionario dei banchieri italiani*, pp. 208-209; Petti Balbi, *Una città e il suo mare*; Petti Balbi, *Le strategie mercantili di una grande casata genovese*, pp. 379-393; Fábregas García, *Un mercader genovés en el reino de Granada*; Basso, *Note sulla comunità genovese a Londra*, pp. 249-268; Fábregas García, *La familia Spinola*; Musarra, *Genova e il mare*.

# Fonti e bibliografia

## *Fonti inedite*


Archivio di Stato di Firenze (ASF), *Carte Strozziane*, serie V, reg. n° 14, *Libro di ricordi e di debitori e creditori di Jacopo di Leonardo di Filippo di Leonardo Strozzi* (1450-1457), ms.

ASF, *Carte Strozziane*, serie V, reg. n° 18, *Libro di ricordanze di Filippo e Lorenzo Strozzi, mercanti fiorentini a Napoli* (1466-1467), ms. segnato I.

ASF, *Carte Strozziane*, serie V, reg. n° 19, *Libro di ricordanze di Filippo e Lorenzo Strozzi, mercanti fiorentini a Napoli* (1470-1471), ms. segnato M.

ASF, *Carte Strozziane*, serie V, reg. n° 20, *Libro di ricordanze di Filippo e Lorenzo Strozzi, mercanti fiorentini a Napoli* (1470-1471), ms. segnato N.

ASF, *Carte Strozziane*, serie V, reg. n° 24, *Libro di ricordanze di Filippo e Lorenzo Strozzi, mercanti fiorentini in Napoli* (1471-1472), ms. segnato O.

ASF, *Carte Strozziane*, serie V, reg. n° 25, *Libro di ricordanze di Filippo e Lorenzo Strozzi, mercanti fiorentini in Napoli* (1472-1473), ms. segnato P.

ASF, *Carte Strozziane*, serie V, reg. n° 26, *Libro di ricordanze di Filippo e Lorenzo Strozzi di Firenze* (1472-1473), ms. segnato C.

ASF, *Carte Strozziane*, serie V, reg. n° 27, *Libro Giornale* (1472-1473), ms. segnato P.

ASF, *Carte Strozziane*, serie V, reg. n° 28, *Libro di ricordanze di Filippo e Lorenzo Strozzi, mercanti fiorentini a Napoli* (1473-1474), ms. segnato Q.

ASF, *Carte Strozziane*, serie V, reg. n° 29, *Libro di ricordanze di Filippo e Lorenzo Strozzi, mercanti fiorentini a Napoli* (1474-1475), ms. segnato R.

ASF, *Carte Strozziane*, serie V, reg. n° 30, *Libro di ricordanze di Filippo e Lorenzo Strozzi di Firenze* (1475-1477), ms. segnato D.

ASF, *Carte Strozziane*, serie V, reg. n° 31, *Libro di ricordanze di Filippo e Lorenzo Strozzi, mercanti fiorentini in Napoli* (1475-1476), ms. segnato S.

ASF, *Carte Strozziane*, serie V, reg. n° 32, *Libro Giornale* (1475-1476), ms. segnato S.

ASF, *Carte Strozziane*, serie V, reg. n° 33, *Libro di ricordanze di Filippo e Lorenzo Strozzi, mercanti fiorentini a Napoli* (1476-1477), ms. segnato T.

ASF, *Carte Strozziane*, serie V, reg. n° 34, *Libro di ricordanze di Filippo e Lorenzo Strozzi e compagni, mercanti fiorentini a Napoli* (1478-1479), ms. segnato AA.
ASF, *Carte Strozziane*, serie V, reg. n° 35, *Libro segreto di Filippo e erede di Lorenzo Strozzi* (1479-1484), ms. segnato A.
ASF, *Carte Strozziane*, serie V, reg. n° 37, *Libro di ricordanze di Filippo Strozzi e compagnia, mercanti fiorentini dimoranti a Napoli* (1480-1481), ms. segnato BB.
ASF, *Carte Strozziane*, serie V, reg. n° 38, *Libro di ricordanze di Filippo Strozzi e compagnia, mercanti fiorentini dimoranti a Napoli* (1481-1482), ms. segnato CC.
ASF, *Carte Strozziane*, serie V, reg. n° 43, *Libro di ricordanze di Filippo Strozzi e Gioacchino Guasconi, mercanti fiorentini dimoranti a Napoli* (1484-1486), ms. segnato FF.
ASF, *Carte Strozziane*, serie V, reg. n° 47, *Libro di Ricordanze di Filippo di Matteo Strozzi* (1487-1488), ms. segnato HH.
Archivio di Stato di Napoli (ASN), *Regia Camera della Sommaria*, *Dipendenze*, fascio 27, busta 557.

## *Fonti edite*

Alessandra Macinghi Strozzi, *Lettere di una gentildonna fiorentina del sec. XV ai figliuoli esuli*, a cura di C. Guasti, Firenze 1877.
Barone, N., *Le cedole di tesoreria dell'Archivio di Stato di Napoli dall'anno 1460 al 1504*, in «Archivio storico per le province napoletane», 9 (1884), pp. 5-34, 205-248, 387-429, 601-637; e 10 (1885), pp. 5-47.
Benedetto Cotrugli, *Della mercatura et del mercante perfetto*, Venezia 1573 (all'Elefanta).
Benedetto Cotrugli, *Libro de l'arte de la mercatura*, a cura di V. Ribaudo, Venezia 2016.
Bernardino da Siena, *Opera omnia*, studio et cura PP. Collegii S. Bonaventurae ad fidem codicum edita, 9 voll., Firenze 1950, IV.
Bernardo Davanzati, *Notizia de' Cambj*, in Bernardo Davanzati, *Lezione delle Monete e Notizia de' Cambj*, con prefazione di S. Ricossa, Torino 1988, pp. 65-84.
Bersano, O., *Le Lettere di Alessandra Macinghi ai figli esuli Filippo, Lorenzo e Matteo Strozzi (1447-1470). Edizione, Glossario e Indici onomastici*, tesi di dottorato, Università degli Studi di Firenze, ciclo XXXIII (2021).
*Codice diplomatico barese*, XI: *Codice Diplomatico Aragonese. Re Alfonso I (1435-1458)*, ed. E. Rogadeo, Bari 1931.
*Constitutiones regni utriusque Siciliae: Constitutiones regni utriusque Siciliae*, Lyon, de Bottis, 1559.

*Copia quaderni Bernardi de Anghono Mag. actorum penes Mag. portulanum Apulie de tractis extractis ... a portibus civitatis Manfridonie, Baroli etc., a V Ind. (1486-1487)*, ed. C. Salvati, in *Fonti aragonesi*, VI, Napoli 1968.

de Bofarull y Mascarò, P., *Gobierno y Casa Real de los monarcas de Aragón. Ordinacions fetes per lo molt alt Senyor Pere Terç d'Aragó sobre lo regiment de tots los officials de la sua Cort*, Barcelona 1850.

Falchetta, P., *Il trattato "De navigatione" di Benedetto Cotrugli (1464-1465). Edizione commentata del Ms. Schoenberg 473 con il testo del Ms. 557 di Yale*, in «Studi Veneziani», 57 (2009), pp. 15-334.

Feniello, A., *Napoli: notai diversi (1322-1541). Dalle "Variarum rerum" di G.B. Bolvito*, Napoli 1998.

Fioravanti, M.L., *Alessandra Macinghi Strozzi e il suo libro di ricordi (1453-1473)*, 2 voll., tesi di laurea, Facoltà di Lettere e Filosofia dell'Università di Firenze (relatore G. Cherubini), a.a. 1978-1979.

Giovanni da Uzzano, *La pratica della mercatura scritta da Giovanni di Antonio da Uzzano nel 1442*, in G.F. Pagnini del Ventura, *Della decima e di varie altre gravezze etc., Tomo Quarto*, Lisboa-Lucca 1766, pp. 1-284.

*I diari di Cicco Simonetta*, a cura di A.R. Natale, Milano 1961.

*Il Codice Marittimo del 1871 di Michele de Jorio per il Regno di Napoli*, a cura di C.M. Moschetti, 2 voll., Napoli 1979.

*L'arte della seta a Napoli e la colonia di San Leucio. Statuti dell'Arte della Seta a Napoli e legislazione della Colonia di San Leucio*, a cura di G. Tescione, 2 voll., Napoli 1933.

Leon Battista Alberti, *I libri della famiglia*, a cura di R. Romano, A. Tenenti, Torino 1969.

Leone, A., *Il giornale del Banco Strozzi di Napoli (1473)*, Napoli 1981.

*Ordinacions de la Casa i Cort de Pere el Cerimoniós*, a cura di F.M. Gimeno, D. Gozalbo, J. Trenchs, València 2009.

Pacioli Luca, *Trattato di Partita Doppia*, ed. critica a cura di A. Conterio, introduzione e commento di B. Yamey, nota filologica di G. Belloni, Venezia 1994.

Pagolo di Matteo Petriboni, Matteo di Borgo Rinaldi, *Priorista (1407-1459). With Two Appendices (1282-1406)*, ed. by J.A. Gutwirth, Roma 2001.

Schena, O., *Le leggi palatine di Pietro IV d'Aragona*, Cagliari 1983.

Ugolino di Niccolò Martelli, *Ricordanze dal 1433 al 1483*, a cura di F. Pezzarossa, Roma 1989.

## *Studi*

Abulafia, D., *Grain traffic out the Apulian ports on behalf of Lorenzo de' Medici, 1486-87*, in *Karissime Gotifride. Historical essays presented to professor*

*Godfrey Weettinger on his seventieth birthday*, a cura di P. Xuereb, Malta 1999, pp. 25-36 (ora in D. Abulafia, *Mediterranean Encounters, economic, religious, political, 1100-1550*, Aldershot 2000, IX).

Abulafia, D., *The Impact of Italian Banking in the Late Middle Ages and the Renaissance, 1300-1500*, in *Banking, Trade and Industry: Europe, America and Asia from the Thirteenth to the Twentieth century*, a cura di A. Teichova, G. Kurgan-Van Hentenryk e D. Ziegler, Cambridge 1997, pp. 17-34.

Abulafia, D., *Mercati e mercanti nella Corona d'Aragona: il ruolo economico degli imprenditori stranieri*, in *La Mediterrània de la Corona d'Aragó (segles XIII-XVI)*, Atti del Congresso (València, 9-14 settembre 2004), a cura di R. Nerbona Vizcaíno, 2 voll., Valencia 2005, I, pp. 797-820.

Abulafia, D., *Las redes consulares del Mediterráneo: función, orígenes y desarollo*, in Id. and others, *Mediterraneum. L'esplendor de la Mediterrània medieval s. XIII-XV*, Barcellona 2004, pp. 339-351.

Abulafia, D., *Signorial Power in Aragonese Southern Italy*, in *Sociability and its Discontents* [v.], pp. 173-192.

Abulafia, D., *The Two Italies: Economic Relations between the Norman Kingdom of Sicily and the Northern Communes*, Cambridge 1977 (trad. it. *Le due Italie. Relazioni economiche fra il regno normanno di Sicilia e i comuni settentrionali*, Napoli 1991).

Ait, I., *Aspetti dell'attività mercantile-finanziaria della compagnia di Ambrogio Spannocchi a Roma (1445-1478)*, in «Bollettino senese di storia patria», 113 (2007), pp. 91-129.

Ait, I., *Credito e iniziativa commerciale: aspetti dell'attività economica dei Martelli a Roma nella seconda metà del XV secolo*, in *Credito e sviluppo economico in Italia dal Medio Evo all'Età Contemporanea*, Atti del Convegno (Verona, 4-6 giugno 1987), Verona 1988, pp. 81-95.

Ait, I., *Da banchieri a imprenditori: gli Spannocchi a Roma nel tardo Medioevo*, in *L'ultimo secolo della Repubblica di Siena. Politica e istituzioni, economia e società*, a cura di M. Ascheri e F. Nevola, Siena 2007, pp. 297-331.

Ait, I., *Mercanti a Roma fra XV e XVI secolo: interessi economici e legami familiari*, in *Il governo dell'economia* [v.], pp. 59-77.

Ait, I., Boisseuil, D., *Gli attori del commercio dell'allume in Mediterraneo alla fine del Quattrocento*, in *Le marché des matières premières dans l'Antiquité et au Moyen Âge*, a cura di D. Boisseuil, C. Rico e S. Gelichi, Roma 2021, pp. 423-445.

Alaggio, R., Colesanti, R.G., *La construcción de embarcaciones en el reino de Nápoles: dos ejemplos de industria naval en el Mediterráneo*, in *Barcos y construcción naval entre el Atlántico y el Mediterráneo*, a cura di D. González Cruz, Madrid 2018, pp. 271-288.

*L'alba della banca. Le origini del sistema bancario tra Medioevo ed Età Moderna*, a cura di R.S. Lopez, J. Le Goff e altri, Bari 1982.

Albanese, M., *Marucelli, Francesco*, in *Dizionario Biografico degli Italiani*, vol. 71, Roma 2008, *ad vocem*.

*Alle origini del dualismo italiano. Regno di Sicilia e Italia centro-settentrionale dagli Altavilla agli Angiò (1110-1350)*, Atti del Convegno (Ariano Irpino, 12-14 settembre 2011), a cura di G. Galasso, Soveria Mannelli 2014.

*Alle origini della Minerva trionfante. Città, corporazioni e protoindustria nel Regno di Napoli nell'età moderna*, 2 voll., Roma 2011.

Allegrezza, F., *Un secolo di scrittura: il libro di ricordanze dei Corsini*, in «Bullettino dell'Istituto storico italiano per il Medioevo», 92 (1985/86), pp. 223-294.

*Los alumbres españoles y mediterráneos en la Europa del siglo XV e inicios del XVI. Producción, uso y distribución de una materia prima*, a cura di D. Boisseuil, D. Igual Luis y M. Martínez Alcalde, Madrid 2022.

Anatra, B., *Il sale nel Mediterraneo bassomedievale*, in «Studi Storici», 22/3 (1981), pp. 571-580.

*Ancora su poteri, relazioni, guerra nel regno di Ferrante d'Aragona. Studi sulle corrispondenze diplomatiche II*, a cura di A. Russo, F. Senatore e F. Storti, Napoli 2020.

Antinori, C., *La contabilità pratica prima di Luca Pacioli: origine della Partita Doppia*, in «Revista Española de Historia de la Contabilidad», 1 (2004), pp. 4-23.

*L'arretratezza del Mezzogiorno. Le idee, l'economia, la storia*, a cura di C. Perrotta e C. Sunna, Milano 2012.

Aymord, M., *Commerce et consommation des draps en Sicile et en Italie méridionale (XV^e-XVIII^e siécles)*, in *Produzione, commercio e consumo dei panni di lana (nei secoli XII- XVIII)*, Atti della settimana di studio (Prato, 10-16 aprile 1970), a cura di M. Spallanzani, Firenze 1976, pp. 127-139.

Aymard, M., *Le blé de Sicilie dans l'economie méditerranéenne au XV siècle*, in *La Corona d'Aragona e il Mediterraneo: aspetti e problemi comuni da Alfonso il Magnanimo e Fernando il Cattolico (1416-1516)*. Atti del Congresso (Napoli, 11-15 aprile, 1973), Napoli 1978, pp. 287-289.

Aymard, M., *Il commercio dei grani nella Sicilia del '500*, in «Archivio storico per la Sicilia Orientale», 72 (1976), pp. 7-40.

Aymard, M., *Mercato e normative pubbliche*, in *Rappresentazioni e immagini della Sicilia tra storia e storiografia*, a cura di F. Benigno, C. Torrisi, Caltanissetta-Roma 2003, pp. 131-147.

Aymard, M., *Il Sud e i circuiti del grano*, in *Storia dell'agricoltura italiana in età contemporanea*, I: *Spazi e Paesaggi*, a cura di P. Bevilacqua, Venezia 1989, pp. 755-787.

*Avalos d', Innico*, in *Dizionario Biografico degli Italiani*, vol. 4, Roma 1962, *ad vocem*.

Balard, M., *Consoli d'Oltremare (secc. XII-XV)*, in *Comunità forestiere e "nationes" nell'Europa* [v.], pp. 83-94.

Baldini, C., *La famiglia da Verrazzano*, 2 voll., Firenze 1992.

Balletto, L., *I lavoratori nei cantieri navali (Liguria, secc. XII-XV)*, in *Artigiani e salariati. Il mondo del lavoro nell'Italia dei secoli XII-XV*, Atti del Decimo Convegno Internazionale (Pistoia, 9-13 ottobre 1981), Pistoia 1984, pp. 103-153.

Barbadoro, B., Mori, A., Pelaez, M., *Frescobaldi*, in *Enciclopedia italiana*, Roma 1932, *ad vocem.*

Barile, N., *«La strada dell'arricchirsi a tanti mercanti» e il «fallire poi sopra la roba d'altri»: origine e diffusione dei banchi pubblici e privati nel Mezzogiorno medievale*, in *Medioevo per Enrico Pispisa*, a cura di L. Catalioto, P. Corsi, E. Cuozzo, G. Sangermano, S. Tramontana e B. Vetere, Messina 2015, pp. 3-37.

Basso, E., *Insediamenti e commercio nel Mediterraneo bassomedievale. I mercanti genovesi dal Mar Nero all'Atlantico*, Torino 2008.

Basso, E., *Il mare di San Giorgio. Studi su Genova e l'Egeo nel Basso Medioevo*, Genova 2021.

Basso, E., *Note sulla comunità genovese a Londra nei secc. XIII-XVI*, in *Comunità forestiere e "nationes" nell'Europa* [v.], pp. 249-268.

Battista, G., *Rucellai, Giovanni*, in *Dizionario Biografico degli Italiani*, vol. 89, Roma 2017, *ad vocem.*

Battistini, F., *L'industria della seta in Italia nell'età moderna*, Bologna 2003.

Baviera Albanese, A., *L'istituzione dell'ufficio di conservatore del real patrimonio e gli organi finanziari del regno di Sicilia nel secolo XV. Contributo alla storia delle magistrature siciliane*, in «Il circolo giuridico», n.s., 39 (1958), pp. 227-381.

Bazzichi, O., *Il modello socio-economico nel pensiero e nella predicazione di Bernardino da Siena*, in Id., *Economia e scuola francescana. Attualità del pensiero socio-economico e politico francescano*, Padova 2013, pp. 51-62.

Belloni, C., *Dizionario storico dei banchieri italiani*, Firenze 1951.

Bergier, J.F., *Dall'Italia del XV secolo alla Germania del XVI: una nuova concezione della banca?*, in *L'alba della banca* [v.], pp. 123-149.

Bertano, S., *Gli artigiani catalani a Napoli nella seconda metà del Quattrocento*, in *La Catalogna in Europa, l'Europa in Catalogna. Transiti, passaggi, traduzioni*, Atti del Congresso (Venezia, 14-16 febbraio 2008), Associazione italiana di studi catalani (online: http://www.filmod.unina.it/aisc/attive/).

Bertano, S., *Miroballo, Giovanni*, in *Dizionario Biografico degli Italiani*, vol. 75, Roma 2011, *ad vocem.*

Bernato, S., *Nasi, Francesco*, in *Dizionario Biografico degli Italiani*, vol. 77, Roma 2012, *ad vocem.*

Bettarini, F., *La comunità pratese di Ragusa (1414-1434). Crisi economica e migrazioni collettive nel Tardo Medioevo*, Firenze 2012.

Bettarini, F., *Mercanti fiorentini e artigiani pratesi a Ragusa (Dubrovnik) nel XV secolo*, in *«Mercatura è arte». Uomini d'affari toscani in Europa e nel Mediterraneo tardomedievale*, a cura di L. Tanzini e S. Tognetti, Roma 2012, pp. 97-114.

Bettarini, F., *I toscani al servizio della città di Ragusa (Dubrovnik) nella prima metà del Quattrocento*, in «Medioevo Adriatico», 1 (2007), pp. 135-150.

Biagianti, A., *Reti consolari nel Mediterraneo. Percorsi e metodologie a confronto (secc. XVII-XIX)*, in «Rivista dell'Istituto di Storia dell'Europa Mediterranea», 17/2 (2016), pp. 115-125.

Bianchini, L., *Storia delle finanze del Regno delle due Sicilie*, ed. a cura di L. De Rosa, Napoli 1971.

Bizzocchi, R., *La dissoluzione di un clan familiare: i Buondelmonti di Firenze nei secoli XV e XVI*, in «Archivio storico italiano», 140 (1982), pp. 3-43.

Boglione, A., *Contributo alla biografia di Giovanni e Girolamo da Verazzano*, in «Archivio storico italiano», 157 (aprile-giugno 1999), pp. 231-267.

Böninger, L., *Politics, Trade and Toleration in Renaissance Florence. Lorenzo de' Medici and the Besalù Brothers*, in «I Tatti studies», 9 (2001), pp. 139-172.

Böninger, L., *Rucellai*, in *Dizionario Biografico degli Italiani*, vol. 89, Roma 2017, *ad vocem*.

Boone, M., *Apologie d'un banquier médiéval: Tommaso Portinari et l'État bourguignon*, in «Le Moyen Age. Revue d'Histoire et de Philologie» 105 (1999), pp. 31-54.

Boschetto, L., «Un uomo di basso e infimo stato». *Ricerche sulla storia familiare di Niccolò Machiavelli,* in «Archivio storico italiano», 176 (2018), pp. 485-524.

Brancaleone, A., *Umanesimo e Rinascimento a Napoli*, Napoli 2010.

Braudel, F., *Civiltà materiale, economia e capitalismo (secoli XV-XVIII)*, 3 voll., Torino 1981-1989 (ed. orig. francese, Paris 1979), in particolare *I giochi dello scambio*, II, Torino 1981.

Braudel, F., *Il Mediterraneo. Lo spazio, la storia, gli uomini, le tradizioni*, Milano 2017 (1ª ed. 1949).

Bresc, H., *Un monde méditerranéen: économie et société en Sicile, 1300-1450*, 2 voll., Roma-Palermo 1986.

Bullard, M., *Filippo Strozzi and the Medici: Favor and Finance in Sixteenth-Century Florence and Rome*, Cambridge 2008.

Cacciaglia, M., *Calvo, Bonifacio*, in *Dizionario Biografico degli Italiani*, vol. 17, Roma 1974, *ad vocem.*

Caffero, W., *L'attività bancaria papale e la Firenze del Rinascimento. Il caso di Tommaso Spinelli*, in «Società e storia», 80 (1995), pp. 717-753.

Caferro, W., *Spinelli*, in *Dizionario Biografico degli Italiani*, vol. 93, Roma 2008, *ad vocem*.

Caferro, W., Jacks, P., *The Spinelli of Florence: Fortunes of a Renaissance Merchant Family*, University Park 2001 (trad. it. *Gli Spinelli di Firenze: mercadanti e mecenati nel Rinascimento*, Firenze 2013).

Canseliet, E., *Jacques Coeur*, in *«La Tour Saint-Jacques»*, 8 (gennaio-febbraio 1957).

Capone, G., Leone, A., *La colonia scalese dal XII al XV secolo*, in *Ricerche sul Medioevo napoletano*, a cura di A. Leone, Napoli 1996, pp. 173-186.

Carabellese, F., *Le relazioni commerciali fra Puglia e la Repubblica di Venezia dal secolo X al XV*, Trani 1897.

Cardini, F., *1478. La congiura dei Pazzi*, Roma-Bari 2013.

Carocci, G., *La famiglia Ridolfi di Piazza*, Firenze 1889.

Carocci, G., *I dintorni di Firenze*, Firenze 1907.

Carrère, C., *Barcelona 1380-1462. Un centre econòmic en època de crisi*, 2 voll., Barcelona 1977.

Cassandro, G., *Breve storia della cambiale*, in «Enciclopedia del diritto», Roma 1959, pp. 827-839 (ora in Id., *Saggi di storia del diritto commerciale* [v.], pp. 397-423).

Cassandro, G., *Lineamenti di diritto pubblico del Regno di Sicilia citra Farum sotto gli Aragonesi*, Bari 1932.

Cassandro, G., *Saggi di storia del diritto commerciale*, a cura di C.M. Moschetti, Napoli 1974.

Cassandro, G., *Vicende storiche della lettera di cambio*, in «Bollettino dell'Archivio Storico del Banco di Napoli», 9-12 (1955), pp. 1-91 (ora in Id., *Saggi di storia del diritto commerciale* [v.], pp. 31-123).

Cassandro, M., *Due famiglie di mercanti fiorentini: i Della Casa e i Guadagni*, in «Economia e storia», 21 (1974), pp. 291-308.

Cassandro, M., *I banchieri pontifici nel XV secolo*, in *Roma capitale (1447-1527)*, a cura di S. Gensini, Pisa 1994, pp. 207-234.

Cassandro, M., *L'irradiazione economica fiorentina nell'Italia meridionale tra medieovo e rinascimento*, in *Fra spazio e tempo. Studi in onore di Luigi De Rosa*, a cura di I. Zilli, 3 voll., Napoli 1995, I, pp. 191-221.

Cassandro, P.E., *Le gestioni erogatrici pubbliche: stato, regioni, province, comuni, istituzioni di assistenza e beneficenza*, Torino 1970.

*La Catalogna in Europa, l'Europa in Catalogna. Transiti, passaggi, traduzioni*, Atti del (Venezia, 14-16 febbraio 2008), a cura di C. Di Girolamo, P. Di Luca e O. Scarpati (online, https://www.filmod.unina.it/aisc/attive/).

*La Corona d'Aragona e l'Italia*, Atti del XX Congresso Internazionale di Storia della Corona d'Aragona (Roma-Napoli, 4-8 ottobre 2017), a cura di G. D'Agostino, S. Fodale, M. Miglio, A.M. Oliva, D. Passerini e F. Senatore, 3 voll., Roma 2020.

Cattini, M., Romani, M.A., *Le corti parallele: per una tipologia delle corti padane dal XIII al XVI secolo*, in *La corte e lo spazio: Ferrara estense*, a cura di G. Papagno e A. Quondam, I, Roma 1982, pp. 47-78.

Cavanna Ciappina, M., *Calvo, Agostino*, in *Dizionario Biografico degli Italiani*, vol. 17, Roma 1974, *ad vocem*.

Ceccarelli, G., *Coping with Unknown Risks in Renaissance Florence: Insurers, Friars and Abacus Teachers*, in *The Dark Side of Knowledge: Histories of Ignorance, 1400 to 1800*, a cura di C. Zwierlein, Boston-Leiden 2016, pp. 117-138.

Ceccarelli, G., *Il gioco e il peccato. Economia e rischio nel tardo Medioevo*, Bologna 2003.

Ceccarelli, G., *Un mercato del rischio. Assicurare e farsi assicurare nella Firenze rinascimentale*, Venezia 2012.

Ceccarelli, G., *Rischio e assicurazioni tra medioevo ed età moderna*, in «Storia economica», 20/2 (2017), pp. 411-423.

Cecchi, C., *Antonio e Benedetto Salutati mercanti fiorentini*, in *Radici umanistiche dell'Europa: Coluccio Salutati cancelliere e politico*, Atti del Convegno (Firenze-Prato, 9-12 dicembre 2008), a cura di R. Cardini e P. Viti, Firenze 2012, pp. 15-30.

*Centri di produzione, scambio e distribuzione nell'Italia centro-settentrionale (secoli XIII-XIV)*, a cura di B. Figliuolo, Udine 2018.

Cherubini, G., *I "Libri di Ricordanze" come fonte storica*, in *Civiltà comunale. Libro, scrittura, documento*, in «Atti della Società Ligure di Storia Patria», n.s., 29/2 (1989), pp. 567-591.

Chevalier, B., *Tours, ville royale, 1356-1520. Origine et développement d'une capital à la fin du Moyen Âge*, Paris-Louvain 1975.

Chiapello, E., *Accounting and the Birth of the Notion of Capitalism*, in «Critical Perspectives on Accounting», 18/3 (2007), pp. 263-296.

Cicchetti, A., Mordenti, R., *La scrittura dei libri di famiglia*, in *Letteratura italiana*, dir. A. Asor Rosa, 3 voll., *Le forme del testo*, I, *La prosa*, pp. 1117-1159.

*Chiesa, usura e debito estero*, Atti della Giornata di studio (Milano, 19 dicembre 1997), Milano 1998.

Cipolla, C.M., *Introduzione* a *Storia dell'economia italiana. Saggi di storia economica*, Torino 1959.

Cipolla, C.M., *Storia economica dell'Europa pre-industriale*, Bologna 1974.

Cipriani, G., *Il banco Medici e le grandi banche italiane*, in *I secoli del primato italiano: il Quattrocento*, Milano 1988, pp. 372-379.

Cirillo, G., *La trama sottile. Protoindustria e baronaggi nel Mezzogiorno d'Italia (secoli XVI-XIX)*, Protola Serra 2002.

*Cittadinanza e mestieri: radicamento urbano e integrazione nelle città bassomedievali (secc. XII-XVI)*, a cura di B. Del Bo, Roma 2014.

Colapietra, R., *L'istituzione della Dogana di Foggia e le strutture appenninico-adriatiche del regno di Napoli nel Quattrocento*, in «Clio», 21/4 (1985), pp. 525-546.

Colesanti, T.G., *La strategia navale dei principi di Taranto tra due mari: Anna Colonna e Giovanni Antonio del Balzo Orsini (1458-1463*), in *«Il re cominciò a conoscere che il principe era un altro re». Il principato di Taranto e il contesto mediterraneo (secc. XII-XV)*, a cura di Ead., Roma 2014, pp. 287-328.

*Comunità forestiere e «nationes» nell'Europa dei secoli XIII-XVI*, a cura di G. Petti Balbi, Napoli 2002.

Conde, R., De Molina, D., *La letra de cambio en el sistema financiero de Alfonso el Magnànimo*, in *La Corona d'Aragona in Italia (secc. XIII-XVIII)*, Atti del Congresso (Sassari-Alghero, 19-24 maggio 1990), III, *Comunicazioni*, a cura di M.G. Meloni e O. Schena, Sassari 1996, pp. 257-269.

Coniglio, G., *L'Arte della lana a Napoli*, in «Sannium», 21/1-2 (1948), pp. 62-79.

Constable, O.R., *Housing the Stranger in the Mediterranean World*, Cambridge 2003.

Conti, E., Guidotti, A., Lunardi, R., *La civiltà fiorentina del Quattrocento*, Firenze 1993.

*La Corona d'Aragona ai tempi di Alfonso il Magnanimo. I modelli politico-istituzionali. La circolazione degli uomini, delle idee, delle merci. Gli influssi sulla società e sul costume*, Atti del Congresso (Napoli-Caserta-Ischia, 18-24 settembre 1997), a cura di G. D'Agostino e G. Buffardi, Napoli 2000.

*La Corona d'Aragona e il Mediterraneo: aspetti e problemi comuni, da Alfonso il Magnanimo a Ferdinando il Cattolico, 1416-1516*, Atti del Congresso (Napoli, 11-15 aprile 1973), Napoli 1978.

Corrao, P., *Uomini d'affari stranieri nelle città siciliane del tardo Medioevo*, in «Revista de Historia Medieval», 11 (2000), pp. 139-162.

Coulon, D., *Barcelone et le grand commerce d'Orient au Moyen Âge. Un siècle de relations avec l'Égypte et la Syrie-Palestine (ca. 1330-ca. 1430)*, Madrid-Barcelona 2004.

Covini, N., *d'Este, Alberto*, in *Dizionario Biografico degli Italiani*, vol. 43, Roma 1993, *ad vocem.*

Covini, N., *Consumo di pregio nel Quattrocento milanese: storicità e problemi della stima*, in «Cheiron. Materiali e strumenti di aggiornamento storiografico», 1-2 (2019), numero monografico su *Moneta: storia non lineare di un oggetto istituzionale*, a cura di M. Romani e M.C. D'Ercole, pp. 87-110.

Cozzetto, F., *Mezzogiorno e demografia nel XV secolo*, Soveria Mannelli 1986.

Cruselles Gómez, E., *Los comerciantes valencianos del siglo XV y sus libros de cuentas*, Castelló de la Plana 2007.

Cruselles Gómez, E., *Los mercaderes de Valencia en la Edad Media (1380-1450)*, Lleida 2001.

Cruselles Gómez, E., *Los mercados aseguradores del Medirerráneo catalano-aragonése*, in *Ricchezza del mare. Ricchezza del mara: secc. XIII-XVIII*. Atti della XXXVII Settimana di studi dell'Istituto Internazionale di Storia economica "F. Datini" di Prato (11-15 aprile 2005), a cura di S. Cavaciocchi, Firenze 2006, pp. 611-639.

Cruselles Gómez, E., Cruselles, J.M., *Valencianos en la corte napoletana de Alfonso el Magnánimo*, in *La Corona d'Aragona ai tempi di Alfonso il Magnanimo* [v.], pp. 875-897.

Cutieri, F.A., *Paesaggi minerari in Calabria: l'"Argentera" di Longobucco (CS)*, in *VI Congresso Nazionale di Archeologia Medievale* (L'Aquila, 12-15 settembre 2012), a cura di F. Redi e A. Forgione, Firenze 2012, pp. 401-406.

Cutolo, A., *Storie minime*, Napoli 1973.

D'Addario, A., *Portinari*, in *Enciclopedia dantesca*, Roma 1970, *ad vocem*.

D'Agostino, G., *La capitale ambigua: Napoli dal 1458 al 1580*, Napoli 1979.

D'Agostino, G., *Napoli capitale (1266-1860)*, in *Storia del Mezzogiorno*, V: *Napoli capitale e le province*, Roma 1986, pp. 15-94.

D'Alessandro, V., *Spazio geografico e morfologie sociali nella Sicilia del basso Medioevo*, in *Commercio, finanza, funzione pubblica. Stranieri e realtà urbane in Sicilia e Sardegna nei secoli XIII-XV*, a cura di M. Tangheroni, Napoli 1989, pp. 1-32.

D'Alessandro, V., *Immigrazione e società urbana in Sicilia (secoli XII-XVI). Momenti e aspetti*, in *Comunità straniere e "nationes" nell'Europa dei secoli XIII-XVI*, a cura di G. Petti Balbi, Napoli 2002, pp. 165-190.

Da Molin, G., *La popolazione del Regno di Napoli a metà Quattrocento (studio di un focolario aragonese)*, Bari 1979.

*Da Palazzo Cuomo a Museo Filangieri. Storia, tutela e restauro di una residenza del Rinascimento a Napoli*, a cura di A. Ghisetti Giavarina, A. Pane e F. Mangone, Napoli 2019.

Dalena, P., *Diritti e funzionari di passo. Per una lettura del sistema finanziario del regno*, in *Périphéries financières angevines* [v.], pp. 251-270.

Dalena, P., *Passi, porti e dogane marittime. Dagli angioini agli aragonesi. Le «lictere passus» (1458-1469)*, Bari 2007.

Davidsohn, R., *Storia di Firenze*, 8 voll., Firenze 1960-1970.

Day, J., *Banca e moneta a Venezia fra Medioevo e Rinascimento*, in «Studi Storici», 27 (1986), pp. 737-742.

Day, W.R., *Fiorentini e altri italiani appaltatori di zecche straniere (1200-1600): un progetto di ricerca*, in «Annali della Storia di Firenze», 5 (2010), pp. 9-29.

de La Roncière, C.M., *L'exil de Filippo et Lorenzo Strozzi d'après les lettres de monna Alessandra Macinghi negli Strozzi leur mère (1441-1466)*, in *Exil et civilisation en Italie (XIIe-XVI[e] siècles)*, a cura di J. Heers e C. Bec, Nancy 1990, pp. 67-93.

De La Torre Gonzalo, S., *Grandes mercaderes de la Corona de Aragón en la Baja Edad Media. Zaragoza y sus mayores fortunas mercantiles, 1380-1430*, Madrid 2018.

De Lellis, C., *Discorsi delle famiglie nobili del Regno di Napoli*, Napoli 1663.

De Negri, F., *Diaz Garlon, Pasquasio*, in *Dizionario Biografico degli Italiani*, vol. 39, Roma 1991, *ad vocem.*

Del Punta, I., *Mercanti e banchieri lucchesi nel Duecento*, Pisa 2004.

de Roover, R., *Il banco Medici dalle origini al declino (1397-1494*), Firenze 1970 (prima ed. inglese *The Rise and Decline of the Medici Bank, 1397-1494*, Cambridge 1963).

de Roover, R., *«Cambium ad Venetias». Contribution to the History of Foreign Exchange*, in *Studi in onore di Armando Sapori*, Milano 1957, pp. 631-648 (ora in Id., *Business, Banking, and Economic Thought in Late Medieval and Early Modern Europe. Selected Studies of Raymond de Roover*, ed. by J. Kirshner, Chicago-London 1974, pp. 239-259).

de Roover, R., *The Commercial Revolution in the Thirteenth Century*, in «Bulletin of the Business Historical Society», 16 (1942), pp. 34-39.

de Roover, R., *The Development of Accounting prior to Luca Pacioli according to the Account Books of Medieval Merchants*, in *Business, Banking and Economic Thought in Late Medievl and Early Modern Europe. Selected studies of Raymound de Roover*, a cura di J. Kirshner, Chicago-London 1974, pp. 119-180.

de Roover, R., *L'évolution de la lettre de change XIVe-XVIII[e] siècles*, Paris 1953.

de Roover, R., *Lorenzo il Magnifico e il tramonto del Banco Medici*, in «Archivio storico italiano», 107 (1949), pp. 172-185.

de Roover, R., *New Interpretations of the History of Banking, and Economic Thought in late Medieval and Early Modern Europe*, Chicago-London 1974.

de Roover, R., *The Organization of Trade*, in *Economic Orzanization and Policies in the Middle Ages*, a cura di M.M. Postan, E.E Rich e E. Miller, Cambridge 1956, pp. 42-118 (trad. it. *L'organizzazione del commercio*, in *La città e la politica economica nel Medioevo*, Torino 1977, pp. 48-136).

de Roover, R., *What is Dry Exchange?*, in *A Contribution to the Study of English Mercantilism*, in «Journal of Political Economy», 52 (1944), pp. 250-266 (ora in Id., *Business, Banking, and Economy Thought in Late Medieval and Early Modern Europe. Selected Studies of Raymond de Roover*, by J. Kirshner, Chicago-London 1974, pp. 183-199).

De Rosa, D., *Salutati, Lino Coluccio*, in *Dizionario Biografico degli Italiani*, vol. 89, Roma 2017, *ad vocem.*

De Simone, E., *Breve storia delle assicurazioni*, Milano 2003.

Del Bo, B., *Banca e politica a Milano nel Quattrocento*, Roma 2010.

Del Punta, I., Rosati, M.L., *Lucca una città di seta. Produzione, commercio e diffusione dei tessuti lucchesi nel tardo Medioevo*, Lucca 2017.

Del Treppo, M., *L'anima, l'oro e il boia. Fisiologia di una crescita: Napoli nel Quattrocento*, in «Archivio storico per le province napoletane», 105 (1987), pp. 7-25.

Del Treppo, M., *Aspetti dell'attività bancaria a Napoli nel '400*, in *Aspetti della vita economica medievale*, Atti del Convegno (Firenze-Pisa-Prato, 10-14 marzo 1984), Firenze 1985, pp. 557-601.

Del Treppo, M., *I Catalani a Napoli e le loro pratiche con la corte*, in *Studi di storia meridionale in memoria di Pietro Laveglia*, Salerno 1994, pp. 31-112.

Del Treppo, M., *La marina napoletana nel Medioevo: porti, navi, equipaggi*, in *La fabbrica delle navi. Storia della cantieristica nel Mezzogiorno d'Italia*, a cura di A. Fratta, Napoli 1990, pp. 31-46.

Del Treppo, M., *Marinai e vassalli: ritratti di uomini di mare napoletani*, in *Miscellanea in onore di Ruggero Moscati*, Napoli 1985, pp. 131-191.

Del Treppo, M., *I mercanti catalani e l'espansione della Corona d'Aragona nel secolo XV*, Napoli 1972.

Del Treppo, M., *Il re e il banchiere. Strumenti e processi di razionalizzazione dello stato aragonese di Napoli*, in *Spazio, società, potere nell'Italia dei Comuni*, a cura di G. Rossetti, Napoli 1986, pp. 228-304.

Del Treppo, M., *Il Regno aragonese*, in *Storia del Mezzogiorno*, IV, *Il Regno dagli Angioini ai Borboni*, a cura di G. Galasso e R. Romeo, Roma 1986, pp. 87-201.

Del Treppo, M., *Stranieri nel Regno di Napoli. Le élites finanziarie e la strutturazione dello spazio economico e politico*, in *Dentro la città. Stranieri e realtà urbane nell'Europa dei secoli XII-XVI*, a cura di G. Rossetti, Pisa 1989, pp. 179-233.

Del Treppo, M., *Prospettive mediterranee della politica economica di Federico II*, in *Friedrich II. Tagung des Deutschen Historischen Instituts in Rom im Gedenkjahr 1994*, a cura di A. Esch e N. Kamp, Tübingen 1996, pp. 316-338.

Del Treppo, M., *Un ritrovato libro del Percettore generale del regno di Napoli*, in *Dentro e fuori la Sicilia. Studi di storia per Vincenzo D'Alessandro*, a cura di P. Corrao e E.I. Mineo, Roma 2009, pp. 295-318.

Delle Donne, F., *Alfonso il Magnanimo e l'invenzione dell'umanesimo monarchico. Ideologia e strategie di legittimazione alla corte aragonese di Napoli*, Roma 2015.

Delle Donne, R., *Alle origini della Regia Camera della Sommaria*, in «Rassegna Storica Salernitana», 15 (1991), pp. 25-61.

Delle Donne, R., *Burocrazia e fisco a Napoli tra XV e XVI secolo: la Camera della Sommaria e il Repertorium alphabeticum solutionum fiscalium Regni Siciliae Cisfretanae*, Firenze 2012.

Delle Donne, R., *«Regis servitium nostri mercatura». Culture e linguaggi della fiscalità nella Napoli aragonese*, in *Linguaggi e pratiche del potere. Genova e il Regno di Napoli tra Medioevo ed Età Moderna*, a cura di G. Petti Balbi e G. Vitolo, Salerno 2007, pp. 91-150.

Delumeau, J., *L'allume di Roma XV-XIX secolo*, Roma 1990.

Demarco, D., *Il Banco di Napoli: Dalle casse di deposito alla fioritura settecentesca*, Napoli 1996.

Dini, B., *Arezzo intorno al 1400. Produzioni e mercato*, Arezzo 1984.

Dini, B., *I battilori fiorentini nel Quattrocento*, in Id., *Manifattura, commercio e banca* [v.], pp. 45-65.

Dini, B., *La documentazione datiniana come fonte della storia economica medievale*, in *L'Archivio di Francesco di Marco Datini. Fondaco di Avignone. Inventario*, a cura di E. Cecchi Aste, Roma 2004, pp. IX-XV.

Dini, B., *Manifattura, commercio e banca nella Firenze medievale*, Firenze 2001.

Dini, B., *I mercanti-banchieri e la Sede apostolica (XIII-prima metà del XIV secolo)*, in *Gli spazi economici della Chiesa nell'Occidente Mediterraneo (secoli XII-metà XIV)*, Pistoia 1999, pp. 43-62.

Dini, B., *Una manifattura di battiloro nel Quattrocento*, in Id., *Saggi su un'economia-mondo* [v.], pp. 87-115.

Dini, B., *Nuovi documenti su Giovanni di Bernardo di Antonio da Uzzano*, in *Studi dedicati a Carmelo Trasselli*, a cura di G. Motta, Soveria Mannelli 1993, pp. 309-329.

Dini, B., *Saggi su un'economia-mondo. Firenze e l'Italia fra Mediterraneo ed Europa (secc. XIII-XVI)*, Pisa 1995.

Dini, B., *Lo sviluppo delle tecniche amministrative e bancarie*, in *Storia della società italiana*, 7, *La crisi del sistema comunale*, Milano 1982, pp. 93-109.

Dubreton, J.L., *La vita quotidiana a Firenze ai tempi dei Medici*, Milano 2017 (prima ed. 1958).

Edler de Roover, F., *L'arte della seta a Firenze nei secoli XIV e XV*, a cura di S. Tognetti, Firenze 1999.

Edler de Roover, F. *Early Examples of Marine Insurance*, in «The Journal of Economic History», 5-2 (1945), pp. 172-200.

*El País Valenciano en la Baja Edad Media. Estudios dedicados al profesor Paulino Iradiel*, a cura di D. Igual Luis e G. Navarro Espinach, València 2018.

English, E.D., *Enterprise and Liability in Sienese Banking, 1230-1350*, Cambridge 1988.

Epstein, R.S., *An Island for Itself: Economic Development and Social Change in Late Medieval Sicily,* Cambridge 1992 (trad. it. *Potere e mercati in Sicilia, secoli XIII-XVI*, Torino 1996).

Epstein, R.S., *Dualismo economico, pluralismo istituzionale in Italia nel Rinascimento*, in «Revista d'història medieval», 6 (1995), pp. 63-77.

Epstein, R.S., *Freedom and Growth: The Rise of States and Markets in Europe, 1300-1750*, New York 2000.

Esch, A., *Economia, cultura materiale ed arte nella Roma del Rinascimento. Studi sui registri doganali romani, 1445-1485*, Roma 2007.

Esposito, A., *Perle e coralli: credito e investimenti delle donne a Roma (XV-inizio XVI secolo)*, in *Dare credito alle donne. Presenze femminili nell'economia tra medioevo ed età moderna*, a cura di G. Petti Balbi e G. Guglielmotti, Atti del convegno (Asti, 8-9 ottobre 2010), Asti 2012, pp. 247-258.

Fabbri, L., *Breve profilo storico della famiglia Strozzi*, in Id., *Alleanza matrimoniale e patriziato nella Firenze del '400. Studio sulla famiglia Strozzi*, Firenze 1991, pp. 13-31.

Fabbri, L., *Strozzi, Filippo*, in *Dizionario Biografico degli Italiani*, vol. 94, Roma 2019, *ad vocem*.

Fábregas García, A., *La familia Spinola en el reino nazarí de Granada. Contabilidad privada de Francesco Spinola (1451-1457)*, Granada 2004.

Fábregas García, A., *Un mercader genovés en el reino de Granada. El libro de cuentas de Agostino Spinola, 1441-1447*, Granada 2002.

Faini, E., *Firenze nell'età romanica (1000-1211). L'espansione urbana, lo sviluppo istituzionale, il rapporto con il territorio*, Firenze 2010.

*Fama e "publica vox" nel Medioevo*, Atti del Convegno (Ascoli Piceno, 3-5 dicembre 2009), a cura di I. Lori Sanfilippo e A. Rigon, Roma 2011.

*Famiglia e parentela nell'Italia medievale*, a cura di J. Duby e J. Le Goff, Bologna 1981.

*La famiglia nell'economia europea (secc. XIII-XVIII)*, a cura di S. Cavaciocchi, Firenze 2009.

Fanfani, T., *Sulle tracce della banca. Dai «magazzini» al «banco» nel percorso dello sviluppo economico*, in *Alle origini della banca. Mercanti-banchieri e sviluppo economico*, a cura di Id., Roma 2003, pp. 24-35.

Feliu, G., *Moneda y banca en Cataluña en el siglo XV*, in *Dinero, moneda y crédito el la monarquía hispánica*, a cura di A.M. Bernal, Madris 2000.

Felloni, G., *Scritti di storia economica*, Genova 1998.

Feniello, A., *L'allume di Napoli nel XV secolo*, in *L'Alun de Méditerranée*, Actes du Colloque International (Napoli-Lipari, 4-8 giugno 2003), a cura di Ph. Borgard, J.P. Brun e M. Picon, Napoli-Aix-en-Provence 2006, pp. 97-104.

Feniello, A., *Un altro dualismo? Banchi napoletani nel tardo Quattrocento*, in «Schola Salernitana-Annali», 26 (2021), pp. 7-21.

Feniello, A., *Les campagnes napolitaines à la fin du Moyen âge. Mutations d'un paysage rural*, Roma 2005.

Feniello, A., *Un capitalismo mediterraneo. I Medici e il commercio del grano in Puglia nel tardo Quattrocento*, in «Archivio storico italiano», 172 (2014), pp. 435-512.

Feniello, A., *Catalani a Napoli nel XV secolo. Aristocrazia, artigiani, imprenditori economici*, in *Élites urbane e organizzazione sociale in area mediterranea fra tardo Medioevo e prima Età moderna*, Atti del Seminario di Studi (Cagliari, 1-2 novembre 2011), a cura di M.G. Meloni, Cagliari 2013, pp. 33-45.

Feniello, A., *Commercio del grano in Puglia nel secondo Quattrocento: le strutture*, in *Attività economiche e sviluppi insediativi nell'Italia dei secoli XI-XV. Omaggio a Giuliano Pinto*, a cura di E. Lusso, Cherasco 2014, pp. 325-340.

Feniello, A., *Dalle lacrime di Sybille. Storia degli uomini che inventarono la banca*, Roma-Bari 2015.

Feniello, A., *Élites imprenditoriali napoletane e il regno di Ferrante d'Aragona: un matrimonio che non avvenne*, in *Le scritture della storia. Pagine offerte dalla Scuola Nazionale di Studi Medievali a Massimo Miglio*, a cura di F. Delle Donne e G. Pesiri, Roma 2012, pp. 163-180.

Feniello, A., *Estrazione e commercio dell'allume: le miniere di Agnano e di Ischia*, in *Il commercio a Napoli e in Italia meridionale nel XV secolo*, a cura di A. Leone, Napoli 2003, pp. 157-175.

Feniello, A., *Francesco Coppola: un modello di ascesa sociale nel Mezzogiorno tardomedievale*, in *La mobilità sociale nel Medioevo italiano. Competenze, conoscenze e saperi tra professioni e ruoli sociali (secc. XII-XV)*, a cura di L. Tanzini, S. Tognetti, Roma 2016, pp. 211-240.

Feniello, A., *Marchandises et charges publiques: la fortune des d'Afflitto, hommes d'affaires napolitains du XVe siècle*, in «Revue historique», 302/1 (2000), pp. 55-119.

Feniello, *Mercanzie e cariche pubbliche: la fortuna dei d'Afflitto, uomini d'affari napoletani del XV secolo*, in *Il commercio a Napoli* [v.], pp. 15-88.

Feniello, A., *La rete commerciale campana nel secondo Quattrocento*, in «Archivio storico italiano», 156 (2008), pp. 297-312.

Feniello, A., *Tracce dell'economia catalano aragonese a Napoli*, in «Bullettino dell'Istituto storico italiano per il Medioevo», 114 (2012), pp. 181-197.

Figliuolo, B., *Alle origini del mercato nazionale. Strutture economiche e spazi commerciali nell'Italia medievale*, Udine 2020.

Figliuolo, B., *Gli Amalfitani nello spazio economico fiorentino: ovvero della loro quarta fase migratoria (secoli XIV e XV)*, in «Rassegna del Centro di Cultura e Storia Amalfitana», 49/50 (2015), pp. 69-85.

Figliuolo, B., *Il banchetto come luogo di tranello politico (Napoli, 13 agosto 1486: la resa dei conti dei baroni ribelli)*, in *Il Friuli e le cucine della memoria fra Quattro e Cinquecento. Per un contributo alla storia dell'alimentazione*, a cura di M.G. Altea Merello, 3 voll., Udine 1997, I, pp. 141-165.

Figliuolo, B., *I mercanti fiorentini e il loro spazio economico nel Medioevo: un modello di organizzazione capitalistica*, in «Archivio storico italiano», 171 (2013), pp. 639-664 (ora anche in Id., *Alle origini del mercato nazionale* [v.], pp. 31- 52).

Figliuolo, B., *L'organigramma della nazione fiorentina a Napoli dagli statuti del 1430*, in *Comunità forestiere e "nationes" nell'Europa* [v.], pp. 191-200.

Figliuolo, B., *Tipologia economica della città nel basso Medioevo*, in *Alle origini del mercato nazionale* [v.], pp. 17-30.

Filangieri, G., *Documenti per la storia, le arti e le industrie delle province napoletane*, 6 voll., Napoli 1883-1891, vol. III, Napoli 1885.

Filosa, M., *Lo «scrivano» dagli Ordinamenta maris di Trani al Consolato del mare*, in «Archivio storico pugliese», 32 (1979), pp. 259-270.

Focarile, P., *I Mannelli di Firenze. Storia, mecenatismo e identità di una famiglia fra cultura mercantile e cultura cortigiana*, Firenze 2017.

*Formare alle professoni. Commercianti e contabili dalle scuole d'abaco a oggi*, a cura di M. Morandi, Milano 2013.

Formisano, L., *Vespucci, Amerigo*, in *Dizionario Biografico degli Italiani*, vol. 99, Roma 2020, *ad vocem*.

Fornasari, M., *La banca, la borsa, lo Stato: una storia della finanza (secoli XIII-XXI)*, Torino 2017.

Franceschi, F., *«Più necessario ai tintori del pane all'uomo». L'allume e la manifattura tessile toscana del tardo Medioevo*, in *Non solo storia. Saggi per Camillo Brezzi*, a cura di M. Baioni e P. Gabrielli, Cesena 2012, pp. 127-136.

Franceschi, F., *Maestri, compagni, nemici. L'immigrazione qualificata e le Corporazioni nelle città dell'Italia tardo-medievale*, in «Mélanges de l'École française de Rome-Moyen Âge», 131/1 (2019), pp. 505-115 (online, doi:org/10.4000/mefrm.6039).

Franceschi, F., *Il ruolo dell'allume nella manifattura tessile toscana dei secoli XIV-XV*, in «Mélanges de l'École française de Rome-Moyen Âge», 126/1 (2014), (online, doi:10.4000/mefrm.1582).

Franceschi, F., Molà, L., *Regional States and Rconomic Development*, in *The Italian Renaissace State*, a cura di A. Gamberini e I. Lazzarini, Cambridge 2012, pp. 444-466.

Franceschi, F., Taddei, I., *Le città italiane nel Medioevo (XII-XV secolo)*, Bologna 2012.

Fubini, R., *Italia quattrocentesca: politica e diplomazia nell'età di Lorenzo il Magnifico*, Milano 1994.

Gaglione, M., *Amalfi e Napoli tra alto Medioevo e età angioina*, in *Interscambi socio-culturali ed economici fra le città marinare d'Italia e l'Occidente dagli osservatori mediterranei*, Atti del Convegno (Amalfi, 14-16 maggio 2011), a cura di B. Figliuolo e P. Simbula, Amalfi 2014, pp. 33-69.

Galasso, G., *Alla periferia dell'impero. Il Regno di Napoli nel periodo spagnolo (secc. XVI-XVII)*, Torino 1994.

Galgano, F., *Società in accomandita semplice*, in *Noviss. Dig. It.*, vol. XVII, Torino 1970, pp. 565-567.

Galvani, F., *Sommario storico delle famiglie celebri toscane*, vol. III, Firenze 1864, *ad vocem*.

Gamba, C., *Licita usura: giuristi e moralisti tra Medioevo ed Età Moderna*, Roma 2003.

Ganucci Cancellieri, G., *Pistoia nel XIII secolo. Saggio storico sulla stirpe dei Cancellieri di Pistoia*, Firenze 1975.

Gentile, P., *Lo Stato napoletano sotto Alfonso I d'Aragona*, in «Archivio storico per le province napoletane», 62 (1937), pp. 1-56; 63 (1938), pp. 1-56.

Giampietro, D., *Un registro aragonese della Biblioteca Nazionale di Parigi*, in «Archivio storico per le province napoletane», 4 (1884), pp. 638-659.

Giannini, M.C., *Lomellini, Benedetto*, in *Dizionario Biografico degli Italiani*, vol. 65, Roma 2005, *ad vocem*.

Ginatempo, M., Sandri, L., *L'Italia delle città. Il popolamento urbano tra Medioevo e Rinascimento (secoli XIII-XVI)*, Firenze 1990.

Given-Wilson, C., *The Royal Household and the King's Affinity: Service, Politics and Finance in England (1360-1413)*, New Haven 1986.

Goldthwaite, R.A., *La costruzione della Firenze rinascimentale. Una storia economica e sociale*, Bologna 1984.

Goldthwaite, R.A., *L'economia della Firenze rinascimentale*, Bologna 2013 (ed. orig. *The Economy of Renaissance* [v.]).

Goldthwaite, R.A., *The Economy of Renaissance Florance*, Baltimore 2009.

Goldthwaite, R.A., *The Medici Bank and the World of Florentine Capitalism*, in «Past and Present», 114 (1987), pp. 3-31.

Goldthwaite, R.A., *Organizzazione economica e struttura famigliare*, in *I ceti dirigenti nella Toscana tardo comunale*, Atti del Convegno (Firenze, 5-7 dicembre 1980), Firenze 1983, pp. 1-13.

Goldthwaite, R.A, *The Practice and Culture of Accounting in Renaissance Florence*, in «Enterprise & Society», Cambridge Journal Online 2015, doi:10.1017/eso.2015.17.

Goldthwaite, R.A., *Private Wealth in Renaissance Florence. A Study of four Families*, New Jersey 1968.

Goldthwaite, R.A., *Raymond de Roover on de Late Medieval and Early Modern Economic History*, in R. de Roover, *Business, Banking, and Economy Tought* [v.], pp. 3-14.

*Il governo dell'economia. Italia e Penisola Iberica nel basso Medioevo*, a cura di L. Tanzini e S. Tognetti, Roma 2014.

Grohmann, A., *Le fiere del Regno di Napoli in età aragonese*, Napoli 1969.

Gradilone, A., *Longobucco e le sue miniere*, in «Archivio storico per le province napoletane», 22 (1963), pp. 57-61.

Grohmann, A., *Potere economico e potere politico nell'Europa medievale tra realtà e teoria*, in *Poteri economici e poteri politici* [v.], pp. 29-53.

Grohmann, A., *Spazio urbano e organizzazione economica nell'Europa medievale. Introduzione e problemi di metodo*, in *Spazio urbano e organizzazione economica nell'Europa medievale*, a cura di Id., Napoli 1994, pp. 7-35.

Guidi Bruscoli, F., *Banchieri senesi del primo Cinquecento tra Roma, Lione e la penisola iberica*, in *L'ultimo secolo della Repubblica di Siena. Politica e istituzioni, economia e società*, a cura di M. Ascheri e F. Nevola, Siena 2007, pp. 385-409.

Guidi Bruscoli, F., *Circolazione di notizie e andamento dei mercati nel basso medioevo*, in *Fama e* publica vox *nel Medioevo*, Atti del Convegno (Ascoli Piceno, 3-5 dicembre 2009), a cura di I. Lori Sanfilippo e A. Rigon, Roma 2011, pp. 119-146.

Guidi Bruscoli, F., *Giovanni da Verazzano*, in *Amerigo Vespucci e i mercanti viaggiatori fiorentini del Cinquecento*, a cura di M. Azzari e L. Rombai, Firenze 2013, pp. 125-129.

Guidi Bruscoli, F., *Mercanti-banchieri fiorentini tra Londra e Bruges nel XV secolo*, in *«Mercatura è arte». Uomini d'affari toscani in Europa e nel Mediterraneo tardomedievale*, a cura di L. Tanzini e S. Tognetti, Roma 2012, pp. 11-44.

Guidi Bruscoli, F., *I mercanti medievali e l'invio della corrispondenza: modalità e strategie*, in «Archivio per la storia postale», n.s., 8 (2016), pp. 9-32.

Guidi Bruscoli, F., *Le tecniche bancarie*, in *Il Rinascimento italiano e l'Europa*, vol. IV, *Commercio e cultura mercantile*, a cura di F. Franceschi, R.A. Goldthwaite e R.C. Mueller, Vicenza 2007, pp. 543-566.

Guidi Bruscoli, F., *Tessuti di seta fra la penisola italiana e l'Oltralpe nel Rinascimento*, in *Fili d'oro e dipinti di seta. Velluti e ricami tra Gotico e Rinascimento*, a cura di L. Dal Prà, M. Carmignani e P. Peri, Trento 2019, pp. 68-77.

Guidi, A., *Machiavelli, Bernardo*, in *Enciclopedia machiavelliana*, vol. II, Roma 2014, pp. 109-112.

Harsch, M., *Niccolò di Piero di Giunta Del Rosso, tintore a Prato alla fine del Trecento*, in *Un panno medievale dell'azienda pratese di Francesco Dantini. Studio e ricostruzione sperimentale*, a cura di D. Degl'Innocenti e G. Nigro, Firenze 2021, pp. 53-61.

Harsch, M., *L'impatto dell'attività tintoria sull'ambiente. Firenze alla fine del Medioevo*, in «Imprese e Storia», 45 (2022), pp. 26-49.

Heers, J., *Jacques Coeur: 1400:1456*, Paris 1997.

Herlihy, D., *Family Solidarity in the Medieval Italian History*, in *Economy, Society and Government in Medieval Italy. Essays in Memory of Robert L. Reynolds*, ed. by D. Herlihy, R.S. Lopez and V. Slessarev, Kent 1969, pp. 173-184.

Herlihy, D., Klapisch Zuber, C., *I Toscani e le loro famiglie. Uno studio sul catasto fiorentino del 1427*, Bologna 1988.

Hoshino, H., *L'arte della lana a Firenze nel basso Medioevo: il commercio della lana e il mercato dei panni fiorentini nei secoli XIII-XV*, Firenze 1980.

Hoshino, H., *Industria tessile e commercio internazionale nella Firenze del tardo Medioevo*, a cura di F. Franceschi e S. Tognetti, Firenze 2001.

Houben, H., *L'Ordine religioso-militare dei Teutonici a Cerignola, Corneto e Torre Alemanna*, in «Kronos. Periodico del Dipartimento dei Beni, delle Arti e della Storia dell'Università di Lecce», 2 (2001), pp. 17-44.

Hunt, E.S., *The Medieval Super-Companies: A study of the Peruzzi company of Florence*, Cambridge 1994.

*Identidades urbanas Corona de Aragón-Italia. Redes económicas, estructuras institucionales, funciones políticas (siglos XIV-XV)*, a cura di P. Iradiel Murugarren, G. Navarro Espinach, D. Igual Luis y C. Villanueva, Zaragoza 2016.

Igual Luis, D., *Los banqueros del Papa: Ambrogio Sopannocchi y sus herederos (1450-1504)*, in *De València a Roma a través dels Borja*, Atti del Congresso (València, 23-26 febbraio 2000), a cura di P. Iradiel Murugarren e J.M. Cruselles, València 2006, pp. 147-181.

Igual Luis, D., *La difusión de productos en el Mediterráneo y en Europa occidental en el tránsito de la Edad Media a la Moderna*, in *Fiere e mercati nella integrazione delle economie europee. Secc. XIII-XVIII*, Atti della XXXII Settimana di studi dell'Istituto Internazionale di storia economica "F. Dantini" (8-12 maggio 2000), a cura di S. Cavaciocchi, Firenze 2001, pp. 453-494.

Igual Luis, D., *Entre Valencia y Nápoles. Banca y hombres de negocios desde el reinado de Alfonso el Magnánimo*, in «En la España Medieval», 24 (2001), pp. 103-143.

Igual Luis, D., *Los grupos mercantiles y la expansión politica de la Corona de Aragón*, in *Il governo dell'economia* [v.], pp. 9-32.

Igual Luis, D., *Sieneses en la Valencia bajomedieval: los Spannochi y sus representantes empresariales*, in *L'ultimo secolo della Repubblica di Siena. Politica e istituzioni, economia e società*, a cura di M. Ascheri e F. Nevola, Siena 2007, pp. 333-360.

Igual Luis, D., *València e Italia en el siglo XV. Rutas, mercados y hombres de negocios en el espacio economico del Mediterraneo Occidental*, València 1998.

*Institutions, Innovation and Industrialization: Essays in Economic History and Development*, a cura di A. Greif, L. Kiesling e J.V.C. Nye, Princepton 2015.

Iradiel Murugarren, P., *En el Mediterráneo occidental peninsular: dominantes y periferias dominadas en la Baja Edad Media*, in «Areas. Revista de Ciencias Sociales», Murcia 1986, pp. 64-77.

Iradiel Murugarren, P., *La idea de Europa y la cultura de las élites mercantiles*, in *Aragón en la Edad Media. Sociedad, culturas e ideologías en la España bajomedieval: sessiones de trabajo. Seminario de Historia Medieval*, Zaragoza 2000, pp. 115-132.

Iradiel Murugarren, P., *El Mediterráneo Medieval y València. Economía, sociedad, historia*, València 2017.

Jacoviello, M., *Strozzi e Medici nel regno di Napoli durante la seconda metà del secolo XV*, in *Venezia e Napoli nel Quattrocento. Rapporti fra i due stati e altri saggi*, Napoli 1992, pp. 185-210.

Kaeuper, R.W., *The Frescobaldi of Florence and the English Crown*, in «Studies in Meideval and Renaissance History», 10 (1973), pp. 41-95.

Kent, F.W., *Household and Lineage in Renaissance Florence: The Family Life of the Capponi, Ginori and Rucellai*, Princeton 1977.

Kent, F.W., *The Rise of Medici: Faction in Florence, 1426-1434*, Oxford 1978.

Klapisch-Zuber, C., *Ritorno alla politica. I magnati fiorentini 1340-1440*, Roma 2009.

Lane, F.C., *I mercanti di Venezia*, Torino 1982.

Lane, F.C., *Le navi di Venezia fra i secoli XIII e XVI*, Torino 1983.

Lane, F.C., Mueller, R.C., *Money and Banking in Medieval and Renaissance Venice*, I: *Coins and Money of Account*, Baltimore-London 1985.

Lapeyre, H., *Une lettre de change endossée en 1430*, in «Annales E.S.C.», 13 (1958), pp. 260-264.

Le Goff, J., *Tempo della Chiesa e tempo del mercante. Saggi sul lavoro e la cultura nel Medioevo*, Torino 2000.

Leone, A., *L'artigianato napoletano nella moda e nel costume italiano del Quattrocento*, in Id., *Ricerche sull'economia meridionale* [v.], pp. 65-73.

Leone, A., *Aspetti dell'economia: l'artigianato*, in Id., *Profili economici della Campania aragonese* [v.], pp. 13-56.

Leone, A., *Il capitale fiorentino a Napoli in un inedito registro delle Carte Strozziane*, in Id., *Profili economici della Campania aragonese* [v.], pp. 98-101.

Leone A., *Caratteri dell'economia mercantile pugliese (1467-1488)*, in Id., *Mezzogiorno e Mediterraneo* [v.], pp. 83-106.

Leone, A., *Il ceto notarile del Mezzogiorno nel basso Medioevo: saggi e note critiche*, Napoli 1990.

Leone, A., *Il commercio a Napoli e nell'Italia meridionale nel XV secolo. Fonti e problemi*, Napoli 2003.

Leone, A., *L'interesse nel cambio: una discussione da riprendere*, in Id., *Mezzogiorno e Mediterraneo* [v.], pp. 11-15.

Leone, A., *Intorno alla conclusione dell'operazione cambiaria (secolo XV)*, in Id., *Mezzogiorno e Mediterraneo* [v.], pp. 31-42.

Leone, A., *Maritime Insurance as a Source for the History of International Credit in the Middle Ages*, in Id., *Mezzogiorno e Mediterraneo* [v.], pp. 43-51.

Leone, A., *Mezzogiorno e Mediterraneo. Credito e mercato internazionale nel secolo XV*, Napoli 1988.

Leone, A., *Note sul movimento cambiario nella seconda metà del secolo XV: Barcellona-Avignone-Napoli*, in Id., *Mezzogiorno e Mediterraneo* [v.], pp. 55-68.

Leone, A., *Profili economici della Campania aragonese*, Napoli 1983.

Leone, A., *Il Regno di Napoli e l'età aragonese*, in Id., *Mezzogiorno e Mediterraneo* [v.], pp. 127-145.

Leone, A., *Una ricerca di storia rurale (1466-1478) nell'archivio notarile di Sala Consilina*, in *Storia del Vallo di Diano*, II, *Età medievale*, a cura di N. Cilento, Salerno 1982, pp. 177-260.

Leone, A., *Ricerche sull'economia meridionale dei secoli XIII-XV*, Napoli 1994.

Leone, A., *Some Preliminary Remarks on the Study of Foreign Currency Exchange in the Medieval Period*, in Id., *Mezzogiorno e Mediterraneo* [v.], pp. 17-29.

Leone, A., *Il versante adriatico del Regno nell'ultimo quarto del secolo XV: Trani, 1484-1488*, in Id., *Mezzogiorno e Mediterraneo* [v.], pp. 69-81.

Leone, A., *Sull'artigianato napoletano nel periodo aragonese*, in *Mediterraneo, Mezzogiorno, Europa. Studi in onore di Cosimo Damiano Fonseca*, a cura di G. Andenna e H. Houben, Bari 2004, pp. 691-697.

*Lettere e registrazioni di mercanti-banchieri e ambasciatori per la storia di Roma nel contesto italiano ed europeo (XIV-XVI secolo)*, a cura di A. Fara e E. Plebani, Roma 2022.

Levarotti, F., *Famiglia e istituzioni nel Medioevo italiano. Dal tardo antico al Rinascimento*, Roma 2005.

Licinio, R., *Aspetti della gestione economica di San Leonardo di Siponto all'epoca dei Teutonici*, in *San Leonardo di Siponto. Cella monastica, canonica, domus Theutonicorum*, Atti del Convegno (Manfredonia, 18-19 marzo 2005), a cura di H. Houben, Galatina 2006, pp. 153-165.

Licinio, R., *Masserie medievali. Masserie, massari e carestie da Federico II alla Dogana delle pecore*, Bari 1998.

Licinio, R., *L'organizzazione del territorio tra XIII e XV secolo*, in *Civiltà e culture della Puglia*, vol. III, *La Puglia tra Medioevo ed età Moderna*, Milano 1981, pp. 202-272.

Licinio, R., *Teutonici e masserie nella Capitanata dei secoli XIII-XV*, in *L'Ordine Teutonico nel Mediterraneo*, Atti del Convegno (Torre Alemanna-Mesagne-Lecce, 16-18 ottobre 2003), a cura di H. Houben, Galatina 2004, pp. 175-195.

Licinio, R., *Uomini e terre nella Puglia medievale. Dagli Svevi agli Aragonesi*, con presentazione di G. Cherubini, Bari 2009.

Ligresti, D., *Mercanti, banchieri e imprenditori*, in *Sicilia aperta (secc. XV-XVIII)*, in «Quaderni Mediterranei», 3 (2006), pp. 302-355.

*L'impresa: industria, commercio, banca (secc. XIII-XVIII)*, Atti della Settimana di studi (30 aprile-4 maggio 1990), a cura di S. Cavaciocchi, Firenze 1991.

*Linguaggi e ideologie del Rinascimento monarchico aragonese (1442-1503). Forme della legittimazione e sistemi di governo*, a cura di F. Delle Donne e A. Iacono, Napoli 2018.

Lopez, R.S., *The Commercial Revolution in the Middle Age, 950-1350*, Englewood Cliffs (NJ) 1971.

Lopez, R.S., *The Trade of Medieval Europe: The South*, in *Cambridge Economic History of Europe*, a cura di M.M. Postan, E.E. Rich e E. Miller, Cambridge 1963, vol. II, pp. 257-354.

Lopez, R.S., *Le origini della banca medievale*, in *L'alba della banca* [v.], pp. 7-32.

Lowry, M., *Nicolas Jenson e le origini dell'editoria veneziana nell'Europa del Rinascimento*, Roma 2002.

Luhmann, N., *L'economia della società*, Milano 2020 (ed. orig. 1988).

Luzzati, M., *Buondelmonti, Iacopo*, in *Dizionario Biografico degli Italiani*, vol. 15, Roma 1972, *ad vocem*.

Luzzatto, G., *Storia economica dell'età moderna e contemporanea*, Padova 1934.

Luzzatto, G., *Studi sulle relazioni commerciali tra Venezia e la Puglia*, in «Nuovo archivio veneto», n.s., 4 (1904), pp. 174-195.

Mandich, G., *Per una ricostruzione delle operazioni mercantili e bancarie della compagnia dei Covoni*, in *Libro giallo della compagnia dei Covoni*, a cura di A. Sapori, Milano 1970, pp. XCIX-CCXXIII.

Maniaci, M., *Archeologia del manoscritto. Metodi, problemi, bibliografia recente*, Roma 2002.

Mantelli, R., *Burocrazia e finanze pubbliche nel regno di Napoli a metà Cinquecento*, Napoli 1981.

*Marine Insurance: Origins and Institutions, 1300-1850*, edited by A.B. Leonard, Basingstoke 2016.

Marino, J.A., *L'economia pastorale nel Regno di Napoli*, Napoli 1992.

Martin, J.M., *Amalfi e le città marinare del Mezzogiorno d'Italia*, in «Rassegna del Centro di cultura e storia amalfitana», 39-40 (2010), pp. 31-51.

Martines, L., *La famiglia Martelli e un documento sulla vigilia del ritorno dall'esilio di Cosimo dei Medici (1434)*, in «Archivio storico italiano», 117 (1959), pp. 29-43.

Martines, L., *La congiura dei Pazzi*, Milano 2022.

Martines, L., *The Social World of the Florentine Humanists, 1390-1460*, Princeton 1963.

Mastrolilli, M., *I lettori della Scuola di medicina di Napoli dal sec. XIII alla fine del sec. XVIII*, Napoli 1906.

Mayordomo García-Chicote, F., *La Taula de Canvis. Aportación a la historia de la contabilidad valenciana (signols XIII-XVII)*, València 2002.

Mazzoleni, J., *Regesto delle pergamene di Castelcapuana: (a. 1268-1789)*, Napoli 1942.

Mazzoleni, J., *Lavori a Castel dell'Ovo nell'epoca aragonese*, in «Archivio storico per le province napoletane», 85-86 (1970), pp. 377-382.

Melis, F., *Aspetti della vita economica medievale (Studi nell'Archivio Datini di Prato)*, Firenze 1962.

Melis, F., *L'azienda nel Medioevo*, a cura di M. Spallanzani, Firenze 1991.

Melis, F., *La banca pisana e le origini della banca moderna*, ed. a cura di M. Spallanzani, Firenze 1987.

Melis, F., *Di alcune girate cambiarie dell'inizio del Cinquecento rinvenute a Firenze*, in «Moneta e credito», 6 (1953), pp. 3-27 (ora in Id., *La banca pisana e le origini* [v.], pp. 1-48).

Melis, F., *Documenti per la storia economica dei secoli XIII-XVI*, Firenze 1972.

Melis, F., *L'economia fiorentina del Rinascimento*, a cura di B. Dini, Milano 1984, pp. 187-214.

Melis, F., *Figure e fatti della vita economica medievale (sec. XIV-XV)*, Pisa 1964.

Melis, F. *Una girata cambiaria del 1410 nell'Archivio Datini di Prato*, in «Economia e storia», 5 (1958), pp. 412-421.

Melis, F., *La grande conquista trecentesca del «credito di esercizio» e la tipologia dei suoi strumenti fino al XVI secolo*, in Id., *La banca pisana e le origini* [v.], pp. 307-324.

Melis, F., *Industria e commercio nella Toscana medievale*, a cura di B. Dini, Firenze 1989.

Melis, F., *Influenze datiniane nel sistema economico europeo, secoli XIV-XV*, in Id., *I mercanti italiani nell'Europa medievale* [v.], pp. 35-44.

Melis, F., *Intensità e regolarità della diffusione dell'informazione economica generale nel Mediterraneo e in Occidente alla fine del Medioevo*, in Id., *I trasporti e le comunicazioni nel Medioevo*, a cura di L. Frangioni, Firenze 1984, pp. 179-223.

Melis, F., *I mercanti italiani nell'Europa medievale e rinascimentale*, a cura di L. Frangioni, Firenze 1990.

Melis, F., *Napoli e il suo Regno nelle fonti aziendali toscane nel XIV-XV secolo*, in Id., *I mercanti italiani nell'Europa medievale* [v.], pp. 367-388.

Melis, F., *Nell'Archivio Datini di Prato la documentazione più remota del giornale in partita doppia (1403)*, in «Archivio storico pratese», 29 (1953), pp. 3-24.

Melis, F. *Origini e sviluppi delle assicurazioni in Italia (secoli XIV-XVI)*, vol. 1, *Le fonti*, Roma 1975.

Melis, F., *I rapporti economici fra la Spagna e l'Italia nei secoli XIV-XVI secondo la documentazione italiana*, in Id., *I mercanti italiani nell'Europa medievale* [v.], pp. 233-249.

Melis, F., *Le società commerciali a Firenze dalla seconda metà del XIV al XVI secolo*, in Id., *L'azienda nel Medioevo* [v.], pp. 161-178.

Melis, F., *Storia della ragioneria*, Bologna 1950.

Melis, F., *Sulla non-astrattezza dei titoli di credito del basso medioevo*, in *Studi in onore di Giuseppe Chiarelli*, Milano 1974, pp. 3687-3701 (ora in Id., *La banca pisana e le origini* [v.], pp. 343-356).

Melis, F., *Lo sviluppo economico della Toscana e internazionale dal sec. XIII al sec. XIV*, in Id., *Industria e commercio nella Toscana medievale*, a cura di B. Dini, Firenze 1989, pp. 3-26.

*Le migrazioni in Europa secc. XIII-*XVIII, Atti della Settimana di studi (3-8 maggio 1993), a cura di S. Cavaciocchi, Firenze 1994.

Mineo, I., *Nazione, periferia, sottosviluppo. La Sicilia medievale di Henri Bresc*, in «Rivista Storica Italiana», 101/2 (1989), pp. 722-758.

Minieri Riccio, C., *Gli artisti ed artefici che lavoravano in Castel Nuovo a tempo di Alfonso I e Ferrante I di Aragona*, Napoli 1876.

Molà, L., *The Silk Industry of Renaissance Venice*, Baltimore-London 2000.

Montecchi, G., *Il libro nel Rinascimento*, vol. II, *Scrittura, immagine, testo e contesto*, Roma 2005.

Morra, D., *D'amore e dissensione. L'apparato fiscale del Regno come spazio di coordinamento politico-sociale (1463-1494)*, in *Ancora su poteri, relazioni, guerra nel regno di Ferrante d'Aragona. Studi sulle corrispondenze diplomatiche II*, a cura di A. Russo, F. Senatore e F. Storti, Napoli 2020, pp. 27-54.

Morra, D., *Fisco, società e potere nel Mezzogiorno tardomedievale. Esperimenti di ricerca storica tra fonti e linked open data*, tesi di dottorato, Università degli Studi di Napoli "Federico II", XXXIII ciclo (2021).

Morra, D., *Vivere per gabelle. Spunti comparativi sulle fiscalità municipali nel regno di Napoli tardomedievale: l'area pugliese fra giurisdizioni e mercati*, in «Reti Medievali Rivista», 24, 1 (2023), online: http://rivista.retimedievali.it.

Mueller, R.C., *«Chome l'ucciello di passagio»: la demande saisonnière des espèces et le marché de change à Venise au Moyen Age*, in *Études d'histoire monétaire*, a cura di J. Day, Lille 1984, pp. 195-219.

Mueller, R.C., *Money and Banking in Medieval and Renaissance Venice*, vol. I, *Coins and Moneys of Account*, Baltimore e London 1985 (rist. 2020, con F.C. Lane).

Mueller, R.C., *The Venetian Money Market: Banks, Panics and the Public Debt, 1200-1500*, Baltimore-London 1997 (rist. 2019).

Munro, J.H., *Il bullionismo e la cambiale in Inghilterra, 1272-1663: politica monetaria e pregiudizio popolare*, in *L'alba della banca* [v.], pp. 193-269.

Musarra, A., *Genova e il mare nel Medioevo*, Bologna 2015.

Musarra, A., *Medioevo marinaro. Prendere il mare nell'Italia medievale*, Bologna 2021.

Musi, A., *Napoli, una capitale e il suo Regno*, Milano 2003.

Muto, G., *Napoli capitale e corte. Linguaggi e pratiche di potere nell'Italia spagnola*, Roma 2023,

Muzzarelli, M.G., *Guardaroba medievale. Vesti e società dal XIII al XVI secolo*, Bologna 1999.

Muzzarelli, M.G., *Valore/valori e oggetti della moda nel basso Medioevo*, in «Reti Medievali Rivista», 24/1 (2023), pp. 439-448.

Navarro Espinach, G., *Los origines de la sederia valenciana (siglos XV-XVI)*, València 1999.

Navarro Espinach, G., Igual Luis, D., *Mercaderes-banqueros en tiempos de Alfonso el Magnánimo*, in *La Corona d'Aragona ai tempi di Alfonso il Magnanimo* [v.], pp. 949-967.

Navarro Espinach, G., Igual Luis, D., *La tesorería general y los banqueros de Alfonso V el Magnánimo*, Castellón de la Plana 2002.

Nehlsen-von Stryk, K., *Die venezianische Seeversicherung im 15. Jahrhundert*, Ebelsbach 1986 (trad. it. *L'assicurazione marittima a Venezia nel XV secolo*, Roma 1986).

Nicolini, U., *Studi storici sul pagherò cambiario*, Milano 1936.

North, D., *Structure and Change in Economic History*, New York 1981 (trad. it. *Istituzioni, cambiamento istituzionale, evoluzione dell'economia*, Bologna 2006).

Nuovo, A., *Il commercio librario nell'Italia del Rinascimento*, Milano 2003.

*Origini dello Stato. Processi di formazione statale in Italia fra Medioevo ed età Moderna*, a cura di G. Chittolini, A. Mohlo e P. Schipa, Bologna 1994.

Orlandelli, G., *Osservazioni sulla scrittura mercatesca nei secoli XIV e XV*, in *Studi in onore di Riccardo Filangieri*, Napoli 1959, vol. I, pp. 445-460.

Orlando, E., *Medioevo migratorio. Mobilità, contatti e interazioni in Italia nei secoli V-XV*, Bologna 2022.

Palermo, L., *Un aspetto della presenza dei Fiorentini a Roma nel '400: le tecniche economiche*, in *Forestieri e stranieri nelle città basso-medievali*, Atti del Seminario Internazionale di Studio (Bagno a Ripoli, 4-8 luglio 1984), Firenze 1988, pp. 81-96.

Palermo, L., *La banca e il credito nel Medioevo*, Milano 2008.

Palermo, L., *Banchi privati e finanze pubbliche nella Roma del primo Rinascimento*, in *Banchi pubblici, banchi privati e monti di pietà nell'Europa preindustriale. Amministrazione, tecniche operative e ruoli economici*, 2 voll., Genova 1991, I, pp. 435-459.

Palermo, L. *La finanza pontificia e il banchiere "depositario" nel primo Quattrocento*, in *Studi in onore di Ciro Manca*, a cura di D. Strangio, Padova 2000, pp. 349-378.

Palermo, L., *I mercanti e la moneta a Roma nel primo Rinascimento*, in *Economia e società a Roma tra Medioevo e Rinascimento. Studi dedicati a Arnold Esch*, a cura di A. Esposito e L. Palermo, Roma 2005, pp. 243-281.

Palermo, L., *La rendita e gli spazi urbani nella formazione del mercato immobiliare romano rinascimentale*, in *Mercato immobiliare e spazi urbani nella Roma del Rinascimento*, a cura di Id., Roma 2022, pp. 5-32.

Palmarocchi, R., *Martelli*, in *Enciclopedia italiana*, Roma 1934, *ad vocem*.

Palmarocchi, R., *Pazzi*, in *Enciclopedia Italiana*, Roma 1935, *ad vocem*.

Palmarocchi, R., *Vespucci*, in *Enciclopedia italiana*, Roma 1937, *ad vocem*.

Pampaloni, G., *Bandini dei Baroncelli, Bernardo*, in *Dizionario Biografico degli Italiani*, vol. 5, Roma 1963, *ad vocem*.

Pampaloni, G., *Biliotti, Biliotto*, in *Dizionario Biografico degli Italiani*, vol. 10, Roma 1968, *ad vocem*.

Panella, A., *Ridolfi*, in *Enciclopedia italiana*, Roma 1936, *ad vocem*.

Parigino, G., *Ginori, Tommaso*, in *Dizionario biografico degli italiani*, vol. 55, Roma 2001, *ad vocem*.

Passerini, L., *Genealogia e storia della famiglia Corsini*, Firenze 1858.

Passerini, L., *Genealogia e storia della famiglia Ginori*, Firenze 1876.

Passerini, L., *Genealogia e storia della famiglia Rucellai*, Firenze 1861.

Patroni Griffi, F., *Banchieri e gioielli alla corte aragonese di Napoli*, Napoli 1984.

Patroni Griffi, F., *Una lettera di Piero Capponi del 3 settembre 1485 a Gioacchino Guasconi*, in «Studi storici meridionali», 5/1 (1985), pp. 103-104.

Palagi, G., *Il Convito fatto ai figliuoli del re di Napoli da Benedetto Salutati e compagni, mercanti Fiorentini, il 16 di febbraio del 1476*, Firenze 1873.

*Périphéries financières angevines. Institutions et pratiques de l'administration de territoires composites (XIIIe-XV[e] siècle)*, a cura di S. Morelli, Roma 2018.

*Per i Settecento anni del Regno di Sardegna. Una nuova società: un lungo processo di integrazione*, in «Rivista dell'Istituto di Storia dell'Europa Mediterranea», n.s., 13/2, dicembre 2023 (online, https://rime.cnr.it/index.php/rime/issue/view/52/54).

Petracca, L., *L'espansione del circuito fieristico regionale nel Quattrocento. Fiere e mercati in Terra di Bari e Terra d'Otranto*, in *Territorio, culture e poteri nel Medioevo e oltre. Scritti in onore di Benedetto Vetere*, 2 voll., a cura di C. Massaro e Ead., II, Galatina 2011, pp. 449-469.

Petracca, L., *Gli inventari di Angilberto Del Balzo, conte di Ugento e duca di Nardò. Modelli culturali e vita di corte nel Quattrocento Meridionale*, Roma 2013.

Petracca, L., *Pirro del Balzo: barone fedele divenuto "adverso" che "pretendeva lui farsi re". Dinamiche politiche e strategie di potere al tempo di Ferrante d'Aragona*, in «Bullettino dell'Istituto storico italiano per il Medioevo», 117 (2015), pp. 381-436.

Petracca, L., *Il principe, la città, il porto. Strategie di potenziamento dello scalo marittimo di Taranto al tempo di Giovanni Antonio Orsini del Balzo (1420-1463)*, in «Mediaeval Sophia. Studi e ricerche sui saperi medievali, peer e-rewieu annuale dell'Officina di Studi Medievali», 23 (2021), pp. 83-93.

Petracca, L., *Stravaganze e oggetti esotici a corte nell'Italia meridionale del Quattrocento: alcuni casi di studio*, in *La Edad Media en la Europa meridional. Gentes, dinámicas y procesos*, a cura di R. González González, R. Martínez Peñín e S.M. Pérez González, Huelva 2023, pp. 251-276.

Petracca, L., *Le terre dei baroni ribelli. Poteri feudali e rendita signorile nel Mezzogiorno aragonese*, Roma 2022.

Petracca, L., *The Trade Fair Network in Apulia. during the Thirteenth and the Fourteenth Centuries*, in «Historical Research», 20 (2021) (online, doi:10.1093/hisres/htab038).

Petralia, G., *Banchieri e famiglie mercantili nel Mediterraneo aragonese. L'emigrazione dei pisani in Sicilia nel Quattrocento*, Pisa 1989.

Petralia, G., *La nuova Sicilia tardomedievale: un commento al libro di Epstein*, in «Revista d'Historia Medieval», 5 (1994), pp. 137-162.

Petralia, G., *Per la storia dell'emigrazione quattrocentesca da Pisa e della migrazione Toscana-Sicilia nel basso Medioevo*, in *Strutture familiari, epidemie, migrazioni nell'Italia medievale*, a cura di R. Comba, G. Piccinni e G. Pinto, Napoli 1984, pp. 373-388.

Petralia, G., *Problemi della mobilità sociale dei mercanti (secoli XII-XIV, Italia e Mediterraneo europeo)*, in *La mobilità sociale nel Medioevo*, a cura di S. Carocci, Roma 2010, pp. 247-271.

Petralia, G., *Sui Toscani in Sicilia tra '200 e '300: la penetrazione sociale e il radicamento nei ceti urbani*, in *Commercio, finanza, funzione pubblica. Stranieri e realtà urbane in Sicilia e Sardegna nei secoli XIII-XV*, a cura di M. Tangheroni, Napoli 1989, pp. 129-218.

Petralia, G., *I Toscani nel Mezzogiorno medievale: genesi ed evoluzione trecentesca di una relazione di lungo periodo*, in *La Toscana nel secolo XIV*, Atti del Convegno (San Miniato, ottobre 1986), Pisa 1988, pp. 287-336.

Petrucci, F., *Carafa, Antonio*, in *Dizionario Biografico degli Italiani*, vol. 19, Roma 1976, *ad vocem*.

Petrucci, F., *Coppola, Francesco*, in *Dizionario Biografico degli Italiani*, vol. 28, Roma 1983, *ad vocem*.

Petrucci, F., *del Balzo, Pirro*, in *Dizionario Biografico degli Italiani*, vol. 36, Roma 1988, *ad vocem*.

Petti Balbi, G., *Una città e il suo mare. Genova nel Medioevo*, Bologna 1991.

Petti Balbi, G., *Negoziare fuori patria. Nazioni e genovesi in età medievale*, Genova 2005.

Petti Balbi, G., *Le strategie mercantili di una grande casata genovese: Francesco Spinola tra Bruges e Malaga (1420-1456)*, in «Serta antiqua et mediaevalia», n.s., 1 (1997), pp. 379-393.

Pezzarossa, F., *La tradizione fiorentina della memorialistica*, in *La "memoria" dei mercatores. Tendenze ideologiche, ricordanze, artigianato in versi nella*

*Firenze del Quattrocento*, a cura di G.M. Anselmi, Id. e L. Avellini, Bologna 1980, pp. 39-149.
Piattoli, R., *Scornigiani*, in *Enciclopedia Dantesca*, Roma 1970, *ad vocem*.
Piccinno, L., *Genoa, 1340-1620: Early Development of Marine Insurance*, in *Marine Insurance: Origins and Institutions, 1300-1850*, a cura di A.B. Leonard, Basingstoke 2015, pp. 25-45.
Picotti, G.B., Gabrieli, G., *Corsini*, in *Enciclopedia Italiana Treccani*, Roma 1930, *ad vocem*.
Pinto, G., *I fiorentini nel Regno di Napoli in età angioina*, in Id., *Firenze medievale e dintorni* [v.], pp. 41-57.
Pinto, G., *Firenze medievale e dintorni*, Roma 2016.
Pinto, G., *Gli stranieri nelle realtà locali dell'Italia basso-medievale: alcuni percorsi tematici*, in *Dentro la città. Stranieri e realtà urbane nell'Europa dei secoli XII-XVI*, a cura di G. Rossetti, Napoli 1992, pp. 25-35.
Plebani, E., *Pandolfini, Agnolo*, in *Dizionario Biografico degli Italiani*, vol. 80, Roma 2014, *ad vocem*.
Plebani, E., *Pandolfini, Battista*, in *Dizionario biografico degli italiani*, vol. 80, Roma 2014, *ad vocem*.
Poloni, A., *I banchieri del re. La monarchia angioina e le compagnie toscane da Carlo I a Roberto I*, in *Périphéries financières angevines* [v.], pp. 309-330.
Pontieri, E., *Ferrante d'Aragona re di Napoli*, Napoli 1969.
Pontieri, E., *La Puglia nel quadro della monarchia degli Aragonesi di Napoli*, Atti del Congresso (Bari, 15-17 dicembre 1968), Bari 1969, pp. 19-52.
*Poteri economici e poteri politici (secc. XIII- XVIII)*, Atti della XXX Settimana di Studio dell'Istituto internazionale di Storia economica F. Dantini (Prato, 27 aprile - 1° maggio 1998), a cura di S. Cavaciocchi, Firenze 1999.
*Poteri, relazioni, guerra nel regno di Ferrante d'Aragona. Studi sulle corrispondenze diplomatiche*, a cura di F. Senatore, F. Storti, Napoli 2011.
Prestwich, M., *Mercanti italiani in Inghilterra tra la fine del XIII secolo e l'inizio del XIV*, in *L'alba della banca* [v.], pp. 89-121.
*Un principato territoriale nel Regno di Napoli. Gli Orsini del Balzo principi di Taranto (1399-1463)*, Atti del Convegno (Lecce, 20-22 ottobre 2009), a cura di L. Petracca e B. Vetere, Roma 2013.
*Principi e corti nel Rinascimento meridionale. I Caetani e le altre signorie nel Regno di Napoli*, a cura di F. Delle Donne e G. Pesiri, Roma 2020.

*Quaderni di sicurtà. Documenti di storia delle assicurazioni*, a cura di M. Bonomelli, Milano 2012.

Ragosta, R., *Napoli, città della seta. Produzione e commercio in età moderna*, Roma 2009.

Rammairone, E., *Bisticci da, Vespasiano*, in *Dizionario biografico degli italiani*, vol. 99, Roma 2020, *ad vocem.*

Ramsey, P.H., *The Unimportance of Double-Entry Bookkeeping: Did Luca Pacioli really Matter?*, in *L'impresa: industria, commercio, banca* [v.], pp. 189-196.

«*Il Re cominciò a conoscere che il Principe era un altro Re*». *Il Principato di Taranto e il contesto mediterraneo (secc. XII-XV)*, a cura di G.T. Colesanti, Roma 2014.

Reinhardt, V., *I Medici: potere e affari nella Firenze del Rinascimento*, Roma 2002.

Repetti, E., *Dizionario geografico fisico storico della Toscana contenente la descrizione di tutti i luoghi del granducato*, Firenze 1833.

*La repubblica internazionale del denaro tra XV e XVII secolo*, a cura A. De Maddalena e H. Kellenbenz, Bologna 1986.

Ristori, R., *Corsini, Filippo*, in *Dizionario Biografico degli Italiani*, vol. 29, Roma 1983, *ad vocem.*

Riu, M., *Banca e società in Aragona fra tardo Medioevo e prima età moderna*, in *L'alba della banca* [v.], pp. 151-188.

Rivera Magos, V., *La «Chiave de tutta la Puglia». Presenze straniere, attività commerciali e interessi mediterranei a Manfredonia "agriporto" di Capitanata (secoli XIII-XVI)*, in *Storia di Manfredonia*, I, *Il Medioevo*, Manfredonia 2008, pp. 63-99.

Rossi, A., *Decameron: pratiche testuali e interpretative*, Bologna 1982.

Rossi, R., *La lana nel regno di Napoli. Produzione e commercio*, Torino 2007.

Rubinstein, N., *Il governo di Firenze sotto i Medici (1434-1494)*, Firenze 1999 (prima ed. 1971).

Russo, A., *Federico d'Aragona (1451-1504). Politica e ideologia nella dinastia aragonese di Napoli*, Napoli 2018.

Russo, E., *Il registro contabile di un segretario regio nella Napoli aragonese*, in «Reti Medievali Rivista», 14/1 (2013), pp. 415-547.

Russo, E., *La corte del re di Napoli Ferrante I d'Aragona (1458-1494): tradizione e innovazioni*, in «e-Spania», 20 febbraio 2015 (online, doi.org/10.4000/e-spania.24273).

Russo, E., *La Tesoreria generale della Corona d'Aragona ed i bilanci del Regno di Napoli al tempo di Alfonso il Magnanimo (1416-1458)*, tesi di dottorato, Universitat de València, 2016.

Russo, E., *Pratiche aragonesi nel Regno di Napoli: i conti della tesoreria generale di Alfonso V d'Aragona*, in *Istituzioni, scritture, contabilità. Il caso molisano nell'Italia medievale (secc. XIV-XVI*), a cura di I. Lazzarini, A. Miranda e F. Senatore, Roma 2017, pp. 147-164.

Russo, S., Violante, F., *Élites fondiarie e ceti mercantili nella Puglia centro-settentrionale tra tardo medioevo e prima età moderna*, in *I centri minori italiani nel tardo medioevo. Cambiamento sociale, crescita economica, processi*

*di ristrutturazione (secoli XIII-XVI)*, a cura di F. Lattanzio e G.M. Varanini, Firenze 2018, pp. 371-398.
Ryder, A., *The Kingdom of Naples Under Alfonso the Magnanimous: The Making of a Modern State*, Oxford 1976.
Ryder, A., *Cloth and Credit: Aragonese war finance*, in «War and Society», 2/1 (1984), pp. 1-21.
Ryder, A., *de Guevara, Iñigo*, in *Dizionario Biografico degli Italiani*, vol. 60, Roma 2003, *ad vocem*.

Sakellariou, E., *Demography, Economy, and Trade*, in *A Companion to the Renaissance in Southern Italy (1350-1600)*, a cura di B. de Divitiis, Leiden-Boston 2023, pp. 65-93.
Sakellariou, E., *Southern Italy in the Late Middle Ages: Demographic, Institutional and Economic Change in the Kingdom of Naples, c. 1440-c. 1530*, Leiden-Boston 2012.
Sanffiotti Bernardi, S., *Nerli*, in *Enciclopedia dantesca*, Roma 1970, *ad vocem*.
Sanfilippo, M., *Pio III, papa*, in *Dizionario Biografico degli Italiani*, vol. 83, Roma 2015, *ad vocem*.
Sansoni, A., *Francesco Coppola imprenditore nella Napoli aragonese*, tesi di dottorato, Università degli Studi di Napoli "Federico II", XXX ciclo (2017).
Santangelo, M., *La nobiltà di Seggio napoletana e il riuso politico dell'Antico tra Quattro e Cinquecento: Il "Libro terczo de regimento de l'Opera de li homini jllustri sopra de le medaglie" di Pietro Jacopo de Jennaro*, Napoli 2019.
Santangelo, M., *Spazio urbano e preminenza sociale: la presenza della nobiltà di seggio a Napoli alla fine del medioevo*, in *Marquer la prééminence sociale*, sous dir. J.Ph. Genet, I. Mineo, Paris-Roma 2014, pp. 157-177.
Sapori, A., *Bardi*, in *Enciclopedia italiana*, Roma 1930, *ad vocem*.
Sapori, A., *I beni del commercio internazionale*, in Id., *Studi di storia economica* [v.], II, pp. 535-575.
Sapori, A., *Buondelmonti, famiglia*, in *Enciclopedia Italiana Treccani*, Roma 1930, *ad vocem*.
Sapori, A., *La crisi delle compagnie mercantili dei Bardi e dei Peruzzi*, Firenze 1926.
Sapori, A., *La cultura del mercante medievale italiano*, in «Rivista di storia economica», 2 (1937), pp. 89-125 (ora in *Gli orizzonti aperti. Profili del mercante medievale*, a cura di G. Airaldi, Torino, 1997, pp. 139-173).
Sapori, A., *Capponi, famiglia*, in *Enciclopedia Italiana Treccani*, Roma 1930, *ad vocem*.
Sapori, A., *La compagnia dei Frescobaldi in Inghilterra*, Firenze 1947.
Sapori, A., *Le compagnie mercantili toscane del Dugento e dei primi del Trecento (la responsabilità dei compagni verso terzi)*, in Id., *Studi di storia economica* [v.], II, pp. 765-808.

Sapori, A., *Una fiera in Italia alla fine del Quattrocento*, in Id., *Studi di storia economica* [v.], II, pp. 443-474.

Sapori, A., *La mercatura medievale*, Firenze 1972.

Sapori, A., *Peruzzi*, in *Enciclopedia italiana*, Roma 1935, *ad vocem*.

Sapori, A., *Saggio sulle fonti della storia economica medievale*, in Id., *Studi di storia economica* [v.], I, pp. 10-20.

Sapori, A., *Storia interna della compagnia mercantile dei Peruzzi*, in «Archivio storico italiano», 92 (1934), pp. 3-65 (ripubblicato in A. Sapori, *Studi di storia economica* [v.], II, pp. 653-694).

Sapori, A., *Studi di storia economica (Secoli XIII-XIV-XV)*, 3 voll., Firenze 1955-1967.

Sayous, A.E., *Les méthodes commerciales de Barcelone au XVe siècle, d'après des documents inédits de ses archives: la bourse, le prêt et l'assurance maritimes, les sociétés commerciales, la lettre de change, une banque d'État*, in «Revue historique de droit français et étranger», 15 (1936), pp. 255-301.

Sayous, A.E., *Les opérations des banquiers italiens en Italie et aux foires de Champagne pendant le XIIIe siècle,* in «Revue Historique», 170 (1932), pp. 1-31 (rist. in Id., *Commerce et finance en Méditerranée au Moyen Âge*, a cura di M. Steele, London 1988, cap. X).

Sayous, A.E., *Les transferts de risques, les associations commerciales et la lettre de change à Marseille pendant le XIVe siècle*, in «Revue historique de droit français et étranger», 14 (1935), pp. 469-494.

Scarcia, G., *Il Gruppo Interuniversitario per la Storia dell'Europa Mediterranea: analisi di un percorso*, in «Reti Medievali Rivista», 6 (2005/1) (online, http://www.dssg.unifi.it/_RM/rivista/mater/Scarcia.htm).

Scarton, E., *La congiura dei baroni del 1485-87 e la sorte dei ribelli*, in *Poteri, relazioni, guerra nel Regno di Ferrante d'Aragona. Studi sulle corrispondenze diplomatiche*, a cura di F. Storti e F. Senatore, Napoli 2011, pp. 213-291.

Schiappoli, I., *Il conte di Sarno. Contributo alla storia della congiura dei baroni*, in «Archivio storico napoletano» 22 (1936), pag. 17-115.

Schiappoli, I., *Napoli aragonese: traffici e attività marittime*, Napoli 1972.

Schumpeter, J.A., *The Theory of Economic Development*, Harvard 1949 (trad. it. *Teoria dello sviluppo economico*, Firenze 1970).

Seche, G., *Un mare di mercanti. Il Mediterraneo tra Sardegna e Corona d'Aragona nel tardo Medioevo*, Roma 2020.

Senatore, F., *About the Urbanization in the Kingdom of Naples: The Campanian area in 15th-16th centuries*, in *Urban Hierarchy: The Interaction Between Towns and Cities in Europe in Late Medieval and Early Modern Times*, eds. by M. Asenjo Gonzáles, E. Crouzet-Pavan, A. Zorzi, Turnhout 2021, pp. 109-206.

Senatore, F., *Cerimonie regie e cerimonie civiche a Capua (secoli XV-XVI)*, in *Linguaggi politici e pratiche del potere. Genova e il Regno di Napoli nel Tardo Medioevo*, a cura di G. Petti Balbi e G. Vitolo, Salerno 2007, pp. 151-205.

Senatore, F., *Una città, il Regno: istituzioni e società a Capua nel XV secolo*, Roma 2018.

Senatore, F., *Come (ri)scrivere la storia del Mezzogiorno bassomedievale? Su un progetto di ricerca dedicato alle "forme testuali del potere"*, in «Studi di Storia Medioevale e di Diplomatica», n.s., 7 (2023), pp. 479-505.

Senatore, F., *La cultura politica di Ferrante*, in *Linguaggi politici nell'Italia del Rinascimento*, a cura di A. Gamberini e G. Petralia, Roma 2007, pp. 113-138.

Senatore, F., *Il Regno di Napoli*, in *Lo Stato del Rinascimento in Italia, 1350-1520*, a cura di A. Gamberini e I. Lazzarini, Roma 2014, pp. 35-51.

Senatore, F., Scarton, E., *Parlamenti generali a Napoli in età aragonese*, Napoli 2018.

Senatore, F., Terenzi, T., *Aspects of Social Mobility in the Towns of the Kingdom of Naples (1300-1500)*, in *Social Mobility in Medieval Italy (1100-1500)*, a cura di S. Carocci e I. Lazzarini, Roma 2018, pp. 247-262.

Silvestri, A., *Il commercio a Salerno nella seconda metà del Quattrocento*, Napoli 1952.

Silvestri, A., *Sull'attività bancaria napoletana durante il periodo aragonese. Notizie e documenti*, in «Bollettino dell'Archivio Storico del Banco di Napoli», 6 (1953), pp. 80-120.

*Sociability and its Discontents: Civil Society, Social Capital, and their Alternatives in Late Medieval and Early Modern Europe*, a cura di N.A. Eckstein e N. Terpstra, Turnhout 2009.

Soldani, M.E., *Alfonso il Magnanimo in Italia: pacificatore o "crudel tiranno?". Dinamiche politico-economiche e organizzazione del consenso nella prima fase della guerra con Firenze (1447-1448)*, in «Archivio storico italiano», 165/2 (aprile-giugno 2007), pp. 267-324.

Soldani, M.E., *Comunità e consolati catalanoaragonesi in Toscana, Liguria e Sardegna nel tardo Medioevo*, in *Il governo dell'economia* [v.], pp. 257-284.

Soldani, M.E., *Uomini d'affari e mercanti toscani nella Barcellona del Quattrocento*, Barcelona 2010.

Sombart, W., *Il capitalismo moderno*, a cura di A. Cavalli, Torino 1967 (prima ed. 1902).

Spallanzani, M., *Le aziende Pazzi al tempo della congiura del 1478*, in *Studi di storia economica toscana nel Medioevo e nel Rinascimento in memoria di Federigo Melis*, Pisa 1987, pp. 305-320.

Spallanzani, M., *A Note on Florentine Banking in the Renaissance: Orders of Payment and Cheques*, in «The Journal of European Economic History», 7 (1978), pp. 145-168.

Spallanzani, M., *Una grande azienda fiorentina del Trecento: Carlo Strozzi e compagni*, in «Ricerche storiche», 8/2 (1978), pp. 417-436.

Spallanzani, M., Guidi Bruscoli, F., *Tessuti di seta tra Firenze e il Levante (ca. 1350-1550): le fonti*, Firenze 2023.

Spreti, M.V., *Enciclopedia storico-nobiliare italiana. Famiglie nobili e titolate viventi riconosciute dal R.o governo d'Italia, compresi: città, comunità, mense vescovili, abazie, parrocchie ed enti nobili e titolati riconosciuti*, 9 voll., Milano 1928-1936, VI.

Storti, F., *El buen marinero. Psicologia politica e ideologia monarchica al tempo di Ferdinando I d'Aragona re di Napoli*, Roma 2014.

Strazzullo, F., *Documenti sull'attività napoletana dello scultore milanese Pietro de Martino (1453-1473)*, in «Archivio storico per le province napoletane», 81 (1963), pp. 325-341.

Surdich, F., *Verazzano, Giovanni*, in *Dizionario Biografico degli Italiani*, vol. 99, Roma 2020, *ad vocem*.

Tangheroni, M., *Commercio e navigazione nel Medioevo*, Roma-Bari 1996.

Tanzini, L., *1345. La bancarotta di Firenze. Una storia di banchieri, fallimenti e finanza*, Roma 2018.

Tanzini, L., *Cosimo de' Medici. Il banchiere statista, padre del Rinascimento fiorentino*, Roma 2022.

Tateo, F., *L'umanesimo meridionale*, Roma-Bari 1976.

Tenenti, A., Tenenti, B., *Il prezzo del rischio: l'assicurazione mediterranea vista da Ragusa (1563-1591)*, Roma 1985.

Tocco, F.P., *Tra memoria e identità. La parobola insediativa di una famiglia fiorentina nella Sicilia tardomedievale. I Buondelmonti di Sciacca*, Messina 2006.

Todeschini, G., *La contabilità a partita doppia e la "razionalità" economica occidentale: Max Weber e Jack Goody*, in *Studi in onore di Giovanni Miccoli*, a cura di L. Ferrari, Torino 2004, pp. 33-46.

Tognetti, S., *«Aghostino Chane a chui Christo perdoni». L'eredità di un grande usuraio nella Firenze di fine Trecento*, in «Archivio storico italiano», 610 (2006), pp. 667-712.

Tognetti, S., *Aspetti del commercio internazionale del cuoio nel XV secolo: il mercato pisano nella documentazione del banco Cambini di Firenze*, in *Il cuoio e le pelli in Toscana: produzione e mercato nel tardo Medioevo e nell'Età Moderna*, a cura S. Gensini, Pisa Ospedaletto 2003, pp. 17-50.

Tognetti, S., *L'attività assicurativa di un fiorentino del Quattrocento: dal libro di conti personale di Gherardo di Bartolomeo Gherardi*, in «Storia economica», 20/2 (2017), pp. 5-48.

Tognetti, S., *L'attività di banca locale di una grande compagnia fiorentina del XV secolo*, in «Archivio storico italiano», 155 (1997), pp. 595-647.

Tognetti, S., *Attività mercantili e finanziarie nelle città italiane dei secoli XII-XV: spunti e riflessioni sulla base della più recente storiografia*, in «Ricerche storiche», 48/3 (2018), pp. 23-44.

Tognetti, S., *Il banco Cambini. Affari e mercati di una compagnia mercantile-bancaria nella Firenze del XV secolo*, Firenze 1999.

Tognetti, S., *Una civiltà di ragionieri. Archivi aziendali e distinzione sociale nella Firenze basso medioevale e rinascimentale*, in «Reti Medievali Rivista», 21/2 (2020), pp. 221-250.

Tognetti, S., *Le compagnie mercantili-bancarie toscane e i mercati finanziari europei tra metà XII e metà XVI secolo*, in «Archivio storico italiano», 173/4 (2015), pp. 687-717.

Tognetti, S., *I drappi serici*, in *Il Rinascimento italiano e l'Europa*, vol. IV: *Commercio e cultura mercantile*, a cura di F. Franceschi, R.A. Goldthwaite e R.C. Mueller, Verona 2007, pp. 143-170.

Tognetti, S., *L'economia del Regno di Napoli tra Quattro e Cinquecento. Riflessioni su una recente rilettura*, in «Archivio storico italiano», 170 (2012), pp. 757-768.

Tognetti, S., «*Fra li compagni palesi et li ladri occulti*». *Banchieri senesi nel Quattrocento*, in «Nuova rivista storica», 88 (2004), pp. 27-101.

Tognetti, S., *Geografia e tipologia delle attività urbane*, in *Storia del lavoro. Il Medioevo: dalla dipendenza personale al lavoro contrattato*, a cura di F. Franceschi, Roma 2017, pp. 331-341.

Tognetti, S., *I Gondi di Lione. Una banca d'affari fiorentina nella Francia del primo Cinquecento*, Firenze 2013.

Tognetti, S., *Un'industria di lusso al servizio del grande commercio. Il mercato dei drappi serici e della seta nella Firenze del Quattrocento*, Firenze 2002.

Tognetti, S., *La mercatura fiorentina prima e dopo l'età dei grandi fallimenti*, in *Niccolò Acciaiuoli, Boccaccio e la Certosa del Galluzzo. Politica, religione ed economia nell'Italia del Trecento*, a cura di A. Andreini, S. Barsella, E. Filosa, J. Houston e Id., Roma 2020, pp. 229-255.

Tognetti, S., *Il Mezzogiorno angioino nello spazio economico fiorentino tra XIII e XIV secolo*, in *Spazi economici e circuiti commerciali nel Mediterraneo del Trecento*, Atti del Convegno (Amalfi, 4-5 giugno 2016), a cura di B. Figliuolo, G. Petralia e P.F. Simbula, Amalfi 2017, pp. 147-170.

Tognetti, S., *Notai e mondo degli affari nella Firenze del Trecento*, in *"Notariorum itinera". Notai toscani del basso Medioevo tra routine, mobilità e specializzazione*, a cura di G. Pinto, L. Tanzini e Id., Firenze 2018, pp. 127-161.

Tognetti, S., *Nuovi documenti sul fallimento della compagnia Frescobaldi in Inghilterra*, in *Città e campagne del basso medioevo. Studi sulla società italiana offerti dagli allievi a Giuliano Pinto*, Firenze 2014, pp. 135-157.

Tognetti, S., *Uno scambio diseguale. Aspetti dei rapporti commerciali tra Firenze e Napoli nella seconda metà del Quattrocento*, in «Archivio storico italiano», 158 (2000), pp. 461-490.

Tognetti, S., *Schumpeter incatenato. La rivoluzione commerciale del Medioevo secondo Chris Wickham*, in «Archivio storico italiano», 181/4 (2023), pp. 821-835.

Tognetti, S., *Storia economica dell'Italia basso medievale e business history: un binomio finito?*, in «Archivio storico italiano», 52/3 (2022), pp. 113-128.

Toomaspoeg, K., *La contabilità delle Case dell'Ordine Teutonico in Puglia e in Sicilia nel Quattrocento*, Galatina 2005.

Tosi Brandi, E., *Il valore delle vesti a Bologna fra Due e Trecento. Un'indagine dalle denunce dei furti e alcune considerazioni sul destino delle vesti rubate*, in *Valore e valori della moda: produzione, consumo e circolazione dell'abbigliamento fra XIII e XIV secolo*, a cura di Ead., Firenze 2023, pp. 533-559.

Traina, A., *Vocabolarietto delle voci siciliane dissimili dalle italiane con saggio di altre differenze ortoepiche e grammaticali*, Torino 1877.

Trasselli, C., *Mediterraneo e Sicilia all'inizio dell'epoca moderna (Ricerche quattrocentesche)*, Cosenza 1977.

Trasselli, C., *Note per la storia dei banchi in Sicilia nel XV secolo. Parte II: I banchieri e i loro affari*, Palermo 1968.

Trasselli, C., *Storia dello zucchero siciliano*, Caltanissetta-Roma 1982.

Tripodi, C., *Prima di Amerigo. I Vespucci da Peretola a Firenze alle Americhe*, Roma 2018.

Tripodi, C., *Vespucci*, in *Dizionario biografico degli italiani*, vol. 99, Roma 2020, *ad vocem*.

Tufano, L., *Una famiglia, una signoria, una città. Politica e società nella contea orsiniana di Nola (XIV-XV secolo)*, Napoli 2023.

Vaquero Piñeiro, M., *Il mercato immobiliare*, in *Alle origini della nuova Roma. Martino V (1471-1431)*, a cura di M. Chiabò, G. D'Alessandro, P. Piacentini e C. Ranieri, Roma 1992, pp. 555-570.

Vasoli, C., *Bandini, Francesco*, in *Dizionario Biografico degli Italiani*, vol. 5, Roma 1963, *ad vocem*.

*Verso la trama sottile. Feudo e protoindustria nel Regno di Napoli (secc. XVI-XIX)*, Roma 2012.

Violante, F., *Il re, il contadino, il pastore. La grande masseria di Lucera e la Dogana delle pecore di Foggia tra XV e XVI secolo*, Bari 2009.

Visceglia, M.A., T*erritorio, feudo e potere locale. Terra d'Otranto tra Medioevo e età Moderna*, Napoli 1988.

Vismara, P., *Questioni di interesse. La Chiesa e il denaro in età moderna*, Milano 2009.

Vitale, G., *La nobiltà di Seggio a Napoli nel basso medioevo. Aspetti della dinamica interna*, in «Archivio storico per le province napoletane», 106 (1988), pp. 151-169.

Vitale, G., *Percorsi urbani del Mezzogiorno medievale*, Battipaglia 2016.
Vitale, V.A., *Lomellini*, in *Enciclopedia italiana*, Roma 1934, *ad vocem*.
Vitale, V.A., *Spinola*, in *Enciclopedia italiana*, Roma 1936, *ad vocem*.
*Vivere a Roma, restare a Roma. Forestieri e stranieri fra Quattro e Settecento*, a cura di S. Cabibbo e A. Serra, Roma 2017.
Volpicella, L., *Regis Ferdinandi primi instructionum liber (10 maggio 1486-10 maggio 1488), corredato di note storiche e biografiche*, Napoli 1916.

Wallerstein, I., *Il sistema mondiale dell'economia moderna*, 3 voll., Bologna 1978-1995 (ed. orig., *The Modern World System I: Capitalist Agriculture and the Origins of the European World-Economy in the Sixteenth Century*, New-York 1974-1989).
Weber, M., *Die protestantische Ethik und der Geist des Kapitalismus*, in «Archiv für Sozialwissenschaft und Sozialpolitik», 20 (1904), pp. 1-54; 21 (1905), pp. 1-110 (versione rivista in *Gesammelte Aufsätze zur Religionsphilosophie*, I, Tübingen 1920; ed. it. *L'etica protestante e lo spirito del capitalismo*, Milano 1995).

Yamey, B.S., *Bookkeeping and Accounts, 1200-1800*, in *L'impresa: industria, commercio, banca* [v.], pp. 163-187.
Yver, G., *Le commerce* et les *marchands* dans l›*Italie méridionale* au *XIII*[e] et au *XIV*[e] *siècle*, New York 1968 (prima ed. Paris 1903).

Zaccaria, R., *Della Casa, Francesco*, in *Dizionario Biografico degli Italiani*, vol. 36, Roma 1988, *ad vocem*.
Zaccaria, R., *Della Casa, Pandolfo*, in *Dizionario Biografico degli Italiani*, vol. 36, Roma 1988, *ad vocem*.
Zaccaria, R., *Guasconi, Gioacchino*, in *Dizionario Biografico degli Italiani*, vol. 60, Roma 2003, *ad vocem*.
Zanoboni, M.P., *Portinari, Tommaso*, in *Dizionario Biografico degli Italiani*, vol. 85, Roma 2016, *ad vocem*.
Zerbi, T., *La genesi della partita doppia*, Como 1943.
Zerbi, T., *Le origini della partita doppia. Gestioni aziendali e situazioni di mercato nei secoli XIV e XV*, Milano 1952.

# Indice dei nomi di persona e di luogo*



*Nel presente indice sono state omesse le voci "Napoli" e "Strozzi", quest'ultima intesa esclusivamente quale nome di famiglia.

Finito di stampare
nel mese di settembre 2024
da The Factory s.r.l
Roma